비판적 사고: 실용적 입문

Critical Reasoning: A Practical Introduction

3rd edition

Critical Reasoning: A Practical Introduction, 3rd Edition

by

Anne Thomson

비판적 사고: 실용적 입문

Critical Reasoning: A Practical Introduction

3rd edition

앤 톰슨 지음 | 최원배 옮김

서광사

이 책은 Anne Thomson의 *Critical Reasoning: A Practical Introduction, 3rd Edition* (London and New York : Routledge, 2009)을 완역한 것이다.

비판적 사고: 실용적 입문 3판

앤 톰슨 지음

최원배 옮김

펴낸이 _ 김신혁, 이숙

펴낸곳 _ 도서출판 서광사

출판등록일 _ 1977.6.30.

출판등록번호 _ 제 406-2006-000010호

(10881) 경기도 파주시 회동길 77-12 (문발동)

Tel. (031)955-4331 fax. (031)955-4336

E-mail. phil6161@chol.com

http: // www.seokwangsa.co.kr / http: // www.seokwangsa.kr

제1판 제1쇄 펴낸날 : 2012년 9월 30일
제1판 제7쇄 펴낸날 : 2018년 9월 20일

ISBN 978-89-306-2420-6 93170

차 례

감사의 글 9

머리말 11

제1장 논증의 분석

논증 파악하기와 결론 찾아내기 17

요약: 논증인지 파악하기 26

연습문제 1: 논증인지 파악하고 결론 찾아내기 26

이유 찾아내기 29

요약: 논증에서 이유 찾아내기 34

연습문제 2: 결론의 이유를 제시하기 35

연습문제 3: 이유 파악하기 35

연습문제 4: 논증의 부분 파악하기 39

연습문제 5: 가정에 대해 생각해보기 42

가정 찾아내기 43

요약: 논증에서 가정 찾아내기 55

연습문제 6: 다른 사람의 가정을 찾아내기 55

연습문제 7: 논증에서 가정 찾아내기 56

연습문제 8: 연습문제 5 다시 하기 59

제2장 논증의 평가

되돌아보기: 논증의 구성 부분 61

이유와 가정이 참인지 평가하기 63
결론을 뒷받침하는지 평가하기 64
요약: 결론을 뒷받침하는지 평가하기 66
논증의 흠 찾아내기 70
예 1: TV에 나오는 폭력 장면 70
예 2: 부와 건강 72
예 3: 부와 건강 — 연관성? 75
예 4: 광물 자원의 고갈 76
요약: 논증의 흠 찾아내기 81
연습문제 9: 흠 찾아내기 82
추가 증거 평가하기 84
연습문제 10: 추가 증거 평가하기 85
설명을 문제삼기 91
연습문제 11: 다른 설명을 제시하기 95
요약: 설명을 평가하기 96
연습문제 12: 설명을 찾아내고 평가하기 96
논증의 평가: 꼭 필요한 몇 가지 기술 104
요약: 평가의 기술을 사용하기 105
연습문제 13: 기술을 익히기 105

제3장 함축의 파악
결론 이끌어내기 111
연습문제 14: 결론 이끌어내기 113
연습문제 15: 함축 평가하기 114
논증의 함축을 파악하기 119
연습문제 16: 같은 논증 찾아내기 121
연습문제 17: 원리를 적용하고 평가하기 125

제4장 증거와 견해의 신뢰성을 평가하기

견해의 신뢰성 127

요약: 증거나 견해의 신뢰성을 평가하기 130

주장의 설득력 131

증거를 평가하고 결론을 이끌어내기 132

예 1: 나이트 클럽의 메트 132

예 2: 학생들에게 숙제가 꼭 필요한가 또는 바람직한가? 134

예 3: 과속 감시 카메라 — 카메라를 설치하면 도로가 더 안전해지는가? 137

연습문제 18: 증거의 신뢰성을 평가하기 143

제5장 언어를 사용하는 두 가지 기술

언어를 분명하고 정확하게 사용하기 153

연습문제 19: 낱말이나 구절을 분명하게 하기 156

논증 요약하기 157

예 1: 흡연자에게 니코틴 158

예 2: 예술에 대한 정부의 재정 지원 159

요약: 논증 요약하기 162

연습문제 20: 논증 요약하기 162

제6장 논증의 기술 훈련하기

긴 글로 이루어진 논증 169

논증 평가의 두 가지 예 172

예 1: 산 사람을 위해 사체를 재활용해야 한다 172

예 2: 문제의 핵심을 보라 183

요약: 논증 평가하기 197

연습문제 21: 10개의 긴 글 평가하기 198

제7장 논증 구성하기

논증 구성하기 223

예: 자전거 헬멧과 안전 224

요약: 논증 구성하기 230

합리적으로 결정 내리기 231

요약: 의사 결정 내리기 234

연습문제 22: 논증 구성하기 234

연습문제 해답 237

참고문헌 및 더 읽을거리 343

찾아보기 345

역자 후기 349

감사의 글

여기에 나오는 LSAT(미국 로스쿨 입학시험) 문제는 로스쿨 입학위원회의 허락을 받은 것이다. 이 문제들은 1981년부터 1986년 사이 LSAT에 나온 것들이다.

신문이나 잡지 또는 인터넷에 실린 글을 이용할 수 있도록 해준, 인디펜던트 신문사, 가디언 신문사, 더 타임스 신문사(2007년 1월 11일자, 2007년 1월 23일자, 2007년 4월 6일자, 2007년 4월 26일자, 2007년 8월 6일자, 2007년 8월 17일자), (자넷 델리의 저작권을 지니고 있는) 히스 에이전트, 토마스 발로, 키비타스, 존 로트, 제프리 미론, 줄리안 모리스, 고 폴 스미스의 저작권을 지니고 있는 클레어 암스트롱에게 감사를 드린다. 또한 영국 범죄 관련 자료를 이용할 수 있도록 해준 영국왕립 출판사에도 감사를 드린다.

이 책을 출간하기 전에 저작권 허락을 받으려고 온갖 노력을 했지만 저작권자를 찾지 못했거나, 찾았더라도 답신을 받지 못한 경우도 있었다. 실수나 잘못으로 빠뜨린 게 있다면, 출판사와 내가 사과를 드린다. 빠진 게 있다고 알려준다면, 출판사가 가급적 빨리 이 문제를 해결하려고 노력할 것임을 말씀드린다.

루틀리지 출판사의 젬마 던, 그리고 3판을 준비하는 데 도움을 준 루틀리지 전직 직원 프리양카 파탁에게도 감사를 드린다.

다음 세대 비판적 사고 전문가들인 엘라, 릴리아, 프레야, 니콜라스에게 이 3판을 바친다.

머리말

마틴 켈리("네스 호의 물고기 상태", 3월 28일)에 따르면 윈필드 박사는 네스 호에는 괴물이 먹고 살 만큼의 물고기가 없기 때문에 괴물은 존재하지 않는다고 말했다고 한다. 윈필드 박사는 원인과 결과를 혼동하고 있다.

내가 보기에, 물고기가 그렇게 많지 않은 이유는 분명히 괴물이 물고기를 계속 먹어치우기 때문이다.

(피터 스탠턴, 독자 투고, 「인디펜던트」, 1995. 3. 31.)

낚시와 여우 사냥을 대비하고 있는 제임스 배링턴의 글(12월 31일)을 읽고 나는 의아한 생각이 들었다. 그는 낚시로 잡는 물고기의 경우 대부분 먹거나 아니면 다시 놓아주기 때문에 '잔인한 스포츠 반대 연합'이 낚시를 반대하지 않는다고 주장한다. 그러면 이 말은 여우 사냥에서 잡은 여우를 요리해 먹는다면, 그 단체는 여우 사냥을 반대하지 않을 것이라는 의미인가?

(패트리샤 벨턴, 독자 투고, 「인디펜던트」, 1994. 1. 4.)

이 책은 네스 호에 괴물이 존재하는지에 관한 것이 아니며, 여우 사냥이 낚시보다 더 잔인한 것인지에 관한 것도 아니다. 앞에 인용한 두 글의 공통점은 모두 논증의 사례라는 점이다. 아마도 첫 번째 것이 심오한 논증은 아닐 테지만 그래도 그것은 하나의 논증이다. 이 책은 논증을 이해하고 평가하는 능력을 향상시키고자 하는 독자들에게 도움을 주기 위한 것이다.

논증을 제시하는 일은 인간의 일상적 활동이다. 우리는 누구나 무엇을 해야 하는지, 왜 그래야 하는지, 다른 사람의 말을 믿어야 하는지, 어떤 이유에서 믿어야 하는지를 생각한다. 우리가 좋아하는 텔레비전 연속극에는 여러 가지 논증이 나온다. 가령 혼자 사는 아이 엄마는 아이 아버지가 아이를 돌보도록 허용한다. 왜냐하면 그래야 아이 엄마가 계속 일을 할 수 있기 때문이다. 또 다른 예로, 아버지는 딸이 분명히 마약을 하고 있다고 결론짓는다. 왜냐하면 딸의 행동을 설명할 수 있는 다른 방도가 없기 때문이다. 학대에 시달리던 아내가 남편을 죽였는데, 그것이 남편의 도발 때문인지 아니면 정당방위였는지, 그리고 정상 참작이 되는 상황에서 죽인 것인지 등을 판가름하려고 애쓰는 판사도 있다.

사전에는 논증을 '사실이나 증거로부터 결론을 이끌어내는 행위나 과정'이라고 정의하고 있다. 우리는 모두 이런 일을 하고 있다. 따라서 사람들에게 논증을 하라고 가르치는 것이 이 책의 목적은 아니다. 도리어 사람들이 논증을 잘하고 있는지에 항상 관심을 기울이는 것은 아니라는 사실을 일깨우고, 명확하고 비판적으로 논증을 해나가는 연습을 할 수 있는 기회를 제공하는 것이 이 책의 목적이다. 이런 연습을 하면 우리는 자신의 논증뿐만 아니라 다른 사람의 논증을 평가할 때에도 사실이나 증거로부터 실제로 결론이 따라나오는지를 알 수 있게 된다. 하지만 여기서 '비판적'이란 말을 썼다고 해서 다른 사람의 논증을 평가할 때, 그 논증에 무엇이 잘못되었는지를 말하는 데에만 관심을 둔다는 의미는 결코 아니다. 비판적 평가에는 논증의 단점에 대한 평가뿐만 아니라 장점에 대한 평가도 포함된다.

논증을 잘하는 능력을 갖추는 일은 자연 현상이나 사회 현상을 이해하고 이를 다루는 사람에게 아주 중요하다. 현상의 원인을 이해하려면 과학자는 논증을 잘해야 한다. 올바른 정책을 채택하려면 정치인은 논증을 잘해야 한다. 하지만 논증을 과학자와 정치인에게만 맡겨둘 수는 없다. 왜냐하면 우리는 그들이 말하는 것과 그들이 펴고자 하는 정책이 실제로 옳은지를 알고자 하기 때문이다. 따라서 논증을 잘한다는 것은 모든 사람에게 중요한 기술이 된다.

비판적 사고의 주된 관심은 어떤 믿음이나 행위의 이유를 제시하고, 자신이나 다른 사람의 논증을 분석하고 평가하며, 더 나은 논증을 고안하고 구성하는 데 있다. 이런 활동에는 일정한 능력이 공통적으로 개입된다. 예를 들어 이유와 결론을 찾아내기, 가정을 파악하기, 결론을 이끌어내기, 증거와 주장을 평가하기, 결론이 근거가 있는지 따져보기 등이 그런 것들이다. 그리고 이런 능력의 배후에는 언어를 정확하고 분명하게 사용할 수 있는 능력이 들어 있다.

다른 기술도 그렇듯이, 논증 기술도 훈련을 통해 향상될 수 있다. 비판적으로 논증한다는 것을 게임을 하는 것과 비슷한 것이라고 본다면, 이를 위해서는 여러 가지 특정한 기술이 필요할 뿐만 아니라 게임에서 이런 기술을 적절히 사용할 수 있는 능력도 갖추어야 한다. 예를 들어 테니스 선수가 게임을 하려면 그는 스트로크나 드라이브, 발리, 서비스 등을 잘할 수 있어야 한다. 하지만 게임을 이기려면, 그는 이런 기술들을 한꺼번에 적절히 사용할 수 있어야 하며, 그래야 상대방의 움직임에 적절히 대응할 수 있다.

논증이라는 '게임' 을 하려면, 결론을 이끌어내거나 증거를 평가하기 등과 같은 기본 기술을 갖추어야 한다. 하지만 다른 사람에게 효과적인 논증을 제시하기 위해서는 이런 기술을 한꺼번에 사용할 수 있어야 하며, 그래야 논증에서 상대방의 움직임에 대처할 수 있다. 예를 들어 우리가 잘 알지 못하는 어떤 증거를 상대방이 제시할 경우, 우리는 그것이 논증에 어떤 영향을 미치는지를 판단할 수 있어야 한다. 테니스 코치라면 테니스 선수가 특정한 기술을 연마하도록 한 다음 이런 기술을 이용해 적절한 전략을 구사하는 게임을 해보게 함으로써 선수의 능력을 개발하고자 할 것이다.

이 책은 독자들로 하여금 논증 기술을 연마하고, 때로 이런 기술을 이용해 논증이라는 '게임' 을 해보도록 하기 위한 것이다. 각 장에는 특정한 기술에 초점을 맞추어 이런 기술을 연습할 수 있도록 간단한 논증들을 제시해놓았다. 연습문제의 모범답안은 이 책 맨 뒤에 나와 있다. 이를 참조해 독자들은 스스로 얼마나 나아졌는지를 평가할 수 있을 것이다. 긴 글을 분석하고 평가해봄으로써 독자들의 능력을 향상시킬 수 있다. 독자들의 능력이 향상됨에 따라, 더 긴 글을 분석하고 평가하는 능력도 나아질 것이며, 궁극적으로는 자기 자신의 논증을 구성하는 능력, 즉 '논증 게임' 을 하는 능력도 나아질 것이다.

연습문제를 통해 대개 우리 자신의 논증이 아니라 다른 사람의 논증을 이해하고 분석하고 평가하는 훈련을 해볼 수 있다. 이렇게 하는 데는 두 가지 이유가 있다. 첫째, 우선 논증의 구조를 밝혀내야 하는데, 이 작업은 특정 예를 통해서만 할 수 있기 때문이다. 둘째, 자신의 논증보다는 다른 사람의 논증에 들어 있는 문제점을 파악하기가 더 쉽기 때문이다. 다른 사람의 논증을 평가하는 기술을 연마한 다음, 똑같은 비판적 기준을 자신의 논증에도 적용하게 되면, 이것이 바로 스스로 좋은 논증을 제시할 수 있는 첫 단계가 된다. 더구나 연습문제 가운데 일부는 수업 시간에 옆 사람과 함께해볼 수 있는 것들이다. 이런 연습문제를 통해 여러분은 자신의 믿음이나 결론을 뒷받침해줄 이유를 제시해야 하는 경우가 있다는 사실을 깨닫게 될 것이다. 나아가 이런 것을 이용해 비판이나 의문이 제기되었을 때 여러분이 어떻게 대응해야 할지도 연습할 수 있을 것이다. 마지막 장에서는 여러분 자신이 좋은 논증을 고안하고 구성하려면 어떤 단계를 거쳐야 하는지를 다룬다. 마지막 연습문제에는 여러분 스스로가 논증을 고안하고 구성하는 기술을 익힐 수 있도록 하기 위한 주제들이 나와 있다.

이미 말했듯이, 논증을 잘할 수 있는 능력을 갖추는 일은 일상생활에서 중요하다. 예를 들어 그 능력은 정치인이 정책의 근거라고 제시한 이유를 이해하거나 법정에서 제시된 증거를 이해하는 데에도 중요하다. 또한 학교나 대학에서 다루는 거의 모든 과목에서도 실제로 논증을 잘하는 능력이 필요하다. 하지만 어느 과목에서도 학생들 스스로의 사고 과정에 대해서 생각해보도록 가르치지는 않는다. 그래서 가령 지리학 관련 논증은 아주 잘하지만, 이 기술이 다른 영역에도 적용될 수 있다는 사실은 깨닫지 못하는 경우도 있다. 이 책에서는 전문적인 지식이 필요하지 않도록 하는 접근 방식을 따랐다. 여기 나오는 논증의 주제는 모두 신문에서 논의될만한 것이거나 일상인도 이해할 수 있는 일반적인 것들이다. 하지만 논증의 본성에 관해서는 생각해볼 필요가 있으며, 그래야 어떤 주제에 관한 논증이든 비판적이고 분석적인 방식으로 접근해나갈 수 있다. 바꾸어 말해, 그렇게 해야 여기에 나오는 논증 기술을 다른 분야에도 적용할 수 있다. 이런 기술은 전문 분야를 포함해 아주 폭넓은 주제와 관련된 논증을 다룰 때에도 도움이 된다. 논증을 다루는 훈련을 하게 되면, 학생들이 글을 쓰는 데도 도움이 된다. 왜냐하면 대부분의 과목에서 좋은 글이 되기 위한 요건은 생각이 분명하고 일관적이면서 잘 논증되어야 한다는 것이기 때문이다.

이 책의 배후에 깔려 있는 생각은 '비판적 사고' (Critical Thinking)라고 하는 학문 분야와 연관되어 있다. 우리는 이 점을 널리 사용되고 있는 비판적 사고 시험인, '왓슨-글레이저 비판적 사고 평가'의 공저자 가운데 한 사람인 에드워드 글레이저의 다음과 같은 말에서 확인할 수 있다. "비판적 사고를 위해서는 증거나 파급 효과에 비추어 믿음이나 지식을 검토하는 끊임없는 노력이 필요하다" (Glaser, 1941, 5면). 비판적 사고는 철학과 교육학의 전통에서 나온 것으로 미국에서 처음 유래했다. 이런 입장을 대표하는 미국학자로는 존 듀이, 에드워드 글레이저, 스티븐 노리스, 로버츠 에니스, 리처드 폴, 마이클 스크라이븐 등이 있다. 영국학자로서 비판적 사고와 관련해 가장 자주 거론되는 사람은 알렉 피셔이다. 비판적 사고에 관해 좀 더 알고 싶은 사람은 이 책 끝에 실려 있는 참고문헌에 이들 학자의 저작이 자세하게 나오므로 이를 참조하기 바란다.

A 레벨 시험을 보기 위해 비판적 사고를 공부하는 경우도 있을 것이다. 이 시험에서 측정하고자 하는 능력은 이 책에서 향상시키고자 하는 능력과 아주 밀접하게 연관되어 있다. 이 책을 시험을 잘 보기 위한 참고서로 이용해도 되지만, 이 책의 목적이 단순히 그런데 있는 것만은 결코 아니다. 이 책의 목적은 그보다 더 커서, 독자들이 삶을 살아가면서 어떤 영역의 논증을 만나든 그것들을 잘 다룰 수 있도록 하는 데 있다.

1

논증의 분석

다른 사람의 논증을 평가하려면, 우리는 먼저 그 논증을 이해해야 한다. 논증에 나오는 낱말을 이해해야 할 뿐만 아니라, 특정 견해를 받아들이도록 하기 위해 어떤 이유가 제시되고 있는지도 파악할 수 있어야 한다. 이 장에서 다룰 기법, 즉 논증을 파악하고 결론이나 이유, 가정을 찾아내는 기술은 가장 기본적인 것이다. 논증을 평가(2장에서 이를 다룰 것이다)하는 데 필요한 중요한 기법은 이에 바탕을 두고 있다.

논증 파악하기와 결론 찾아내기

논증은 말로 제시된다. 그러나 말로 하는 의사소통이 다 논증을 포함하는 것은 아니다. 따라서 논증을 하고 있음을 일러주는 언어의 어떤 특성을 우리가 골라낼 수 있어야 한다. 우리는 여러 가지 목적에서 언어를 사용한다. 예를 들어 우리는 농담을 하거나, 누구를 모욕하거나, 정보를 전달하거나, 경치나 성품을 묘사하거나, 이야기를 해주거나, 느낌을 표현하거나, 왜 특정한 행동을 했는지를 설명하거나, 질문을 하거나, 명령을 내리기 위해 말을 사용한다. 대부분의 언어 사용의 공통점은 다른 사람에게 무언가를 전달해주기 위한 것이라는 점이다.

때로 우리는 다른 사람을 설득해 어떤 주장이 참임을 받아들이도록 하고자 한다. 이를 위한 방안 가운데 하나는 그 주장을 지지하는 이유나 증거를 제시하는 것이다. 이것이 바로 논증의 핵심이다. 어떤 주장을 믿고 있는 사람이 다른 사람도 똑같은 견해를 갖도록 설득하기 위해 이유를 제시하는 것이 바로 가장 간단한 논증의 예이다. 좀 더 복잡한 경우는 다른 사람의 논증을 평가하거나 비판하는 경우, 또는 스스로의 논증이나 다른 사람의 논증에 관해 논의하는 경우이다. 우리가 '논증을 제시한다'고 거창하게 말하지는 않지만, 그럼에도 그런 식으로 언어를 사용하는 경우는 아주 많다. 예를 들어 어떤 사람이 다음과 같이 말한다고 해보자.

> 그 사람은 실제 말한 것보다 더 나이가 많음이 분명하다. 그 사람은 우리한테 마흔두 살이라고 말했지만, 그 사람에게는 적어도 서른 살은 된 딸이 있다.

여기에는 "그 사람은 실제 말한 것보다 더 나이가 많음이 분명하다"라는 결론의 이유가 제시되고 있다. 그러므로 간단하고 일상적인 이런 의사소통도 하나의 논증인 것이다.

이제 아주 간단한 논증을 몇 가지 더 보기로 하자. 다음 예를 읽고, 글쓴이가 어떤 주장(즉 결론)을 펴고자 하는지, 그 결론을 뒷받침하는 이유로 어떤 주장이 제시되고 있는지를 생각해보라.

> 버스가 고장 난 것이 분명한 것 같다. 버스가 오지를 않는다.

> 저 새는 참새일 리가 없어. 가슴 부위가 갈색이 아니잖아.

> 면접시험을 볼 때 너는 자신 있게 보이도록 해야 돼. 고용주는 여러 사람 앞에서 자신 있게 말할 수 있는 사람을 원하거든.

> 말 배우기를 일찍 시작할수록 말을 쉽게 배우고 말도 더 잘한다. 그러므로 여러분의 아이가 두 개 언어를 구사하기를 바란다면, 아이가 태어나면서부터 두 개 언어로 말해야 한다.

> 그 여자는 데이트 장소에 나오지를 않았다. 그 여자는 분명히 그 남자의 여자 친구가 되고 싶지를 않았다. 그 남자와 진정한 관계를 원했다면, 그 여자는 데이트 장소에 나왔을 것이다.

'논증 시사 표현'

논증을 담고 있는 글 가운데는 아주 복잡한 것도 있다. 그러나 논증을 하고 있음을 암시해주는 비교적 간단한 표현상의 단서가 몇 가지 있다. 즉 결론을 제시하고 있음을 시사해주기 위해 쓰는 어떤 특징적인 표현들이 있다. 가장 널리 쓰이는 것은 '따라서' 와 '그러므로' 이다. 예를 들어 이 절 첫 문단에 나온 논증을 바꾸어 쓰면 다음과 같다.

> 그 사람은 우리한테 마흔두 살이라고 말했다. 하지만 그 사람에게는 적어도 서른 살은 된 딸이 있다. 따라서 그 사람은 실제 말한 것보다 더 나이가 많음이 분명하다.

'따라서' 나 '그러므로' 만큼 흔히 쓰이진 않지만, '그래서' 나 '고로' 등도 같은 의미로 쓰인다. 결론이 나옴을 시사해주는 다른 표현으로는 '임이 분명하다' 나 '일 수밖에 없다' 도 있다. 위의 문장에서 '분명하다' 는 제시된 이유 때문에 우리가 그 결론을 이끌어내게 된다는 점을 나타내준다. '일 리가 없다' 도 비슷한 식으로 쓰인다. 위의 결론을 다음과 같이 표현할 수도 있기 때문이다. '그 사람은 실제 말한 것만큼 젊을 리가 없다.' 때로 '해야 한다' 라는 표현을 써 결론을 말하고 있음을 나타내기도 한다. 왜냐하면 논증을 통해 가끔 어떤 것을 하기를 권유하는 경우도 있기 때문이다. 이 점은 앞에서 본 두 예에 나와 있다. 세 번째 예는 면접시험에서 자신감 있게 보이도록 하라고 권유하고 있고, 네 번째 예는 아이에게 두 개 언어로 말하라고 권유하고 있다. 이러한 '결론 시사 표현' 은 논증에서의 이런 기능 외에 다른 용법도 지니고 있다. 그렇기 때문에 이런 표현이 글에 나온다고 해서 무턱대고 그 글에 논증이 제시되고 있다고 할 수는 없다. 하지만 이런 표현은 어떤 글이 논증을 포함하고 있는지를 판단하는 데 유익한 단서가 된다.

논증 시사 표현이 없는 경우 논증 파악하기

논증을 포함하고 있는 글 가운데는 논증 시사 표현이 전혀 나오지 않는 것도 있다. 그때 그 글이 논증을 담고 있는지를 파악하려면, 그 글에 나오는 주장들 사이의 관계를 고려해보아야 한다. 즉 글에 나오는 주장들 가운데 일부가 결론을 표현하는 주장을 뒷받침한다고 볼 수 있는지를 생각해보아야 한다. 한 예로, 다음 글은 논증이라 할 수 있다.

> 흡연의 위험을 아는 것으로는 금연을 하는 데 충분하지 않다. 인구의 3분의 1은 여전히 흡연자다. 흡연이 폐암과 심장질환을 일으킨다는 점은 누구나 다 알고 있음이 분명하다.

이 글은 하나의 통계적 사실로서 인구의 3분의 1이 흡연자라는 점과, 명백한 사실로서 모두가 흡연의 위험을 알고 있음이 분명하다는 것을 제시하고 있다. 이런 이유를 들어 흡연의 위험을 아는 것으로는 금연을 하는 데 충분치 않다는 결론을 정당화하고 있다.

여기에는 결론임을 시사해주는 표현 — '임이 분명하다' 는 말 — 이 결론에 나오는 것이 아니라 이유 가운데 하나에 나오고 있음을 주목하라. 그러나 우리는 마지막 문장은 결론이 아니라는 사실을 쉽게 알 수 있다. 왜냐하면 그에 적합한 증거(예를 들어 흡연의 위험을 알리기 위한 홍보 활동이 있었다든가 하는 사실)가 전혀 제시되고 있지 않기 때문이다. 첫째 예에서처럼 여기서도 결론이 글의 맨 끝에 나오는 것은 아니라는 점을 주목하라. 결론은 글 어디에든 올 수 있다. 물론 우리는 이유를 먼저 적고, 그 다음 '그러므로' 나 '따라서' 로 시작되는 결론이 맨 끝에 오도록 논증을 '재배열' 할 수도 있다.

지금까지 우리는 논증의 결론을 찾아내는 방안으로 두 가지를 생각해보았다.

- 결론 시사 표현을 찾는 방안
- 이유가 제시되고 있다고 생각되는 주장을 찾는 방안

글의 결론을 찾아냈다면, 우리는 이미 그 글이 논증으로 의도된 것임을 알아낸 것이다. 우리가 결론을 시사해주는 단어를 찾아 결론이 어느 것인지를 알아냈다면, 글쓴이가 논증을 제시할 의도가 있었다고 생각하는 것이 합당하다. 앞에서 우리는 '논증'이란 어떤 것이 참임을 설득하거나 확신시키기 위해 언어를 사용하는 한 가지 방식이라고 했다. 그러나 주어진 글이 논증을 담고 있는지 판단하고자 할 때, 단순히 글쓴이의 의도를 추측해보고자 하는 것은 아니다. 우리는 그 글이 어떤 식으로 기능을 하는지를 생각해보는 것이다. 두 번째 방식, 즉 이유가 제시되고 있다고 생각되는 주장을 찾아 결론이 무엇인지를 파악하고자 할 때, 우리는 바로 이 일을 하는 것이다. 글이 결론을 뒷받침하는 여러 가지 이유들로 다시 구성될 수 있다면, 글쓴이가 정확히 그렇게 의도하지 않았더라도 그 글을 논증이라고 볼 수 있다.

그렇지만 어떤 글이 논증인지 여부를 판단할 때, 첫 단계에서는 그 글의 목적을 생각해보는 것이 도움이 된다. 먼저 '글의 요지가 무엇인지?'를 스스로 생각해보고, 요지를 표현한다고 생각되는 문장에 밑줄을 친다. 그 다음 요지를 뒷받침하는 이유가 글에 나와 있는지를 살펴본다. 이 단계에서는 나머지 문장들이 요지를 실제로 강력하게 뒷받침하는지 여부는 신경 쓰지 않아도 된다. 지금으로서는 논증을 평가하려는 것이 아니기 때문이다. 이유가 요지와 관련이 있는지, 그리고 요지와 배치되는 것이 아니라 요지를 뒷받침하고 있는지를 생각해보라. 요지가 참임을 보여주기 위해 사람들이 제시할 법한 증거나 논증이 거기에 나와 있는가? 그렇다면 그것으로 논증의 결론을 찾아낸 것이며, 그 글을 논증이라고 단정해도 된다. 이유를 먼저 적고, '그러므로'나 '따라서' 다음에 결론이 나오도록 논증을 재배열하면 도움이 된다.

결론 찾아내기

이 절에서는 우리가 앞에서 정한 권장사항들을 실행해볼 수 있는 몇 가지 예를 살펴보기로 한다.

기적의 신약 아모트릴이 예상하지 못했던 엄청난 부작용을 야기해왔다. 시

> 판에 앞서 약을 면밀히 시험했더라면 부작용 때문에 생기는 문제를 예방할 수 있었을 것이다. 따라서 부작용에 관한 면밀한 연구 없이 신약을 시판해서는 절대 안 된다.
>
> (LSAT, 1981)

이 논증은 결론을 분명하게 제시하고 있고, 이 때문에 이 글을 분석하기란 쉽다. '따라서' 라는 표현이 마지막 문장에 나오고 있고, 결론은 아래 문장임이 명백하다.

> 부작용에 관한 면밀한 연구 없이 신약을 시판해서는 절대 안 된다.

결론을 위해 제시된 이유는 시판되기 전에 신약을 면밀히 시험해보았더라면 엄청난 부작용 때문에 생기는 문제들을 예방할 수 있었으리라는 것이다. 이 경우 우리는 이 논증을 재배열할 필요가 없다. 왜냐하면 이 글이 무엇을 말하고 있는지가 아주 분명하기 때문이다. 더구나 철저한 연구 없이는 약의 부작용을 파악할 수 없으며, 심각한 부작용이 전혀 없다는 사실을 확신할 수 없는 한, 신약 시판으로 생기는 위험을 감수할 이유가 없다고 가정할 경우, 이 이유는 결론을 뒷받침하는 훌륭한 이유라 할 수 있다.

이제 다른 예를 보자.

> 다이어트를 하는 사람은 몸무게가 준다. 팔스타프는 다이어트를 했을 리가 없다. 그는 몸무게가 줄지 않았다.

이 경우에는 '그러므로' 나 '따라서' 와 같은 결론 시사 표현이 없다. 하지만 여기에는 '일 리가 없다' 는 단어가 나온다. 이것은 그 문장이 결론임을 암시하기 위한 것인가? 우리는 그 표현이 나오는 문장이 이 글의 요지인지를 생각해보아야 한다. 이 글은 실제로 팔스타프는 다이어트를 했을 리가 없음을 우리에게 확신시키고자 하는 것 같다. 이 글을 다음과 같이 읽히도록 재배열한다면, 하나의 분명한 논증을 얻게 된다.

> 다이어트를 하는 사람은 몸무게가 준다. 팔스타프는 몸무게가 줄지 않았다. 따라서 팔스타프는 다이어트를 했을 리가 없다.

이것이 바로 이 글을 읽는 가장 자연스런 방식이다.

이번에는 이 글의 요지가 팔스타프는 몸무게가 줄지 않았다는 것이라고 가정해보자. 그러면 우리는 이 논증을 다음과 같이 재구성하게 될 것이다.

> 다이어트를 하는 사람은 몸무게가 준다. 팔스타프는 다이어트를 했을 리가 없다. 따라서 팔스타프는 몸무게가 줄지 않았다.

그러나 이것은 두 가지 점에서 원래 글을 읽는 자연스런 방식이라고 할 수 없다. 첫째, 두 번째 문장에서 '다이어트를 했을 리가 없다' (cannot have dieted)가 팔스타프는 다이어트를 할 수 없었다(has been unable to diet)는 의미라면, 그것은 그 표현을 자연스레 사용한 것이 못된다. 둘째, '다이어트를 했을 리가 없다' 를 '다이어트를 할 수 없었다' 로 바꾼다고 하더라도, 앞의 두 문장은 결론을 뒷받침하기에는 충분하지 않다. 왜냐하면 팔스타프는 다이어트 이외의 방법, 가령 운동을 해서 몸무게를 줄일 수도 있는 것이기 때문이다. 더구나 팔스타프의 몸무게가 줄지 않았음을 보여줄 증거란 그가 다이어트를 했는지에 관한 것이 아니라, 현재에 비해 과거에는 그의 몸무게가 어떠했는지에 관한 것이어야 한다.

또 다른 예를 하나 들어보자. 이 예에는 '그러므로' 나 '따라서' 와 같은 결론 시사 표현이 나오지 않는다.

> 우리는 기차 여행이 여행자들에게 좀 더 매력이 있도록 할 필요가 있다. 차가 도로에 너무 많아 환경이나 인간의 안전이 위협받고 있다. 좀 더 저렴한 비용으로 기차 여행을 할 수 있도록 해야 한다. 누구나 도로가 덜 붐비길 원하지만, 여전히 누구나 도로 여행의 편리함을 원한다. 새로운 유인책이 없는 한, 차를 버리고 기차를 선호하게 되지는 않을 것 같다.

이 글의 요지는 무엇인가? 그것은 분명히 사람들의 승용차 선호를 기차 선호로 바꿀 수 있는 방안을 제시하는 것과 관련되어 있으며, 그 근거로 사람들이 이렇게 바꾸게 되면 좋다는 점을 말하고 있다. 우리는 이 글을 다음과 같이 요약할 수 있다.

> 도로에 있는 수많은 차는 환경이나 인간의 안전에 나쁜 것이고, 새로운 유인책이 없다면 사람들이 차를 버리고 기차를 선호하게 되지는 않을 것이므로, 우리는 기차 여행이 좀 더 매력이 있도록 할 필요가 있다. 따라서 좀 더 저렴한 비용으로 기차 여행을 할 수 있도록 해야 한다.

결론에 '해야 한다' 라는 표현이 나온다는 점을 눈여겨보라. 이 때문에 우리는 어느 문장이 결론인지를 쉽게 알 수 있다. 이 글이 어떤 논증인지를 분명히 했다면, 이제 이 글이 좋은 논증인지를 생각해보기로 하자. 가령 승용차 운전자들이 기차를 이용하지 않는 이유는 기차 요금이 비싸기 때문인가, 아니면 기차 여행이 불편하기 때문인가? 기차 요금을 내리면 진짜 변화가 있을까? 원하는 결과를 잘 달성할 수 있는 다른 방안은 없을까? 이런 식으로 이 논증을 자세하게 분석하게 되면, 논증을 평가할 때 어떤 물음을 물어야 할지 알게 된다.

글이 논증을 포함하는지 여부 판단하기

글의 주제 때문에 처음 보면 논증이 들어 있는 것처럼 보이지만, 실제로는 그렇지 않은 경우도 있다. 다음 두 글을 생각해보자. 이 가운데 하나는 논증이라 생각될 수 있지만, 다른 하나는 그렇지 않다.

> 경찰에 신고되는 범죄 수가 늘어났다. 전반적인 범죄율이 높아진 것은 아닐 수도 있다. 대부분의 사람들이 범죄라고 생각하는 것 가운데 4분의 1 정도만 경찰에 신고된다.

> 대부분의 범죄는 스물한 살 이하의 사람들이 저지른다. 그러나 스물한 살 이하의 사람들은 대부분 범죄자가 아니다. 스물한 살 이상의 사람들 가운데

일부는 상습범이다.

첫 번째 글을 읽어보고, 글의 요지가 무엇인지를 생각해보자. 이 글은 경찰에 신고되는 범죄 수가 늘어났다는 사실을 말하고자 하는가? 이 글에는 그와 관련된 이유가 전혀 제시되어 있지 않으며, 단순히 그것이 사실이라고 말하고 있을 뿐이다. 이 글은 대부분의 사람들이 범죄라고 생각하는 것 가운데 4분의 1 정도만 경찰에 신고된다는 점을 말하고자 하는가? 이와 관련해서도 아무런 이유가 제시되어 있지 않다. 이 글은 전반적인 범죄율이 높아진 것은 아닐 수도 있다는 주장의 근거를 제시하고 있다고 할 수 있는가? 이 글은 그렇게 볼 수 있는 정보를 제시하고 있다. 경찰에 신고되는 범죄 수가 증가했다는 사실 때문에, 전반적으로 범죄 수가 증가했다고 생각하기 쉽다. 그러나 우리가 범죄라 생각하는 것 가운데 4분의 1 정도만 경찰에 신고되는 경향이 있다는 사실을 듣고, 이제 이런 경향이 바뀌어 범죄라 생각되는 것 가운데 더 높은 비율이 경찰에 신고되고 있다고 한다면, 전반적인 범죄율은 높아지지 않았을 수도 있음을 알 수 있다. 우리는 이 논증을 다음과 같이 고쳐 쓸 수 있다.

> 대부분의 사람들이 범죄라고 생각하는 것 가운데 4분의 1 정도만 경찰에 신고된다. 따라서 비록 경찰에 신고되는 범죄 수가 늘어났다 할지라도, 전반적인 범죄율이 높아진 것은 아닐 수도 있다.

이 글에는 원래 우리가 든 '논증 시사 표현'이 전혀 나오고 있지 않지만, 그럼에도 불구하고 이 글은 하나의 논증임을 주목해둘 필요가 있다.

이제 두 번째 글을 분석해보기로 하자. 이 글은 무엇을 말하고자 하는가? 이 글은 범죄와 관련된 통계에 대해 세 가지 주장을 하고 있는데, 어떤 의미에서 각각의 주장을 믿게 하려는 데 목적이 있는 것 같다. 왜냐하면 이 글은 세 가지 주장이 참이라고 말하고 있기 때문이다. 그러나 세 주장 가운데 어느 것도 다른 것을 뒷받침하지 않는다는 의미에서 이 글에는 단일 요지가 없다. 세 주장 가운데 하나를 결론으로 여길 수 있는 방식을 세 가지로 나열해보게 되면, 우리는 이 사실을 알 수 있다. 이 글에는 같은 주제에 관한 세 가지 정보가 나오고 있지만, 그 정보가 서로 논증 과정으로 연결되어 있지는 않다. 그러나 정보가 제시되고 있기 때문에, 다시 말해 통계가 거론되고 있기 때문에, 언뜻 보기에 통계가 논증에 자주 사용된다는 이유에서 이를 논증이라 생각하기 쉽다. 우리는 논증이란 단순히 정보를 제시하는 일이 아니라, 도리어 정보나 이유에 근거하여 결론을 제시하는 일임을 깨달아야 한다.

요약: 논증인지 파악하기

1. '그러므로', '따라서', '일 수밖에 없다', '일 리가 없다', '이어야 한다'와 같은 **결론 시사 표현**을 찾아보라.
2. **결론 시사 표현**이 나오지 않을 경우, 각각의 문장을 차례대로 살펴보아 '어느 한 문장을 받아들이도록 하기 위해 나머지 문장들은 추가 정보를 제시하고 있다고 볼 수 있는가?'를 물어보라. '그렇지 않다'라는 대답이 나온다면, 그 문장은 결론이 아니다. '그렇다'는 대답이 나온다면, 그 문장이 결론이다.
3. 글에 나오는 문장 가운데 어떤 문장도 결론이 아니라면, 그 글은 논증이 아니다. **결론이 없다면 논증도 없다.** 글에 나오는 문장 가운데 하나가 그 글의 나머지 부분에 나오는 이유(들)에 의해 뒷받침되고 있다면, 그 글은 논증이다.
4. 글에서 결론을 찾아냈다면, '그러므로'로 시작해 결론이 맨 끝에 오도록 글을 고쳐 써라. 이렇게 고쳐 쓴 글을 다시 쭉 읽어보아 말이 되는지를 검토해보라. 말이 된다면, 그 글을 논증이라고 생각해도 좋다.

(이 단계에서는 이유가 참인지 여부나 이유가 결론을 뒷받침하는 결정적 근거가 되는지 여부에 관해서는 신경 쓰지 마라.)

연습문제 1: 논증인지 파악하고 결론 찾아내기

아래 글이

(a) 논증인지 아닌지를 결정하고,

(b) 논증일 경우, 결론이 무엇인지 말해보라.

1. 애완동물은 사람에게 좋다. 조사 결과 애완동물을 키우는 사람은 그렇지 않은 사람에 비해 우울증을 앓거나 고혈압에 걸릴 가능성이 낮다는 사실이 밝혀졌다.
2. 고양이 배설물에서 발견되는 어떤 병균에 임산부가 감염되면 유산이 될 수도 있다. 고양이를 키우는 사람들은 대부분 이 병에 면역되어 있다. 토끼를 통해 선회병이나 살모넬라가 확산될 수도 있다.
3. 글씨를 잘 쓰는 학생은 대개 본 것을 잘 기억한다. 글씨를 잘못 쓰는 학생은 글자를 세심하게 보지 않는다. 읽기 연습이 글씨를 잘못 쓰는 학생에게 꼭 도움이 되는 것은 아니다.
4. 시험에는 대개 시간제한을 둔다. 하지만 이는 정당하지 않다. 이렇게 되면 실력이 있어도 제대로 발휘하지 못하는 사람이 있게 되며, 고용주들은 시간이 걸리더라도 제대로 된 해결책을 내놓는 사람을 뽑고자 하기 때문이다.
5. 강 주변의 농경지를 홍수로부터 보존하기 위해 수백만 파운드의 공적 자금이 쓰이고 있다. 강 주변에서 농사를 짓지 못하게 하고, 대신 그 돈의 일부를 농부들한테 보상금으로 지급해야 한다. 이렇게 하면 돈도 절약되고 환경에도 도움이 된다. 왜냐하면 강물이 넘치게 내버려두면, 홍수를 통해 자연스럽게 생기는 땅은 야생 동식물이 많이 사는 습지나 숲을 이루게 될 것이기 때문이다.
6. 올해 영국 일부 지역에 강풍이 분 날이 크게 증가했다. 강수량이 아주 많았던 달은 1월과 2월이었다. 3월은 아주 따뜻해서, 작년 4월의 평균 기온보다 더 높았다.
7. 물은 지구에 있는 자원 가운데 가장 흔한 것이기는 하지만, 담수는 2.53%에 불과하고 나머지는 모두 염수이다. 담수의 3분의 2는 극지방에 얼음 형태로 존재하거나 만년설에 들어 있다. 우리가 이용할 수 있는, 호수나 강, 지하수, 빗물에 있는 담수는 이제 점점 줄어들고 있다.

(수천만 명이 물 부족을 겪을 수 있다. 이것이 가장 큰 위기인가?,
마이클 맥카시, 「인디펜던트」, 2003. 4. 5.)

8. 새로 지은 웸블리 스타디움은 여러 가지 용도로 설계되었다. 대규모 체육 행사 때, 관중석 가운데 일부를 들어내면 경기 트랙으로도 쓸 수 있다. 그곳은 조립이나 해체가 어렵지 않도록 되어 있다.

9. 멸종위기에 처한 종의 보존 활동을 후원하는 단체인 북미야생협회는 1978년과 1979년 사이 흰머리수리가 35% 더 관찰되었다고 보고했다. 1979년에는 13,127회의 관찰이 보고되었는데, 이는 1978년보다 3,400회 더 증가한 수치다. 이는 흰머리수리의 수가 상당히 증가했음을 시사해준다.

(LSAT, 1981)

10. 감시 카메라를 설치하고 나서 쇼핑몰과 같은 지역의 경우 범죄가 줄어든 것으로 밝혀졌다. 하지만 감시 카메라의 도입이 완전한 성공은 아니다. 법을 잘 지키는 사람들은 자신의 활동이 감시받는 것을 달가워하지 않으며, 범죄자들은 여전히 똑같은 범죄를 저지르고 있다. 다만 감시 카메라가 설치되지 않은 지역에서 범죄를 저지르고 있을 뿐이다.
11. 대부분의 유권자들은 정당에서 내놓는 선거 공약집을 읽지 않는다. 유권자들은 때로 정당 대표가 누구인지를 보고 투표를 한다. 유권자들은 때로 현 정부의 정책이 자신들의 이익을 제대로 반영하지 못했다고 생각하여 야당에 투표하기도 한다.
12. 제한 속도를 더 낮추고, 제한 속도가 준수되도록 더 많은 노력을 기울이면 교통사고율도 낮아질 것이다. 그러나 이렇게 하면 안전하게 운전하는 대다수 사람들이 불편을 겪게 된다. 그렇기 때문에 이것은 현재의 제한 속도 상태에서 무모하게 운전하는 난폭 운전자 문제를 해결하는 합당한 방안일 수 없다.
13. 빅토리아 시대에는 대마초가 근육 경련이나 생리통, 류마티즘과 같은 여러 병을 치료하는 데 쓰였다. 지금은 의학적 목적으로 대마초를 사용하는 것마저도 불법이다. 대마초가 다발성 경화증을 완화시키는 데 효과가 있다는 점이 밝혀졌다.
14. 훈련을 많이 하면 할수록 경기력이 향상되며, 첨단 장비의 개발도 신기록을 수립하는 데 도움이 된다. 하지만 이렇다고 해서 훈련을 많이 하고 좋은 장비만 있으면 누구나 좋은 성적을 낼 수 있다는 말은 아니다. 과학자들은 가령 산소를 더 효율적으로 사용할 수 있어서 근육이 더 오래 기능하도록 하는 유전자를 지닌 사람이 있으며, 이런 사람이 운동선수로서 더 유리하다고 말

한다.

15. 일부 사회 역사가들은 1914년부터 1918년까지의 1차 세계대전을 거치면서 영국에서 여성의 지위가 향상되었다고 주장한다. 왜냐하면 여성들이 집안의 허드렛일이나 하다가 군수품 공장에서 일을 하게 됨에 따라 독립심과 자존심을 갖게 되었기 때문이다. 하지만 군수품 공장에서 하는 일이란 숙련된 기술을 필요로 하는 것이 아니라 단순 반복적인 일이었고 위험한 일이어서, 자신감을 갖게 할만한 그런 환경 조건이 전혀 아니었다. 그리고 전쟁이 끝나자 여성 노동자들은 전장에서 돌아온 군인들한테 그들이 하던 일을 다시 내주어야 했다. 많은 여성은 집안일로 되돌아왔다. 따라서 실상은 일부 사회 역사가들이 주장한 것과 많이 달랐던 것이다.

이유 찾아내기

우리는 여러 상황에서 이유를 제시한다. 예를 들어 논증의 결론을 뒷받침하기 위해, 왜 그렇게 행위해야 한다고 생각하는지를 보여주기 위해, 왜 어떤 일이 일어났는지 또는 왜 어떤 사람이 그렇게 행동했는지를 설명하기 위해 이유를 제시하기도 한다. 이 절에서는 논증의 결론을 뒷받침하기 위해 이유를 제시하는 경우에 초점을 맞추기로 한다.

우리가 논증 시사 표현이 전혀 나오지 않는 논증의 결론을 찾아냈다면, 우리는 이미 그 논증의 이유가 무엇인지를 대략 안다는 의미이다. 왜냐하면 결론을 찾아내기 위해서는, 그 글의 어느 부분이 결론을 뒷받침한다고 할 수 있는지, 즉 어느 부분이 이유인지를 파악했어야 하기 때문이다. 연습문제 1에서 여러분이 했던 작업이 바로 이런 것이었다. 그러나 논증 시사 표현을 이용해 결론을 찾아낸 경우라면, 이유가 어떤 것인지를 파악하기 위해서는 그 글을 다시 한 번 살펴보아야 한다.

우리는 이유가 제시되고 있음을 시사해주는 특징적인 표현들, 가령 '왜냐하면', '이므로', '때문에' 등을 이미 알고 있다. 예를 들어 앞에서 나온 팔스타프 논증을 우리는 다음과 같이 표현할 수도 있다.

> 다이어트를 하는 사람은 몸무게가 준다. 팔스타프는 몸무게가 줄지 않았기 때문에, 그는 다이어트를 했을 리가 없다.

이 예에서 '때문에' 라는 표현은 '팔스타프는 몸무게가 줄지 않았다' 가 팔스타프가 다이어트를 했을 리가 없다는 결론의 이유로 제시되고 있음을 시사해준다. 이유가 제시되고 있음을 분명히 말해주는 표현으로는, '그 이유는' 과 같은 표현도 있다. 때로는 '첫째, 둘째 등' 과 같은 단어로 시작되어 이유가 나열되기도 한다.

논증에는 가끔 조건문이나 가언문이 이유로 사용되기도 한다. 이것은 '만약' (또는 '……한 경우')으로 시작되는 주장이다. 조건문은 어떤 것이 참이라거나 어떤 것이 일어난다면(또는 그런 조건에서), 다른 어떤 것이 참이거나 참이 된다거나 또는 일어날 것임을 말한다. 가령 "만약 내가 안경을 쓰지 않고 책을 보면, 나는 두통이 생긴다"가 그런 예다. '만약' 이란 표현으로 시작되는 문장을 보면, 그 문장이 결론의 이유 가운데 하나로 제시되고 있는지 생각해보라. 이유로 제시되고 있는 것이 전체 문장이라는 사실을 기억하는 것이 중요하다. 그 주장을 두 가지 이유로 쪼개서는 안 된다. 때로는 논증의 결론이 조건문인 경우도 있으므로, 조건문은 언제나 이유로 나온다고 가정해서도 안 된다.

'결론 시사 표현' 과 마찬가지로, '이유 시사 표현' 도 이유를 제시하는 것 이외의 용도로도 쓰인다. 따라서 이런 표현이 나온다고 해서 반드시 이유가 제시되고 있다고 할 수는 없다. 그렇지만 그것은 유익한 단서가 될 수 있다. 하지만 때로 우리는 그런 표현이 전혀 나오지 않는 경우도 만날 것이고, 그런 경우 이유를 파악하기 위해서는 그 글의 의미에 대한 이해에 의존할 수밖에 없다. 이때 "나라면 이런 결론을 뒷받침하기 위해 어떤 이유를 제시할까?"를 스스로에게 물어보는 것이 도움이 된다. 그런 다음, 여러분이 생각해낸 이유가 그 글에 들어 있는지 살펴보라.

이미 말한 조건문 외에도 이유를 나타내는 주장에는 여러 가지가 있을 수 있다. 그것은 상식의 일부일 수도 있고, 일반적 원칙일 수도 있으며, 실험 결과의 보고일 수도 있고, 통계일 수도 있다. 이들의 공통점은 모두 참인 것으로 제시되고 있다는 점이다. 그런데 논증에 제시된 이유가 모두 그 논증 안에서 뒷받침될 수 있는 것은 아니다. 다시 말해 논증에는 최초 출발점이 있을 수밖에 없으며, 따라서 논증에는 아무런 근거도 제시되어 있지 않은 기본 이유가 적어도 하나 있을 수밖에 없다. 그래서 논증을 제시하는 사람은 종종 명백히 참인 것이거나 또는 다른 사람도 쉽게 확인해볼 수 있는 진리를 논증의 출발점으로 삼기도 한다. 그러나 항상 이런 것은 아니다. 논란의 여지가 있는 것을 기본 이유로 제시하는 사람도 있을 수 있다. 그런 사람은 그 논증이 논란의 여지가 있다는 사실을 숨기기 위해 그 주장의 근거를 제시하지 않았을 수도 있다. 다음 장에서 논증의 평가를 다룰 때에는 논증에 제시된 기본 이유가 참인지도 생각해보아야 한다.

논증의 구조

논증에서 이유가 결합될 수 있는 방식에는 여러 가지가 있다. 가령 결론을 뒷받침하는 이유가 하나뿐인 경우도 있다.

팔스타프는 더 날씬해졌다. 그러므로 그는 아마 다이어트를 해온 모양이다.

원래의 팔스타프 논증에는 두 가지 이유가 있었다.

이유 1 다이어트를 하는 사람들은 몸무게가 준다.
이유 2 팔스타프는 몸무게가 줄지 않았다.

이 두 이유가 합쳐져서 다음 결론을 뒷받침해준다.

팔스타프는 다이어트를 했을 리가 없다.

두 이유 가운데 어느 하나만으로는 결론을 뒷받침하기에 충분하지 않다. 논증에 사용되는 이유가 이런 식으로 꼭 두 개일 필요는 없다. 세 개의 이유나 네 개의 이유 또는 아주 많은 이유가 합쳐져야만 결론을 뒷받침하는 논증도 있다.

그러나 두 개(또는 그 이상)의 이유가 있는 경우, 이유들이 합쳐져서 결론을 뒷받침하는 것이 아니라, 독자적으로 결론을 뒷받침하는 때도 있다. 다음이 그런 예이다.

> 담배 광고는 젊은 사람들이 흡연을 하도록 부추기기 때문에 금지되어야 한다. 그러나 담배 광고가 젊은 사람들에게 그런 영향을 주지 않는다 하더라도, 담배 광고는 기존 흡연자들의 습관이 사회적으로 용인될 수 있다는 잘못된 인상을 주기 때문에 금지되어야 한다.

이 경우 담배 광고가 금지되어야 한다는 결론은 젊은 사람들로 하여금 흡연을 하도록 부추기는 나쁜 영향을 준다는 주장이나 혹은 흡연자들의 습관이 사회적으로 용인될 수 있다고 생각하게 하는 나쁜 영향을 준다는 주장에 의해서 뒷받침될 수 있다. 팔스타프 논증과 달리, 이 논증을 펴는 사람은 두 가지 이유를 모두 제시할 필요가 있다고 생각하지 않는다. 그는 (둘 가운데) 어느 이유든 참이라고 밝혀진다면, 그 논증을 통해 그런 결론을 내릴 수 있다고 주장하는 것이다. 그러나 여러 개의 이유가 합쳐져서 결론을 뒷받침하는 논증의 경우, 그 논증을 평가하려면 그 이유가 모두 참인지를 살펴보아야 한다.

우리가 방금 본 두 가지 예에서 한 경우는 이유가 합쳐져서 결론을 뒷받침하는 것인 반면, 다른 경우는 이유가 독립해서 결론을 뒷받침하는 것임이 분명하다. 그러나 이유가 합쳐져서 결론을 뒷받침하는지 아니면 각각이 독립적으로 결론을 뒷받침하는지가 논란거리인 논증도 있다. 다음 예를 보자.

> 남한에 주둔하고 있는 우리 4만 군대는 부패한 정권을 지원하고 있다. 철군을 할 경우 생기는 이익이면 예상되는 연방 정부 적자폭을 상당히 줄일 수 있다. 나아가 한국전쟁은 30년 전에 끝났다. 그러므로 지금은 우리 군대가 철수할 때이다.

(제임스 B. 프리만, 『논리적으로 생각하기』, 165면)

여기서 앞에 나오는 세 문장은 맨 마지막에 나오는 결론을 뒷받침하는 이유들이다. 그것들은 모두 철군해야 한다는 주장을 뒷받침하는 상당히 강력한 이유이므로, 이 글을 쓴 사람은 이들 이유가 독립적으로 결론을 뒷받침한다고 생각했을 수도 있다. 반면 이들 이유를 함께 고려해볼 때 그것들은 결론을 뒷받침하는 한층 강력한 이유가 된다. 여기서 우리는 이 논증을 어떤 식으로든 해석할 수 있다. 그러나 이와 같은 경우 모든 이유가 참이라면, 그 논증은 이유가 독립적이기보다는 합쳐져서 결론을 뒷받침한다고 해석할 때 더 강한 논증이 된다는 점을 명심할 필요가 있다.

지금까지 본 예들보다 훨씬 더 복잡한 논증도 많이 있다. 이유가 바로 결론을 뒷받침하는 경우도 있고, 다른 이유와 합쳐져서 또 다른 결론을 이끌어내기 위한 경우도 있다. 이런 경우에는 중간 결론과 최종 결론을 구분하는 것이 도움이 된다. 다음 예는 중간 결론이 있는 논증이다.

> 장래 부모가 될 사람들 가운데 대다수는 딸보다 아들을 선호한다. 그러므로 사람들이 아기의 성을 선택할 수 있게 한다면, 종국에는 여성 인구보다 남성 인구가 훨씬 많아질 것이다. 남성 인구가 압도적으로 많아질 경우, 심각한 사회 문제를 야기할 것 같다. 따라서 사람들이 아기의 성을 선택할 수 있게 하는 기법을 사용하지 못 하도록 해야 한다.

여기서 최종 결론은 '따라서' 라는 표현이 시사해주듯이 다음이다.

> 사람들이 아기의 성을 선택할 수 있게 하는 기법을 사용하지 못 하도록 해야 한다.

이 최종 결론을 위해 제시된 중간 이유는 다음 두 가지다.

> 사람들이 아기의 성을 선택할 수 있게 한다면, 종국에는 여성 인구보다 남성 인구가 훨씬 많아질 것이다.

남성 인구가 압도적으로 많아질 경우, 심각한 사회 문제를 야기할 것 같다.

이 가운데 첫째 이유는 그 자체로 '그러므로' 라는 표현이 시사하듯 하나의 결론이며, 이것은 다음의 기본 이유로부터 따라나온다.

장래 부모가 될 사람들 가운데 대다수는 딸보다 아들을 선호한다.

결국 이 글을 분석해보면 첫 번째 문장이 **기본 이유**이고, 이것이 두 번째 문장에 나오는 **중간 결론**을 뒷받침해주고 있으며, 이것은 다시 세 번째 문장에 제시된 다른 이유와 합쳐져서 마지막 문장인 **최종 결론**을 뒷받침하고 있음을 알 수 있다. 그러나 논증에서 이유와 결론이 언제나 이처럼 진행 순서대로 분명하게 제시되는 것은 아니다. 따라서 우리는 기본 이유가 항상 맨 먼저 나오고, 중간 결론이 중간에 나오며, 최종 결론이 맨 끝에 나온다고 그냥 가정해서는 안 된다.

지금까지 우리는 논증에 제시된 이유를 찾아내는 두 가지 방법을 살펴보았다. 첫째는 결론을 뒷받침해줄 만한 이유가 어떤 것일지를 생각해보는 것이었고, 둘째는 글에서 이유가 함께 묶일 수 있는 방식을 고려해보는 것이었다. 어떤 논증을 분석하기 위해서는 그 논증이 다루고 있는 주제를 잘 알아야 한다고 생각할지 모르겠다. 물론 그 주제를 잘 아는 사람일수록, 논증의 구조를 더 잘 파악할 수 있다. 그러나 신문이나 교재에 나오는 논증은 다양한 주제를 다루고 있지만, 대부분의 사람들은 그것을 잘 이해할 수 있으며, 연습문제를 풀어봄으로써 그런 능력을 향상시킬 수도 있다.

요약: 논증에서 이유 찾아내기

1. '왜냐하면', '때문에', '라고 할 경우' 등과 같은 **이유 시사 표현**을 찾아보라.
2. 결론을 찾아내고, "나라면 이런 주장을 뒷받침하기 위해 어떤 이유를 제시할까?"를 생각해보라.
3. 이유가 상식일 수도 있고, 일반 원칙일 수도 있으며, 실험 결과의 보고일 수도 있고, 통계 자료일 수도 있다.

4. 이유가 합쳐져서 결론을 뒷받침할 수도 있고, 이유가 독립적으로 결론을 뒷받침할 수도 있다.
5. 이유 가운데는 **중간 결론**으로 기능하는 것도 있다.

연습문제 2: 결론의 이유를 제시하기

옆 사람과 함께 돌아가며, 여러분 생각에 좋은 이유가 있다고 할 수 있는 간단한 주장을 하나 생각해보라. (예를 들어 주거지역에서는 제한 속도를 30마일 이하로 해야 한다고 생각한다고 하자. 왜냐하면 아이들이 뛰어놀기도 하는 길에서 차가 30마일 이상으로 달리게 되면 사망 사고를 불러올 수도 있기 때문이다.) 옆 사람에게 여러분의 '결론'이 무엇인지(이 경우, "주거지역에서는 제한 속도를 30마일 이하로 해야 한다")를 말하라. 그러면 옆 사람은 이 결론의 이유를 제시해야 한다. 여러분이 생각한 이유를 옆 사람이 생각해내지 못할 수도 있다. 하지만 그들이 생각한 이유가 더 좋은 이유일 수도 있다. 여기서 여러분은 잠정적인 이유가 적합한가 그리고 강력한가를 생각해보면 된다. 여러분이 가장 강력한 이유를 생각해내지 못할 수도 있다. 하지만 여러분은 결론과 무관하거나 배치되는 이유가 아니라, 결론과 관련된 이유를 제시해야 하고, 특히 결론을 뒷받침하는 이유를 제시해야 한다.

연습문제 3: 이유 파악하기

이 연습문제도 어떤 것이 주어진 '결론'을 뒷받침하는 이유로 간주될 수 있을지를 평가해보는 문제다. 각각의 물음에 대해 결론이 참이라고 볼만한 이유를 고르고, 왜 그것이 올바른 대답인지 그리고 왜 다른 것들은 잘못된 대답인지를 말하라. 여기서는 이유가 참인지 여부를 걱정할 필요는 없다. 여러분이 고른 이유가 참일 경우, 결론을 뒷받침하게 될지 여부만을 고려하면 된다.

1. **결론**: 헌혈하는 사람에게 대가를 지불해야 한다.
   (a) 헌혈 기구를 유지하는 데는 돈이 많이 든다.
   (b) 헌혈하는 사람은 대체로 다른 사람을 돕고자 하는 마음에서 그렇게 한다.

(c) 헌혈하는 사람이 현재 부족하지만 대가를 지불하면 더 많은 사람이 헌혈을 할 것이다.

2. **결론**: 사람을 뽑을 때 고용자는 지원자의 기술이 아니라 인성을 보고 결정해야 한다.
   (a) 인성은 시간이 지나면 변할 수 있으며, 기술은 시간이 지나면 낡아질 수 있다.
   (b) 기술은 쉽게 가르칠 수 있지만, 인성은 바꾸기 어렵다.
   (c) 어떤 기술은 누구나 배울 수 있는 것이 아니지만, 어느 누구나 좋은 인성을 개발할 수는 있다.

3. **결론**: 피부색이 옅은 사람은 햇볕에 노출되지 않도록 해야 한다.
   (a) 태양에서 나오는 자외선은 피부색이 옅은 사람에게 피부암을 유발할 수 있다.
   (b) 피부색이 진한 사람은 햇볕에 노출되어도 문제가 없다.
   (c) 피부색이 옅은 사람은 살이 타는 것을 막기 위해 선크림을 바른다.

4. **결론**: 너희 집에 단열재를 설치하는 것이 장기적으로 경제적일 것이다.
   (a) 단열재가 설치된 집은 난방을 하는 데 기름이 덜 든다.
   (b) 단열재가 설치된 집에서는 공기가 더 따듯하게 느껴진다.
   (c) 어떤 식의 단열은 집을 습하게 만들기도 한다.

5. **결론**: 범죄를 줄이기 위해서는 소년범을 교도소에 보내서는 안 된다.
   (a) 소년범은 교도소에서 직업 기술을 배울 수 있다.
   (b) 교도소 부족 문제를 해결하기 위해 새 교도소를 짓는다면 비용이 많이 들게 된다.
   (c) 소년범을 교도소에 보낼 경우 재범을 범할 가능성이 많다.

6. **결론**: 샘은 살인을 저질렀을 리가 없다.
   (a) 샐리는 살인을 저지를 동기나 기회가 있었다.
   (b) 샘은 살인을 저질러 얻을 게 아무 것도 없다.
   (c) 샘은 피살자가 칼에 찔려 죽었을 때 살인 현장과 수 마일 떨어져 있었다.

7. **결론**: 채식 위주의 식단이 건강에 도움이 된다.
   (a) 채식 위주의 식단은 어떤 중요한 비타민의 결핍을 불러온다.
   (b) 채식 위주의 식단은 심장병을 유발할 수도 있는 동물성 지방이 전혀 없다.
   (c) 채식 위주의 식단은 건강에 도움이 된다고 생각되는 생선 기름이 전혀 없다.

8. **결론**: 부모들은 자녀들에게 천연두 예방주사를 맞도록 해야 한다.
   (a) 천연두 예방주사를 맞으면 부작용이 따른다고 생각하는 부모들도 있다.
   (b) 만약 인구의 상당 비율이 천연두 예방주사를 맞지 않는다면, 몇 년마다 천연두가 창궐할 것이다.
   (c) 천연두에 걸릴 위험은 아주 낮다.

9. **결론**: 익사하는 사람은 수영을 못하는 사람이기보다 수영을 잘하는 사람이기 쉽다.
   (a) 수영을 못하는 사람은 수영을 잘하는 사람보다 위험스런 수상 스포츠를 훨씬 더 멀리한다.
   (b) 많은 익사 사고는 배를 탈 때 사람들이 구명조끼를 입지 않기 때문에 발생한다.
   (c) 수영을 잘하는 사람도 바다나 강에 빠지면 경황이 없다.

10. **결론**: 어떤 껌은 이에 좋지 않다.
    (a) 어떤 껌은 소비톨로 단맛을 내는데, 이것은 이를 썩게 하는 산을 중화시키는 역할을 한다.
    (b) 껌은 이 사이에 끼어 있는 설탕 입자를 제거해준다.

(c) 어떤 껌은 설탕으로 단맛을 내는데, 설탕은 이를 썩게 한다.

11. **결론**: 세계적으로 유행하고 있는 조류 독감 H5N1이 사람에게도 크게 유행할 가능성은 별로 없다.
   (a) 조류 독감에 걸린 새와 접촉하면 사람도 조류 독감에 걸릴 수 있다.
   (b) 조류 독감은 사람들끼리는 쉽게 전염되지 않는다.
   (c) 과학자들이 조류 독감 백신을 개발하기 위해 애쓰고 있다.

12. **결론**: 사람들이 먹은 것을 낱낱이 보고한 다음 이를 근거로 음식이 건강에 어떤 영향을 미치는지를 조사한 연구는 정확하지 않을 가능성이 높다.
   (a) 일부 사람들은 몸에 좋은 음식을 먹는 것을 좋아하지 않을 수도 있다.
   (b) 일부 사람들은 그들이 무엇을 먹었는지를 기억하지 못할 수도 있다.
   (c) 일부 사람들은 조사가 시작되었을 때 이미 건강하지 않았을 수도 있다.

13. **결론**: 만약 전기를 절약하고 싶다면, 잠깐이라도 방을 비울 경우에는 언제나 불을 꺼야 한다.
   (a) 불을 자주 껐다 켰다 해도 전구에는 해가 없다.
   (b) 전기를 덜 쓰면 돈이 절약되고 탄소 배출량도 줄일 수 있다.
   (c) 불을 새로 켜더라도 전기는 아주 조금밖에 들지 않는다.

14. **결론**: 컴퓨터 게임을 하는 것이 아이들에게 도움이 될 수도 있다.
   (a) 컴퓨터 게임을 하는 아이들은 책을 덜 읽는다.
   (b) 컴퓨터 게임을 빨리 시작할수록 아이들의 시력이 좋아진다.
   (c) TV를 보는 것이 컴퓨터 게임을 하는 것보다 더 교육적인 것은 아니다.

15. **결론**: 영국에서 이혼율이 낮아졌다고 해서 사랑 없이 결혼생활을 지속하는 사람들의 비율이 낮아졌다는 의미는 아니다.
   (a) 영국의 연간 결혼 건수는 꾸준히 감소해왔다.

(b) 결혼하지 않고 동거하는 사람들이 결혼하고 동거하는 사람들보다 더 많이 헤어지는 것 같다.

(c) 이혼하는 데 너무 많은 비용이 들기 때문에 그냥 결혼 생활을 지속하는 사람들도 있다.

연습문제 4: 논증의 부분 파악하기

다음 논증의 최종 결론과 이유를 찾아내라. 그리고 중간 결론이 있는지 말하라. 이유들이 합쳐져서 결론을 뒷받침하는지 아니면 독립적으로 뒷받침하는지 말하라.

1. 박물관이나 미술관에 들어갈 때 입장료를 내는 데 반대할 이유가 전혀 없다. 극장이나 연주회에 갈 때도 입장료를 낸다.
2. 런던에 있는 왕립 무료 병원 소속의 정신과 의사들은 우울증을 앓고 있는 약 70명의 환자들을 두 집단으로 나누어 대조 실험을 했다. 한 집단의 환자들과는 열두 번의 심리 치료 상담을 했고, 다른 집단의 환자들과는 주치의와 통상적인 상담을 하도록 했다. 아홉 달 후에는 두 집단에 속한 환자들이 모두 많이 좋아졌다. 나아진 비율이나 정도에는 두 집단 사이에 아무런 차이가 없었다. 따라서 심리 치료가 주치의와 상담하는 것보다 더 효과적이라고 할 수 없다.
3. 영국의 경우 공공장소에서 흡연을 금지하는 방안은 별 다른 저항 없이 받아들여질 것 같다. 영국보다 흡연율이 높은 나라인 스페인이나 이탈리아의 경우 그런 조치를 취하더라도 별 문제가 없었다.
4. 약이 인간에게 안전한지를 알아보기 위해 동물 실험을 한다고 해서 우리가 필요로 하는 정보를 얻을 수 있는 것은 아니다. 왜냐하면 동물은 인간과는 너무 다르기 때문이다. 동물 실험 결과 안전하다고 한 약 가운데도 인간에게 해로운 약이 있었고, 아스피린과 페니실린은 고양이에게는 독이 된다는 사실이 바로 이렇게 말할 수 있는 근거이다.
5. 유럽 국가의 경우 출산율이 급격히 낮아지고 있다. 이는 사람들이 이전보다 장수한다 하더라도 결국에는 인구가 감소하며, 노년 인구를 부양할 수 있는 생산 연령 인구가 점차 줄어든다는 의미이다. 은퇴 연령을 높이거나 젊은 사

람들이 생산성을 높이는 수밖에 없다.

6. 운전자에게도 대마초와 같은 마약 검사를 실시하는 방안을 고려하고 있고, 마약 성분이 전혀 나오지 않아야 한다는 기준을 채택하는 방안이 강구되고 있다. 이렇게 되면, 혈중에 대마초 성분이 조금이라도 남아 있는 사람들은 처벌을 받게 될 것이다. 운전하는 데 아무런 문제가 없는 사람도 처벌을 받을 수 있기 때문에, 이는 온당치 못하다. 왜냐하면 대마초는 넉 달까지 혈중에 남아 있을 수 있기 때문이다. 따라서 마약 검사를 도입한다면, 마약 성분이 전혀 나오지 않아야 한다는 것을 기준으로 삼아서는 안 된다.
7. 지구 온난화가 진행되고 있다는 점은 분명하다. 하지만 지구 온난화의 원인이 이산화탄소를 많이 배출하는 화석 연료를 쓰기 때문인지는 확실하지 않다. 지금처럼 화석 연료를 많이 사용하기 전에도 이미 지구가 따뜻했고 이산화탄소도 많았던 적이 있다.
8. 흡연과 관련된 질병 때문에 정부가 종종 얘기되는 것만큼 많은 비용을 부담하고 있는 것은 아니다. 담배 피는 사람이 아무도 없다면, 세금으로 걷는 수입도 크게 감소할 것이다. 그리고 많은 수의 흡연자들은 자기들 몫의 노후 연금이나 건강 연금을 받기도 전에 죽는다.
9. 동물의 장기를 인간에게 이식하도록 해서는 안 된다. 이런 장기 이식은 비용이 많이 들고, 동물의 질병이 인간에게 옮겨질 가능성도 배제할 수 없다. 이식할 장기가 부족하다는 문제는 더 많은 사람들이 장기 기증을 하도록 해 해결할 수 있다. 인간에게는 인간의 장기를 이식해야 생존 가능성도 높아진다.
10. [만약 동물을 죽이는 것이 그 권리를 침해하는 것이라면] 우리는 편리함을 위해 어린 강아지 가운데 일부를 죽여서는 안 되며, 굴이 19개면 충분할 때 20개를 따서는 안 되며, 그냥 즐겁기 위해 여름밤에 촛불을 켜서도 안 되며, 운 나쁜 나방이 부적절하게 최후를 맞게 해서도 안 된다. 진짜 중요한 일이 아니라면 우리는 산책을 해서도 안 된다! 왜냐하면 이 경우 우리는 분명히 길에 있는 많은 벌레들을 밟아 죽일 것이기 때문이다. 분명히 이런 것은 모두 유치하다. 어떤 것은 되고 어떤 것은 안 된다고 하는 구분선을 긋기란 불가능하므로, 나는 고통 없이 죽일 수만 있다면 아무 이유가 없더라도 동물을

죽일 수 있는 절대적인 권리가 있다고 보지만, 고통을 주게 된다면 특별한 정당화가 필요하다고 생각한다.

(루이스 캐롤, '생체 해부를 둘러싼 몇 가지 흔한 오류',
『루이스 캐롤 전집』, 1939, 1072면, 원저자의 강조)

11. 1980년대 후반 BSE('광우병')가 한창일 때 광우병에 감염된 고기를 먹었기 때문에 죽게 될 사람의 수는 처음 예상했던 것보다는 훨씬 적을 것이다. 처음에는 앞으로 한 50년에 걸쳐 수천 명이 죽을 것으로 예상되었다. 이것이 정확한 추정치라면, 지금쯤에는 적어도 129건 이상이 영국에서 보고되었어야 한다.
12. 여러 동·식물의 멸종 가능성을 걱정하는 환경보호론자들은 세계 도처에 보호 구역을 설정해야 한다고 주장한다. 하지만 그렇게 하면 몇몇 가난한 나라의 경우 그 사람들이 이용할 수 있는 유일한 자연 자원을 이용할 수 없게 된다. 경제 원조가 없다면 국제 사회가 아니라 가난한 개인들이 보존의 대가를 지불하는 결과가 되기 때문에, 그런 나라에는 보호 구역을 설정하면서 경제 원조도 해야 한다.
13. 남자가 여자보다 길 찾기 능력이 뛰어나다고 말한다. 그 증거로 남자가 지도를 더 잘 보며, 미로 찾기도 더 잘한다는 사실을 든다. 하지만 그렇기 때문에 남자가 길 찾기 능력이 더 뛰어나다는 주장은 너무 단순한 견해이다. 이정표를 기억하는 능력은 남자보다 여자가 훨씬 나으며, 낯선 지역에서 길을 찾는 데는 이 능력이 아주 중요하다.
14. 인터넷 '사전'인 위키디피아가 보통의 백과사전만큼 믿을만하다는 주장은 터무니없다. 보통의 사전에 나오는 항목과 달리 위키디피아에 있는 항목은 해당 분야의 전문가가 아니더라도 쓸 수 있다.
15. 도로의 교통량이 꾸준히 증가하고 있다. 새로운 도로를 낸다거나 기존 도로를 확장하면 교통량만 더 늘어날 뿐이다. 자동차를 몰면 경제적 불이익이 따르도록 해야만 비로소 운전자들의 생각이 바뀔 것이다. 교통 체증을 해결하는 유일한 방안은 통행료를 물리는 것이다.

연습문제 5: 가정에 대해 생각해보기

아래에는 신문 기사에서 따온 약간 긴 글이 나오는데, 이 글은 1992년부터 2000년까지 미국 대통령을 지낸 빌 클린턴이 부인 외의 다른 여자와 이른바 성적 관계를 가졌다는 이유로 비난받아야 하는지를 다루고 있다. 이 기사는 클린턴과 모니카 르윈스키와의 관계 — 클린턴은 처음에는 부인하다가 나중에는 르윈스키와 부적절한 관계에 있었음을 시인했다 — 가 밝혀지기 전에 쓴 것이다. 다음 몇 가지 점이 이 글을 이해하는 데 도움을 줄 것이다.

- 글쓴이는 두 번째 문장에서 '삼단논법' 이란 말을 쓰고 있다. 하지만 이는 정확한 용법이 아니다. 삼단논법이란 특정 형태의 논증이다. 글쓴이가 삼단논법이라고 말하고 있는 것은 단지 조건문일 뿐이다.
- 첫 문단에서 글쓴이는 전 미국 대통령 닉슨을 언급하면서 "미국 국민들은 그가 낮 시간 동안 어디에 있는지 확실하게 알 수 없었다"고 말하고 있다. 이는 닉슨을 믿지 못할 정치인으로 보는 널리 퍼진 생각을 말하는 것이다. 그의 별명은 '종잡을 수 없는 딕키' (Tricky Dickie)였다.

다음 글을 읽고 여러분 생각에 최종 결론이 무엇인지를 말하고, 어떤 가정이 들어 있는지를 말해보라.

> 정치인의 성생활을 조사해도 된다고 주장하는 사람들은 일반적으로 두 가지 근거를 댄다. 하나는 "어떤 남자가 자신의 부인을 속인다면, 그는 나라도 속일 것이다"라는 명백한 삼단논법이다. 그러나 일반적인 평가에 따를 때 포드나 카터는 강한 남편이기는 했지만 유약한 대통령이었다. 내 생각에 닉슨의 부인은 딕이 매일 밤 어디에 있는지 알고 있었다. 문제는 미국 국민들이 그가 낮 시간 동안 어디에 있는지를 확실하게 알 수 없었다는 점이다. 역으로 비범한 정치적 두뇌를 가진 많은 사람에게 신은 너무 많은 남성 호르몬을 주었다는 것은 슬프지만 분명한 사실이다.
>
> 통치자의 성생활에 관심을 가져도 된다고 하는 두 번째 이유는 지도자란

암암리에든 드러나게든 그 나라의 본보기가 되는 것이며, 따라서 그들이 점잖지 못한 일을 한다면 그것은 위선이라는 것이다. 그러나 빌 클린턴은 이전의 다른 미국 정치인들과 달리, 자신이 한점 부끄러움이 없는 삶을 살았다고 공개적으로 주장한 적이 없다.

미국이 지도자에게 엄격한 성도덕을 부과하고자 한다면, 케네디 역설을 적절히 해결할 수 있어야 한다. 나는 한 달 전 달라스에서 케네디 암살 30주년 때 많은 사람들이 그의 죽음을 애도하면서 성호를 긋는 것을 보았다. 당시 그들은 '그가 살았더라면' 이란 말을 했으며, 중년 나이의 수백만의 미국인들은 날마다 그런 말을 한다. 그들은 위대한 것이 사라져버렸다고 하는데 대한 하나의 의식을 만들어내고 있는 것이다. 그러나 케네디가 지금까지 살아 있다면, 그는 슈퍼마켓에서나 파는 잡지에 매주 가십거리로 오르내렸을 것이다. 그가 1980년대에 대통령 선거에 나왔더라면, 여성 스캔들이 TV에 나와 예비 선거마저 통과하지 못했을 것이다.

따라서 우리는 [그의 성생활 때문에] 빌 클린턴을 비난하지 말라고 비판자들에게 말해주어야 한다.

(마크 로슨, 「인디펜던트」, 1993. 12. 30. 일부 수정)

가정 찾아내기

지금까지 우리는 논증을 구성하는 가장 기본적인 두 요소인 이유와 결론에 관하여 논의했다. 하지만 논증을 완전하게 이해하기 위해서는 논증이 의거하고 있는 가정도 찾아낼 수 있어야 한다.

'가정' 의 정의

논증의 맥락에서 '가정' 이 무슨 뜻인지를 분명히 하기 위해, 먼저 일상 대화에서 우리가 어떤 것을 '가정한다' 고 할 때 이것이 무슨 말인지를 한 번 생각해보기로 하자. 여러분이 나한테 점심 때 우체국에 갈 거라고 말하자, 나는 "차를 가져가,

걸어가기에는 너무 머니까"라고 말했다고 하자. 이때 여러분이 "너는 걸어가기에는 너무 멀다고 가정하고 있는데, 그렇지 않아"라고 응수한다고 해보자. 이때 여러분은 내가 방금 말한 어떤 것을 가리켜서 내가 잘못 알고 있다고 말하는 것이다. 따라서 일상적 용법에 따를 때, '가정'은 명백히 주장된 것이지만 참이 아니거나 참이 아닐 가능성이 있는 어떤 것을 말한다. 사람들이 '가정'이란 말을 쓸 때, 그 의미 가운데 하나는 대개 그것이 참이라는 뚜렷한 증거가 없다는 것이다. 다시 말해 사람들은 가정이란 말을 써서 사실로 알려진 것과 그냥 단순히 믿고 있는 것을 구분하는 것이다.

'가정'이란 말을 이런 식으로 이해한다면, '가정'은 논증에 나와 있기는 하지만 참이 아닐 수도 있는 이유나 결론을 가리킨다고 할 것이다. 그러나 논증 분석을 다루는 사람들은 대개 논증의 이유나 결론과 논증의 **가정**을 엄격하게 구분한다. 우리도 이런 구분을 받아들일 것이다. 더구나 우리가 가정이란 말을 쓸 경우, 그것은 사실이라고 알려진 것과 그냥 단순히 믿고 있는 것을 구분하고자 하는 것이 결코 아니다.

논증에 나오는 가정을 논의하기 위해, 우리는 '가정'이란 말을 당연하다고 여겨지지만 진술되지 않은 어떤 것, 즉 명시적인 것이 아니라 암암리에 주어진 어떤 것이란 의미로 쓰기로 한다. 실제로 가정은 진술되지 않았다는 점에서 이유와 구분된다. 논증의 가정이 참이라는 강력한 증거가 있는 경우도 있고 그렇지 않은 경우도 있다. 이 점은 이유와 가정의 공통점이다.

논증을 평가할 때 **가정**(assumption)이란 말 대신 **전제**(presupposition)라는 말을 쓰기도 한다. 우리는 가정이란 말을 쓰기로 하겠다. 그 이유는 '전제한다'(presupposing)가 '상정한다'(supposing)와 혼동될 가능성이 있기 때문이다. 논증에서 'x가 참이라고 **상정**해보자'라고 할 경우, 이는 x가 참이라고 말하는 것도 아니고 x가 참이라고 가정하는 것도 아니다. 도리어 이는 x가 참이라면 어떻게 될지를 생각해보자는 것일 뿐이며, x가 거짓일 수밖에 없다는 점을 보이기 위해 그렇게 하는 경우도 많이 있다. 따라서 우리는 '상정한다'라는 말이 나온다고 해서 가정이 행해지고 있음을 시사해준다고 생각해서는 안 될 것이다. 사실 우리는 진술되지 않은 어떤 것을 가리키기 위해 '가정'이란 말을 사용하기 때문에, 논증에 이런 종류의 가정이 있음을 시사해주는 특수한 표현이란 있을 수 없다.

위에서 설명한 '가정'의 의미에서, 논증은 여러 가지 가정을 가지고 있다. 우리가 접하는 논증에는 논증을 표현하는 단어들의 의미와 같이 우리가 공유하는 전반적인 배경 지식이 들어 있으며, 제시된 이유를 뒷받침하는 온갖 가지 일반적인 지식도 들어 있다. 때로는 이들 가정이 논란의 여지가 없는 것이어서, 그것들을 명시적으로 밝힐 필요가 없는 경우도 있다. 그러나 논증이 분명하지 않은 가정에 근거하고 있는 경우도 있다. 이때 그 논증을 평가하기 위해서는 가정이 어떤 것인지를 정확히 표현해보는 것이 중요하다.

우리는 뒤에 가서 단어의 의미에 관한 가정이나 유사한 상황과 관련된 가정, 그리고 주어진 설명이 적합한가와 관련된 가정 등에 대해 논의할 것이다. 이 장에서는 논증에서 가정이 하는 다음 두 가지 중요 기능에 초점을 맞출 것이다. 첫째는 논증에 제시된 기본 이유를 뒷받침하는 기능이고, 둘째는 논증 안에 빠져 있는 단계로서, 결론을 정당화하기 위해서는 명시된 이유에 덧붙여져야 하는 추가 이유로서의 기능이거나 아니면 이유에 의해 뒷받침되고 다시 최종 결론을 뒷받침하기 위해 추가되어야 하는 중간 결론으로서의 기능이다. 가정의 이런 두 가지 기능을 몇 가지 예를 통해 살펴보기로 하자.

기본 이유를 뒷받침하는 가정

(형태가 약간 다르기는 하지만 결론 시사 표현이 없는 논증의 예로 앞에 나온 바 있는) 다음 논증은 기본 이유 가운데 하나를 뒷받침하는 기능을 하는 가정이 들어 있는 예이다.

> 인구의 3분의 1은 여전히 흡연자이다. 누구나 흡연이 폐암이나 심장 질환을 일으킨다는 점을 알고 있음이 분명하다. 따라서 흡연의 위험을 아는 것으로는 금연을 하는 데 충분하지 않다.

이 논증은 결론을 위해 두 가지 (기본) 이유를 제시하고 있다.

이유 1: 인구의 3분의 1은 여전히 흡연자이다.

이유 2: 누구나 흡연이 폐암이나 심장 질환을 일으킨다는 점을 알고 있음이 분명하다.

이런 논증에서 기본 이유는 잘 확립된 사실이거나, 우리가 쉽게 점검해볼 수 있는 사실적인 주장인 경우가 많다. 여기서 이유 1도 이런 성격을 지닌 것이라고 할 수 있다. 여기 나오는 기본 이유는 믿을만한 통계에 의해 뒷받침될 수 있는 일반적으로 받아들여지는 사실이거나, 아니면 논증을 제시한 사람이 통계를 잘못 본 것이고 흡연 인구의 비율이 실제로는 3분의 1이 아닌 것으로 밝혀질 수도 있을 것이다. 그러나 이유 1과 관련된 가정이 합당한지에 관해서는 우리가 여기서 걱정할 필요가 없다. 이 경우 우리는 정확한 수치를 찾아볼 수 있을 테고, 게다가 정확한 수치가 결론을 확립하는 데 꼭 필요한 것도 아니기 때문이다. 인구의 일부가 여전히 흡연자이고 — 우리는 우리 자신의 경험을 통해 이것이 참임을 확인할 수 있다 — 그리고 이유 2가 참이라면, 이유 1은 이유 2와 합쳐져서 결론을 잘 뒷받침해준다고 할 수 있다.

그러나 이유 2는 이유 1만큼 분명한 사실적 주장은 아니다. 이 주장을 뒷받침하는 것은 어떤 것일까? "누구나 ……를 알고 있음이 **분명하다**"는 주장은 이 문제에 관해 사람들이 잘 알고 있다고 할만한 이유가 밑에 깔려 있음을 시사해준다. 그런 이유가 될만한 것은 흡연의 해악에 관해 — 텔레비전이나 신문, 그리고 병원 대기실의 포스트 등에 의해 — 널리 홍보가 되었다는 점일 것이다. 그러나 흡연의 해악에 관해 널리 홍보가 되었다고 하는 의심의 여지가 없는 주장으로부터 누구나 흡연의 위험을 알고 있음이 분명하다고 하는 또 다른 주장으로 나아가려면, 어떤 가정이 필요하다. 그러기 위해서는 누구나 그런 정보를 받아들였으며, 누구나 도처에 나붙은 그런 메시지를 이해할 수 있고, 누구나 그런 메시지가 참이라고 받아들인다고 하는 가정을 해야 한다.

이것은 해볼 만한 합당한 가정인 듯이 보인다. 그러나 그 가정에 의문을 제기하는 사람도 있을 수 있다. 그런 사람은 대대적인 홍보 캠페인에도 불구하고 통계가 결정적이지 못하다고 생각해서, 흡연과 질병 사이에 인과적 연관성이 없다고 믿는 사람도 있다고 지적할 것이다. 어떤 사람은 이 가정이 논란의 여지가 없다고 생각할 수도 있다. 그렇다 하더라고, 이 예는 논증에 제시된 기본 이유를 뒷받침하는 가정들을 우리가 어떤 방식으로 찾아내야 하는지를 보여준다. 그런 가정을 찾아내는 일은 이유가 참인지를 평가하는 작업과 밀접히 연관되어 있다. 이유가 참인지를 평가하는 작업에 대해서는 다음 장에서 논의할 것이다.

기본 이유를 뒷받침하는 가정의 또 다른 예는 다음 글에 나온다.

> 모든 인간 활동은 위험을 내포하고 있기 때문에, 산재 사고는 절대 없어지지 않을 것이다. 그러나 전체 사고 수를 상당히 줄일 수는 있으며, 이를 달성하는 가장 확실한 방안은 산재 사고가 발생할 경우, 그 작업장의 고용주를 형사 처벌하거나 고용주에게 과태료를 물리는 것이다. 이런 정책은 개인적으로는 불공정한 결과를 불러올 수도 있겠지만, 안전한 작업장을 확보하는 데 가장 효과적인 방안이다.

계속해서 읽기 전에, 이 글이 무엇을 권하고 있는지, 그리고 왜 그렇게 권하고 있는지를 스스로에게 물어보아라.

이 글은 산재 사고가 일어나는 작업장의 고용주를 처벌할 것을 제안하고 있다. 이유는 그것이 사고를 줄일 수 있는 최선의 방책이라는 것이다. 여기에는 가정이 분명히 들어 있다. 그것은 처벌의 위협이 고용주의 행위에 영향을 미치리라는 것이다. 그러나 여기에는 그 이상의 가정이 들어 있다. 왜냐하면 고용주가 현재 발생하는 사고를 일정 부분 방지할 수 없다면, 처벌 제도가 있다고 해서 사고가 줄어들지는 않을 것이기 때문이다. 따라서 이 논증에는 고용주가 어떤 조치를 취할 경우 일정 부분의 사고는 방지할 수 있다는 가정이 들어 있는 것이다.

이들 가정은 모두 처벌의 위협이 사고를 줄이게 된다는 주장을 뒷받침하는 이유라고 할 수 있고, 이들 모두 합당한 가정이다. 그러나 이런 가정을 한다 하더라도 결론은 너무 강하다. 왜냐하면 형사처벌을 하는 방안이 사고 수를 줄이는 가장 확실한 방안이라는 주장을 뒷받침해줄 수 있는 것은 아직 아무것도 없기 때문이다. 그러므로 여기에는 또 다른 가정, 즉 사고 수를 줄이는 데 이 방안만큼 효과적인 방안은 없다는 가정이 들어 있다고 할 수 있다. 그런데 이 가정은 다른 것들보다 논란의 여지가 더 많다. 왜냐하면 고용주들에게 어떤 유인책을 제시해서 사고를 줄이는 조치를 취하게 할 수도 있기 때문이다.

숨은 이유나 숨은 결론으로서의 가정

두 번째 유형의 가정은 논증 안에서 빈틈을 채우기 위해 필요한 것이다. 이런 가정은 결론을 완벽하게 뒷받침하기 위해 꼭 필요한 추가 이유일 수도 있고, 이유와 결론을 연결짓기 위해 필요한 것일 수도 있다. 다음은 전자의 경우를 보여주는 논증의 예이다.

> 단어를 기억하는 데 시간이라는 요소가 어떤 영향을 미치는지를 알아보기 위해 조사를 한 결과, 피험자들이 기억하는 단어 수는 10초 후보다 30초 후가 더 적었다. 따라서 우리는 피험자들이 60초 후에는 30초 후보다 더 적은 수의 단어를 기억하리라고 예상할 수 있다.

계속하기 전에 무엇이 가정되고 있는지 한 번 생각해보라. 여러분이 찾아낼 수 있는 가정이 있다면, 무엇이든 적어보라.

이 논증은 피험자가 60초 후에는 30초 후보다 더 적은 수의 단어를 기억할 것이라는 결론을 뒷받침하기 위해 한 가지 이유를 제시하고 있다. 그 증거란 10초 후보다 30초 후에 더 적은 수의 단어를 기억했다는 것이다. 그러나 이 증거가 결론을 뒷받침하려면, 기억력이 30초 후에도 계속해서 줄어든다는 사실이 참이어야 한다. 따라서 이 논증은 결론을 이끌어내기 위해 이런 가정에 의존하고 있다고 말할 수 있다. 이런 가정을 명시적으로 하지 않더라도, 주어진 증거로부터 여기서 말하는 결론이 따라나온다고 생각하는 사람도 있을 수 있다. 또한 이런 가정을 찾아냈을 때, 그 가정이 합당하다고 생각하는 사람도 있을 수 있다. 그렇지만 피험자가 아직 기억하고 있는 단어 수가 기억력이 지탱할 수 있는 정도이어서 60초 후에도 30초 후만큼 많은 단어를 기억하게 될 수도 있다. 세심한 심리학자라면 추가 실험을 해보지 않은 상태에서는 일정한 결론을 내리려고 하지 않을 것이다.

다음에 또 다른 예가 있는데, 이것도 이유 가운데 하나가 진술되어 있지 않은 경우이다.

> 담배 광고를 금지하게 되면, 담배 회사들은 광고에 지출할 돈을 절약하게 될 것이다. 그 결과 담배 회사들은 그들끼리의 경쟁을 위해 담배 값을 내릴 것이다. 그러므로 담배 광고를 금지하게 되면, 흡연 증가가 초래될 것으로 보인다.

더 읽기 전에 이 글에 나오는 논증에 관해 생각해보라. 이 글의 결론은 무엇인가? 이 글에 나와 있는 기본 이유는 무엇인가? 여기에 중간 결론이 있는가? 논증의 어느 단계가 진술되지 않았는지를 찾아낼 수 있는가?

이 논증은 기본 이유로 시작하고 있다.

> 담배 광고를 금지하게 되면, 담배 회사들은 광고에 지출할 돈을 절약하게 될 것이다.

이로부터 이 논증은 결론(중간 결론)을 이끌어낸다.

> 그 결과 담배 회사들은 그들끼리의 경쟁을 위해 담배 값을 내릴 것이다.

그 다음 최종 결론을 이끌어낸다.

> 담배 광고를 금지하게 되면, 흡연 증가가 초래될 것으로 보인다.

담배 가격의 하락이 사서 피는 담배 양에 아무런 차이도 가져오지 않는다면, 중간 결론으로부터 최종 결론이 따라나오지는 않는다. 그러므로 이 이행에는 하나의 가정, 즉 담배 값을 내리면, 흡연자들은 담배를 더 많이 피우게 된다거나 아니면 비흡연자들이 새로이 흡연자가 된다고 하는 가정이 깔려 있다고 할 수 있다. 결론은 '흡연 증가'가 정확히 무엇을 의미하는지 말해주고 있지 않다. 따라서 우리는 가정이 다음 두 가지 가운데 어느 것인지 혹은 둘 다인지 명확하게 알 수 없다.

담배 값을 내리면, 흡연자들의 흡연량이 늘어나게 된다.

담배 값을 내리면, 새로이 흡연자가 늘어나게 된다,

결론을 뒷받침하기 위해서는 이들 가정 가운데 적어도 하나가 필요하다는 점은 분명하다. 그런데 이들 가정은 둘 다 의문의 여지가 있다. 어쨌건 이 논증은 가정이 중간 결론과 합쳐져서 논증의 최종 결론을 뒷받침하는 역할을 하는 사례의 하나이다.

어떤 논증에서는 중간 결론이 숨어 있는 경우도 있다. 화랑(畵廊)에 도둑이 든 사건과 관련해 경찰관이 상관에게 보고한 다음 내용을 생각해보자.

범인은 비상문으로 빠져나갔음이 분명하다. 그는 지금 이 건물 안에 없지만, 건물을 빠져나가는 게 눈에 띄지 않았고, 그리고 각 출입문에는 경비가 배치되어 있었다.

이 경찰관은 그가 실제로 진술하고 있지는 않았지만 어떤 중간 결론을 내리고 있는가? 그것은 합당한 결론인가?

경찰관은 아래 세 가지 이유를 들고, 이 세 가지가 합쳐져서 범인이 비상문으로 도망갔음이 분명하다는 결론을 뒷받침해준다고 생각한다.

이유 1 범인은 지금 이 건물 안에 없다.

이유 1은 범인이 건물을 빠져나갔음이 분명하다는 주장을 뒷받침해준다. 그러나 다음 두 이유만으로는 범인이 비상문으로 빠져나갔음이 분명하다는 결론을 내릴 수 없다.

> **이유 2** 범인이 건물을 빠져나가는 게 눈에 띄지 않았다.
> **이유 3** 각 출입문에는 경비가 배치되어 있었다.

이를 위해서는 이유 3이 "비상문을 통해서가 아니라면 어느 누구도 눈에 띄지 않게 건물을 빠져나갈 수 없다"고 하는 중간 결론을 뒷받침해준다고 가정해야 한다. 이 가정은 이유 1, 2와 합쳐져서 결론을 강력하게 뒷받침해준다. 그러나 이 가정 자체는 논란의 소지가 있다. 아마 경비가 제대로 경비를 서지 않았거나, 범인을 제대로 알아보지 못했거나, 아니면 범인이 1층 창문을 통해 몰래 건물을 빠져나갔을 수도 있기 때문이다.

위의 예들을 통해, 우리는 가정을 찾아내게 되면 그 가정이 참인지를 묻게 되고, 추가 증거나 정보를 얻을 때까지 논증에 대한 판단을 유보하게 되는 경우도 있다는 점을 알았다. 그러나 가정을 찾아냈는데 그 가정이 참이라고 볼 이유가 전혀 없는 경우도 있다. 그 경우 우리는 그 논증이 건전하지 않다고 판단하게 될 것이다. 다음 예를 생각해보자.

> 어떤 사람은 TV에서 폭력 장면을 보여준다고 해도 이는 시청자들의 행위에 아무런 영향도 주지 않는다고 말한다. 그러나 TV에 방영된 것이 행위에 아무런 영향도 주지 않는다면, TV 광고도 시청자들이 물건을 사는 데 아무런 영향을 주지 않을 것이다. 그러나 우리는 그것이 영향을 준다고 알고 있다. 따라서 TV 폭력 장면이 행위에 아무런 영향도 주지 않는다는 것은 사실일 리 없다.

여기에 숨어 있는 가정이 무엇인지 생각해보고, 그 가정에 무슨 잘못이 있는지를 말해보라.

언뜻 보기에 이것은 그럴듯한 논증 같다. 사실 많은 사람들은 이 논증이 결론을 잘 확립해준다고 생각한다. 그러나 어떤 식으로 해석하든, 이 논증은 의문의 여지가 있는 가정에 의존하고 있다. 이 논증을 해석하는 한 가지 방식은 TV 폭력 장면과 TV 광고가 중요한 점에서 유사성을 갖는다고 보는 것이다. 즉 전자가 시청자들의 행위에 영향을 미친다면 후자도 시청자들의 행위에 영향을 미친다고 보아야 한다는 가정을 하고 있다고 보는 것이다. 하지만 이 논증에 분명하게 나와 있는 유일한 공통점은 둘 다 TV에 나온다는 점뿐이다.

TV 폭력 장면과 TV 광고는 어떤 점에서 유사하다. 예를 들어 그것들은 극적이며, 시청자들이 그것들을 기억한다는 점에서 어떤 영향을 미친다. 그러나 이 둘 사이의 어떤 차이 때문에 시청자들의 행위에 미치는 영향이 다를 수도 있다. 폭력 장면이 나오는 프로그램들은 폭력을 팔려고 하지는 않으며 폭력 장면이 시청자들에게 매력적으로 보이도록 하고자 하는 것도 아니라는 점에서 둘은 서로 다르다. 그리고 폭력에 대한 대부분의 반응은 폭력은 좋지 않다는 것인데 반해 광고에 나오는 어떤 삶의 방식에 대해서는 그것이 좋다거나 혹은 자신도 그렇게 하고 싶다는 생각을 갖게 한다는 점에서도 이 둘은 차이가 있다. 그러므로 TV 폭력 장면과 TV 광고가 시청자들의 행위에 영향을 미치는 방식이 유사하다는 가정은 의문의 여지가 있다.

위의 글을 해석하는 또 다른 두 가지 방식도 있는데, 이들도 모두 확실하지 않은 가정에 근거하고 있다. 하나는 TV 광고가 시청자들의 행위에 영향을 주기 때문에, 폭력 장면을 포함해 TV에 나오는 것은 모두 시청자들의 행위에 영향을 미친다는 해석이다. 그 경우 TV에 나오는 어떤 것이 행위에 영향을 준다면, 모든 것이 다 영향을 준다고 하는, 확실하지 않은 가정이 들어 있다고 해야 한다. 다른 하나는 광고의 예가 TV에 나오는 것 가운데 일부가 행위에 영향을 준다는 것을 입증해주고 있다는 해석이다. 이 경우 이 논증은 TV에 나오는 것 가운데 일부가 행위에 영향을 준다면, TV에 나오는 폭력 장면도 분명히 그런 일부에 해당한다고 하는, 아주 근거 없는 가정에 의거해야만 결론을 이끌어낼 수 있다.

이 논증이 결론을 강력하게 뒷받침하고 있지 않다는 점을 알아냈다고 해서, 그 결론이 거짓임을 보인 것은 아니다. 아마 TV에 나오는 폭력 장면이 시청자들의 행위에 실제로 영향을 미치는 것일 수도 있다. 그렇다 하더라도 그것은 앞의 논증을 통해 확립될 수 있는 진리가 아니다. 다른 사람의 논증에 들어 있는 잘못을 찾아낼 수 있는 능력은 아주 값진 기술인데, 이에 대해서는 다음 장에서 자세하게 논의할 것이다.

앞에서 본 예들은 특정 논증의 주제와 관련된 특수한 가정에 관한 논의였다. 어떤 가정은 논증이 제시되는 전체 맥락을 구성하는 것이지만 명시적으로 밝혀질 수 없는 경우도 있다. 그 경우 맥락을 잘 모르는 사람이면 논증을 이해하기가 어렵다. 다음 글을 보자.

> 코뿔소 뿔을 갈아 만든 가루가 흥분제 성분을 지니고 있다고 주장되어왔는데, 그 효과를 연구해온 과학자들은 그것이 인간 신경계에 미치는 영향을 전혀 찾아낼 수 없었다. 100명에게는 그 가루를 복용하게 하고, 다른 100명에게는 위약(僞藥)으로 쌀가루를 복용하게 하는 실험을 해보았다. 흥분이 증가했다는 사람들 가운데 쌀가루를 복용한 사람들이 코뿔소 뿔을 갈아 만든 가루를 복용한 사람들보다 월등히 많았다. 이는 코뿔소 뿔이 흥분제 성분을 함유하고 있지 않을 가능성이 높다는 사실을 입증해준다.

실험을 서술하고 실험이 입증해주는 것이 무엇인지를 말하면서, 이 논증은 쌀가루가 흥분제가 아니라는 점을 굳이 말하고 있지 않다. 그러나 다음과 같이 논증할 경우, 이것이 당연한 것으로 간주되고 있음을 알 수 있다.

> 만약 코뿔소 뿔에 흥분제 성분이 들어 있다면, 그 가루를 복용한 이후에 흥분이 증가했다는 사람들의 수가 흥분제 성분이 들어 있지 않은 쌀가루를 복용한 이후에 흥분이 증가했다는 사람들의 수보다 많아야 할 것이다. 그러나 이 실험에서는 그런 일이 일어나지 않았다. 따라서 코뿔소 뿔에는 흥분제 성분이 들어 있지 않다.

이런 실험이 행해지는 방식 — 통제 집단을 이용해 코뿔소 뿔을 복용한 사람들과 비교하며, 무슨 약을 복용하는지 모르게 함으로써 피험자들이 다른 심리적 영향을 받지 않도록 하는 것 등 — 을 잘 알고 있는 사람이라면 왜 이런 결론이 나오게 되는지를 쉽게 이해할 것이며, 쌀가루는 흥분제가 아니라는, 가정이 거기에 들어 있다는 점도 알 것이다.

실험의 맥락을 잘 모르는 사람은 무슨 얘기를 하고 있는지 이해하기가 좀 더 어려울 것이다. 물론 그들도 쌀가루에 흥분제 성분이 들어 있는지 여부에 대해 아무런 이야기도 없음을 알 것이며, 다음과 같이 논증할 수도 있을 것이다.

> 쌀가루에는 흥분제 성분이 들어 있거나 들어 있지 않을 것이다. 만약 쌀가루에도 흥분제 성분이 들어 있다면, 이 실험으로는 코뿔소 뿔에는 흥분제 성분이 전혀 들어 있지 않은지 아니면 쌀가루보다 적게 들어 있는지 알 수 없다. 반면 쌀가루에는 흥분제 성분이 들어 있지 않다고 한다면, 이 실험은 코뿔소 뿔에도 흥분제 성분이 들어 있지 않다는 점을 실제로 시사해준다. 왜냐하면 코뿔소 뿔에 실제로 그런 성분이 들어 있다면, 쌀가루를 복용한 사람들보다 코뿔소 뿔을 복용한 사람들 가운데서 흥분이 증가했다는 사람들이 더 많아야 할 것이기 때문이다.

그러나 이것은 꽤 복잡한 논증이다. 이런 식으로 이해하기보다 원래 논증을 읽는 사람은 아마도 실험자가 둘 가운데 어느 것이 흥분제 성분을 함유하고 있는지 알지 못하는 맥락을 염두에 둘 수도 있다. 그런 맥락을 염두에 두는 사람은 이 실험을 통해, 비록 쌀가루가 코뿔소 뿔보다 훨씬 더 강력한 흥분제 성분을 지니고 있긴 하지만, 두 가지 모두 흥분제 성분을 함유하고 있음이 드러났다고 결론 내릴 것이다. 따라서 그런 사람은 쌀가루가 흥분제가 아니라고 가정할 때에는 원래의 결론이 합당하게 나오지만, 흥분제라고 가정할 경우에는 그 결론은 잘못 이끌어진 것이라고 생각할 것이다.

이 예는 특정한 가정을 지닌 논증의 경우 논증이 제시되고 있는 전체 맥락을 잘 모르면 가정을 찾아내기가 어렵다는 점을 보여준다. 이 사례는 논증의 맥락을 이해하는 것이 중요하며, 실험 증거를 들이대는 논증의 경우, 서로 다른 집단을 비교하는 목적이 무엇이고, 서로 상반되는 가정을 할 경우 어떤 다른 결론이 이끌어질 수 있는지를 생각해보는 것이 중요하다는 점을 말해준다.

아직까지 우리는 논증에 사용되는 단어나 구절의 의미와 관련된 가정에 관해서는 전혀 다루지 않았다. 이에 대해서는 5장에서 자세히 논의할 것이다. 아래 연습문제는 가정을 찾아내는 기술을 연마하기 위한 것이다.

요약: 논증에서 가정 찾아내기

1. 비판적 사고에서 가정이란 논증이 분명히 의존하고 있지만 명시적으로 나와 있지는 않은 주장을 말한다.
2. 가정이 기본 이유를 뒷받침하는 역할을 하는 경우도 있고, 추가 이유의 역할을 하는 경우도 있으며, 중간 결론의 역할을 하는 경우도 있다.
3. 가정은 참일 수도 있고 참이 아닐 수도 있다.

연습문제 6: 다른 사람의 가정을 찾아내기

때로 우리는 다른 사람의 논증에 들어 있는 가정을 찾아내기보다 우리 자신의 논증에 들어 있는 가정을 찾아내기가 더 어렵다고 느낀다. 이 연습문제의 목적은 여러분 자신의 믿음에도 가정이 들어 있을 수 있으며 그에 대해 다른 사람이 의문을 제기할 수도 있다는 점을 깨닫게 하는 데 있다. 예를 들어, 여러분이 경찰은 농촌 지역이나 교외 지역을 순찰하는 데 더 많은 시간을 할애해야 한다고 말한다고 하자. 그리고 그렇게 믿는 이유로 이들 지역에서 범죄가 증가해왔다는 사실을 든다고 하자. 그러면 누군가는 여러분이 거리나 교외에 경찰관이 보인다면 잠재적 범법자들이 범죄를 저지르지 않을 것이라고 가정하고 있음을 지적할 것이다.

옆 사람과 함께 이 연습문제를 풀어보자. 다음 목록에서 여러분이 동의하는 주장을 고른 다음, 그렇게 믿는 이유를 옆 사람에게 말해주어라. 그러면 옆 사람은 여러분의 견해에 어떤 가정이 들어 있는지를 찾아내면 된다.

1. 공공장소에서는 흡연을 못하게 해야 한다.
2. 권투는 야만적인 운동이다.
3. 여우 사냥을 불법화해서는 안 된다.
4. 낚시는 쓸데없는 시간 낭비이다.

5. 나이가 들수록 사람은 현명해진다.
6. 초보 운전자는 고속도로 진입을 못하도록 해야 한다.
7. 가정의 생활 방식이 최근 들어 변화했다.
8. 학교에서 성교육을 해서는 안 된다.
9. 너무 많은 고속도로가 요즘 건설되고 있다.
10. 국민복권을 시작한 일은 잘한 일이다.

여러분 스스로 나름의 주제를 골라 이런 연습을 계속해도 된다. 일반인도 관심 있는 주제를 고르되, 사람들 사이에 견해 차가 있는 주제를 고르는 것이 좋다.

연습문제 7: 논증에서 가정 찾아내기

다음 글에서 가정이 있다면 찾아내고, 그것이 기본 이유를 뒷받침하는 가정인지, 추가 이유의 역할을 하는 가정인지, 아니면 중간 결론의 역할을 하는 가정인지를 말하라.

1. 남자는 대체로 여자보다 심리학자들이 '목표 지향적 기술'이라고 부르는 것 — 우리는 대부분 이를 '다트 놀이'라고 부른다 — 을 더 잘한다. 많은 사람들은 그 이유가 타고난 생물학적 뇌의 차이 때문이 아니라, 교육을 받으면서 남자아이들이 이런 기술을 연습할 기회가 더 많기 때문이라고 말한다. 그러나 어느 정도 타고난 차이도 있음이 분명하다. 왜냐하면 겨우 세 살 된 남자아이도 동갑내기 여자아이보다 이런 것을 더 잘하기 때문이다.
2. 부모들에게 자녀의 성을 선택할 수 있게 하면, 심각한 사회적 대가를 치러야 할 수도 있다. 여자 짝을 구할 수 없는 남자의 비율이 점점 높아질 것이다. 또한 남자가 폭력범죄의 90%를 저지른다는 것이 사실이므로, 폭력범죄의 수도 증가하게 될 것이다.
3. 사람들이 한 집에서 오래 살게 되면, 그 지역 이웃과 강한 유대감을 갖게 된다. 따라서 집값의 지속적인 하락이 긍정적인 효과를 가져올 수도 있다. 중산층은 더 좋은 학교를 만들기 위해 열심히 노력할 것이며, 그들은 공공기물 파

괴나 교통 체증 및 이웃간의 소음 문제 등을 해결하기 위해서도 더 많은 노력을 기울일 것이다.

4. 만약 그 돈이 도난당했다면, 누군가 경보체계를 망가뜨렸음이 분명하다. 왜냐하면 경보음이 울렸다면, 그 소리에 내가 쉽게 깼을 것이기 때문이다. 따라서 경보체계를 설치한 경비회사 사람이 범인임이 분명하다.
5. 홍역을 박멸하기 위한 그간의 노력이 대성공을 거두었기 때문에, 실제 홍역 사례를 한 번도 본 적이 없는 의사들이 상당히 많다. 역설적이게도 이 때문에 홍역에 걸리는 극소수의 사람들은 이전보다 훨씬 더 위험한 상황에 처하게 된다. 이 병은 심각한 합병증을 야기할 수 있으며, 사전 경험 없이는 이 병을 진단해 내기가 어렵다. 왜냐하면 그 증상은 다른 질병의 증상과 아주 비슷하기 때문이다.

(LSAT, 1984)

6. 담배를 피우지 않는 사람들보다 담배를 많이 피우는 사람들 중에 심장 마비나 심장 질환으로 죽는 경우가 훨씬 많다. 니코틴은 흡연자의 동맥경화를 촉진시킨다고 생각되어왔다. 요즘 보기에 실제 주범은 일산화탄소인 것으로 보인다. 실험 결과, 수개월 동안 일산화탄소에 노출된 동물들은 동맥경화와 분간할 수 없는 동맥벽의 변화를 보였다.

(LSAT, 1985)

7. 죽음에 직면했던 사람들, 즉 죽음이 임박했거나 방금 혼수상태에서 깨어난 사람들은 아주 아름다운 장소를 보았다거나 강한 느낌의 평화로움과 기쁨을 맛보았다거나 먼저 죽은 사랑하는 사람을 만났다는 얘기를 한다. 이들 경험은 분명히 사후 세계가 있음을 시사한다. 이에 대해 회의적인 사람들은 종종 이런 현상은 죽기 전의 뇌 변화 때문에 생겨난다고 주장한다. 이런 현상은 마약이나 뇌 손상에 의한 질환에서 볼 수 있는 의식 상태와 유사하기 때문이다. 그러나 이런 반박은 옳지 않다. 이런 종류의 경험을 했다고 말한 환자들은 대부분 마약을 복용하지도 않았고, 뇌 질환을 앓은 적도 없기 때문이다.

(LSAT, 1985)

8. 미국에서 도시 인구가 증가함에 따라 농민들은 더 많은 식량을 생산해내야 했

다. 농민들은 노동력을 줄일 수 있는 기술 개발로 이에 대응해왔으며, 이는 다시 더 많은 인구가 도시로 나갈 수 있게 하는 결과를 낳았다. 그 전에는 농촌 인구가 국가 정치에 지배적인 압력 집단이었지만, 이제는 정치적 힘을 잃게 되었다.

(LSAT, 1983)

9. 인간은 야생 식물을 보존하거나 멸종시킬 수 있는 힘을 지니고 있다. 과거 50년 동안의 신비한 약물들은 대부분 야생 식물에서 온 것이었다. 만약 이들 식물이 존재하지 않았다면, 지금처럼 의약이 발전할 수는 없었을 것이며, 많은 사람들이 생명을 잃게 되었을 것이다. 따라서 미래 의약을 위해서도 야생 식물을 보존하는 일이 중요하다.
10. 요즘과 비교해볼 때, 30년 전에는 해외로 휴가를 가는 영국 사람들의 수가 훨씬 적었다. 해외 여행은 비용이 많이 들며, 언제나 그랬다. 따라서 요즘의 영국 사람들은 30년 전의 영국 사람들보다 평균적으로 돈이 더 많음이 분명하다.
11. 운동선수들에게 근력 강화제를 먹지 못하도록 해서는 안 된다. 훈련과 지도를 통해 경기력을 향상시키는 것을 허용하고 있으므로, 천부적 재능에 기초해 승자를 보상하는 방식과는 이미 한참 멀어져 있다. 그런 약이 실제로 경기력 향상에 도움이 되고 운동선수들이 그런 약을 먹어도 된다고 한다면, 누구나 다 똑같이 경기력이 향상될 것이다. 그러므로 근력 강화제를 먹도록 하더라도 부당하게 이득을 보는 사람은 아무도 없을 것이다.
12. GCSE(중등학교 졸업자격 시험) 과학 과목에서 높은 점수를 받는 학생들의 수가 줄어들고 있다. 시험을 쉽게 내서 이 문제를 해결하려 한 것은 큰 잘못이다. 그렇게 하면 학교에서의 과학 교육 수준이 크게 낮아지게 되기 때문이다. 만약 과학 기술 분야에서 우리나라가 선두 자리를 유지하고자 한다면, 우리나라의 과학 문화 수준을 떨어뜨려서는 안 된다.
13. 직장 여성을 대상으로 한 최근 조사를 보건대, 여성은 여전히 편견 때문에 고위직에 오르지 못하고 있다. 전체 노동 인구의 45%가 여성이고 그 가운데 여성 관리자가 30%임에도 불구하고, 법이나 경찰, 경영 계통의 최고위직에

서 여성들을 거의 찾아볼 수 없다.

14. 210명의 성인을 대상으로 한 최근 조사에서, 심리학자들이 성격 검사를 통해 사람들의 성격을 조사했고, 또한 그들이 성관계한 사람들의 수를 적어보라고 했다. 그 결과 '사교적이지 않다'고 판단된 사람들이 다른 사람들보다 더 많은 파트너가 있다고 대답한 것으로 나타났다. 그러므로 사교적이지 않은 사람들은 어느 한 사람과 정서적으로 유대가 깊은 성관계를 갖기보다 여러 사람들과 피상적인 성관계를 갖기를 선호한다고 할 수 있다.
15. 정신질환을 앓고 있는 사람이 살인을 한 경우 그 사람을 감옥에 가두기보다 약물을 통해 그 사람을 치료해주어야 한다. 정신질환을 앓고 있을 경우 그 사람은 자신의 행동을 제대로 통제할 수 없다. 따라서 그 사람을 처벌하는 것은 적절하지 않다. 왜냐하면 그렇게 한다고 해서 그 사람의 행동을 바꿀 수 있는 것이 아니기 때문이다. 그러므로 그 사람을 감옥에 가두는 일은 부질없는 짓이다.

연습문제 8: 연습문제 5 다시 하기

연습문제 5에 나오는 글을 다시 읽어보고, 결론, 이유, 가정을 찾아내라. 여러분이 연습문제 5를 할 때 적었던 목록과 지금 찾아낸 가정들을 비교해보라.

2

논증의 평가

되돌아보기: 논증의 구성 부분

1. **논증**은 **결론**을 뒷받침하기 위해 **이유**를 제시하는 것이다.
2. 결론은
   - 사실(예를 들어, "음주운전은 위험하다")을 진술하거나
   - 권고(예를 들어, "너는 운전을 해서는 안 된다")를 하기도 한다.
3. 어떤 논증은 '그러므로'나 '따라서'라는 표현으로 결론이 시작된다. 그런 단어가 나오지 않는 논증도 있다.
4. 결론이 논증에서 반드시 마지막 문장일 필요는 없다. 결론은 논증 어디에나 올 수 있다.
5. 논증에는 **가정**, 즉 명시적으로 진술되지는 않았지만 결론을 이끌어내기 위해서 필요한 정보나 주장이 들어 있을 수 있다.
6. 논증은 여러 가지 다른 구조를 가질 수 있다. 예를 들어
   - 한 가지 이유가 결론을 뒷받침하는 구조이거나
   - 두 가지 이상의 이유가 합쳐져서 결론을 뒷받침하는 구조이거나
   - 두 가지 이상의 이유가 각각 독립해서 결론을 뒷받침하는 구조이거나
   - 중간 결론을 뒷받침하는 이유가 있고, 이들이 독립해서 최종 결론을 뒷받침하거나 아니면 다른 이유와 합쳐져서 최종 결론을 뒷받침하는 구조일 수도 있다.

일단 글에 나오는 명시적 논증과 암묵적 논증을 모두 이해하게 되면, 우리는 그 논증이 좋은지를 평가할 수 있다. 이런 평가와 관련해 두 가지 물음이 있다.

- 이유(그리고 가정)는 참인가?
- 제시된 이유로부터 최종 결론(그리고 중간 결론)이 따라나오는가?

이 두 물음에 대한 대답이 모두 '그렇다'일 경우에만 좋은 논증이라고 할 수 있다. 몇 가지 간단한 예를 통해 이 점을 살펴보도록 하자. 다음이 첫 번째 예다.

> 체육관에서 규칙적으로 운동을 하는 사람은 모두 잘 발달된 근육을 가지고 있다. 따라서 멜이 잘 발달된 근육을 가지고 있지 않다면, 그 사람이 체육관에서 규칙적으로 운동을 한다는 것은 사실일 리 없다.

이 논증에서 이유가 거짓이라면, 다시 말해 체육관에서 규칙적으로 운동을 하는 사람은 모두 잘 발달된 근육을 가지고 있다는 것이 참이 아니라면, 이 논증을 통해 잘 발달된 근육을 갖지 않은 사람은 체육관에서 규칙적으로 운동을 하는 사람이 아니라고 할 수 없다. 따라서 결론을 받아들여야 할지 여부를 알기 위해서는 이유가 참인지 여부를 알아야 한다. 이유가 참이라면, 이 경우 우리는 좋은 논증을 갖게 된다. 왜냐하면 이유가 결론을 뒷받침하기 때문이다.

이와는 대조적으로 다음 두 번째 예에서는 이유가 결론을 뒷받침하지 못한다.

> 체육관에서 규칙적으로 운동을 하는 사람은 모두 잘 발달된 근육을 가지고 있다. 따라서 멜이 잘 발달된 근육을 가지고 있다면, 그 사람은 체육관에서 규칙적으로 운동을 하고 있음이 분명하다.

이 경우는 이유가 참이라 하더라도 결론이 따라나오지 않는다. 여기 나온 이유는 체육관에서 규칙적으로 운동을 하는 사람은 모두 잘 발달된 근육을 가지고 있다고 말할 뿐, 그 밖의 사람은 어느 누구도 잘 발달된 근육을 가지고 있지 않다고 말하는 것은 아니기 때문이다. 이 예는 논증을 평가할 때, 결론이 제시된 이유로부터 따라나오느냐 하는 두 번째 물음도 중요하다는 점을 말해준다.

이유와 가정이 참인지 평가하기

상식

우리가 접할 수 있는 논증에 어떠한 이유가 제시되든 그것이 참인지 여부를 다 알 수 있는 사람은 없다. 하지만 우리는 모두 상식을 지니고 있고, 어떤 사람은 특정 분야에 대해 아주 자세한 지식을 가지고 있으며, 잘 모르는 주제일 경우 그것을 누구에게 물어보아야 하는지도 대략 알고 있다.

앞에 나온 것과 같은 간단한 논증을 평가하는 데는 상식으로도 많은 것들을 할 수 있다. 가령 앞에서 보았듯이, 다음 논증에서 첫 번째 이유를 평가하기는 아주 쉽다.

> 인구의 3분의 1이 여전히 흡연자다. 누구나 흡연이 폐암이나 심장 질환을 일으킨다는 점을 알고 있음이 분명하다. 따라서 흡연의 위험을 아는 것으로는 금연하는 데 충분하지 않다.

여러분은 인구의 3분의 1이 여전히 흡연자라는 주장이 정확한지를 잘 모를 수도 있다. 하지만 우리는 상당수의 사람들이 흡연자라는 사실은 잘 알고 있다. 왜냐하면 담배를 피우는 사람을 주변에서 쉽게 볼 수 있기 때문이다. 그리고 이 논증의 경우에는 일부 사람들이 흡연의 위험을 알면서도 여전히 담배를 피우고 있다는 사실만 있으면 된다. 두 번째 이유, 즉 흡연의 위험을 누구나 알고 있음이 분명하다는 주장을 평가하기는 좀 더 어렵다. 우리는 거기에는 흡연의 위험에 관해 홍보된 내용을 사람들이 모두 잘 알고 있다고 하는 가정이 들어 있다고 지적했다.

이것이 사실인지를 알아보는 한 가지 방법은 아마도 흡연자들을 직접 조사해, 그들이 실제로 흡연이 건강에 해롭다고 믿고 있는지를 알아보는 것이다. 많은 흡연자들이 그렇게 믿고 있지 않다는 사실이 밝혀진다면, 우리는 그 결론을 의심할 만한 추가 증거를 확보한 셈이 된다. (우리는 다음 절에서 추가 정보를 어떻게 평가하는지에 관해 더 논의할 것이다.)

견해의 신뢰성

주장이 참인지를 평가하기 위해 다른 사람의 견해에 의지해야 하는 경우도 있다. 어떤 주장이 참인지를 알려면 직접 경험이 필요한데, 우리는 그런 경험이 없을 수도 있기 때문이다. 예를 들어 우리가 배심원이어서, 범죄의 목격자가 제시하는 증거를 평가해야 하는 경우가 있다. 우리는 무슨 일이 일어났는지를 직접 보지 못했는데, 두 명의 목격자가 서로 상반된 증언을 하는 경우도 있다. 다른 사람의 견해에 의존할 수밖에 없는 또 다른 경우는 전문 지식이 필요한 경우이다. 예를 들어 우리는 과학자의 견해에 의지해야 하는 경우가 있다. 왜냐하면 과학자들이 실험 결과 어떤 것이 참임을 확인했다고 주장할 때, 전문 지식이 없는 우리가 그 실험을 직접 해볼 수는 없는 노릇이기 때문이다. 우리가 다른 사람들의 견해에 의지하면 절대로 잘못되지 않는다는 것을 보장할 수는 없지만, 다른 사람들 때문에 잘못될 확률을 줄이기 위해 우리가 이용해볼 수 있는 일정한 기준들은 있다. 4장, '증거와 견해의 신뢰성을 평가하기'에서 그런 기준을 제시하고 적용해볼 것이다.

결론을 뒷받침하는지 평가하기

우리는 결론이 제시된 이유로부터 따라나오는지를 판단하는 연습을 이미 몇 차례 해보았다. 연습문제 3은 이와 관련된 것이었다. 거기서 세 진술 가운데 결론을 뒷받침하는 이유가 될 수 있는 것을 고르라고 했기 때문이다. 제시된 이유로부터 논증의 결론이 따라나오는지를 정할 때, 우리는 기본적으로 연습문제 3에서 했던 것과 똑같은 작업을 하게 된다. 하지만 여러 가지 이유를 고려해야 할 수도 있고, 연쇄적인 논증을 평가해야 하는 경우도 있을 수 있다. 후자의 경우 우리는 중간 결론이 기본 이유로부터 따라나오는지를 판단해야 하고, 나아가 중간 결론이 최종 결론을 뒷받침하는지도 판단해야 한다.

이유가 결론과 관련이 없다면, 이유는 결론을 뒷받침하지 못한다. 이 점은 아주 분명할 것이다. 이유가 결론과 무관하다면, 이유가 결론을 뒷받침할 수 있다고 생각하는 것은 분명히 잘못이기 때문이다. 그러나 이유가 결론과 관련이 있다고 말할 때, 이것은 단순히 이유가 결론과 같은 주제에 관한 것이라는 의미는 아니다. 그 말은 이유가 참일 경우 결론의 수용 가능성에 차이가 난다는 의미이다. 이런 뜻에서 이유가 결론과 관련이 있다는 말이기 때문에, 관련이 있는 진술이라고 해서 반드시 결론을 뒷받침하는 것은 아니다. 관련이 있는 진술이지만 결론에 반하는 진술도 있을 수 있다. 연습문제 3에 나왔던 것 가운데서 그런 예를 하나 볼 수 있다.

결론: 헌혈하는 사람에게 대가를 지불해야 한다.

만약 참이라면, 다음 가운데 어느 것이 위의 결론을 뒷받침하는 이유가 될 수 있는가?

(a) 헌혈 기구를 유지하는 데는 많은 돈이 든다.
(b) 헌혈하는 사람은 대체로 다른 사람을 돕고자 하는 마음에서 그렇게 한다.
(c) 헌혈하는 사람이 현재 부족하지만 대가를 지불하면 더 많은 사람이 헌혈을 할 것이다.

올바른 대답은 (c)이다. (c)는 헌혈하는 사람에게 대가를 지불하면, 혈액 부족을 메울 수 있다는 것을 보여줌으로써 결론을 뒷받침하고 있다. 그러나 (a)도 헌혈하는 사람에게 대가를 지불하라고 권고하는 것과 어떤 연관이 있다는 의미에서 결론과 관련이 있다. 헌혈 기구를 유지하는 데 돈이 많이 든다면, 이는 그 권고(헌혈하는 사람에게는 대가를 지불해야 한다)를 거부할 이유가 될 것이다. 따라서 (a)는 결론을 뒷받침하는 이유가 아니라, 결론에 반하는 이유라고 할 수 있다.

이유가 결론과 관련이 없다는 것을 바로 알아낼 수 있다면, 우리는 그 이유가 결론을 뒷받침하지 않음을 아는 것이다. 그렇기 때문에 이유가 결론과 관련이 있는가를 생각해보는 것이 중요하다. 그러나 위의 예는 이유가 관련이 있다고 해서 바로 결론을 뒷받침한다고 말할 수 있는 것은 아님을 보여준다. 우리는 이유가 결론과 어떤 방식으로 관련되는지를 생각해보아야 한다.

이유가 결론을 뒷받침하는 강도는 다양하다. 예를 들어 앞에 나왔던 다음 논증의 경우, 이유는 결론을 아주 강력하게 뒷받침해준다. 그 논증은 다음과 같다.

> 체육관에서 규칙적으로 운동을 하는 사람은 모두 잘 발달된 근육을 가지고 있다. 따라서 만약 멜이 잘 발달된 근육을 가지고 있지 않다면, 그 사람이 체육관에서 규칙적으로 운동을 한다는 것은 사실일 리 없다.

이 경우 이유가 참이라면, 결론도 참일 수밖에 없다. 이것만큼 결론을 강력하게 뒷받침해주지는 않지만, 그럼에도 좋은 논증이라 할 수 있는 것도 많이 있다. 우리는 과거의 증거에 비추어 미래에도 어떤 것이 일어나리라고 믿을만한 좋은 이유를 가질 수 있다. 또한 과거 수많은 경우에 참이라고 알려졌기 때문에 이와 비슷한 또 다른 경우에도 그것이 참이라고 믿을만한 좋은 이유를 가질 수도 있다. 예를 들어 우리는 같은 모델의 다른 차들이 대부분 신뢰할만했다는 지식에 근거해 새 차도 신뢰할만하다고 생각한다. 이유가 결론을 정확히 어느 정도로 뒷받침하는지를 말하기란 어려우며, 제시된 이유가 결론을 아주 강력히 뒷받침하는지 혹은 꽤 강력히 뒷받침하는지 아니면 약하게 뒷받침하는지를 평가하기 위해서는 논증의 맥락을 좀 더 살펴보아야 하는 경우도 있다.

논증의 강도에 차이가 있듯이, 또한 이유가 결론을 뒷받침하는 방식에도 여러 가지가 있다. 과거 경험을 증거로 삼아 결론을 제시하는 논증도 있고, 유비(유사한 경우에 참이었다는 사실에 근거해 결론을 이끌어내는 방식)를 이용하는 논증도 있고, 과학이나 심리학, 사회학에서 통계나 실험 결과를 거론하는 논증도 있으며, 일반 원리에 근거해 결론을 주장하는 논증도 있다. 여러 가지 이유와 관련해, 논증을 다룰 때 요약에 나오는 다음과 같은 물음을 자문해보는 것이 도움이 된다.

요약: 결론을 뒷받침하는지 평가하기

1. 이유/증거가 결론과 관련이 있는가?

2. 관련이 있다면, 이유/증거는 결론을 받아들일만한 훌륭한 근거가 되는가?
3. 결론이 어떤 행위나 정책을 권고하는 것이라면, 이유/증거에 근거해 그렇게 행위하는 것이 합당한가? 이 물음에 답하기 위해서는, 다음 몇 가지 사실을 생각해보아야 한다.
   - 권고된 행위나 정책을 통해 원하는 목적을 달성할 수 있는가?
   - 그것이 부작용을 낳는 것은 아닌가?
   - 같은 목적을 달성할 수 있는 다른 방안이나 더 좋은 방안은 없는가?

4. 논증에 나와 있지는 않지만 결론을 약화하거나 강화할 수 있는 다른 이유는 없는가?

몇 가지 예를 통해 이런 연습을 해보기로 하자. 다음 논증을 생각해보자.

> 배로 여행을 할 때는 하피툼 멀미약을 복용해라. 그 약은 뱃멀미에는 아주 효과적이고, 너는 이전에 배로 여행할 때는 언제나 뱃멀미를 해왔다.

여기서 이유가 참이라면, 그것은 결론을 꽤 강력하게 뒷받침한다는 점을 쉽게 알 수 있다. 어떤 사람이 배로 여행을 할 때는 언제나 뱃멀미를 해왔다면, 효과가 좋은 약을 복용해 뱃멀미를 예방하지 않는 이상, 과거 경험에 비추어볼 때 이번에도 그 사람이 뱃멀미를 할 가능성이 높다. 따라서 하피툼이 뱃멀미를 예방하는 데 효과적이라는 증거에 근거해 행위하는 것이 합당하다. 물론 이 논증에는 나와 있지 않지만, 결론에 반하는 다른 고려 사항들이 있을 수 있다. 예를 들어 하피툼이 심각한 부작용이 있다면, 그 약 때문에 건강을 해치기보다는 차라리 그냥 뱃멀미를 참는 편이 나을 수도 있다. 아니면 약을 먹는 것보다 고통이 적어면서도 효과적인 뱃멀미 예방책(예를 들어 갑판에 나와서 심호흡을 하는 방안)이 따로 있을 수도 있다.

이제 다른 예를 보자.

> 이식된 장기에 대한 거부 반응을 해결할 수 있는 신약이 개발되었다. 과거 심장 이식 수술 직후 사망한 사람들은 대부분 그런 거부 반응 때문이었다. 따라

> 서 신약이 심장 이식 수술을 받은 환자들의 생존율을 높일 것으로 보인다.

이 이유는 결론과 관련이 있는가? 그렇다. 심장 이식 수술을 받은 환자 가운데 사망한 사람들은 대부분 거부 반응 때문이었다면, 그런 거부 반응에 대처할 수 있는 약을 사용할 경우 약을 쓰지 않았다면 죽었을 사람들이 생존할 가능성이 높아질 것이다. 그 이유는 결론과 관련이 있을 뿐만 아니라 그렇게 하지 않았다면 죽었을 환자가 생존하게 될 것이므로, 이는 결국 생존율이 높아진다는 것을 의미하게 되고, 따라서 결론을 강력하게 뒷받침해준다고 할 수 있다. 물론 여기에 제시되지 않은 증거가 있을 수 있다. 예를 들어 그 약이 독성이 아주 강하다면, 이는 그 결론에 반하는 것으로 간주될 것이다. 그러나 그 약이 독성 실험을 거쳤고 비교적 안전하다고 가정한다면, 우리는 이유가 결론을 잘 뒷받침해준다고 생각할 수 있다.

다른 예를 하나 더 보자.

> 영국에도 아주 어려운 운전면허 필기시험을 도입하는 방안을 생각해볼 수 있다. 하지만 그렇게 하더라도 운전 기술이 나아지는 것은 아니므로, 젊은 운전자들의 사고율이 낮아지지는 않을 것이다. 포르투갈에서는 운전대를 잡기 전에 5주 동안 이론 교육을 받아야 하고 아주 어려운 시험을 통과해야 한다. 하지만 이렇게 한다고 해서 새로 면허를 딴 젊은 운전자들의 사고율이 낮은 것도 아니다. 그들은 운전을 시작하자마자 곧 시험 본 것을 다 잊어버리고 만다. 시험이 말해주는 것이라고는 면허를 따려는 사람들이 읽을 줄 알고 쓸 줄 안다는 것뿐이다. 그것은 운전 능력과는 아무런 관련이 없다.

이 논증은 영국에서 예상되는 일과 관련된 결론을 이끌어내기 위해 포르투갈의 증거를 들고 있다. 주요 이유는 다음 두 가지이다.

> 포르투갈에서는 운전대를 잡기 전에 5주 동안의 이론 교육을 받아야 하고 아주 어려운 시험을 통과해야 한다. 하지만 이렇게 한다고 해서 새로 면허

> 를 딴 젊은 운전자들의 사고율이 낮은 것도 아니다.
>
> [시험]은 운전 능력과는 아무런 관련이 없다.

이것들은 다음의 중간 결론을 뒷받침해주기 위한 것이다.

> 영국에서 운전면허를 따려는 사람들에게 아주 어려운 운전면허 필기시험을 보게 한다고 하더라도 …… 그들의 운전 기술이 나아지지는 않을 것이다.

이 중간 결론은 다음의 최종 결론을 뒷받침해주기 위한 것이다.

> 영국에서 운전면허를 따려는 사람들에게 아주 어려운 운전면허 필기시험을 보게 한다고 하더라도 …… 젊은 운전자들의 사고율이 낮아지지는 않을 것이다.

먼저 우리는 이유가 결론과 관련이 있는지를 살펴보아야 한다. 이 단계에서는 이유가 참인지를 묻고 있는 것이 아님을 명심하라. 이유가 참이라 가정할 때, 그것이 과연 결론을 뒷받침하는지를 생각해보자는 것이다.

포르투갈에서 아주 어려운 필기시험을 보게 하지만 새 운전자들의 사고율이 낮아지지 않았다는 것이 사실이고, 필기시험이 운전능력과는 아무런 관계가 없다는 것이 참이라고 해보자. 이때 이 증거는 영국에서 필기시험을 도입하더라도 젊은 운전자들의 사고율에 아무런 변화가 없을 것이라는 주장과 관련이 있는가? 이것은 분명히 고려해볼 만한 증거이다. 왜냐하면 이는 영국에서는 실제로 해보지 않았지만 여기서도 그런 결과가 일어나리라고 생각되는 실험 사례이기 때문이다. 그러나 우리가 결론을 받아들여 그에 근거해 행위할만한 충분한 증거가 되는지를 생각해볼 때, 여러 가지 의문이 떠오른다. 포르투갈 이외에 다른 나라의 증거도 있는가? (영국이나 포르투갈에서) 젊은 운전자들이 사고를 저지르는 이유는 그들의 운전 기술이 부족하기 때문인가 아니면 그들이 난폭하게 운전하기 때문인가? 필기시험을 볼 경우 포르투갈과는 달리 영국에서는 그것이 젊은 운전자들의 행위에 큰 영향을 준다고 볼만한 두 나라의 문화적 차이는 없는가? 이 논증에는 결론을 강력하게 뒷받침해줄 만한 충분한 증거가 제시되어 있지 않다.

논증의 흠 찾아내기

논증 가운데는 아예 결론을 뒷받침하지 못하거나 아주 약하게 뒷받침하는 것도 있다. 그런 논증은 **흠**이 있다고 말할 수 있다. 그런 결함이 생기는 요인은 이유에서 결론으로 나아가는 과정이 논리적으로 잘못되었기 때문일 수도 있고, 그럴듯하지 않은 가정을 추가해야만 이유가 결론을 뒷받침하게 되기 때문일 수도 있다. 논증의 흠을 찾아내는 기술을 이용해, 결론이 이유나 증거로부터 따라나오지 않음을 알 수 있으며, 왜 그것이 따라나오지 않는지를 말할 수 있게 된다. 아래 예를 통해 이 점을 보기로 하자.

예 1: TV에 나오는 폭력 장면

1장에서 가정을 논의할 때, 우리는 다음 논증을 본 적이 있다.

> 어떤 사람들은 TV에서 폭력 장면을 보여준다고 해도 이는 시청자들의 행위에 아무런 영향을 미치지 않는다고 말한다. 그러나 TV에 방영된 것이 행위에 아무런 영향도 미치지 않는다면, TV 광고도 시청자들이 물건을 사는 데 아무런 영향을 미치지 않아야 할 것이다. 그러나 우리는 그것이 영향을 미친다고 알고 있다. 따라서 TV 폭력 장면이 행위에 영향을 미치지 않는다는 것은 사실일 리가 없다.

우리는 이 논증을 다음과 같이 요약해볼 수 있다.

> **이유:** TV 광고는 시청자들의 행위에 영향을 미친다.

중간 결론: 따라서 TV에 나오는 것은 시청자들의 행위에 영향을 미친다.

최종 결론: 따라서 TV에 나오는 폭력 장면도 시청자들의 행위에 영향을 미친다는 것이 분명하다.

중간 결론이 말하는 바가 TV에 나오는 것 가운데 일부는 시청자들의 행위에 영향을 미친다는 것이라면, 이 중간 결론은 제시된 이유로부터 실제로 따라나온다. 왜냐하면 TV 광고는 TV에 나오는 것 가운데 일부이기 때문이다. 그러나 중간 결론을 이런 식으로 해석하면, 이 중간 결론은 최종 결론을 뒷받침하지 못한다. 왜냐하면 폭력 장면은 TV에 나오는 것 가운데에서 시청자들의 행위에 영향을 미치지 않는 것일 수도 있기 때문이다. 반면 중간 결론을 TV에 나오는 것은 모두 시청자들의 행위에 영향을 미친다는 의미라고 해석하면, 이 중간 결론은 이유로부터 따라나오지 않는다. 왜냐하면 TV에 나오는 것 가운데 하나가 시청자들의 행위에 영향을 미친다고 해서 TV에 나오는 것이 모두 영향을 미친다고 생각할 이유는 없기 때문이다. 따라서 중간 결론을 어떻게 해석하든, 이는 좋은 논증이 아니다. 왜냐하면 이 논증은 결론을 뒷받침해줄 만한 훌륭한 근거를 제공하지 못하기 때문이다.

만약 이 논증의 흠이 무엇이냐고 묻는다면, 우리는 그 대답을 다음과 같이 표현해볼 수 있을 것 같다.

> TV에 나오는 것 가운데 일부가 시청자들의 행위에 영향을 미친다는 사실은 TV에 나오는 폭력 장면도 분명히 시청자들의 행위에 영향을 미친다고 할 만한 좋은 이유가 못된다.

또는

> TV에 나오는 광고가 시청자들의 행위에 영향을 미친다는 사실은 TV에 나오는 것은 모두 시청자들의 행위에 영향을 미친다는 것을 받아들이게 할만한 좋은 이유가 못된다.

이런 식으로 흠을 집어낼 수 있는 능력은 중요한 기술이다. 왜냐하면 이는 다른 사람의 논증에 뭔가 잘못이 있음을 보여주는 효과적인 방식이기 때문이다. 우리가 위의 논증의 흠을 지적할 때, 기본 이유 — TV 광고는 시청자들의 행위에 영향을 준다 — 가 참인지 여부를 따져본 것은 아니었음을 주목할 필요가 있다. 그러므로 논증의 흠을 찾아낼 수 있다면, 그 논증의 결론이 의거하고 있는 주장들이 참인지에 관해 논란을 벌이지 않고도 그 논증이 결론을 뒷받침하지 못한다는 사실을 밝혀낼 수 있다는 말이 된다.

앞의 예를 논의할 때, 우리는 그 논증을 해석하는 또 다른 방식이 있음을 보았다. 그것은 이 논증이 TV 광고와 폭력 장면이 중요한 점에서 서로 유사하다거나 비교할만하다고 가정하는 것이었다. 논증을 평가할 때 유사성을 생각해보거나 비교를 해보는 것이 도움이 된다. 또한 비교되는 두 가지가 실제로 결론과 관련해 유사한지를 생각해보는 것도 도움이 된다. 이 점은 앞에 나온 논증, 즉 포르투갈과 영국에서 운전면허를 따려는 사람들의 필기시험에 관한 논증의 경우에도 마찬가지다.

예 2: 부와 건강

또 다른 예를 보자.

> 나라가 부유해짐에 따라 국민들이 더 건강해진다면, 우리는 지금 국민들이 30년 전보다 더 건강하다고 해야 한다. 그러나 지난 30년 동안 만성 피로 증후군과 같은 새로운 질병이 생겨났으며, 우리는 심장 질환이나 중풍, 암과 같이 이전부터 있어온 질병에도 더 취약하게 되었다. 따라서 나라의 부가 증가한다고 해서 국민의 건강이 증진되는 것은 아니다.

논증에 흠이 있는지 여부를 평가하고자 한다면, 먼저 결론이 무엇인지와 결론을 위해 제시된 증거나 이유가 어떤 것인지를 가려내야 한다. 계속 읽기 전에 위 글의 결론과 이유를 찾아내라.

결론은 '따라서' 로 시작하는 마지막 문장이다.

나라의 부가 증가한다고 해서 국민의 건강이 증진되는 것은 아니다.

이를 뒷받침하기 위해 제시된 증거는 나라의 부가 증가한 시기 동안 새로운 질병이 생겨났으며, 이전부터 있어온 질병 가운데 어떤 것은 최근에 더 흔해졌다는 것이다. 이 논증을 자세히 분석하면 다음과 같다. 우선 두 가지 것들로 이루어져 있는데, 첫째는 다음이다.

기본 이유 1: 지난 30년 동안 만성 피로 증후군과 같은 새로운 질병이 생겨났으며, 우리는 심장 질환이나 중풍, 암과 같이 이전부터 있어온 질병에도 더 취약하게 되었다.

이는 다음의 숨은 중간 결론을 뒷받침해준다.

중간 결론: 지난 30년 동안 국민의 건강은 증진되지 않았다.

두 번째 것은 다음과 같다.

(숨은) 가정: 나라의 부는 지난 30년 동안 증가하였다.

이는 다음을 뒷받침해준다.

기본 이유 2: 나라가 부유해짐에 따라 국민들이 더 건강해진다면, 우리는 지금 국민들이 30년 전보다 더 건강하다고 해야 한다.

중간 결론과 기본 이유 2가 합쳐져서 최종 결론을 뒷받침해준다. 계속 읽기 전에 논증의 어느 단계에 흠이 있는지를 생각해보라. 여러분이 보기에 중간 결론이 기본 이유 1에서 따라나오고, 기본 이유 2는 가정에서 따라나오고, 최종 결론은 기본 이유 2와 결합하여 중간 결론에서 따라나오는가?

논증의 흠을 찾는다는 것이 곧 이유가 과연 참인지를 따져보는 것은 아니라는 사실을 기억하라. 우리는 "나라의 부가 지난 30년 동안 증가했다는 것이 참인가?", "새로운 질병이 생겨났고, 이전부터 있어온 질병 가운데 어떤 것은 더 흔해졌다는 것이 참인가?"를 묻고 있는 것이 아니다. 대신 우리는 "이 주장들이 참이라고 할 경우, 그것들은 나라의 부가 증가한다고 해서 국민의 건강이 증진되는 것은 아니라고 하는 결론을 적절히 뒷받침해준다고 할 수 있는가?"를 묻고 있는 것이다. 그 주장들이 결론을 적절히 뒷받침해주지 못하고 있음은 분명하다. 왜냐하면 국민들의 건강 상태에 관한 정보가 우리에게 충분히 주어진 것은 아니기 때문이다. 심장질환이나 중풍 및 암에 더 취약해졌지만, 아마도 '이전부터 있어온' 질병 가운데 가령 폐렴이나 기관지염과 같은 것은 크게 줄어들었을 수도 있다. 아마 30년 전에 비해 평균 수명이 늘어났고, 심장 질환이나 중풍 혹은 암에 걸리는 노년이 되기 전까지 사람들은 비교적 건강하게 사는 것일 수도 있다. 여기서 해석의 문제가 있다. '국민의 건강'이 정확히 무엇을 의미하는가? 만약 그것이 병에 걸리지 않고 살아가는 사람들이 몇 %인지를 의미하는 것이라면, 우리는 결론이 불충분한 정보에 근거하고 있다고 보아야 한다.

이제 그 논증의 흠이 무엇인지 정확히 말해보자.

> 비록 새로 생겨난 질병도 있고, 이전부터 있어온 질병 가운데 지난 30년 동안 좀 더 흔해진 것도 있기는 하지만, 국민들이 30년 전보다 덜 건강하다는 것이 따라나오지는 않는다. 왜냐하면 이런 질병에 걸리기 전까지 아주 긴 기간 동안 사람들은 건강한 삶을 사는 것일 수도 있기 때문이다.

기본 이유 1(질병이 더 흔해졌다는 주장)에서 숨은 중간 결론(국민의 건강이 30년 전보다 더 나빠졌다는 주장)으로 나아가는 단계에 흠이 있다는 점을 주목하라. 그리고 이것이 이 논증의 흠이라고 말할 때, 우리는 최종 결론이 거짓임을 보인 것이 아님을 주목하라. 나라의 부가 증가했다고 해서 국민의 건강이 증진된 것은 아니라는 주장이 참일 수도 있다. 이는 위 논증이 보여주고자 하듯이, 만약 국민의 건강이 전혀 증진되지 않았다면 참일 것이다. 그러나 그것은 국민의 건강이 증진되었다 하더라도 참일 수 있다. 왜냐하면 나라가 좀 더 부유해지지 않았는데도 국민의 건강이 증진되었을 수도 있기 때문이다. 따라서 어떤 사람이 예 3에 나오는 방식으로 원래의 결론을 논박하고자 한다면, 그 사람도 흠 있는 논증을 제시하는 셈이 된다.

예 3: 부와 건강 — 연관성?

건강과 부를 연관지으면서 다음과 같이 논증하는 사람도 있을 수 있다.

> 지난 30년 동안 국민의 건강이 증진되었다. 그리고 그동안 나라의 부도 증가되었다. 따라서 나라의 부의 증가가 국민의 건강 증진을 가져왔다.

부의 증가가 국민의 건강 증진을 가져왔느냐는 물음에 답하려면 추가 증거가 있어야 한다. 즉 인구 전체에서 질병의 빈도가 어느 정도인지 또는 부의 증가 없이는 건강 증진이 일어날 수 없는지에 관한 증거가 있어야 한다. 이 논증은 이와 관련해 아무런 증거도 제시하지 않은 채, 두 가지가 같이 일어났으므로 그들 가운데 하나가 다른 하나의 원인이라고 단순히 가정하고 있다.

이처럼 근거 없이 인과적 연관성을 가정하는 일은 때로 상관관계를 접했을 때 일어난다. 즉 x를 보게 될 경우에는 언제나 y를 보게 된다거나, 어떤 사람이나 인구가 x라는 특성을 가지고 있을 경우에는 언제나 y라는 특성도 가지게 된다는 식으로 x와 y 사이에 연관성이 있다는 것을 알게 되었을 때 그런 일이 일어난다. 예를 들어 폭력 비디오를 자주 보는 애들이 대개 공격적임을 알아냈다고 가정해보자. 이것은 폭력 비디오를 보기 때문에 이들이 공격적으로 되는 것일 수도 있고, 공격적 행위를 하는 자연적 성향을 지니고 있기 때문에 폭력 비디오를 즐겨보는 것일 수도 있다. 또 다른 예로 충치가 많은 사람들은 대개 과체중임을 알아냈다고 해보자. 이는 제3의 요인 — 아마 단 음식을 많이 먹는 것 — 때문에 이 두 가지 문제가 야기되는 것일 수도 있다. 상관관계를 발견함으로써 여러분이 찾아낸 것이라고는 두 가지가 같이 일어난다는 것뿐이다. 이는 x가 y의 원인이기 때문에 그럴 수도 있고, y가 x의 원인이기 때문에 그럴 수도 있고, 아니면 다른 것이 x와

y 모두의 원인이기 때문에 그럴 수도 있는 것이다. 아니면 그것들은 단순히 우연의 일치일 수도 있는 것이다. 만약 추가 증거가 없는 상태에서 x가 y의 원인이라고 그냥 단정한다면, 그것은 흠 있는 논증이다.

하지만 상관관계를 찾는 것이 쓸모없는 일은 아니다. 때로 그것은 두 현상 사이에 인과적 연관성이 있는지를 탐구하는 첫 단계가 되기도 한다.

예 4: 광물 자원의 고갈

이제 이 절 마지막 예를 보기로 하자.

> 과거부터 언제나 수요에 맞추어 새로운 광물 자원이 꾸준히 발견되어왔다. 예를 들어 보크사이트 매장량은 지난 10년 사이 세 배가 는 반면 같은 기간 수요는 두 배로 느는 데 그쳤다. 전체 광물 자원의 매장량이 이만큼 많은 것으로 밝혀진 경우는 어느 때도 없었다. 따라서 어떤 시점에 가면 광물 자원의 공급이 제한될 수밖에 없기는 하겠지만, 우리는 광물 자원이 곧 고갈될 위험은 전혀 없다고 확신할 수 있다.

계속 읽기 전에, 이 논증의 결론과 이유를 찾아내고, 이유에서 결론으로 나아가는 과정에 무엇이 잘못 되었는지를 말해보라.

'따라서' 가 분명하게 시사해주듯이, 최종 결론은 마지막 문장이다. 이 논증은 다음과 같은 구조를 지녔다.

이유 1: 과거부터 언제나 수요에 맞추어 새로운 광물 자원이 꾸준히 발견되어왔다.

이유 2: 전체 광물 자원의 매장량이 이만큼 많은 것으로 밝혀진 경우는 어느 때도 없었다.

이들 두 이유가 합쳐져서 다음 결론을 뒷받침해준다고 생각된다.

> **최종 결론:** 어떤 시점에 가면 광물 자원의 공급이 제한될 수밖에 없기는 하겠지만, 우리는 광물 자원이 곧 고갈될 위험은 전혀 없다고 확신할 수 있다.

두 번째 문장에 나오는 예(즉 보크사이트의 예)는 이유 1을 뒷받침하기 위해 사용되고 있음을 주목하라. 하지만 우리는 이 예를 하나의 이유로 제시하고, 이유 1이 이로부터 따라나온다고 하지는 않았다. 그렇게 한 이유는 예 하나만으로는 이유 1과 같은 일반적 주장을 확립해줄 수 없을 뿐만 아니라, 글쓴이도 그 예가 일반적 주장을 뒷받침해준다고 생각했을 것 같지는 않기 때문이다. 그 예는 그냥 한 가지 예로 제시되었을 뿐이다. 두 번째 문장을 이유 1의 일부로 여겨 논증 구조 안에 포함시킬 수도 있다.

이 논증은 과거 경험에 의존하고 있기 때문에, 과거에 참이었던 것이 미래에도 계속 참이리라고 가정한다는 점이 이 논증의 흠이라고 지적할지 모르겠다. 하지만 이런 가정은 많은 논증, 특히 과학 법칙(해수면에서 물은 섭씨 100도에서 끓는다와 같은 예)에 의거하는 논증에 들어 있고, 대개 그런 맥락에서 그것은 부당한 가정이 결코 아니다.

따라서 우리는 이 논증의 흠을 좀 더 구체적으로 지적할 필요가 있다. 왜 우리는 전체 광물 자원의 매장량이 이만큼 많은 것으로 밝혀진 적이 없었다는 점을 근거로, 광물 자원이 곧 고갈될 위험은 전혀 없다고 결론 내려서는 안 되는가? 세계의 광물 자원은 유한하므로 그것을 계속 사용하게 된다면, 언젠가는 고갈될 것이라는 것이 합당한 가정이다. 우리는 그런 시점이 언제가 될지는 알 수 없다. 우리는 이 논증의 흠을 다음과 같이 지적할 수 있다.

> 세계의 광물 자원이 유한하다고 가정할 때, 우리가 현재(그리고 미래 어느 시점이든) 알고 있는 매장량이 지금까지 알려진 광물자원의 매장량보다 많지 않을 수도 있다.

이 논증에 대하여 몇 가지 점을 더 지적할 수도 있다. 이 논증은 관련 증거, 가령 광물 자원이 소비되는 비율이 가속화되고 있다는 증거를 언급하고 있지 않다.

논증에 흠이 있을 수 있는 몇 가지 방식

지금까지 우리는 논증에 흠이 있을 수 있는 방식으로 다섯 가지를 살펴보았다. TV에 나오는 폭력 장면의 영향을 다룬 예 1에서, 그 논증을 해석하는 한 가지 방식은 흠이 있었다. 그 흠은 영향을 미친다고 알려져 있는 단 한 사례(즉 광고)로부터 TV의 영향에 관한 일반적 결론을 이끌어낸다는 것이었다. 그 논증을 다른 식으로 해석할 경우, 그 논증의 흠은 부적절한 유비나 비교에 근거하고 있다는 것이었다. 예 2는 부의 증가와 건강에 관한 논증이었는데, 이 논증은 불충분한 증거(이전부터 있어온 질병들 가운데 일부는 요즘 더 흔해졌다는 증거)에 근거해 결론을 이끌어내고 있을 뿐만 아니라, 또한 다른 관련 증거(예를 들어 어떤 질병은 요즘 발병률이 줄어들었으며, 질병 없이 건강하게 삶을 사는 사람들의 비율이 어느 정도인지 등과 관련된 증거)를 제시하지 않았다는 점이 흠이었다. 예 3은 부의 증가가 국민들의 건강 증진을 가져왔다고 주장하고 있는데, 이 논증은 두 가지가 같이 일어난다면, 하나가 다른 하나의 원인이라고 가정하고 있다는 점과 국민의 건강 증진을 가져올 수 있는 다른 가능한 원인을 고려하지 않았다는 점이 흠이었다. 예 4에서 그 논증은 세계의 광물 자원의 고갈이 임박하지 않다고 결론 내리고 있다. 이 논증은 관련 요소들(광물 자원이 유한하다는 점, 그리고 광물 자원의 소비 속도가 크게 빨라진다는 점)을 무시한다는 점이 흠이었다.

논증에서 자주 볼 수 있고, 독자를 속여 좋은 논증이 제시되고 있다고 생각하게 만드는 몇 가지 흠이 있다. 앞의 예 1에 나오는 것, 즉 단 하나의 사례로부터 일반적인 결론을 이끌어내는 것도 이런 흠[이를 보통 '성급한 일반화의 오류' 라고 한다]이고, 예 3에 나오는 것, 즉 두 가지가 같이 나타난다는 것을 근거로 이들 사이에 인과적 연관성이 있다고 가정하는 것도 이런 흠[이를 보통 '거짓 원인의 오류' 라고 한다]이다. 이들 두 가지는 일반적으로 '오류' (fallacy)라고 부르는 흠의 사례들이다. 논증의 여러 흠을 오류 목록을 가지고 논의하는 논리학 교재들도 많이 있다. 이 책에서 우리는 이와는 다른 접근 방식, 즉 각 논증에 나오는 특정한 주제를 다루는 데 필요한 접근 방식을 채택하였다. 우리가 발전시켜야 하는 능력은 특정 논증에서 이유로부터 결론으로 나아갈 때 무엇이 잘못인지를 구체적으로 말해줄 수 있는 능력이다.

논증의 흠을 찾아내고자 할 때, 단순히 오류 목록에만 의존해서는 안 되는 이유가 두 가지 있다. 첫째, 오류 목록에 나와 있지 않지만 잘못된 논증도 있을 수 있기 때문이다. 예 4에 나오는 흠은 이런 예가 된다. 둘째, 단순히 오류 목록에만 의존하게 되면, 그 나름의 맥락 안에서 문제를 다루지 못하고 논증의 맥락을 간과하여 다른 논증과는 완전히 유리되게 논증을 분류할 수도 있기 때문이다.

둘째 문제점을 분명히 하기 위해 예를 들어보자. 오류 목록에 보통 나오는 것 가운데 '미끄러운 경사길' 논증이 있다. 이것은 그 자체로는 아마도 별 문제가 없는 어떤 조치나 정책을 도입하게 되면, 불가피하게 바람직하지 않은 결과를 낳게 되는 첫 단계가 된다고 주장하는 논증을 말한다. 예를 들어 어떤 사람은 대마초의 판매와 사용을 합법화해서는 안 된다고 주장하면서, 그 이유로 대마초를 합법화하면, 미끄러운 경사길 때문에 더 해로운 마약까지도 합법화할 수밖에 없게 된다고 주장한다. 이런 논증을 제대로 비판하려면, "이것은 미끄러운 경사길 논증이고, 따라서 흠이 있다"라고 그냥 말해서는 안 된다. 왜 바로 이 경우 여기서 말하는 그런 바람직하지 않은 결과가 꼭 일어나는 것은 아닌지를 말해줄 수 있어야 한다. 이는 훨씬 더 어려운 작업이다. 왜냐하면 합법화를 하게 되면 어떤 상황에서는 전례가 될 수 있고, 그래서 일반인들의 견해가 바뀌게 되어 어떤 다른 결과가 발생할 수도 있기 때문이다.

하지만 표준적인 오류를 몇 가지 알아두면 논증의 잘못을 파악하는 데 도움이 된다. 따라서 우리는 여기서 몇 가지를 간단히 언급하기로 한다.

인신공격의 오류는 어떤 사람이 다른 사람이 제시한 논증 자체의 잘못에 초점을 맞추는 것이 아니라, 논증을 제시한 사람의 성격에 문제가 있다는 점을 들어 그 사람의 논증을 비판하고자 할 때 벌어진다. 예를 들어 어떤 사람이 약자를 괴롭혔다고 해서, 이것이 곧 그 사람의 논증이 반드시 잘못이라고 결론지을만한 좋은 이유가 되는 것은 아니다. 하지만 어떤 개인적 특성(예를 들어, 과장하는 경향이 있다거나 일시적인 또는 영구적인 정신적 불능상태)은 다른 사람이 제시한 정보의 신뢰성을 판단하는 데 관련이 있는 경우도 있다. 하지만 특정한 결론을 내리는 사람이 좋지 않은 성격을 지녔다는 이유만으로, 그 결론이 받아들일 만한 증거나 참인 이유로부터 따라나오지 않는다고 주장한다면 그것은 오류다.

오류 가운데는 필요조건과 충분조건을 혼동하는 것도 있다. 이런 예를 두 개 보기로 하자. 각각의 경우 무엇이 잘못인지를 정확히 말할 수 있는지 생각해보라.

> 준비되어 있지 않다면, 너는 5세트 테니스 경기를 이길 수 없다. 하지만 너는 상대 선수보다 더 잘 준비되어 있다. 따라서 네가 이길 것이다.
> 복권에 당첨이 된다면, 너는 부자가 될 것이다. 하지만 너는 복권을 절대 사지 않는다. 따라서 너는 절대 부자가 되지 못할 것이다.

첫째 예는 5세트 테니스 경기를 이기려면 준비가 되어 있어야 한다는 것이 필요조건이기 때문에, 더 잘 준비되었다는 것이 경기를 이기기에 충분조건이라고 가정한다는 점이 흠이다. 이런 가정은 근거가 없다. 왜냐하면 테니스 경기를 이기려면 준비가 잘되어 있어야 할 뿐만 아니라 기술도 갖추어야 하기 때문이다. 둘째 논증도 흠이 있다. 왜냐하면 그 논증은 부자가 되기에 충분조건인 어떤 것, 즉 복권에 당첨되는 것이 부자가 되기 위한 필요조건이라고 부당하게 가정하고 있기 때문이다.

만약 어떤 논증이 상대방의 주장을 잘못 나타내고 있다면, 그 논증은 허수아비 논증의 오류를 범했다고 말한다. 2001년 1월에 제임스 벌거라는 어린이를 살해한 사람들의 행방을 공개하지 말라는 법원의 명령이 있었다. 엘리자베스 버틀러 슬로스 판사는 이런 결정의 이유를 다음과 같이 제시했다. 감옥에서 석방된 후 이들 두 젊은이의 행방이 일반인에게 알려지게 되면, 그들의 생명이 심각하게 위협받을 수 있는데, 유럽 인권 협약 — 지금은 이것이 1998년의 인권 법령에 따라 영국 법의 일부가 되었다 — 에 따를 때, 국가는 개인의 생명권을 보호할 의무가 있다. 어떤 사람이 판사의 이런 주장은 살인자가 감옥에 있는 동안 새로운 사람이 된 데 대해 보상을 해주어야 한다는 것에 근거해 있는 것이라고 하여 이 주장을 반대한다고 해보자. 이는 허수아비를 만드는 것이다. 즉 그것은 너무 약해서 쉽게 논파될 수 있는 논증을 만드는 것이며, 그것은 원래 논증을 내세운 사람이 주장하고자 한 것이 아니다.

논점 선취의 오류는 아래 예에서 잘 드러나듯이, 어떤 사람이 결론에서 주장하고자 하는 바를 미리 당연한 것으로 간주할 때 벌어진다.

> 우리는 예수가 하느님의 아들임을 알고 있다. 왜냐하면 예수가 그렇다고 말했고, 하느님의 아들은 거짓말을 하지 않기 때문이다.

예수가 하느님의 아들이라는 결론은 여기에 제시된 두 가지 이유, 즉 예수가 그렇다고 말했고, 하느님의 아들은 거짓말을 하지 않는다는 사실로부터 따라나오지 않는다. 그러려면 자신이 하느님의 아들이라고 말한 그 사람이 실제로 하느님의 아들이라고 가정해야 한다. 즉 입증하고자 하는 것을 당연히 참이라고 간주해야만 한다.

지금까지 우리는 논증이 잘못될 수 있는 여러 방식 가운데 몇 가지를 살펴보았다. 논증의 흠을 잘 찾아낼 수 있으려면, 여러 주제를 다루고 있는 수많은 논증을 연습해보아야 한다. 오류 목록을 사용해 논증의 잘못이 무엇인지를 말해보는 것도 도움이 된다. 하지만 논증이 잘못될 수 있는 방식은 여러 가지이며, 오류 목록에 꼭 맞지 않는 것도 있을 수 있다는 점을 알아야 한다. 우리는 앞의 예 4가 이런 경우라고 지적했다. 그 논증은 전세계 광물 자원의 매장량에 관한 것으로, 특정 주제와 관련해서만 이 논증의 흠을 지적할 수 있다. 아래 연습문제는 흠을 찾아내는 기술에 초점을 둔 것이다. 이 연습문제에서 이유가 참인지에 대해서는 신경쓰지 않아도 된다.

요약: 논증의 흠 찾아내기

1. 최종 결론을 찾아내라.
2. 이유를 찾아내고, 이유가 최종 결론을 뒷받침하는 방식을 찾아내라.
3. 논증의 각 단계마다 "(최종, 중간) 결론이 제시된 이유로부터 따라나오는가?"를 물어보라.
4. 제시된 이유가 참이라 하더라도 왜 결론이 따라나오지 않는지, 즉 왜 결론이 참이 아닐 수 있는지를 설명해보라. 단순히 오류 이름을 말하지 말고, 논증의 주제와 관련해 이 작업을 해보라.

연습문제 9: 흠 찾아내기

다음 논증의 흠을 찾아내 보라.

1. 최고 팀의 최고 선수들만으로 새 팀을 만들게 되면, 환상적인 농구팀이 만들어질 것이다. 그러면 농구는 어느 팬들에게나 흥미로운 경기가 될 것이다.
(LSAT, 1985)

2. 보름에 다양한 사람들에 의해 범죄나 악한 행동이 저질러진다. 이로부터 이끌어낼 수 있는 충고는 분명하다. 달이 차면, 아무도 믿지 말라. 심지어 너 자신마저도.
(LSAT, 1984)

3. 오늘날의 젊은이들은 대개 할아버지 세대보다 정규 교육을 더 많이 받고 있다. 윌마는 젊은이다. 따라서 윌마도 할아버지보다 정규 교육을 더 많이 받고 있음이 분명하다.
(LSAT, 1982)

4. 마리화나나 LSD는 해롭지 않다. 왜냐하면 의사들이 암 환자의 고통을 줄이기 위해 그것들을 사용하기 때문이다.
(LSAT, 1982)

5. 청소년들은 빈혈 때문에 종종 고생을 한다. 그러나 이것은 가끔 생각되듯이 음식물에 들어 있는 철분이 부족해서가 아니라, 이 집단이 다른 집단보다 더 많은 철분이 필요하기 때문이다.
(LSAT, 1983)

6. 우리는 음식이 질병의 중요한 원인임을 알고 있다. 음식 때문에 생기는 병 가운데 하나는 심장마비인데, 이는 서구에서는 아주 흔한 병이다. 음식이 다르면 질병도 다르다. 예를 들어 일본에서 가장 흔한 병은 뇌졸중과 위암이다. 일본인의 음식은 서구인의 음식보다 지방성분은 훨씬 적지만 섬유질은 훨씬 많다. 따라서 서구인이 일본인의 저지방 고섬유질 음식을 먹는다면, 그들이 심장마비로 죽게 될 것 같지는 않다. 대신 그들은 일본에서 흔한 병, 즉 뇌졸중이나 위암으로 죽게 될 것이다.

7. 누가 요리를 고안해냈을까? 요리는 열을 필요로 하기 때문에 처음 요리를 한 사람은 불을 사용했음이 분명하다. 최근까지 20만 년 전에 불을 사용했다는 증거는 전혀 없었다. 그러나 이제 믿을만한 과학적 증거가 나와 호모 사피엔스의 선조들은 40만 년 전에 불을 밝히고 있었음이 드러났다. 따라서 요리는 그때 고안되었음이 분명하다.
8. 목격자는 화재가 시작된 그 시각 가게 근처에서 프레드를 보았다고 말했다. 그러나 우리는 이 목격자가 프레드에 대해 나쁜 감정을 가지고 있었으며, 그는 과거에 믿지 못할 증거를 제시한 적이 있다는 점도 알고 있다. 따라서 우리는 그 목격자의 진술을 믿을 수 없다. 그러므로 프레드는 화재가 시작되었을 때 다른 어딘가에 있었음이 분명하다.
9. 엄청나게 노력을 한다면, 사람들은 대부분 다 천재적인 작곡가가 될 수 있다. 천재는 실제로 영감보다는 노력에 의해 만들어지는 것이라고 할 수 있는지를 알아보기 위해 한 심리학자가 76명의 작곡가의 삶을 조사해보았다. 그들은 대부분 걸작을 작곡하기 전 적어도 10년 동안 엄청난 연습을 한 것으로 드러났다. 예를 들어 모차르트는 첫 번째 천재적인 작품을 작곡한 열두 살이 되기 전에 아버지로부터 작곡 기술을 끊임없이 훈련받았다.
10. 어떤 사람은 가난이 범죄 원인 가운데 하나라고 주장한다. 그러나 가난과 범죄 사이에는 아무런 연관성이 없다. 왜냐하면 가난하지만 절대로 범죄를 저지르지 않는 사람도 수없이 많기 때문이다.
11. 노르웨이에서 행해진 대규모 연구 결과, 걱정이 많은 사람은 암 환자일 가능성이 높은 사람으로 밝혀졌다. 그러므로 걱정 정도를 측정해 이를 치료할 수 있다면, 암 발병도 줄일 수 있을 것이다.
12. 1976년에 리처드 도킨스의 책 『이기적 유전자』가 출간되었다. 그는 유전자가 '이기적'이라고 기술하고 있는데, 그 이유는 유전자가 자기 복제 능력을 갖추고 있기 때문이었다. 유전자는 인간을 구성하는 기본 요소이므로, 많은 사람들은 그 책이 사람은 본성상 이기적이라는 주장을 펴는 것으로 이해했다. 그 책이 나온 시기와 그 책이 인기를 끌었다는 점을 고려해보건대 그 책은 1980년대 무한정한 자유 시장 경제 시대의 이념에 영향을 주었음이 분명

하다. 당시, 소비자와 업계의 이기심은 사회 전체에 이익이 되는 것으로 여겨졌다.

13. 몇몇 종교에서 주장하듯이, 과연 우주는 지적이고 설계자인 존재에 의해 창조된 것일까? 만약 그렇다면, 그는 우주를 간단하게 만들었을 것이다. 하지만 우리는 엄청나게 복잡한 우주에 살고 있다. 따라서 우주는 지적 설계자에 의해 창조된 것이 아니라고 결론 내릴 수 있다.
14. 식사가 건강에 어떤 영향을 미치는지를 조사하더라도, 그 둘 사이의 연관성에 관해 일정한 결론을 내리지 못하는 경우가 많다. 이에 대한 통상적 설명은 피험자가 특정한 식사를 유지한다는 것이 실제로 아주 어려워서 믿을만한 결론을 이끌어내기가 불가능하기 때문이라고 말한다. 하지만 그로부터 이끌어내야 할 결론은 식사와 질병 사이에는 아무런 연관성이 없다는 것이다. 왜냐하면 그렇게 될 경우 우리는 식사에 대해 걱정할 필요가 없으며, 건강을 실제로 개선시킬 수 있는 생활 방식, 가령 금연을 한다거나 술을 줄인다거나 운동을 더 많이 한다거나 하는 등의 생활 방식으로 바꾸는 데 더 집중할 수 있기 때문이다.
15. 사람들은 대개 누군가를 떠올린 다음 얼마 안 있어 그 사람한테서 전화가 걸려온 경험이 있을 것이다. 이는 텔레파시가 통할 때 정확히 일어날 수 있는 일이다. 따라서 그렇지 않다고 생각하는 사람이 있기는 하지만, 분명히 텔레파시가 통한다고 보아야 한다.

추가 증거 평가하기

우리가 어떤 결론을 받아들이도록 하기 위해 한 사례를 제시했는데, 상대방이 "아, 그런데 이건 어때 ……?"라고 말하면서 우리 주장을 약화할 수 있는 어떤 정보를 제시하는 경우가 간혹 있다. 흡연의 위험에 관한 예에서, 어떤 사람이 "흡연의 위험을 아는 것으로는 금연을 하는 데 충분하지 않다. 왜냐하면 흡연의 위험에 관해 그토록 많은 홍보가 있었지만 아직도 여전히 흡연자들이 있기 때문이다"라고 말했다고 해보자. 그런데 흡연자의 믿음에 관한 조사가 행해졌다고 가정하자. 이때 상대방은 위의 주장에 대해 다음과 같이 응수할 수 있다. "비흡연자들과 달리 흡연자들은 대개 흡연이 건강에 나쁘지 않다고 믿고 있다는 이번 조사 결과는 어때?" 이 경우 우리는 이 주장이 결론에 어떤 영향을 주게 되는지를 생각해보아야 한다.

추가 증거의 영향을 평가할 수 있는 능력은 아주 값진 것이다. 왜냐하면 새로운 정보를 제시하여 상대방의 논증을 비판하는 경우도 흔히 있기 때문이다. 그런 도전에 응수하는 한 가지 방법은 새로운 증거가 참인지를 문제 삼는 것이다. 이는 우리가 이미 언급한 기술, 즉 증거나 이유의 참을 평가하는 기술과 관련된다. 또 다른 대응 방법은 새로운 증거가 참이라 하더라도 이것이 결론을 약화하는 것은 아니라고 말하는 것이다. 이는 우리가 이미 논의한 또 다른 중요한 기술, 즉 이유가 결론을 뒷받침하는 정도를 평가하는 기술과 관련된다.

물론 우리가 언제나 결론을 옹호하려고 하는 것은 아니다. 더구나 모든 대가를 치르고서라도 결론을 반드시 옹호해야 한다고 생각해서도 안 된다. 그것은 무비판적 사고에 빠지는 것이다. 그것은 반대되는 증거가 있는데도 어떤 것을 굳게 믿는 것이다. 우리는 추가 증거가 결론을 약화하는 경우도 있음을 인정해야 한다. 다른 사람이 내 논증을 비판하는 논쟁의 맥락이 아니라, 어떤 견해를 받아들일만한 이유가 있다고 생각하고 있는 맥락에서 새로운 증거가 제시되는 경우도 있다. 이 경우 일단 새로운 증거가 원래 문제와 관련이 있다고 한다면, 우리는 이것이 원래 견해를 지지하는지 아니면 반박하는지를 생각해보아야 한다. 다시 말해, 우리는 새로운 증거가 논증을 강화하는지 여부뿐만 아니라 논증을 약화하는지 여부도 생각해보아야 한다.

연습문제 10: 추가 증거 평가하기

이 연습문제는 추가 증거가 논증에 어떤 영향을 미치는지를 평가해보기 위한 것이다. 다음 문제의 정답을 고른 다음, 왜 그것이 정답인지 설명하고 다른 것은 왜 정답이 아닌지 설명하라.

1. 최근 연구 결과, 방과 후 활동으로 운동을 하는 아이들은 학교 수업 시간과 방과 후 활동 시간에 그렇지 않은 아이들보다 덜 싸운다는 사실이 밝혀졌다. 따라서 싸움을 통해 발산될 공격적 충동이 운동을 통해 발산되고 있음이 분명하다고 결론 내릴 수 있다.

다음에서 참일 경우, 위 글의 결론을 약화하는 것은 어느 것인가?

(a) 방과 후 활동으로 하는 운동은 늘 어른들의 감독을 받는다.

(b) 방과 후 활동으로 하는 운동을 감독하는 사람들은 아이들이 너무 공격적이지 못하도록 한다.

(c) 방과 후 활동으로 운동을 하는 아이들은 그렇지 않은 아이들보다 육체적으로 더 공격적인 경향이 있다.

(d) 학교 수업 시간이나 방과 후 활동 시간에 벌어지는 아이들의 싸움 가운데 85% 정도는 쉬는 시간에 일어난다.

(e) 대부분의 학교는 학교 수업 시간이나 방과 후 활동 시간에 싸울 경우 그 아이를 학교의 운동 팀에서 빼버린다.

(LSAT, 1982)

2. 공학을 전공하는 학부생들의 수가 지난 5년 동안 크게 증가하긴 했지만, 공학을 가르칠 수 있는 사람은 곧 부족할지 모른다. 왜냐하면 공학을 가르칠 가능성이 큰 사람은 대개 공학박사 학위 소지자들인데, 이들의 수가 증가하고 있지 않기 때문이다. 이런 결과가 생겨난 이유는 박사 학위가 없는 공학 전공자들에게도 많은 봉급을 줌으로써 대학원 공부를 계속하게 할 유인책이 없어졌기 때문이다. 따라서 회사들은 박사 학위가 없는 공학 전공자들의 경우 그들의 봉급을 깎는 것이 장기적으로는 이익이 된다는 점을 인정해야 한다.

다음에서 참일 경우, 위 글의 결론을 가장 약화하는 것은 어느 것인가?

(a) 과학 전공자가 지난 5년 동안 증가했다.

(b) 공학박사 학위를 받는 사람들 가운데 반이 못되는 사람들이 가르치는 일에 종사한다.

(c) 회사들은 박사 학위가 있는 공학 전공자에게 많은 봉급을 준다.

(d) 공학 전공자가 증가한 이유는 회사가 그들에게 많은 봉급을 주기 때문이다.

(e) 많은 대학 프로그램은 공학 연구에 관심이 있는 회사들의 후원을 받고 있다.
(LSAT, 1983)

3. **조안:** 미국에서 중대 범죄를 줄이는 한 가지 방법은 영국처럼 헤로인 중독자에게 공짜로 헤로인을 제공하는 것이다.

안나: 그것은 말도 안 된다. 그것은 자동차 도둑에게 공짜로 자동차를 주는 것과 같다.

다음에서 참일 경우, 조안의 논증을 **가장** 강화하는 것은 어느 것인가?

(a) 헤로인 중독자는 마약을 복용하기 전보다 마약을 복용한 상태에서 더 폭력적이기 쉽다.

(b) 헤로인 중독자에게 헤로인을 공급하는 데 드는 연간 총비용이 마약 관련 범죄의 희생자들이 입게 되는 연간 손실액보다 적다.

(c) 중독자에게 마약을 제공하는 편이 그들이 범죄를 저지른 후에 감옥에 집어넣는 것보다 비용이 더 적게 든다.

(d) 중독자가 아닌 사람이 저지르는 중대 범죄 건수는 영국이나 미국이 대략 비슷하다.

(e) 중대 범죄 가운데 상당수는 헤로인 중독자들이 마약 중독 습관을 유지하기 위해 저지른 것이다.
(LSAT, 1983)

4. 깜빡이 결함 때문에 국가의 연례 안전 진단을 통과하지 못하는 자동차는 전체의 4%밖에 되지 않는다. 이 때문에 전국 자동차 협회는 이제 깜빡이를 검사 항목에서 제외하자고 주장한다. 비록 깜빡이가 중요한 안전장치이긴 하지만, 결함률이 너무 낮기 때문에 그것을 검사하는 데 비용을 들일 필요가 없다는 것이다.

아래에서 참일 경우 자동차 협회의 제안이 지닌 가장 심각한 난점을 지적하는 것은 어느 것인가?

(a) 검사받을 필요가 없어지면, 차주는 깜빡이가 제대로 작동되도록 관리하지 않을 것이다.

(b) 깜빡이가 고장 난 차의 주인이 수신호 방법을 배우지 않은 사람일 수도 있다.

(c) 깜빡이를 검사 항목에서 빼면, 우리나라의 검사 절차는 이웃 나라보다 덜 엄격하게 된다.
(d) 깜빡이가 고장 난 차가 다른 안전 결함을 가지고 있다면 어쨌든 검사에 불합격하게 될 것이다.
(e) 깜빡이가 고장 난 차는 안전 검사 체계가 포괄하지 못하는 다른 결함이 있을 수도 있다.

(LSAT, 1983)

5. 최근 연구 결과, 아이들이 하루 한 시간 정도 TV를 볼 경우 학교 성적은 별다른 영향을 받지 않지만, 하루 두세 시간을 볼 경우 그보다 덜 보는 아이들에 비해 성적이 상당히 뒤쳐지는 것으로 나타났다. 연구진은 아이들이 TV 보는 시간을 부모가 주의 깊게 모니터한다면, 아이들의 학교 성적이 적정 수준에서 유지될 것이라고 결론지었다.

아이들에 관한 다음 주장 가운데, 참일 경우 위 연구진의 결론을 가장 강화하는 것은 어느 것인가?

(a) 학교에서 평균 이하의 성적을 보이는 아이들은 대부분 하루에 두 시간 이상씩 TV를 보았다.
(b) 주말에 주로 TV를 보는 아이들은 학교 가는 날 저녁에 주로 TV를 보는 아이들보다 성적이 더 나았다.
(c) TV를 보기보다는 책 읽는 데 더 많은 시간을 쏟는 아이들은 그렇지 않은 아이들보다 성적이 더 나았다.
(d) 아이들의 TV 보는 습관이 같아지면, 그 아이들의 학교 성적 차이도 줄어들었다.
(e) 하루에 TV 보는 시간을 줄인 아이들은 여분의 시간을 책 읽는 데 보냈다.

(LSAT, 1985)

6. 오늘날 대부분의 교도소에서 하고 있는 직업 훈련 프로그램을 계속 시행하는 것은 온당치 못하다. 이들 프로그램은 달성하고자 하는 바를 이루지 못한다. 왜냐하면 교도소에서 나온 사람들은 대부분 교도소에서 배운 기술을 써먹을 수 있는 직업을 선택하지 않기 때문이다.

다음에서 참일 경우, 위의 논증을 가장 약화하는 것은 어느 것인가?

(a) 교도소 훈련 프로그램에서 배우는 많은 기술은 여러 가지 직업에 유용하다.

(b) 교도소는 재소자들이 나중에 취업을 할 수 있도록 직업 훈련을 시킬 의무가 있다.

(c) 교도소의 직업 훈련 프로그램을 이용하면 재소자들의 생산성이 높아지는 경향이 있다.

(d) 미래 취업을 위해 재소자들을 훈련시키는 것이 오늘날 대부분의 갱생 프로그램의 중요 목적이다.

(e) 오늘날에는 대부분의 교도소에서 재소자들이 여러 가지 직업 가운데 어느 하나를 선택해 준비할 수 있다.

(LSAT, 1986)

7. 거짓말을 하게 되면 정신적 스트레스 때문에 일정한 생리적 변화가 수반된다. 거짓말 탐지기를 믿을만한 이유는 바로 적절한 도구를 통해 거짓말을 하게 될 때의 생리적 변화를 측정할 수 있기 때문이다.

다음에서 참일 경우, 위의 논증을 가장 약화하는 것은 어느 것인가?

(a) 거짓말 탐지기는 비싼 기계이며 면밀한 유지보수가 필요하다.

(b) 어떤 사람들은 거짓말을 해도 비교적 적은 양의 스트레스만을 불러오는 것으로 밝혀졌다.

(c) 거짓말 탐지기를 쓰려면 고도로 훈련되고 유능한 사람이 필요하다.

(d) 적절한 도구마저도 오용되거나 남용될 수 있다.

(e) 여러 가지 종류의 서로 다른 정신적 스트레스가 똑같은 생리적 변화를 낳는다.

(LSAT, 1984)

8. 독감 예방 접종을 하면 독감에 전혀 걸리지 않을 것이라고 기대하는 것은 현실적이지 않다. 매년 겨울 영국에서 12,000명의 사람들이 독감으로 죽는다. 노인과 호흡기 질환을 앓고 있는 사람이 독감에 가장 취약하기 때문에 이들에게 우선적으로 독감 예방 접종을 하고 있다. 독감 예방주사는 WHO에서 그해

겨울 가장 유행할 것으로 보는 독감에 걸리지 않도록 하는 예방약이다. 때로 예방 접종을 하기 1년 전에 그런 예상을 하는 경우도 있다. 만약 새로운 독감 변종이 나타나거나 아니면 기존 독감 유형이 약간 바뀌게 되면, 접종을 하더라도 예방이 제대로 되지 않는다.

다음에서 참일 경우, 위의 논증을 **가장** 강화하는 것은 어느 것인가?

(a) 독감 예방 접종을 하더라도 감기를 예방할 수는 없다.

(b) 아이들에게 독감 예방 접종을 하면, 독감 바이러스가 느리게 전파될 것이다.

(c) 나이를 먹음에 따라 면역 반응도 약해지기 때문에 노인은 젊은이에 비해 독감 예방 접종 효과가 적다.

(d) 노인에게 대량으로 예방 접종을 할 경우 독감 때문에 야기되는 심각한 합병증이나 사망 위험을 크게 줄일 수 있다.

(e) 독감 때문에 죽게 되는 사람들은 대부분 독감 예방 접종을 하지 않은 사람들이었다.

9. 최근 M42 고속도로에서 출퇴근 시간 동안 노견을 이용할 수 있도록 해 1개 차선을 더 운용해본 결과 큰 성공을 거두었다. 따라서 이런 방식을 다른 고속도로에도 확대해서 적용해보는 것이 옳다. 왜냐하면 이것이 교통 체증 문제를 해결할 수 있는 쉽고 경제적인 방안이기 때문이다. 그러므로 이것이 새로 고속도로를 건설한다거나 아니면 확장 공사를 하는 방안보다 더 좋다고 할 수 있다.

다음에서 참일 경우, 위의 논증을 **가장** 약화하는 것은 어느 것인가?

(a) 다른 여러 나라의 경우 노견이 없는 고속도로도 있다.

(b) 여행 때 대중교통을 이용하면 자동차를 이용하는 것보다 불편하다.

(c) 환경 보호론자들은 고속도로를 새로 건설하는 일을 강력히 반대할 것이다.

(d) 앞으로 8년 후에는 고속도로 교통량이 50% 정도 증가할 것으로 예측된다.

(e) 노견이 사용될 경우, 모든 차선의 제한 속도는 시속 50마일이 될 것이다.

10. 비행기를 타면 공해가 야기되기 때문에 이를 조금이라도 보상하기 위해 '탄소 상쇄 운동' (carbon offsetting)을 벌이는 것이 최근 유행이다. 회사들은 가

령 인도에 메탄가스를 활용할 수 있는 시설을 건설한다거나 불가리아에 수력 발전소를 건설한다거나 또는 자메이카에 에너지 효율이 높은 전구를 쓰도록 하는 데 도움을 줄 수 있는 상쇄권을 살 수 있다. 우리는 두 가지 이유에서 이런 방안을 반대한다. 첫째, 그렇게 하게 되면 사람들은 탄소를 배출하는 비행기를 이용해도 아무 문제가 없다고 생각하게 되기 때문이다. 그런 운동에 참여하고 싶다면, 아예 비행기를 타지 않고도 그렇게 할 수 있다. 둘째, 탄소 상쇄 운동에 참여하는 회사들이 내는 돈이 실제로 에너지 절약 사업에 사용되는지, 심지어 그런 사업이 실제로 에너지를 절약할 수 있고 그래서 탄소 배출량을 줄일 수 있는지를 소비자가 확신할 수 없기 때문이다.

다음에서 참일 경우, 위의 논증을 가장 강화하는 것은 어느 것인가?

(a) 정부는 탄소 상쇄 운동에 참여하고 있는 회사들의 기준을 마련하는 작업을 진행하고 있다.

(b) 항공 산업에서 나오는 탄소 배출량은 전체 배출량 가운데 아주 적다.

(c) 다른 나라의 경우 에너지 절약 계획에 자금을 지원했을 때 탄소 배출량이 줄어들었다.

(d) 대부분의 사람들은 집안 난방 온도를 낮춤으로써 탄소 배출량을 줄일 수 있다.

(e) 탄소 상쇄 운동의 지원을 받는 사업 가운데 일부는 그런 도움이 없더라도 탄소 배출량을 계속 줄여나갈 것이다.

설명을 문제삼기

논증 가운데는 특정 결론을 받아들여야 한다는 점을 보여주고자 하기보다, 이미 사실로 받아들이고 있는 것을 **설명**하고자 하는 것도 있다. 이것은 어떤 것이 믿을만하다고 하는 이유를 제시하는 것이 아니라, 왜 어떤 것이 실제로 그런가 하는 이유를 제시하는 것이다. 이 둘의 차이는 「인디펜던트」 1994년 2월 17일자에 실린 다음 기사에서 잘 드러난다.

> 최근 통계에 따르면, 잉글랜드와 웨일즈에서 암 환자 수가 1988년에 4% 증가했다. 왕립 암 연구재단 고문인 리처드 돌은 이에 대한 한 가지 설명으로 노년 인구가 최근 증가했다는 사실을 들었다.

리처드 돌의 주장은 1988년 암 환자 수가 증가했다는 사실을 우리에게 확신시키고자 하는 것이 아니다. 그는 그것이 사실이라고 생각하고 있고, 왜 그렇게 증가했는지를 설명하고자 한다.

위의 예는 설명이 논증과 독립된 부분으로 나타난 경우이다. 그러나 더 긴 논증의 일부로서 논증 안에 설명이 제시되는 경우도 있다. 설명과 관련해 우리는 제시된 설명이 올바른지를 알아야 한다. 이런 물음에 대답하는 것이 쉬운 일은 아니다. 하지만 설명을 평가할 때 우리가 사용할 수 있는 몇 가지 전략이 있다. 하나는 설명에 깔려 있는 가정이 의문의 여지가 없는지를 검토해보는 것이다. 다른 하나는 다른 설명이 가능한지를 생각해보고, 여러 설명이 가능하다면 그 가운데 일부를 배제할만한 추가 증거가 있는지를 찾아보는 것이다. 만약 두세 가지 설명이 모두 그럴듯하다면, 추가 정보를 얻기 전까지는 그런 설명 가운데 어느 하나만을 올바른 설명이라고 간주해서는 안 될 것이다.

암 연구의 최고 권위자가 한 말을 문제 삼는 것이 주제 넘는 일처럼 비칠지 모르겠지만, 위의 예에도 이런 전략을 적용해볼 수 있다. 리처드 돌의 설명은 어떤 가정을 깔고 있는가? 만약 암 환자 수의 증가가 '노년 인구의 증가' 때문이라고 한다면, 이는 이전이라면 다른 병으로 죽었을 사람들이 지금은 암에 걸리는 나이까지 산다는 가정을 해야만 한다. 물론 서로 다른 연령 집단의 암 발생 빈도를 조사한 수치를 검토해 이런 가정을 뒷받침해줄 수 있는 증거를 추가로 찾을 수도 있을 것이다.

암이 증가했다는 사실을 다른 방식으로 설명할 수는 없는가? 가령 환경오염 같은 것 때문에 사람들이 전반적으로 암에 더 쉽게 걸리게 되었다고 한다면, 암 환자 수가 늘어나게 될 것이다. 그리고 특정 집단의 습관이나 행동 유형의 변화 때문에 암 발생 빈도가 급격히 증가한다면, 이것도 암 환자 수의 증가를 불러오게 될 것이다. 예를 들어 순환기 계통의 질병에 대한 새로운 약물 요법이 더 많은 암을 유발하게 된다거나, 호르몬 대체 요법을 쓰는 여성이 늘어나게 됨에 따라 더 많은 암이 유발되는 경우도 있을 수 있다. 이런 설명이 합당한지는 다른 집단의 암 환자 발생 빈도 수치를 검토하면 밝혀질 것이다. 우리는 리처드 돌의 설명이 올바르지 않다고 말하는 것이 아니다. 사실 자신의 설명을 제시하기 전에 그는 이런 모든 가능성을 생각해보았을 것이다. 아마도 그의 의도는 수명이 늘어났다는 것을 통해 암 환자의 증가를 부분적으로 설명할 수 있다는 것이라고 할 수 있다. 다만 우리는 이 예를 통해 설명을 문제시하고, 추가 정보가 있기 전까지는 판단을 유보하고, 여러 가지 가능한 설명 가운데 어느 것이 가장 합당한지를 조사해보아야 할 때 어떻게 해야 하는지를 보여주고자 했을 뿐이다.

다음 글은 알려진 사실에 대해 가장 합당한 설명을 찾아내기 위한 연구를 서술한 것이다. 이것은 1995년 6월 25일자 「인디펜던트 일요판」에 나온 신문 기사를 약간 수정한 것이다.

> 10대와 20대의 운전자들은 나이 많은 운전자를 운전을 하게 해서는 안 되는 서투른 늙은 바보라고 생각하여 깔본다.
>
> 나이 많은 운전자 가운데는 사실 서투른 사람도 있으며 미국 자료를 보면 운전자의 사고율은 70세 이후에 크게 높아진다. [캘리포니아대학 연구팀이 최근 나이 많은 운전자에 관해 세밀한 연구를 했다.]
>
> 연구팀은 70대 초반의 자원자를 모집하였다. 의사들에 따르면 이들은 초기 단계의 치매 증상이 있는 사람들이었다. 같은 연령의 다른 운전자들은 의학적으로는 당뇨를 앓고 있을 뿐이었고, 비교 목적으로 젊은 운전자 집단도 참여했다.
>
> 모든 운전자에게 교차로와 과속 방지턱, 신호등, 도로 표지판, 주차장 등이 있는 3마일 도로를 주행하게 하였다. 브레이크 속도나 운전대, 중앙선 침범 등을 기록하는 컴퓨터가 장착된 차를 이용해 시험관이 운전 기술의 등급을

매겼다. 운전자들은 또한 정신 능력이나 집중력, 기억력 등에 관한 여러 가지 표준적인 검사도 받았다.

그 결과 당뇨병이 있는 70대 노인들은 운전 시험이나 정신 능력 시험에서 젊은 운전자들만큼 잘한다는 점이 밝혀졌다. 초기 단계의 치매 증상이 있는 운전자들은 이들보다 못했다. 이들은 천천히 운전했으며, 이들이 저지른 실수도 예를 들어 '진입금지' 라고 쓰인 일방통행 길로 진입을 한다든가 하는 심각한 것이었다.

결론은 정상적인 건강상태를 가진 70대 운전자들은 젊고 건강한 성인들에 견줄 만큼 운전을 잘한다는 것이었다. 그 보고서는 이 연령 집단의 운전자들이 높은 사고율을 보인다는 통계는 적어도 부분적으로는 사람들이 치매를 앓게 된 이후에도 계속 운전을 하기 때문이라고 결론 내리고 있다.

('다른 진단', 토니 스미스 박사, 「인디펜던트 일요판」, 1995. 6. 25.)

계속 읽기 전에, 다음 물음을 스스로에게 물어보라.

- 이 연구는 어떤 사실을 설명하고자 하는가?
- 글쓴이는 젊은 운전자들이 어떤 설명을 하리라고 예상하고 있나?
- 이 연구의 보고서에 제시된 설명은 어떤 것인가?

이 글은 두 번째 단락에서 미국 자료에 따르면 운전자들의 사고율이 70세 이후에는 상당히 높아진다고 말하고 있다. 이것이 설명되어야 할 사실이다. 이는 물론 70세 이상의 운전자 **집단**이 70세 이하의 운전자 집단보다 높은 사고율을 보인다는 의미다. 첫째 단락을 보면, 분명히 글쓴이는 젊은 사람들은 이 사실을 두고 70세 이상의 운전자들은 **모두** 서투르며 따라서 사고를 낼 위험이 더 높기 때문이라고 말할 것으로 예상하고 있다. 운전자들의 능력을 평가하는 조사가 이루어졌으며, 그 결과 치매 증상이 있는 70세 이상의 노인들은 젊은 운전자들보다 서투르지만, 그렇지 않은 70세 이상의 노인들은 젊은 운전자들 못지않다는 점이 드러났다.

이는 70세 이상 운전자들의 높은 사고율을 설명해줄 수 있는 가장 합당한 방안은 70세 이상의 운전자들 가운데 일부는 치매로 운전이 서투르기 때문임을 시사해준다. 우리는 이 글에서 운전 시험이 '교외의 스트레스를 주지 않는 환경'에서 행해졌다고 말하고 있다는 데 주목해야 한다. 만약 이것이 옳다면, 이 연구가 제시한 설명이 가장 합당하다는 것을 확실히 하기 위해서는 젊은 운전자와 70세 이상의 운전자가 모두 좀 더 번잡한 교통 여건에서는 어떤 운전 능력을 보일지를 살펴보아야 한다.

이 연구에는 '젊은 운전자' 집단으로 볼 수 있는 연령대가 어떤지는 분명히 나와 있지 않다. 물론 70세 이상과 70세 이하라는 단 두 집단으로 모든 운전자를 나누면, 70세 이하라는 큰 집단 내의 차이가 흐려지게 된다. 이 때문에 위의 결론을 받아들인다고 하더라도, 우리는 통계에 관해 아주 비판적 태도를 지녀야 한다. 예를 들어 25세 이하의 운전자들은 25세 이상보다 상당히 높은 사고율을 보이고 있다. 나이 많은 운전자들은 이 점은 젊은 운전자들 가운데는 아직 확인되지 않은 치매 환자가 많다는 사실을 보여주는 것이라고 주장할 수도 있다!

연습문제 11: 다른 설명을 제시하기

다음 글은 어떤 사실을 설명하고자 하는지, 그리고 그 사실을 어떻게 설명하고 있는지를 말하라. 그런 다음, 그 사실에 대한 다른 설명을 제안해보라. 여러분의 설명이 맞는지 불확실하더라도 신경 쓰지 마라. 그냥 그것이 맞다면 다른 가능한 설명이 될 수 있다는 점만을 생각해라.

1. 범죄에 대한 두려움이 커짐에 따라 경찰에 대한 대중의 신뢰도 줄어들고 있다. 사람들이 경찰을 신뢰하지 못하기 때문에 그토록 범죄를 두려워하게 되는 것이다.
2. 지난 30년 동안 왜 이혼율이 그토록 높아졌는가? 이는 오늘날 불행하게 결혼한 쌍이 그렇게 많기 때문이다.
3. 인류는 우주 어디엔가 있을지도 모르는 존재와 진정으로 교신을 해본 적이 없

다. 그 이유는 우주에서 지능이 있는 생명체는 우리 혹성에만 있기 때문이다.

4. 영국에서 일인당 차량 보유 대수는 계속 증가하고 있다. 이것이 바로 런던 외곽도로와 같은 새 도로가 건설될 때마다 그 지역의 교통량이 증가하는 이유다.
5. 지난 여름 영국 날씨가 아주 나빴기 때문에, 영국 내의 휴양지로 휴가를 간 사람의 수가 줄어들었다.
6. 의회 특위의 한 보고서에 따르면, 부모가 아이들을 제대로 교육하지 못하기 때문에 일부 아이들이 다른 사람들을 무시하고, 때로 폭력을 저지르며, 학교에서 왕따를 시키는 일이 벌어진다.
7. 그리스의 경우 흡연율이 영국보다 훨씬 높은데도 불구하고 흡연 관련 질병으로 인한 사망률은 영국보다 훨씬 낮다. 이는 흡연자들의 흡연 습관이 다르기 때문이다. 영국처럼 담배 값이 아주 비싼 나라의 경우 사람들은 꽁초 끝까지 담배를 피는데 반해 담배 값이 싼 나라의 경우 사람들은 담배를 절반 정도만 피고 버린다.
8. 여러 조사에 따르면, 세계에서 가장 행복한 사람들은 덴마크 사람들이다. 물론 그들은 행복하다. 왜냐하면 그들은 기대 수준이 아주 낮고 그래서 좋은 일이 생기면 굉장히 좋아하기 때문이다.

요약: 설명을 평가하기

1. 설명에 들어 있는 가정을 찾아내라.
2. 다른 설명이 가능한지를 생각해보라.
3. 다른 가능한 설명을 배제해줄 증거가 어떤 것일지를 생각해보라.
4. 똑같이 가능한 설명이 여러 가지 있다면, 추가 증거가 있을 때까지 결정을 보류하라.

연습문제 12: 설명을 찾아내고 평가하기

아래 다섯 개의 글에는 주어진 사실이나 현상에 대해 하나의 설명이 제시되거나 여러 가지 다른 설명이 논의되고 있다. 각각의 글에 대해

(a) 설명해야 할 현상이나 사실을 찾아내고

(b) 그 글에 제시된 설명(들)을 찾아내고
(c) 다른 가능한 설명을 생각해보고
(d) 다음 가운데 하나를 하라.
  i. 여러분이 생각한 설명 가운데 어느 것이 가장 그럴듯한지, 그리고 왜 그것이 가장 그럴듯한지 생각해보라.
  ii. 어느 설명이 가장 그럴듯한지를 결정하려면 어떤 증거가 추가로 필요한지를 생각해보라.

이 연습문제는 토론 수업의 소재가 될 수 있다.

1. 연구 결과 여학생들은 잘하지만 남학생들은 무시되고 있다고 느끼는 것으로 드러나

— 도널드 매클레오드 —

"혼나는 것은 늘 남학생이다"라고 열네 살짜리가 불평했다. 이 말은 남학생들의 시험 결과에 아주 나쁜 영향을 미친다고 생각되는 학교의 편견을 적나라하게 드러내준다.

"여학생들은 공부를 잘 못한다는 말은 옛이야기다"라고 마이클은 말했는데, 열네 살짜리가 한 앞의 말도 이스트 앵글리아의 한 남녀 공학에 대한 연구에서 따온 것이다. 남학생들이 문제다.

그 남학생은 다음과 같은 불만도 드러냈다. "여학생들을 훨씬 더 잘 대해주고, 실험 장비나 과제를 고르는 데도 우선권을 준다."

전국적인 흐름을 반영하듯, 이 학교에서도 격차가 줄어들기는 했지만 여학생들의 중학교 졸업 성적이 대체로 남학생들보다 나았다.

마이클은 여학생들에 대한 차별을 줄이는 결과를 가져왔던 평등 기회 정책을 새로이 강구하는 방안을 학교가 생각해보아야 한다고 말했다. 마이클 자신도 간단한 해결책을 갖고 있지는 못하다고 인정했지만, 이제는 남학생들의 성적 부진과 자퇴라는 문제를 학교가 해결해야 할 때다.

케임브리지의 호머튼대학 연구원인 워링톤과 마이클은 남학생들은 학교에서 자신들이 부당하게 대우받거나 무시당한다고 느낀다는 사실을 발견했다. 물론 선생님들이나 대다수의 여학생들은 이에 동의하지 않았다.

선생님들의 말에 따르면, 남학생들은 예를 들어 숙제를 했으면서도 급우들에게는 하지 않았다고 말한다거나, 수업 시간에 장난을 친다거나 하는 등 많은 시간 공부에 매진하지 않는 것 같다. 그들은 남학생들이 차분히 집중해서 공부를 하지 못하거나 동기가 부족하다고 보았다.

여학생들은 집중력이 더 뛰어난 경향이 있었으며, 그들의 이미지에도 공부가 나쁘지 않다고 보았다. 학부모나 선생님들은 여학생들이 숙제를 더 잘하며, 남학생들은 숙제를 가급적 빨리 해 치워야 할 필요악으로 보고 있다는 데 동의했다.

70%의 여학생들은 여자 선생님이 남학생과 여학생을 동등하게 다룬다고 생각했다. 남학생들 가운데 이에 동의한 학생은 46%에 불과했다.

그러나 조사 대상 학생들 가운데 대다수는 남자 선생님이 여학생을 편애한다고 생각했으며, 같은 행동에 대해서도 남학생이 그랬을 경우 벌을 주지만, 여학생이 그랬을 경우에는 벌을 주지 않는다고 생각했다.

중3 여학생들은 남자 선생님이 여학생을 더 관대하게 대한다는 데 동의했다. "여학생들은 착하다는 평판이 있어서, 가령 숙제를 해오지 않더라도 그렇게 많이 혼나지는 않는다."

같은 학년 남학생들은 자신들이 여학생들보다 남자 선생님의 관심을 덜 받고 있다고 불평했다.

마이클은 여학생들이 좀 더 분명한 목표 의식을 지니고 있으며, 이 때문에 그들은 자신의 일에 집중하게 된다고 말했다. 일부 남학생들은 중학교 졸업 후에 자신들이 무엇을 하고자 하는지에 대해 아무 생각이 없으며, 많은 학생들이 이후에 어떤 과정을 밟을 것인지에 대해서도 아무 생각이 없었다.

(저작권자는 가디언 신문사, 1995)

2. 교통사고 사망자 전후(戰後) 최저 기록

지난해는 1926년 이래 어느 해보다 적은 수의 사람이 영국에서 교통사고로 사망했다. 그러나 중상자 수가 증가했다는 점은 더 이상의 진전은 기대하기 힘들다는 점을 시사해준다.

교통부가 내놓은 잠정적 수치에 따르면 3,651명이 교통사고로 사망했는데, 이는 3,814명이 사망한 1993년 — 이는 당시 기준으로 볼 때 전후 최저 기록이었다 — 에 비해 4% 감소한 것이다.

교통량이 3% 증가했는데도 사망자 수가 감소한 것은 현장에서의 응급 처치가 더 좋아졌고 의료 기술이 발전했기 때문이라고 설명할 수 있을 것 같다. 왜냐하면 중상자 수는 46,784명으로 늘어났는데, 이는 4% 증가한 것이기 때문이다.

사실 사망자 수가 1993년과 1994년 사이에 줄어든 유일한 수치이다. 자동차를 이용하는 사람이나 보행자가 중상을 당하는 경우도 늘어났다. 실제로 보행자 부상자 수는 1993년 수준보다 2%가 증가하여 총 49,026명이었고, 사망자 수는 7%가 떨어져 1,148명이었지만 중상자 수는 4% 증가하여 11,924명이 되었다.

다른 유럽 국가들에 견주어볼 때 영국은 교통사고 발생률이 아주 낮은 편이지만, 어린이 사상자 수는 비교적 많은 편이다. 지난해는 그런 경향이 더 강해져서 어린이 부상자 수가 6% 증가한 45,239명이었다. 교통사고로 사망한 어린이 수는 135명에서 173명으로 늘어 28%나 증가하였다.

부상자 수의 증가는 1980년대 초반부터 2000년 사이에 교통사고 부상자 수를 1/3로 줄이겠다는 정부의 목표가 실질적으로 달성될 수 없다는 것을 의미한다. 하지만 현재의 추세가 계속된다면, 사망자 수를 줄이겠다는 목표는 쉽게 달성될 수 있을 것이다.

자동차 보험회사 RAC 홍보부장인 에드먼드 킹은 "이런 수치, 특히 어린이 사망자 수치와 관련해서 상당히 걱정스런 면이 있다. 지금 당장 할 수 있는 한 가지 일은 유럽 대륙과 시간을 같게 해서 어린이들이 어두울 때 하교할 필요가 없게 하는 것이다"라고 말했다.

킹은 중상자 수가 늘어났다는 사실은 사고 수가 늘어났다는 의미라고 본다. 또한 그는 현대식 차 안에서 외부와 너무 단절되어 있다고 느끼는 운전자들에 의해 사고가 많이 발생한다고 생각한다. 그는 "운전자들은 음악을 듣고, 히터를 켜서 마치 외부 세계는 존재하지 않는 것처럼 만든다. 그러고 나서 운전자들은 졸거나 실수를 저지른다 …….”

교통사고 희생자를 위한 한 단체의 위원장 쇼드리는 사망자 수치가 잘못된 인상을 줄 수도 있다고 말했다. “관련자가 사고 발생 30일 이내에 죽었을 때에만 교통사고 사망자로 간주된다. 오늘날 많은 사람들은 현대 의학 기술 덕택에 훨씬 더 오래 생존해 있다가 죽는다.”

쇼드리는 지난 30년 동안 사망자 수가 줄어든 주요 이유는 교통사고에 취약한 도로 이용자, 가령 보행자와 자전거를 타는 사람이 감소한 때문이라고 덧붙였다. “도로에 보행자가 점점 줄어들고 있는데도 더 많은 사람이 다치고 있다는 사실은 도로가 점점 더 위험하며 안전하지 않다는 의미다.”

(「인디펜던트」, 1995. 3. 31.)

3. 건강 검진

유명 의대 학장들이 모여 ‘엄청난 재앙’이라거나 ‘시한폭탄’과 같은 표현을 쓰는 일이 흔한 일은 아니다. 그런데 지난 주 세 명의 학장이 영국에서 과체중과 비만 인구가 급증하고 있는데 대해 전례 없이 강한 경고를 하고 나섰다. 남성과 여성의 3분의 2가 지금은 과체중이나 비만이다. 네 살 미만 어린이 가운데 열의 하나가 비만이며, 이 수치는 다섯 살에서 열다섯 살 집단의 경우 여섯 가운데 하나로 올라간다. 지난 20년 동안 비만은 아이의 경우 두 배로 늘었고, 여성의 경우 세 배로 늘었으며, 남성의 경우 거의 네 배로 늘었다 …….

많은 사람들이 몸무게가 자신도 모르게 ‘해마다 조금씩’ 늘었다고 말하듯이, 비만 문제의 심각성을 전문가들이 깨닫게 된 것도 마찬가지 과정을 겪었다. 의사나 식품업계 사람들, 정부 관리나 비만인 사람 등은 모두 원인이 복합적이며 해결책도 여러 가지일 수밖에 없다는 데 동의한다. 비만은 단순히 지방의 문제만은 아니며, 식탐 때문에 너무 많이 먹어서 생기는 문제만도 아니며, 너무 게으르고 아무 것도 하지 않아서 생기는 문제만도 아니다. 하지만 블루워터 쇼핑몰로 쇼핑을 하러 가는 예가 비만의 원인이 무엇인지를 보여주는 좋은 사례이자 문제의 해결책이 무엇일지를 시사해주는 좋은 사례라고 할 수 있다.

블루워터 쇼핑몰처럼 시 외곽에 위치한 거대한 쇼핑몰의 등장은 자동차 문화를 가속화시켰다. 블루워터는 걸어서 갈 수 있는 곳이 아니다. 거기에 가려면 누구든 차를 몰고 가야 한다. 거기에 도착하면, 주차장에서 쇼핑몰까지는 리프트가 설치되어 있다. 그리고 에스컬레이트를 타고 층마다 옮겨 다닌다. 직접 걸어서 움직여야 할 거리는 최소가 되도록 설계되어 있다.

비만과 관련한 논란 가운데 흥미로운 점 하나는 사람들이 평균적으로 하루 섭취하는 칼로리나 지방은 30년 전보다 적지만 운동은 그때보다 훨씬 덜 한다는 사실이다. 부모들은 자가용에 아이들을 태워 가까운 학교에 데려다 준 다음 일터로 간다. 사람들은 공원까지 차를 몰고 가서 개를 산책시키며, 근처 구멍가게에 신문을 사러갈 때도 차를 몰고 간다.

특히 이 때문에 아이들은 운동 부족을 겪게 된다. 아이들은 요즘은 사탕을 사러 자전거를 타고 가지 않으며, 동네 길을 걸어다니지도 않는다. 그들은 거기까지 차를 타고 간다. 놀이터도 많이 없어지고, 유괴범이나 살인범이 도처에 있다고 하는 일반인의 (아마도 이성적이지 않은) 인식까지 생겨나 많은 아이들이 지금은 자전거를 탈 줄도 모르며, 혼자 놀 줄도 모른다.

블루워터 문제로 다시 돌아가보자. 거기 있는 음식 상가를 잠깐 보기만 하더라도 또 다른 문제, 즉 크기 문제가 바로 대두된다. 맥도날드 햄버거를 주문할 때 여러분은 우선 대자를 주문할지 정해야 한다. 감자 칩도 대자가 나와 있고, 치킨도 '바겐세일 가격으로 큰 것' 이 나와 있다.

(맥신 프리치의 '건강 검진' 에서 발췌, 「인디펜던트」, 2004. 2. 16. 월요일)

4. 과학이 눈물 흘리는 성모 마리아 기적의 정체 밝혀내

로마 가톨릭 교회가 유일하게 공식적으로 인정하는 눈물 흘리는 마리아 상이 스폭(Mr. Spock)의 논리, 셜록 홈즈의 연역논증과 모세관 현상에 대한 지식을 이용한 한 이탈리아 과학자에 의해 가짜임이 밝혀졌다.

아일랜드에서부터 크로아티아에 이르기까지 최근 눈물 흘리는 마리아 상을 보았다는 이야기가 자주 있었는데, 교회가 인정한 것은 시실리의 시라쿠사 지역에 있는 성모 마리아 상이 유일하다. 이것은 1953년 처음 눈물을 흘리기 시작했다.

눈물을 흘리는 것으로 보이는 상의 '기적' 이 사진에 찍히기도 했다. 그러나 파비아대학 화학 연구원인 루이지 가라셀리는 그것을 설명해줄 수 있는 방안이 있다고 믿고 있다.

가라셀리 박사는 눈물을 흘리는 마리아 상을 스스로 하나 만들어냈는데, 이는 아무런 기계적인 혹은 전기적인 도움이나 물을 흡수하는 화학물질을 사용하지 않고도 마리아 상이 눈물을 보일 수 있다고 믿는 사람들을 당혹스럽게 하는 것이었다.

그가 밝혀낸 비밀은 얇은 석고로 된 속이 빈 상을 사용하는 데 있었다. 만약 상을 물이 스며들지 않는 광택제로 코팅하고 머리 쪽에 있는 조그만 구멍을 통해 속이 비어 있는 가운데로 물을 부어넣으면, 아주 정상적인 상이 만들어진다.

석고가 물을 흡수하지만, 광택제 때문에 물이 밖으로 새어나오지는 않는다. 그러나 눈 위의 광택제 부분에 안보일 정도로 아주 희미하게 긁힌 자국을 만들게 되면, 모세관 현상에 의해 물이 움직이는 것이 아니라 마치 신의 개입에 의한 것처럼 눈 주위에 물방울이 맺히게 된다.

가라셀리 박사는 다음과 같이 말했다. "나는 눈물 흘리는 기적의 마리아 상 가운데, 가톨릭 교회가 유일하게 인정한 것은 1953년에 시라쿠사에서 일어난 것임을 주목했다. 이것이 기록으로 가장 잘 남아 있는 사례로서, 실제로 눈물을 흘릴 때 이를 목격한 사람도 많았고, 눈물을 흘리는 모습을 찍은 아마추어 사진작가의 사진도 몇 장 남아 있다."

"그러나 원래 것과 같은 회사에서 만든 제품 하나를 검토해보았더니, 그것은 광택제가 포함된 석고로 만든 것이었고 얼굴 뒤쪽에 구멍이 있음이 입증되었다."

가라셀리 박사는 시라쿠사에 있는 실제 마리아 상은 유리 상자 안에 들어 있어서 자신이 광택제를 조사해볼 수는 없었다고 말했다. 그는 "내 생각에 그것을 조사해보도록 허락할 것 같지는 않다"고 말했다. "이런 성물들은 대개 조사가 허락되지 않는다."

(「인디펜던트 일요판」, 1995. 7. 9.)

5. 자동차 공해 배출 절감 목표 미달, 업계는 소비자 탓으로 돌려

자동차 업계가 공해를 덜 발생하는 자동차를 생산하겠다는 목표를 달성하려면

40년 이상은 더 기다려야 할 것 같다. 왜냐하면 사람들은 점점 더 크고 강한 모델을 구입하는 것으로 나타나고 있기 때문이다.

작년 소형차 판매량은 7년 이래 가장 적었던 데 반해 대형차는 시장에서 가장 큰 비중을 차지하게 되었다. 지난해 판매된 자동차 여덟 대 가운데 한 대는 4×4나 미니밴이었는데, 이는 40년 전 열두 대 가운데 하나였던 것과 대비된다.

신형차의 이산화탄소 평균 배출량은 작년보다 1.2% 떨어졌는데, 이는 업계가 목표로 했던 5% 감축에 크게 모자라는 수치이다. 그렇게 떨어진 것도 대부분은 디젤차 비중이 높아진 덕분이다.

자동차 협회에서는 신형차의 경우 이산화탄소 배출량을 2008년까지 140g/km로 줄이기로 한 유럽의 목표를 달성하기에는 너무 멀어 유감이라고 말했다. 작년 영국의 평균은 169.4g/km이었는데, 이 추세로 본다면 2021년 정도가 되어야 140g/km가 된다.

자동차 협회는 운전자들이 가속이 빠르고 첨단 장비를 갖춘 대형차를 선호하기 때문이라고 말했다. 신형차의 가격은 떨어진 반면 사람들의 수입이 늘어남에 따라 대형차를 선호하게 되었다는 것이다.

차 무게와 에너지 소모량을 늘리는 자동차 에어컨이나 자동 창문은 이제 거의 기본 사양이 되었다. 에어백이나 옆 충돌 방지 장치와 같은 안전장치도 차 무게를 늘어나게 했으며, 보행자에게 친근하도록 앞 디자인을 바꾼 것도 공기와의 마찰을 더 크게 했다고 말했다. 신형차의 이산화탄소 배출과 관련해, 자동차 협회의 보고서는 차를 고를 때 지구 온난화 문제에 별로 관심을 기울이지 않는 자동차 운전자를 비난하고 나섰다.

"소비자들은 환경 보호를 지지한다고 말하지만, 실제 그렇게 행동하지는 않는다. 소비자들은 자신이 구입하는 승용차와 자신의 자동차 여행에 대해 좀 더 책임감을 느껴야 한다"고 그 보고서는 주장한다.

하지만 '자연의 친구들' 이라는 단체는 자동차 회사들이 탄소 배출량을 제대로 줄이지 못하는 데 대해 책임을 져야 한다고 주장한다. 왜냐하면 자동차 회사들이 바로 탄소 배출량이 적은 차보다 연료 소모가 많은 대형차를 점점 더 많이 만들어내고 있기 때문이다. 그 단체에서는 작년 9월 신문에 나온 광고를 분석해본 결과 광고 가운데 절반 이상이 공해 배출 정도가 제일 심한 위의 두 부류에 속하는 자동차들의 광고였다는 사실을 밝혀냈다. 공해 배출 정도가 가장 낮은 부류에 속하는 자동차 광고는 고작 3% 정도였다. 그 단체는 또한 최고 등급의 도로세를 기존 215파운드에서 600파운드로 인상해야 한다고 주장했다.

104g/km 정도만을 배출하는 토요타 프리우스와 같은 하이브리드 자동차의 판매 비중은 신형차 시장에서 0.3% 정도에 그쳤다.

자동차 협회 회장인 크리스토퍼 맥고완은 유럽에서는 탄소 배출량이 적은 차를 구입할 경우 400파운드까지 비용을 지원해주는 방안을 계획하고 있다고 말했다. "우리가 정한 목표를 40년 안에 달성하지 못한다면, 우리는 완전히 뒤처지게 될 것이다"라고 그는 말했다.

(벤 웹스터, 「더 타임스」, 2006. 4. 26. 수요일)

논증의 평가: 꼭 필요한 몇 가지 기술

이 장에서 논의한 기술은 논증적인 글을 평가할 때 함께 사용되어야 한다. 우리는 이유나 가정이 참인지, 논증이 신뢰성이 의심되는 사람으로부터 나온 증거에 의존하고 있는 것은 아닌지, 우리가 알고 있지만 글에는 언급되지 않은 어떤 것이 결론을 약화하거나 강화하지는 않는지, 글이 설명에 의존하고 있다면 다른 설명도 가능하지는 않은지, 그리고 마지막으로 논증에서 결론이 이유에 의해 잘 뒷받침되고 있지 않다는 사실을 보여주는 흠을 찾아낼 수 있는지를 생각해보아야 한다. 우리는 또한 논증이 신뢰하기 어려운 사람이 제시한 것이라고 볼만한 증거는 없는지도 생각해보아야 한다. 이에 대해서는 4장에서 자세히 다룰 텐데, 거기에서 증거를 평가하고 견해의 신뢰성을 판단하는 훈련을 할 것이다. 우선 여기서는 이 장에서 논의한 기술들을 요약한 다음, 이런 기술을 좀 더 긴 논증에 적용해보는 훈련을 해보도록 하겠다.

요약: 평가의 기술을 사용하기

1. 결론을 찾아내라.
2. 이유와 가정을 찾아내라.
3. 모든 지식을 동원해 이유나 가정이 참인지를 생각해보라. 이유가 참인지를 평가하려면, 어떤 정보가 추가로 필요한지를 생각해보라.
4. 결론을 강화하거나 약화할 어떤 지식을 가지고 있지는 않은가? (다른 사람의 주장을 평가할 때 적용하는 기준을 여러분 자신의 '지식'을 평가할 때에도 그대로 적용해야 한다는 점을 명심하라!)
5. 글에 설명이 들어 있는가? 만약 그렇다면, 그것은 그럴듯한 설명인가 그리고 그것만이 그럴듯한 설명인가?
6. 이유나 가정이 결론을 제대로 뒷받침하지 못한다면, 이유에서 결론으로 나아가는 과정 가운데 구체적으로 무엇이 잘못되었는지를 말할 수 있는가?

연습문제 13: 기술을 익히기

다음 각 글에서 논증을 찾아내고 평가해보라.

1. 불소화의 위험

나는 수돗물 불소화 방안을 읽고 걱정이 되어 편지를 쓴다.

불소는 하나의 약물이며 그것도 골다공증 유발과 같은 널리 알려진 부작용이 있는 약물이다. 불소화를 할 경우 정수를 할 만큼 부자가 아닌 사람들은 불소를 강제로 먹을 수밖에 없게 된다. 그 경우 하루 불소 섭취양은 어떤 공인된 필요량에 의해 정해지는 것이 아니라 소비하는 물의 양에 따라 정해지게 된다. 나는 하루 7리터 정도의 물을 마시는데, 이 경우 나는 하루에 다른 사람들보다 14배나 많은 불소를 섭취하게 될 것이다.

게다가 이런 조치는 설탕의 섭취라고 하는 실제 문제에 대한 임시방편일 뿐이다. 충치의 진짜 원인은 불소화하지 않은 물이 아니라 설탕이다. 설탕은 당뇨를 일으키고 면역 체계에 손상을 주며 비만을 불러온다. 그러므로 불소화는 나쁜 식습관에 대해 일시적으로 양심의 가책을 벗어나게 하고 장기적으로는 손상을 초래하게 할 뿐이다. 이는 광부들의 카나리아를 죽이는 것과 같다.

이는 시민의 자유 문제이기도 하다. 불소화를 한다면, 왜 다른 약물은 하지 않는가? 이런 문제가 야기된다는 점을 생각하기만 해도 끔찍하다.

(카렌 로저스, 독자 투고, 「인디펜던트」, 2003. 9. 11.)

2. 유기농업

유기농식품이 농촌이나 환경에 좋다고 믿는 사람들은 좀 더 생각을 해봐야 한다.

유기농으로 재배할 경우 보통의 경우보다 수확이 크게 줄어든다. 따라서 유기농으로 재배해 똑 같은 양을 생산하려면, 자연보호 구역이나 산이나 습지 또는 골프장이나 주택지로 쓰일 땅도 경작지로 이용해야 한다. 이런 땅에 농사를 지으려면 물이 필요하고, 그렇게 되면 강물이나 지하수도 줄어들게 될 것이다. 더구나 유기농업에서도 트렉트나 펌프나 콤바인이나 다른 화석 연료로 작동하는 농기계들을 쓰고 있고, 일정한 양의 수확을 얻기 위해서는 이들 기계가 더 많은 지역을 돌아다닐 수밖에 없게 되므로, 이산화탄소 배출량도 더 늘어나게 된다.

농산물 현지 시장과 관련해서도, 런던의 800만 시민이 식료품을 사기 위해 멀리 시 외곽까지 가야 한다고 한다면 무슨 일이 벌어질지 한 번 생각해보라. 현재처럼 큰 화물차가 도심에 있는 슈퍼마켓에 식료품을 배송하고 사람들이 비교적 가까운 거리인 이 슈퍼마켓까지 차를 몰고 가서 식료품을 사오는 대신, 그렇게 할 경우 교통 대란이 벌어질 뿐만 아니라 그에 따른 자동차 매연도 훨씬 심할 것이다.

에너지나 땅 모두 비용이기 때문에, 시장에서라면 이 둘을 가장 효율적으로 이용하는 구조가 생겨나게 마련이다. 유기농업은 이를 거꾸로 되돌리는 것이며, 모두에게 해가 된다.

(팀 해몬드, 독자 투고, 「더 타임스」, 2007. 1. 11.)

3. "텔레비전, 우리나라의 교도소를 위해 좋다"에서 발췌

…… 교도소에 있는 재소자들도 BBC와 상업 방송 TV를 시청할 수 있도록 하자

는 제안을 [내무 장관인] 스트로가 받아들이지 않는다면, 그것은 터무니없는 일이다. 그 제안을 받아들이는 것이 실질적인 측면에서뿐만 아니라 원리상으로도 올바른 일이다.

왜 그런가? 첫째, 지금 영국의 교도소 사정 때문이다. 대개의 교도소에는 지금 너무 많은 재소자들이 수감되어 있으며, 아주 불편하고 그 안에서도 끊임없이 크고 작은 범죄가 일어나고 있다. 재소자들이 출소해서도 아무것도 할 게 없고, 그들 가운데 많은 이는 글을 읽을 줄도 모르며, 마약이나 섹스에 빠져 있거나 끊임없는 보복에 휩싸이거나 경범죄를 저지르며 살아간다. 교도소에 재소자들이 너무 많기 때문에, 재소자들이 감방에서 보내는 시간도 점점 더 많아지고 있다. "진기한 뉴스를 알려드리죠"나 "부상자", "브룩사이드"와 같은 TV 프로그램이 대마초나 그냥 재미로 하는 좀도둑질보다 정말 더 나쁘단 말인가? 게다가 일방적이기는 하지만, 텔레비전은 다른 사람과의 의사소통을 의미한다. 요즘 사람들에게 TV는 세상을 보는 보편적인 창이며, 사고와 정보의 제일 원천이다. TV가 우리를 규정짓는다. 물론 재소자들은 물리적으로 사회와 격리되어 있다. 그러나 그것은 그들을 벌주기 위한 것이기도 하지만 우리의 안전을 위한 것이기도 하다. 재소자들이 형기를 마치면 일상으로 돌아가야 한다고 할 때, 그들을 사회적인 흐름이나 사고, 오락, 뉴스로부터 완전히 격리한다면, 그것은 바람직하지 않을 뿐만 아니라 멍청한 짓이기도 하다. 재소자들에게 장시간 TV를 보게 할 경우, 그들을 보호하거나 감독하기도 더 쉬울 것이며, 그들은 형기를 마칠 때쯤이면 일반적인 우리와도 좀 더 비슷하게 될 것이다.

교도소에서도 TV를 보게 해야 하는 두 번째 이유는 재소자들이 TV를 공짜로 보는 것이 아니라 그들이 감옥에서 번 돈으로 TV를 보도록 할 것이기 때문이다. 나쁜 행동을 하면 TV를 치우게 될 것이다. 감옥이란 특이하고 격리된 공간이기 때문에 가급적 재소자들이 일상생활과 비슷한 생활을 할 수 있도록 하는 것이 유익하다. 돈을 벌고 쓰게 하는 것이 유익한 이유는 이렇게 하게 되면, 다소나마 책임감을 키울 수 있기 때문이다. 이것은 재소자들이 밖에 나와서 살기 위해서는 빨리 배워야 할 것이다.

간단히 말해, TV를 보게 하는 것이 안전이란 측면에서도 바람직한 제안이며,

갱생에도 어느 정도 도움이 되고 또한 인도적이다.

(데이비드 아로노비츠, 「인디펜던트」, 1997. 11. 30.)

4. "마약의 경제적 측면"에서 발췌

미국은 마약 단속을 위해 일 년에 적어도 200억 달러를 지출하며, 마약 혐의로 연간 100만 명 이상이 체포된다. 하지만 표준적인 경제 분석과 현재의 증거에 비추어볼 때, 마약을 합법화하는 것이 마약을 금지하는 것보다 훨씬 나은 정책이 될 것 같다.

마약 판매를 금지하더라도 마약 시장이나 마약 사용을 뿌리 뽑지는 못한다. 다만 그것은 지하로 숨을 뿐이다. 금지를 하면 마약 공급자에게는 비용이 더 추가되는 셈이며, 이 때문에 아마 소비가 약간은 줄어들 수도 있다.

하지만 아무리 강력한 금지 조치를 내리더라도 상당량의 마약 소비는 계속 이루어진다. 미국 자료를 보면, 열두 살 이상의 인구 가운데 30% 이상이 마리화나를 이용해본 적이 있으며 10% 이상은 코카인을 이용한 적이 있다고 한다. 범법을 아주 일삼고 있는 것이다.

마약을 금지하면 폭력범죄가 늘어난다. 마약을 사려는 사람과 파는 사람 사이에 분쟁이 나더라도 이를 공식적으로 해결할 방도가 없기 때문이다. 또한 금지를 하게 되면 마약과 무관한 범죄를 예방하는 데 쓰여야 할 경찰력이 마약 관련 범죄에 빼앗기게 됨에 따라 다른 범죄에도 큰 영향을 주게 된다. 그것은 경찰이나 판사, 정치인의 부패를 부추긴다. 그 이유는 한편으로 거기에 거대한 이익이 걸려 있기 때문이고, 다른 한편으로는 영향력을 미칠 수 있는 합법적인 통로가 없기 때문이다.

1910년 이후 미국에서는 살인 사건이 급격히 증가했는데, 그때는 바로 여러 주에서 마약과 술을 금지하는 법을 채택했던 시기였다. 제1차 세계대전을 거쳐 1920년대에 주류 판매 금지법을 엄격하게 집행하려는 노력이 강화됨에 따라 살인 사건은 증가했지만, 그 이후 1934년에 금주법이 폐지되면서 급격히 떨어졌다. 1960년대 후반 들어 살인 사건은 다시 크게 증가했으며, 1970년대와 1980년대에 역사적으로 가장 높았는데, 이때는 마약법을 엄격하게 집행하기 시작한 시기와 일치한다.

금지를 한다는 것은 또한 건강에도 악영향을 미친다는 의미다. 암시장에서는 마약 사용자가 구입하는 마약의 질과 순도가 어느 정도인지를 전혀 확신할 수 없으며, 가령 주사처럼 건강에는 좋지 않더라도 가장 적은 돈으로 가장 큰 만족을 얻는 방식을 이용해 마약을 주입하고자 하는 유혹에 빠지게 된다.

금주법이 미국에서 시행되는 동안, 알코올 중독으로 인한 사망자 수는 술의 판매를 허용했을 때 사망한 사람들의 수에 비해 많았는데, 이는 아마도 불순물이 섞인 술의 소비가 늘어났기 때문일 것이다.

이런 해로운 결과들 가운데 가장 중요한 것은 마약 소비를 법으로 금지하게 되면 사회가 마약 판매에 세금을 부과할 수 없게 되고 마약 거래업에 종사하는 사람들에게서 소득세를 거둘 수 없게 된다는 점이다. 이는 의도적으로 사회의 규칙을 어기는 사람들인 마약 공급자와 소비자가 세금을 잘 내는 사람들의 희생을 대가로 이득을 본다는 의미다.

(제프리 미론, 「업저버」, 1999. 8. 15.)

5. "휴대전화보다 어린이들에게 더 위험한 것도 많이 있다"에서 발췌

어제 저명한 전문가가 휴대전화의 위험에 대한 연구 결과를 발표하였는데, 이는 우리가 지닌 현재의 지식 상태를 잘 보여준다. 그 보고서의 결론은 대략 말해서 '모른다' 라고 요약할 수 있다. 그것은 바로 확실한 것만 찾는 현대 사회로서는 제대로 해결할 수 없는 문제이다.

어린이들은 휴대전화 사용을 가급적 줄여야 한다는 권고는 너무 조심스런 것이다. 사람들이 일주일에 25시간을 브라운관을 쳐다보고 있다고 할 경우, 1950년대의 위원회라면 어린이들은 '안 보아도 되는' TV 프로그램은 보지 말아야 한다고 권고했을 것이다.

휴대전화 사용과 관련해 입증된 영향은 세 가지뿐이다. 첫째는 뇌에 약간의 열이 발생한다는 것이다. 그 점이 문제라면, 우리는 어린이들에게 모자를 쓰게 해서도 안 될 것이다.

둘째는 휴대전화에서 방출되는 낮은 수준의 전자파를 받는 사람과 그렇지 않은 사람들을 비교한 실험 결과 반응 시간이 빨라진다는 사실이다. 이 점이 문제다. 왜냐하면 이 사실은 전자파의 방출이 어떤 생물학적인 영향을 미친다는 점을 보여주기 때문이다. 이는 주의를 할 필요가 있고, 앞으로 연구가 더 필요하다.

셋째는 운전 중에 휴대전화를 사용하면 사망이나 부상을 당할 위험이 커진다는 것이다. 그런 위험은 휴대전화를 손에 쥐고 통화할 때 제일 높지만, 핸즈프리일 경우에도 상당히 높다. 왜냐하면 운전자는 통화하는 동안 보이지 않은 상대방을 그려보게 되고, 그래서 길이나 장애물을 제대로 보지 못할 수도 있기 때문이다.

따라서 우선순위를 제대로 매겨보도록 하자. 우리는 어른들이 운전 중에 휴대전화를 사용하지 못하도록 해야 하는 것이지, 어린이들이 길거리에서 휴대전화를 사용하지 못하도록 해서는 안 된다.

무모하고 난폭한 어른 운전자들에 의해 교통사고를 당하는 것 말고도, 어린이들의 건강에 심각한 위협이 되는 것은 10대의 임신이나 마약, 유괴 등이다. 중요한 점은 어린이들에게 적절한 정보를 제공하고 교육을 시키면서도 균형 있게 그들이 스스로 선택한 일에 책임을 지도록 하는 것이다.

휴대전화가 주는 즐거움 가운데 하나는, 물론 그것이 즐거움이 아니라고 할지도 모르겠지만, 부모와 10대 사이에 일종의 보이지 않는 전자 탯줄을 유지하면서도 그들에게 독립심을 줄 수 있다는 점이다.

(사설, 「인디펜던트」, 2000. 5. 12.)

3

함축의 파악

결론 이끌어내기

논증이 지닌 중요한 특징 가운데 하나는 이를 이용할 경우 제시된 정보를 넘어 더 나아갈 수 있을 뿐만 아니라 증거로부터 결론을 이끌어낼 수 있고, 다른 사람의 주장으로부터 무엇이 따라나올지를 알 수 있다는 점이다. 우리는 일상생활에서도 늘 이렇게 한다. 아침에 커튼을 걷었는데 지난밤 쌓여 있던 눈이 녹고 없다면, 우리는 지난밤에 기온이 올라갔음이 분명하다고 결론 내린다. 어떤 친구가 150마일이 되는 거리를 2시간만에 왔다면, 우리는 그가 제한 속도 70마일을 위반한 것이 분명하다고 결론 내린다.

이보다 잠정적인 결론을 내리는 경우도 많이 있다. 친구네 집 식구들이 모두 최근 감기에 걸렸다는 것을 알고 있고, 그 친구도 온종일 재채기를 하는 것을 보았다면, 그 친구도 감기에 걸렸다고 결론 내리는 게 합당하다. 하지만 그 친구는 감기에 걸린 것이 아닐 수도 있다. 다른 요인, 가령 사무실에 새로 들어온 화분이나 잉크에 대한 알레르기 때문에 재채기를 했을 수도 있다. 이처럼 추가 증거에 의해 결론을 재고할 필요가 있는 경우에는 결론을 '아마도' 나 '일 것 같다' 는 식으로 표현하는 것이 가장 좋을 것이다.

비판적인 추리 능력을 향상시키기 위해서는, 가령 다른 사람과 토론을 하거나 신문이나 책을 읽을 때 또는 정치인들의 논평을 들을 때처럼 정보가 제시될 경우 그 정보로부터 체계적으로 결론을 이끌어내는 능력을 길러야 한다. 아마도 익숙한 주제일 경우에는 결론을 이끌어내기가 쉬울 것이다. 그러나 연습을 하면 생소한 주제라 하더라도 그런 능력을 키울 수 있다.

이를 보여주는 몇몇 예를 살펴보자. 다음 글을 생각해보자.

> 혈중 콜레스테롤 수치가 낮은 사람은 높은 사람보다 대장암에 걸릴 확률이 높다. 그러나 혈중 콜레스테롤 수치가 높은 사람은 심장마비에 걸릴 확률이 높다.
>
> (LSAT, 1984)

이 정보로부터 어떤 결론을 이끌어낼 수 있을까? 혈중 콜레스테롤 수치가 낮으면 심장마비에 걸릴 위험이 줄어든다는 사실을 근거로, 누구든 혈중 콜레스테롤 수치를 낮추는 것이 좋다고 결론 내릴 수 있을까? 그럴 수 없다. 여기 나온 정보를 보면 그런 결론을 내릴 수 없다. 왜냐하면 혈중 콜레스테롤 수치가 낮으면, 대장암에 걸릴 위험이 커지기 때문이다. 그러므로 우리가 내릴 수 있는 결론은 심장마비의 위험을 줄이기 위해 환자의 혈중 콜레스테롤 수치를 낮춘다면, 그 환자가 대장암에 걸릴 위험이 커지게 되고, 그래서 혈중 콜레스테롤 수치를 낮추려고 하는 것이 현명한 일이 아닐 수도 있다는 것이다.

이 결론은 잠정적인 성격을 지니고 있다. 새로운 증거가 추가되면 그 결론을 수정해야 할 수도 있다. 대장암은 대체로 노인에게서 발병한다고 가정해보자. 이 경우 어떤 사람의 혈중 콜레스테롤 수치를 낮추면, 그 사람은 젊어서 심장마비에 걸릴 가능성이 줄어들어 더 오래 살 수 있을 것이다. 하지만 그 사람은 결국에는 대장암에 걸릴 위험이 높아지게 될 것이다. 이 경우 현재 심장마비에 걸릴 위험이 큰 사람이라면, 혈중 콜레스테롤 수치를 낮추는 것이 현명한 일일 것이다.

또 다른 예를 살펴보자.

> 여러 차례 살충제를 뿌려도 담배밭의 해충을 없애지는 못했다. 살충제를 뿌릴 때마다 가장 강한 종만 살아남았다. 그 해충이 짝짓기를 했을 때, 그들보다 살충제에 내성이 더 강한 후손이 태어났다.
>
> (LSAT, 1983)

이 정보로부터 어떤 결론을 내릴 수 있을까? 살충제를 여러 차례 뿌려도 살아남을 정도로 강한 해충이 살충제에 내성이 더욱 강한 후손을 낳았다는 것을 알 수 있다. 원래의 해충 가운데는 분명히 내성이 약한 것도 있고, 강한 것도 있었을 것이다. 특정 해충이 강한 내성을 갖느냐 아니면 약한 내성을 갖느냐는 우연의 문제이며, 따라서 살아남은 해충의 후손이 강한 내성을 갖느냐 하는 것도 우연의 문제다.

그러나 그것이 우연의 문제일 뿐이라면, 새 세대에는 살충제에 내성이 약한 해충도 포함되어 있어야 할 것이다. 그런데 새로 태어난 해충은 모두 강한 내성을 가졌다는 사실은 내성이 강한 해충의 후손이 된다는 것과 관련해, 해충이 강한 내성을 갖도록 하는 무언가가 있다는 점을 시사해준다. 그리고 이는 살충제에 대한 내성이, 최소한 특정 종의 경우에는, 한 세대에서 다음 세대로 유전될 수 있음을 보여준다. 이것은 유익한 결론이다. 왜냐하면 이 결론은 지속적으로 살충제를 뿌리더라도 해충을 박멸할 수는 없음을 말해주기 때문이다. 살충제에 내성을 가진 해충이 다른 면, 예를 들어 번식 능력이나 나쁜 기후 조건이나 질병을 견딜 수 있는 능력도 뛰어나다면, 살충제를 뿌리면 도리어 해충이 더욱 강해지는 결과가 초래될 수도 있을 것이다.

아래에 결론을 이끌어내는 기술을 연습할 수 있는 몇 가지 문제가 나온다.

연습문제 14: 결론 이끌어내기

다음 각각에 대해 이 글로부터 어떤 결론을 이끌어낼 수 있을지 말하라.

1. 오늘 아침 연못이 얼었다. 어제는 얼지 않았었다.
2. 학교에 감기가 크게 유행하고 있다. 학생 중 하나인 지타는 고열과 근육통이 있는데, 이는 모두 감기의 전형적 증상이다.
3. 이번 겨울은 유난히 추웠다. 겨울이 유난히 추웠을 때는 언제나 수선화 꽃이 늦게 핀다.
4. 똑같이 출발했는데도 제인이 짐보다 먼저 도착했고, 그들 모두 차로 왔다.
5. 피살자는 토요일 밤 9시에 숨졌다. 그가 독살되었을 가능성도 있다. 하지만

사망 원인이 독약 때문인지 아니면 머리에 난 상처 때문인지는 알려지지 않았다. 그가 머리를 맞을 당시 아직 살아 있었다면, 머리를 다친 것이 직접적인 사인일 것이다. 용의자 브라운은 토요일 밤 7시에서 10시 사이에 살인 현장과는 5마일 떨어진 곳에 친구들과 함께 있었음이 밝혀졌다.

연습문제 15: 함축 평가하기

아래 글에 나오는 내용이 참이라고 가정하고, (a)부터 (e)까지의 반응이 참인지(T), 거짓인지(F), 참일 가능성이 높은지(PT), 거짓일 가능성이 높은지(PF), 아니면 참인지 거짓인지에 관해 일정한 결론을 내리기에는 정보가 불충분한지(II)를 평가해보라. (a)부터 (e)까지의 문장 끝에 각각 T, F, PT, PF, II라고 답을 적으라. 여러분이 고른 답을 다른 사람의 답과 비교해보는 것도 재미있을 것이다.

1. 스웨덴에서 나온 한 보고서에 따르면, 피부암 환자가 1979년부터 1987년 사이 50% 증가했다. 피부색이 옅은 사람이 햇볕에 노출될 경우 피부암에 걸릴 수도 있다고 알려져 있다. 피부암 환자는 육체 노동자보다는 사무직 노동자에게서 더 많은 것으로 나타났다. 그래서 더운 지방으로 휴가를 떠날 여유가 있는 사람 가운데 피부암 환자가 더 많았다. 피부암 환자의 20%는 20세에서 39세 사이의 사람이었다. 그런데 이 연령층에서는 대개 다른 암은 흔하지 않다.

(“암의 위협은 우리 모두를 향하고 있다”, 셀리아 홀,
「인디펜던트」, 1993. 3. 30.)

(a) 스웨덴에서 육체 노동자는 피부암에 걸릴 위험이 전혀 없다.
(b) 40세 이상인 사람은 그보다 나이가 적은 사람보다 피부암에 걸릴 위험이 적다.
(c) 스웨덴에서 피부암 환자가 증가했다는 사실은 햇볕에 노출되는 것이 피부암 발생의 유일한 원인일 리는 없다는 점을 시사해준다.
(d) 스웨덴에서 40세 이상인 사람은 다른 사람보다 더운 지방으로 휴가를 떠날 가능성이 더 높다.

(e) 스웨덴에서 피부암 환자가 증가한 것은 더운 지방으로 휴가를 떠나는 사람의 수가 증가한 때문일 수도 있다.

2. 약 600명의 사람들이 좀 더 안전하게 운전하도록 하는 방법을 모색하고자 하는 연구에 참여했다. 이들은 대개 자신이 안전하게 운전한다고 굳게 믿고 있는 사람들이었다. 운전자에게 설문지를 작성하도록 했는데, 그 설문지에는 운전자가 낸 가상의 사고가 자세히 기술되어 있었다. 그 사고는 어린이의 생명을 앗아간 것과 같은 중대 사고였다. 운전자에게 그 사고의 결과를 기술하도록 했고, 사고 후의 죄책감이나 자신감 상실, 운전을 그만둘지 등을 상상해 쓰도록 했다. 연구 전에는 50%의 사람들이 고속도로에서 80마일 이상으로 달리겠다고 말했다. 그러나 설문지를 다 작성하고 난 후에는 이 수치가 27%로 떨어졌다. 자신의 운전 기술과 안전을 과대평가했던 사람들은 대개 젊은 사람들이었다.

(“가상의 사고가 나쁜 운전자를 줄인다”, 스티브 코너,
「인디펜던트」, 1993. 11. 5.)

(a) 대부분의 운전자들은 자신이 아주 안전하게 운전한다고 굳게 믿고 있다.
(b) 자신의 운전 기술을 과대평가하는 운전자 가운데 일부는 과속하는 경향이 있다.
(c) 운전 경력이 얼마 안 되는 사람들은 자신의 운전기술을 과대평가하지 않는다.
(d) 운전자들이 중대 사고를 냈다고 상상해보게 하면, 그들은 앞으로 좀 더 조심스럽게 운전하게 될 것이다.
(e) 운전자들이 중대 사고를 냈다고 상상해보게 하면, 그들이 자신감을 잃게 되는 부작용이 생긴다.

3. 양이 상상 임신을 한 것으로 만들 수 있는 기술이 개발됨으로써, 어떤 이유에서 젖을 먹일 수 없는 어미에게서 태어나는 수백만 마리의 새끼양 문제를 해

결할 수 있게 되었다. 새끼양을 돌본다는 것은 아주 힘든 일이다. 왜냐하면 어미양은 자기의 새끼양과 유대감을 바로 형성하고 다른 양은 모두 거부하기 때문이다. 농부들은 어미가 없는 새끼양을 직접 돌볼 수밖에 없고, 어미와 접촉이 없기 때문에 새끼양이 이상 행동을 보이는 경우도 있다. 자궁 입구를 손가락 두 개로 살짝 눌러주면 양의 뇌로 마치 새끼를 낳은 것과 같은 신경 신호가 전달된다. 그러면 그 양은 두 번째 양을 낳았다고 믿게 된다. 그때 어미가 없는 새끼양을 새로운 어미와 같이 있게 하면 그 양을 새끼로 받아들일 확률이 80% 정도가 된다.

(“어미양이 새끼를 돌보도록 ‘속이기’”, 스티브 코너, 「인디펜던트」, 1993. 3. 22.)

(a) 한 번 임신에 두 마리 새끼를 낳는 어미양은 두 마리 모두와 유대감을 형성하게 된다.
(b) 어미양에게 자기가 낳지 않은 새끼를 들여보내게 되면 그 양은 자기가 낳은 새끼를 거부하게 될 것이다.
(c) 어미가 없는 새끼양을 어미가 키우지 않을 경우 이상 행동을 보일 수도 있다.
(d) 어미가 없는 새끼양이 제대로 크려면 어미와의 접촉이 필요하다.
(e) 어미양이 새끼양의 실제 어미가 아니더라도 이 둘 사이에 유대감이 형성될 수 있다.

4. 양을 살충액에 넣어 씻게 되면 피부병이나 검정파리의 공격을 예방할 수 있다. 양모 제조업자들은 작년부터 양을 살충액에 넣어 씻는 것이 강제 조항이 아니기 때문에 영국에서 나오는 양털의 60% 정도가 기생충에 의해 손상을 받은 것으로 나타났다고 보고했다. 하지만 양을 살충액에 넣어 씻게 하면 이 작업을 하는 농부들의 건강에 문제가 야기된다는 우려가 있다. 가축 생산물 위원회가 양을 살충액에 넣어 씻는 작업으로 인해 유사 감기 증상을 앓게 되었다고 하는 266건의 사례를 의학적으로 조사해보았다. 위원회는 이 사례들 가

운에 58건만이 양을 살충액에 넣어 씻는 작업과 연관이 있을 수 있으며, 그 작업을 하면서 보호 장구를 착용한 경우는 이 가운데 3건에 지나지 않았다는 사실을 밝혀냈다. 양을 살충액에 넣어 씻는 작업을 한두 차례할 경우에 장기적 영향이 어떤지는 아직 알려져 있지 않다. 하지만 안전에 대한 우려 때문에, 농림부는 양을 살충액에 넣어 씻는 작업을 하는 농부는 자격증을 갖춘 사람이어야 한다는 법안을 새로 도입했다.

(“양을 살충액에 넣어 씻는 작업은 자격을 갖춘 농부들만 할 수 있게 된다”, 올리브 길리, 「인디펜던트」, 1993. 12. 2.)

(a) 피부병이나 검정파리는 양에게 스트레스를 준다.
(b) 유사 감기 증상과 양을 살충액에 넣어 씻는 작업을 하는 것 사이에 연관 관계가 있다는 증거가 전혀 없다.
(c) 보호 장구를 착용하면, 양을 살충액에 넣어 씻는 작업을 하더라도 농부들의 건강을 해칠 우려가 없다.
(d) 양을 살충액에 넣어 씻는 작업을 한두 차례하는 것도 그 작업을 전면적으로 금지해야 할 만큼 아주 위험하다고 알려져 있다.
(e) 양을 살충액에 넣어 씻는 작업은 그 작업을 하는 농부들의 건강에 위협이 될 수 있기 때문에 아주 주의해서 이루어져야 한다.

5. 1963년 스탠리 밀그람은 사람들이 자신의 도덕적 입장과는 상반되는 명령을 따르도록 했을 때에도 실제로 그 명령을 따르는지를 조사해보았다. 자발적으로 실험에 참여한 사람들로 하여금 그들이 버튼을 누르면 뒤에 앉아 있는, 기억력 검사를 받고 있는 ‘학습자’에게 전기 충격을 주게 된다고 믿게 하였다. 피험자에게 ‘학습자’가 틀린 답을 말할 때마다 버튼을 누르라고 명령을 했다. ‘학습자’에게 실제로 전기 충격을 가한 것은 아니었으며, 다만 버튼을 누를 때마다 고통을 겪는 것처럼 비명을 지르게 했다. 심리학자들의 예상과 달리 실험에 참가한 대부분의 피험자들은, 비록 자신들이 그렇게 하는 데 대해 우려를 나타내기는 했지만, 명령에 따라 버튼을 계속 눌렀다.

(a) 실험에 자발적으로 참여한 사람들은 대개 평범한 사람들이 아니다.
(b) 실험에 참여한 사람들은 고통을 주는 일은 피하고자 하였다.
(c) 사람들은 자신이 잘못되었다고 생각하는 행위를 하라고 했을 때에도 그 명령을 그대로 따른다고 볼 이유가 없다.
(d) 실험에 참여한 사람들은 '학습자'가 실제로 고통을 겪는다고 믿지 않았다.
(e) 실험을 하기 전에는 심리학자들은 대부분의 사람이 전기 충격을 가하는 명령을 거부할 것이라고 생각하였다.

6. 붉은날다람쥐는 19세기 말에 처음 들어온 북미의 회색다람쥐에 의해 영국 대부분의 지역에서 밀려났다. 아마도 이렇게 된 이유는 회색다람쥐는 도토리를 잘 소화시킬 수 있는 데(이는 참나무가 흔한 숲에서 살면서 진화해온 결과이다) 반해, 대개 침엽수가 많은 숲에서 살아온 붉은날다람쥐는 다른 먹이가 없을 경우에만 도토리를 먹으며, 게다가 도토리만 먹으면 몸무게가 줄기 때문일 것이다. 회색다람쥐와 먹이 경쟁을 할 필요가 없을 경우, 붉은날다람쥐가 겨울 동안 먹는 주식은 개암나무 열매이다. 회색다람쥐는 개암나무 열매가 떨어졌을 경우에만 도토리를 먹는다. 회색다람쥐가 많은 곳에서는 10월이면 이미 개암나무 열매가 떨어지기도 한다.

(a) 북미에서는 붉은날다람쥐를 찾아볼 수 없다.
(b) 회색다람쥐는 붉은날다람쥐가 먹는 것은 다 먹는다.
(c) 붉은날다람쥐는 참나무만 있는 숲에서 번성할 것이다.
(d) 회색다람쥐는 개암나무 열매가 전혀 없는 숲에서는 생존할 수 없을 것이다.
(e) 도토리와 개암나무 열매가 모두 있는 숲에서는 회색다람쥐가 붉은날다람쥐보다 더 번성할 가능성이 높다.

논증의 함축을 파악하기

때로 어떤 논증은 그 논증에서 다루고 있는 내용의 범위를 넘어서는 함축을 지니기도 한다. 논증이 이런 식의 함축을 지니게 되는 것은 두 가지 이유 때문이다. 하나는 어떤 논증이 다른 주제나 논증과 공통되는 구조나 형태를 가질 수 있기 때문이고, 다른 하나는 한 논증에 나오는 일반 원리가 다른 사례에도 적용될 수 있기 때문이다. 논증의 함축을 다룰 때 포함되는 이런 기술을 각각 같은 논증 인식하기와 원리를 인식하고 적용하기라고 부를 수 있다.

같은 논증 인식하기

이 기술의 가치는 같은 논증을 인식할 수 있다면, 논증에 무슨 잘못이 있는지를 아는 데 도움이 될 수 있다는 것이다. 어떤 논증이 우리가 잘 알고 있는 주제를 다루고 있다면, 대개는 그 논증의 흠을 파악하기가 훨씬 쉽다. 제시된 논증이 잘 알지 못하는 주제를 다루고 있고, 그 주제를 평가할 수 있는 능력이 우리에게 있는지 의문이 들기도 하지만, 그 논증이 어떤 형태인지는 파악할 수 있다고 해보자. 만약 그 형태에 여러분이 잘 알고 있는 주제를 대입할 수 있다면, 여러분은 그 논증이 올바른지를 판단할 수 있을 것이다. 모든 논증이 이런 방식으로 다루어질 수 있는 것은 아니다. 이런 방식으로 다루어질 수 있는 논증은 비교적 간단하고, 논증의 성패가 추가 증거의 존재 여부가 아니라 논증의 구조에 달려 있는 것들에 국한된다.

어떤 논증에 반대하는 사람들은 원래 논증의 문제점을 지적하기 위해, "다음과 같이 주장할 수도 있을 것 같다"라는 말로 같은 논증(parallel argument)을 제시하기도 한다. 다음에 나오는 두 대화가 바로 그런 사례다.

제임스: 나는 내가 말한 그대로를 의미해. 왜냐하면 나는 내가 의미하는 것을 말하기 때문이지.

존: "너는 네가 보는 것을 먹는다. 왜냐하면 네가 먹는 것을 네가 보기 때문이지"라고 주장할 수도 있을 것 같다.

샘: 우리는 실제로는 곧은 막대가 굽어 보이는 것과 같이, 감각에 의해 속은 경험이 있다. 일상생활에서 이런 식으로 감각을 통해 얻는 정보는 모두 착각일 수도 있다. 그러므로 감각 경험은 항상 신뢰할 수 없는 것이다.

조: "우리는 모두 거짓말에 속은 적이 있고 — 심지어는 사랑하는 사람들끼리도 거짓말을 한다 — 모든 사람은 신뢰할만한 사람이 아닐 수도 있으므로, 따라서 어느 누구도 신뢰할 수 없다"라고 주장할 수도 있을 것 같다.

앞의 연습문제 5에 제시된 논증도 하나의 예가 된다. 그에 대응하는 같은 논증을 하나 구성한다면, 그 논증이 근거 없는 것임이 드러나게 된다. 그 논증은 미국 대통령의 성 생활과 관련해 벌어지는 공적 논의나 비판이 옳지 못하다는 주장을 하는 것이었다. 아내를 속이는 남편이지만 훌륭한 대통령이 있을 수 있음을 보이기 위해, 그 논증은 (아내를 속이지 않았다는 점에서) 훌륭한 남편이었지만 나쁜 대통령이었던 예를 제시했다. 그 논증에서 이 부분을 다음과 같이 요약해볼 수 있다.

> 아내를 속이지 않는 사람이더라도 나쁜 대통령일 수 있다. 따라서 아내를 속이는 사람도 훌륭한 대통령일 수 있다.

물론 이 결론이 참일 수도 있으며 — 특히 우리가 결론에 동의한다면 — 이렇게 볼만한 좋은 이유가 제시되었다고 생각할 수도 있다. 하지만 실제로는 첫 번째 문장은 결론을 뒷받침하는 좋은 이유가 될 수 없다.

다음과 같은 논증을 살펴본다면, 이 점이 분명할 것이다.

> 아이를 학대하지 않는 사람이더라도 나쁜 보모일 수 있다. 따라서 아이를 학대하는 사람도 좋은 보모일 수 있다.

이 예에서 우리는 결론이 참이 아님을 바로 알 수 있다. 왜냐하면 아이를 학대하는 사람은 결코 좋은 보모일 수 없기 때문이다. 결론이 거짓임이 틀림없다면, 제시된 이유가 참이라 하더라도 그 논증은 좋은 논증일 수 없다. 앞의 예에 나오는 이유는 분명히 참이다. 왜냐하면 단순히 아이를 학대하지 않는다는 것만으로 좋은 보모가 될 수 있는 것은 아니기 때문이다. 이유가 결론을 뒷받침하기에 충분하지 않기 때문에, 이 논증은 좋은 논증이 아니다. 보모에 관한 논증의 경우 이 점이 사실이라면, 그것은 미국 대통령에 관한 논증의 경우에도 역시 사실이다. 아내를 속이는 대통령이 좋은 대통령일 수 있는지 여부는 속이는 성향이 대통령의 삶의 모든 부분에까지 확장될 수 있는지 여부에 달려 있다. 그것은 모범적인 남편이었던 어떤 대통령이 가끔 국민을 속이기도 하는지 여부에 달린 것이 아니다.

연습문제 16: 같은 논증 찾아내기

아래 나오는 택일형 문제에서 원래 글에 나오는 논증과 같은 논증을 사용하고 있는 것을 골라라.

1. 헤로인 중독자는 대개 팔에 한두 개의 주사바늘 자국이 있는데 로버츠의 팔에도 주사바늘 자국이 있기 때문에, 로버츠도 아마 헤로인 중독자일 것이라는 결론이 따라나온다.

   아래에서 위에 사용된 논증과 가장 가까운 논증은?

   (a) 말라리아 환자는 대개 고열이 있고 조지는 말라리아 환자이기 때문에, 조지도 아마 고열이 있을 것이다.

   (b) 말라리아 환자는 대개 고열이 있기 때문에, 말라리아가 아마 고열의 원인인 것 같다.

   (c) 의사들은 수입이 많고 수입이 많은 사람들은 세금을 많이 내기 때문에, 의사들도 아마 세금을 많이 낼 것이다.

   (d) 학생들은 대개 스물다섯 살 이하이고 해럴드도 스물다섯 살 이하이기 때문에, 해럴드도 아마 학생일 것이다.

   (e) 헤로인 중독자는 대개 팔에 주사바늘 자국이 있기 때문에, 헤로인 중독자 대부분은 아마도 헤로인을 바로 정맥에 주사하는 것 같다.

(LSAT, 1986)

2. 통상적으로 유아 사망률이 높았던 시대에는 부모들이 정서적 안정을 위해 자식에게 무관심했다는 주장이 있다. 하지만 일부 학자들은 자식이 많이 죽었기 때문에 부모가 자식에게 무관심하게 되었다는 사실을 부인하고, 대신 부모들이 시간적 여유가 없어 자식에게 관심을 기울이지 못했기 때문에 자식이 죽었다고 주장한다.

아래에서 위 글 마지막 문장에 나오는 논증과 가장 비슷한 구조를 가진 것은?

(a) 읽기 성적이 좋아진 이유는 학교가 새로운 읽기 프로그램을 시작했기 때문이 아니라, 부모들이 자식들의 학교 공부에 더 관심을 갖게 되었기 때문이다.

(b) 선진 공업 경제에서 임금이 낮은 영역의 경우 숙련 노동자가 없어서 임금이 낮은 것이 아니라, 도리어 임금이 낮기 때문에 비숙련 노동자들만 몰려드는 것이다.

(c) 새로운 패션이 생겨나는 이유는 수요가 바뀌어서가 아니라, 사실 대중들이 원하든 원하지 않든 의류업계는 새로운 패션을 만들어내기 때문이다.

(d) 불법으로 마약을 복용하는 사람들은 자신들에게만 해악을 끼친다는 말은 사실이 아니며, 조직화된 범죄를 지원하는 꼴이므로 그들은 사회 전체에도 나쁜 영향을 끼친다.

(e) 시인들이 엘리자베스 시대 연극을 위해 시를 쓰는 것은 좋다고 여겨지지 않았었지만, 많은 시인들이 그렇게 했다.

(LSAT, 1983)

3. 영국에서 인구 성장률 0%을 달성했는데도 영국의 정치적 · 경제적 쇠퇴를 막지는 못했다. 우리는 사회학자들이 늘 얘기해온 대로, 급속한 인구 증가가 경제적 재앙은 아니라고 결론지을 수 있다.

아래에서 위의 논증과 가장 가까운 것은?

(a) 많은 사람들은 담배를 피우지 않는데도 만성적인 호흡기 질환에 걸린다. 따라서 일반적으로 가정되듯이, 담배를 피우는 것이 건강에 해로운 것일 리 없다.

(b) 제리는 아주 비싼 페인트를 샀지만 그래도 옛날 벽 색깔을 완전히 덮으려면 두 번 칠을 해야 한다. 따라서 가장 싼 페인트를 사는 것이 더 좋을 것이다.
(c) 올해 우리나라는 지난해보다 적은 에너지를 소비했지만, 지난해보다 많은 석유를 수입하게 될 것이다. 따라서 에너지 절약을 강조해야 한다.
(d) 이 약은 아주 소수의 사람들에게만 부작용을 낳는다. 따라서 우리는 이 약이 대부분의 사람들에게는 안전하다고 결론 내릴 수 있다.
(e) 그가 그림 가운데 일부는 별 특징이 없고 뛰어난 작품도 아니다. 우리는 그가 아주 위대한 예술가와 동급은 아니라고 결론지을 수 있다.

(LSAT, 1984)

원리를 파악하고 적용하기

일반 원리에 의거하고 있는 논증은 그 논증에서 다루고 있는 주제를 넘어서는 함축을 지닌다. 왜냐하면 여러 사례에 적용될 수 있다는 것이 바로 일반 원리의 본성이기 때문이다. 어떤 논증에서는 그런 원리를 일반 원리라고 명시적으로 말하지 않고 사용하기도 한다. 그러므로 우리는 논증에 나오는 어떤 진술이 지금 논의하고 있는 사례 이외에도 적용될 수 있는지를 찬찬히 생각해보아야 한다. 원리에는 여러 종류가 있다. 예를 들어 법률 규칙, 도덕적 지침, 사업상의 관행 등이 있다. 논증에서 원리는 이유로 기능할 수도 있고, 결론으로 기능할 수도 있으며, 가정으로 기능할 수도 있다. 따라서 이유나 결론 및 가정을 찾아내는 통상적인 절차를 진행할 때, 우리는 이 가운데 일반적으로 적용될 수 있는 진술이 있는지 생각해보아야 한다.

원리를 찾아내는 기술은 값진 기술이다. 왜냐하면 원리를 다른 사례에도 적용해봄으로써 — 원리의 추가 함축을 생각해봄으로써 — 그 원리를 수정하거나 아니면 거부해야 한다는 사실을 알 수도 있기 때문이다. 예를 들어 어떤 사람이 사형제에 반대하는 주장을 하고자 하여, "살인은 나쁘다"는 것을 이유로 제시했다고 해보자. 아무 단서 조항 없이 지금 이렇게 표현되었을 경우, 이 원리는 아주 넓은 범위에 적용된다. 그것은 모든 사례의 살인에 적용된다. 따라서 그것을 우리의 행동 지침으로 삼는다면, 그것은 전쟁에서의 살인도 나쁘며 정당방위를 위한 살인도 나쁘다는 의미가 된다. 우리가 정당방위를 위한 살인은 나쁘지 않다고 확신한다면, 원래의 원리를 수정해 그것이 예외가 되도록 해야 한다. 원리를 적용한다는 것은 논증에 일관성을 유지한다는 것이며, 논증의 함축을 모두 파악한다는 것이다.

의료 윤리 분야의 논쟁에서 또 다른 예를 찾아볼 수 있다. 질병 치료의 수요가 의료 자원보다 월등히 많고 그래서 우선순위에 관한 결정을 해야 할 경우, 우선순위 목록에서 뒤쳐져야 하는 질병 가운데 하나는 자신의 행위나 생활 방식 때문에 생기는 질병이다. 그런 질병을 '스스로 초래한' 질병이라 부를 수 있을 것이다. 의사라면 대부분 스스로 초래한 질병을 치료해서는 안 된다고 생각하지는 않을 것이다. 하지만 이것은 한정된 의료 자원을 어떻게 사용하는 것이 가장 좋은가에 관해 일반인들에게 의견을 물었을 때 가끔 나오는 쟁점이다. 예를 들어 다음과 같은 주장을 하는 사람도 있을 수 있다. "흡연자들이 고가의 심장 수술을 받도록 우선권을 부여해서는 안 된다. 왜냐하면 흡연자들은 그 병을 스스로 초래한 것이기 때문이다."

이 논증에 전제된 원리는 분명히 "스스로 초래한 질병을 치료하는 데 높은 우선순위를 부여해서는 안 된다"는 것이고, 이 원리는 적용 범위가 넓은 원리이다. 하지만 이 원리가 구체적으로 어떤 질병에 적용되는지를 이해하기 위해서는, '스스로 초래한 질병'이 정확히 무슨 뜻인지를 분명히 해야 한다. 적어도 그것은 병을 앓고 있는 그 사람의 행위나 행동 때문에 생긴 질병을 뜻해야 한다. 이렇게 정의할 때, 이 원리는 아주 넓은 범위의 질병에 적용될 것이다. 예를 들어 흡연과 관련된 질병, 술이나 마약과 관련된 질병, 적절치 않은 다이어트 때문에 생긴 질병, 운동에 의해 발생한 상해의 일부, 교통사고로 인한 상해의 일부, 성 행위를 통해 전염되는 질병의 일부 등이 모두 여기에 해당할 것이다. 그러나 어떤 사람이 자신의 행위나 행동이 어떤 질병을 일으키리라는 사실을 알지 못했다면, 그 사람이 그 병을 스스로 초래했다고 말할 수 없다. 그리고 질병을 야기한 행위가 마지못해 행해졌거나 또는 중독 때문에 행해졌다면, 그 질병을 스스로 초래했다고 말하기는 어렵다.

그래서 아마도 우리는 '스스로 초래한 질병'의 정의를 수정해, 그것을 '알고 있는 상태에서 개인의 의도적이고 자유로운 행위에 의해 생긴 질병'으로 이해할 수도 있을 것이다. 이렇게 정의하면 이 원리의 적용 범위는 좁아진다. 예를 들어 어떤 사람이 나쁜 다이어트의 영향이 어떤 것인지를 몰랐다면, 그것 때문에 생긴 질병에는 이 원리가 적용되지 않을 것이다. 또한 이 원리는 중독 때문에 생긴 질병에도 적용되지 않을 것이다. 하지만 이 원리에 따른다면, 가령 헬멧을 착용하지 않고 오토바이를 탄 운전자가 교통사고로 상해를 입었을 경우 이것은 스스로 초래한 질병이 된다는 점을 생각해볼 때, 이 원리에는 여전히 뭔가 문제가 있음을 알 수 있다.

연습문제 17: 원리를 적용하고 평가하기

아래 나오는 원리가 적용되는 사례를 생각해보고, 그런 적용 사례에 비추어 그 원리가 수정되거나 폐기되어야 하는지를 생각해보라. 이 연습문제를 토론 수업의 기초로 삼아도 된다.

1. 세금으로 걷은 돈을 세금을 낸 사람이 전혀 이용하지 않을 서비스에 지원해서는 안 된다.
2. 어떤 행위가 다른 사람에게 해를 끼치지 않는다면, 자기 자신에게 해를 끼치는 행위를 금하도록 규제할 필요는 없다.
3. 신문은 자신이 원하는 것이라면 무엇이든 공표할 절대적인 자유를 지녀야 한다.
4. 의사는 환자에게 절대로 거짓말을 해서는 안 된다.
5. 비밀을 지키기로 약속했다면, 그것을 다른 사람에게 절대로 누설해서는 안 된다.

4

증거와 견해의 신뢰성을 평가하기

2장에서 보았듯이, 논증을 평가할 때 중요한 단계 가운데 하나는 이유가 참인지를 살펴보는 것이다. 그런데 우리가 가진 지식이나 경험에만 근거해 항상 이 일을 해낼 수 있는 것은 아니다. 우리는 다른 사람에게서 나온 정보 가운데 어떤 것이 믿을만한지도 생각해보아야 한다. 논증을 펴는 사람이 다른 사람이 제시한 정보나 증거를 거론하는 경우도 있으며, 그들이 해당 분야의 전문가라고 자부하는 경우도 있을 수 있다. 그런 정보나 주장을 사실로 받아들여야 할지를 알고자 한다면, 우리는 정보를 제공하거나 주장을 하는 그 사람의 신뢰성을 평가하는 과정을 거쳐야 한다.

견해의 신뢰성은 다른 사람의 논증을 평가할 때뿐만 아니라, 여러 가지 증거로부터 일정한 결론을 이끌어내야 하는 상황에서도 따져보아야 한다. 이런 일이 바로 범죄 사건을 해결하고자 할 때 경찰관들이 하는 작업이며, 피고가 실제로 유죄인지를 판결하고자 할 때 배심원들이 하는 작업이며, 가령 보건이나 교육과 같은 문제에 관해 서로 상충하는 증거가 있을 경우 최선의 정책이 무엇일지를 정해야 할 때 정책 결정자들이 하는 작업이기도 하다.

견해의 신뢰성

우리는 견해의 신뢰성을 정보를 제공하는 사람의 성격을 살펴보아 결정할 수 있다. 우리는 어떤 사람이 말한 것이 참이 아닐 가능성이 있는 상황이 어떤 것일지를 생각해보아야 한다. 좀 더 나아가기 전에 여러분이 보기에 신뢰할만하지 않은 정보를 제공할 가능성이 높은 사람의 특성이 어떤 것일지를 한 번 나열해보라.

평판

어떤 사람이 이전에 믿을만하지 않았던 사람이라면, 우리는 그 사람의 주장을 받아들일 때는 거짓말을 한 적이 없는 사람의 주장을 받아들일 때보다 훨씬 더 조심해야 할 것이다. 예를 들어 여자 문제에 대해 늘 과장하는 버릇이 있는 사람이 어젯밤 나이트클럽에서 여러 여자가 자기에게 말을 걸어왔다고 얘기한다면, 우리는 아마 그 말에 회의적일 것이다. 습관적으로 거짓말을 하는 사람의 주장은 신뢰할만하지 않다.

이해관계

물론 습관적으로 거짓말을 하지는 않더라도 사람은 가끔 다른 사람을 속일 수도 있다. 그렇게 하는 이유는 진실을 말하면 가령 돈이나 존경, 명예 등을 잃게 되기 때문일 수 있다. 대체로 믿을만하다고 알고 있는 사람이나 잘 모르는 사람의 신뢰성을 평가할 경우 우리는 이런 점을 염두에 두어야 한다. 이 말은 사람들이 믿을만하지 않다고 가정해야 한다는 의미는 아니다. 어떤 사람의 말을 정반대로 받아들인다면, 이는 그 사람에게 해를 끼치는 것이다. 그러나 두 사람이 상반된 정보를 제시하고 있는데 이를 판가름해야 하는 상황이라면, 그들의 말을 그대로 믿을 경우 그들이 어떤 이득을 보게 되는지를 생각해볼 필요가 있다. 예를 들어 싸움을 벌인 두 아이라면 이들은 서로 상대방이 먼저 싸움을 걸어왔다고 주장할 가능성이 크다. 이 경우 그 싸움을 옆에서 지켜본 제삼자가 있다면, 그 사람의 증언이 이 상황에서는 더 신뢰할만하다고 할 수 있을 것이다.

관련 경험이 있거나 전문가인 경우

만약 어떤 사람이 논의되는 문제에 관해 관련 지식을 가질만한 위치에 있지 않다면, 그 사람의 말이 참으로 드러났다 하더라도 그것은 단순히 우연일 뿐이다. 사람들이 적절한 지식을 갖지 못하게 되는 상황에는 여러 가지가 있다. 논의되는 주제가 너무 전문적일 경우, 적절한 교육이나 훈련을 받지 못한 사람들은 그 문제를 제대로 이해할 수 없을 것이다. 의학 교육이라고는 받은 적이 없는 사람이 뇌수술에 관해서 무슨 말을 한다면, 우리는 그것이 믿을만하다고 생각하지 않을 것이다. 이것이 바로 여러 분야의 지식과 관련해 우리가 전문가의 말에 의존할 수밖에 없는 이유이다. 하지만 한 분야에서 아무리 뛰어난 전문가라 할지라도, 전문 분야를 벗어나면 그 사람의 견해가 신뢰할만하지 않을 수도 있다는 점을 알아야 한다.

전문가가 아닌 사람도 전문 분야를 공부할 수 있고, 그런 분야에 관한 정보를 제공해줄 수 있다. 따라서 단순히 전문가가 아니라는 이유만으로 그 사람을 불신해서는 안 된다. 그러나 그 경우에도 우리는 그 사람이 제시하는 정보가 적어도 어디서 나온 것인지는 물어보아야 한다. 예를 들어 어떤 사람이 새로 나온 차가 다른 모델보다 훨씬 안전하다는 말을 했다고 하자. 만약 그 정보가 소비자 잡지나 자동차 협회에서 나온 것이라면 신뢰할만하겠지만, 그 차를 가진 유명 인사의 말에 근거한 것이라면 앞의 경우만큼 신뢰할만하지는 않을 것이다.

어떤 사람이 적절한 정보를 가질 위치에 있지 않았다고 볼 수 있는 또 다른 상황은 목격자 증언이 아주 핵심인데, 목격자는 무슨 일이 일어났는지를 정확히 볼 수 없는 경우이다. 가령 시력이 나쁘거나 아니면 사건을 분명히 볼 수 있는 위치에 있지 않은 경우가 그런 경우이다. 한 예로 자동차 사고의 경우, 사고 지점에 가까이 있으면서 시야가 방해받지 않는 좋은 지점에 있었던 사람이 시력이 나쁘거나 사고와는 좀 떨어진 지점에 있었거나 나무들 사이로 사고를 목격한 사람보다 더 정확히 설명할 가능성이 높다. 마찬가지 생각이 시각이 아니라 청각에 의존하는 정보에도 적용된다.

사람들의 판단에 영향을 미치는 요인들

사실대로 말하려고 하고 적절한 지식을 가질 수 있는 위치에 있었지만, 판단의 정확성을 방해하는 일정한 요인 때문에 어떤 사람의 주장이 믿을만하지 않을 수도 있다. 예를 들어 정신적인 스트레스나 약물, 술이 지각에 영향을 미칠 수도 있다. 다른 일 때문에 정신을 집중하지 못해서 그렇게 되는 경우도 있을 수 있다.

가령 떠드는 아이들과 함께 차를 타고 가는 부모라면 혼자 차를 타고 가는 사람에 비해 자동차 사고를 분명하게 보기 힘들 것이다. 사고가 나고 시간이 얼마간 흘렀다면, 사고의 중요한 측면을 잊어버렸을 수도 있다. 증거를 모으고 평가하는 사람의 경우, 예를 들어 과학자나 심리학자들처럼, 특정 결과를 예상하거나 특정 이론이 확증되기를 바라는 희망 때문에 관찰과 해석의 정확성이 영향을 받을 수도 있다.

확증

여러 출처에서 증거를 모으게 될 경우, 우리는 때로 두 사람이 사건을 동일하게 기술하고 있음을 보는 경우도 있다. 이때 그들의 증거는 다른 사람의 주장을 확증해준다. 이런 상황에서는 목격자들이 우리를 오도하려 한다고 볼 이유가 없는 한, 그런 확증으로 증거가 신뢰할만한 것임이 밝혀졌다고 간주해야 한다.

요약: 증거나 견해의 신뢰성을 평가하기

다음은 증거나 견해의 신뢰성과 관련하여 우리가 자문해보아야 할 중요한 물음들을 요약한 것이다.

1. 거짓말을 할만한 사람인가, 온전한 정보를 제공하지 않을 사람인가, 오도된 정보를 제공할 사람인가?
   - 거짓말을 했던 적이 있는가?
   - 믿을만하지 않다고 볼 이유가 있는가?
   - 속여서 뭔가 중요한 이득을 얻을 수 있는가?
   - 진실을 말하게 되면 뭔가 중요한 것을 잃게 되는가?
2. 적절한 정보를 얻을 수 있는 위치에 있었는가?
   - 전문 지식과 관련된 것이라면, 전문가인가 아니면 전문가로부터 들은 정보를 말하고 있는가?
   - 직접 경험이 중요하다면, 그것을 직접 볼만한 위치에 있었는가?
   - 직접적인 관찰이 개입되어 있다면, 분명하게 보거나 들을 수 있었는가?
3. 정확한 판단을 하는 데 방해가 될만한 요인은 없었는가?
   - 정신적으로 스트레스를 받고 있지는 않았는가?

- 술이나 마약을 한 상태는 아니었는가?
- 다른 사건 때문에 정신을 집중하지 못할 상황에 있지는 않았는가?
- 특정한 식으로 사건을 믿고자 하는 바람이나 동기를 가지고 있지는 않았는가?
- 사건에 관한 믿음에 영향을 줄 수도 있는 편견을 가지고 있지는 않았는가?
- 직접 경험이 중요한 사건일 경우, 정보는 사건 직후에 얻은 것인가?

4. 진술을 확증해줄 만한 다른 증거가 있는가?

주장의 설득력

증거를 평가하고자 할 때 우리가 물어야 할 또 다른 중요한 물음은 "주장이나 증거가 얼마나 설득력이 있는가?" 하는 것이다.

이때 '설득력이 있다' (plausible)는 말이 무슨 뜻인지를 분명히 해야 한다. 특히 증거의 설득력에 관한 물음과 증거의 신뢰성에 관한 물음의 차이를 분명히 해야 한다. 우리는 이미 설명과 관련해 '설득력이 있다' 는 표현을 사용했다. 그 경우 그것은 '옳을 수 있다' 거나 '옳을 가능성이 높다' 는 의미였다.

일상어에서는 어떤 사람의 태도를 두고 그것이 설득력이 있다는 말을 하기도 한다. 가령 배심원이 논증에 근거한 것이 아니라 피고의 말이나 얼굴 표정, 몸짓 등에 근거하여 그가 '설득력이 있다' 고 판단해서 피고의 진술을 믿는 경우가 있을 수 있다. 이런 것에 근거해 어떤 사람의 성격을 정확히 판단해내는 사람도 있을 것이다. 하지만 그것은 비판적 사고에서 말하는 기술을 사용해 그런 판단을 한 것이 아니다. 물론 거짓말을 하고 있는지 여부를 판단할 수 있는 잘 확립된 기준이 있다면, 이런 의미의 설득력을 판단하는 데 논증 과정을 사용할 수도 있을지 모르겠다. 그래서 비판적 사고 교재나 시험에서는 어떤 사람의 행동을 근거로 그 사람의 설득력을 판단하도록 하는 물음을 묻기도 한다.

하지만 비판적 사고 교재에서 증거의 설득력을 논의하는 경우는 대개 그 증거를 제시한 사람의 설득력을 의미하는 것이 아니라 그 증거가 지닌 내용의 설득력을 의미하는 경우이다. 그러므로 "브라운 씨의 증거는 설득력이 있는가?"라는 물음은 "브라운 씨의 주장은 사실일 가능성이 있는가?"라는 물음으로 이해되어야 한다.

증거를 평가하고 결론을 이끌어내기

3장에서 우리는 참이라고 가정한 정보에 근거해 결론을 이끌어내는 연습을 해보았다. 아래 예들은 증거의 신뢰성과 설득력을 고려해 결론을 내리도록 하기 위한 몇 가지 상황들이다. 예 1은 가상의 상황으로서, 목격자나 관련자의 증거가 어느 정도 신뢰할만한지를 평가해야 하는 상황이다. 경찰이나 법조계에 있는 사람 또는 법정의 배심원은 이런 식의 평가를 해서 결론을 내려야 한다. 예 2와 예 3은 신문에 나온 현안 관련 기사에서 뽑은 것이다. 여러분들은 아마 그런 기사를 읽고 거기에 나온 증거가 얼마나 신뢰할만하며, 그로부터 어떤 결론을 이끌어낼 수 있을지를 생각해볼 수 있을 것이다.

예 1: 나이트 클럽의 메트

지난 금요일 밤 재즈 클럽에서 사고가 일어났다. 대학생인 메트는 밤 10시 반 무렵 클럽 무대에서 춤을 추다가 다른 사람의 머리에 받쳐 코를 다쳤다고 주장했다. 그날 밤 늦게 이비인후과에 갔더니 실제로 코뼈가 부러진 것으로 밝혀졌다. 무대가 어두웠던 데다 막 무대에서 빠져나오려던 참이었기 때문에 메트 자신은 누가 그를 쳤는지 정확히 보지 못했다고 말했다. 메트의 친구인 조는 메트가 무대를 빠져나온 직후에 네 명의 젊은이들이 무대를 떠났으며, 그 가운데 하나는 칼로, 그는 조도 포함된 대학생들을 공격한 적이 있는 사람이라고 주장했다.

그날 밤 일찍 메트 및 조와 이야기를 나누었던 한 여자는 그녀가 칼을 알며, 그는 늘 자신에게 상냥했고 폭력 사건에 휘말릴 사람이 결코 아니라고 말했다. 그녀는 최근 칼이 자신에게 데이트 신청을 하기는 했지만 남자친구가 있어서 그것을 받아들이지 않았으며, 자신은 칼의 여자친구가 아니라고

> 주장했다.
>
> 나이트 클럽에서 일하던 두 명의 문지기는 사건을 전혀 보지 못했다고 주장했다. 그들 가운데 한 명은 "사람들은 늘 다른 사람 때문에 다쳤다고 주장하는데, 나중에 보면 대개 술이 취해서 미끄러지거나 뭔가에 부딪힌 경우였다"라고 말했다.
>
> CCTV에 칼의 모습이 찍혀 있었는데, 그는 친구들과 함께 밤 10시 반에 웃고 떠들면서 클럽을 떠나는 모습이 담겨 있다. 메트가 경찰에 사건을 신고한 후, 경찰은 칼과 그의 친구들을 조사했는데, 그들 모두 사건에 대해 아는 바 없으며, 클럽에서 메트를 보지도 못했다고 주장했다.

우선 여기서 말하는 사건이 설득력이 있는지를 생각해보자. 메트의 주장은 설득력이 있다. 왜냐하면 다른 사람의 머리에 코가 받치게 되면 코뼈가 부러질 수 있고, 어둡고 어수선한 상황에서라면 누가 공격했는지 모를 수 있기 때문이다. 그가 특정인을 지목한 것은 아니며, 따라서 그의 주장은 단순히 누군가가 그의 코를 들이받았고 그래서 코뼈가 부러졌다는 것이고, 이런 일은 충분히 일어날 수 있는 일이다. 여기 나온 정보에 비추어볼 때 우리는 메트가 거짓말을 하고 있다고 볼 이유는 없다. 하지만 그는 술을 먹어 정신이 좀 혼미했을 수는 있다. 하지만 단순히 미끄러지거나 어디에 부딪혀 그런 상해를 입었다고 보기는 어렵다.

조의 증거로부터는 어떤 결론을 이끌어낼 수 있을까? 칼과의 과거 경험에 비추어볼 때, 조는 메트 가까이에 있어서 메트를 공격할 수도 있었던 사람들 가운데 다른 누구보다도 칼을 빨리 알아보았을 가능성이 높다. 또한 조는 칼이 곤경에 처하기를 바랐을 수도 있으며, 칼은 분명히 그 클럽에 있기는 했지만 메트에게 상해를 입힐 만큼 가까이에 있지는 않았을 수도 있다.

그 여자의 증거는, 비록 실제 목격자는 아니지만, 칼의 주장을 뒷받침하는 것 같다. 그녀는 칼의 여자친구가 아니며, 따라서 개인적인 이해관계 때문에 그녀의 주장을 에누리해서 받아들일 필요도 없다. 반면 그녀가 그를 얼마나 잘 아는지는 불분명하며, 데이트 신청을 거절했다는 그녀의 주장은, 그녀가 메트나 조와 이야기를 하고 있는 것을 칼이 보았다고 한다면, 칼이 메트를 공격할 동기가 있었다는 점을 시사해주는 것일 수도 있다.

두 명의 문지기들의 증거는 결정적이지 않다. 그들 모르게 메트가 공격을 받았을 수도 있으며, 클럽의 문제를 되도록 최소화하는 것이 그들의 임무 가운데 하나라고 할 때, 그들은 그런 사건의 가능성을 평가절하하고자 할 것이다.

사건이 발생했을 무렵 칼과 그의 친구들이 웃고 떠들면서 클럽을 떠났다는 사실은 말해주는 것이 전혀 없다. 비교적 일찍 클럽을 떠난 이유는 사건에 끼어들고 싶지 않아서가 아니라 다른 이유 때문이었을 수도 있다. 칼과 그의 친구들이 자기들은 모르는 일이라고 한 것은 에누리해서 들어야 한다. 그들이 실제로는 개입되어 있다면, 그들은 이를 인정하지 않으려 할 테고, 이 경우 그들이 서로 확증해준다고 해도 이는 그들의 증거가 신뢰할만하다는 의미가 아니다. 왜냐하면 그들이 가진 동류의식이나 칼의 협박 때문에 그런 진술을 하는 것일 수도 있기 때문이다.

다른 목격자의 증언이 없다면, 여기서 내릴 수 있는 최선의 결론은 메트는 아마도 누군가의 머리에 받쳐 상해를 입었으며, 칼이나 아니면 그의 친구 가운데 누군가가 그렇게 했다고 볼만한 증거는 없다는 것이다.

예 2: 학생들에게 숙제가 꼭 필요한가 또는 바람직한가?

새로 나온 『숙제의 신화』라는 책에서 미국 학자 알피 콘은 숙제가 아이들의 수행능력을 향상시키는 것은 아니며 가정의 갈등을 불러오고 공부에 흥미를 잃게 만든다고 주장한다. 교육학이나 심리학과 관련된 강의와 연구를 하고 책도 낸 적이 있는 콘은 아이들이 집에 오면 일단 쉴 수 있어야 한다고 주장한다. 데이비드 블렁컷이 교육부 장관일 때 정한 지침에 따르면 네다섯 살 아이의 경우 하루 숙제는 20분이고, 아홉 살이 되면 더 늘어나 40분이고, 열여섯 살이 되면 1시간 반에서 두 시간 정도이다.

다음 글은 2007년 1월 30일자 「인디펜던트」 온라인 판에 실린 것으로, 교육 담당 편집자 리처드 가너가 쓴 숙제 관련 기사에서 발췌한 것이다.

"숙제가 너무 많으면 아이들의 시험 성적에 나쁜 영향을 준다고 하는 콘의 주장은 일리가 있으며, 이를 보여주는 많은 국제적인 증거가 있다. 1998년에 나온 제3차 국제 수학 및 과학 조사 보고서에 따르면, 적당량의 숙제를 하는 아이들이 숙제가 너무 많거나 너무 적은 아이들보다 더 나은 결과를 보였다. 가령 영국보다 숙제가 적은 핀란드 아이들은 국제 시험에서 영국 아이들보다 훨씬 나은 성적을 거두었다. 그들은 수학과 과학 성적에서 거의 전부분에 걸쳐 1등이었다. 영국보다 숙제가 더 많은 이탈리아 아이들의 경우 영국 아이들보다도 못했다."

"[데이비드 블렁킷의] 주장은 다음과 같은 것이었다. 'TV 앞에서 세 시간을 보내는 열한 살짜리 아이들에게 삼십 분 동안 공부를 하라고 요구하는 것은 결코 지나친 요구가 아니다.' 런던대학 교육연구소 수 할렘이 『숙제: 증거』 — 이 책은 숙제에 관한 가장 자세한 연구로 평가받고 있다 — 에서 내린 결론은 다음과 같다. '혼자서 하는 숙제와 감독이 있는 공부를 비교해 본 결과 일반적으로 숙제가 더 나은 성과를 낳았다. 하지만 예외가 있었다. 특히 초등학생들의 경우 예외였다. 하지만 수학은 초등학생들이 대부분 숙제를 해서 성적을 향상시킬 수 있는 과목이다.'"

"지침을 정하기로 한 블렁킷의 결정은 영국에서 아홉 살에서 열 살의 아이들에게 수학 숙제를 매주 내주는 학교는 5%에 불과한 반면, 프랑스, 헝가리, 스위스, 미국 같은 나라의 경우 80% 이상의 학교가 숙제를 내준다는 조사에 근거하고 있다."

"할렘은 숙제가 '의미가 있을 수' 있다고 주장한다. 그러면서 '너무 극단으로 가게 되면 숙제는 가정 생활을 완전히 망치게 된다'고 덧붙인다. 콘은 이보다 더 나아간다. 그는 아이들은 재활용품을 이용해 나름의 예술 작품을 만든다거나 부모와 함께 그들이 좋아하는 장난감을 디자인해본다거나 다른 학생들과 할 수 있는 수학 퀴즈를 만든다거나 하는 등의 작업을 해야 한다고 주장한다. 콘이라면 구구단을 외우게 하거나 집에서 교과서의 단어를 외우거나 수학 문제를 풀게 하는 것과 같은 숙제는 다 없앨 것이다."

(http://education.independent.co.uk/news/article2198388.ece에서 발췌)

여기 나온 증거로부터 어떤 결론을 이끌어낼 수 있을지를 정하기 위해서는 먼저 여기 나온 증거가 얼마나 신뢰할만한지를 따져보아야 한다.

여기 나오는 첫 번째 사람은 알피 콘으로, 그가 교육 분야에서 강의와 연구를 하고 있는 학자라는 점에 비추어볼 때 분명히 해당 영역의 전문가라고 할 수 있다. 그의 책에 숙제를 주제로 한 연구 결과가 자세히 나와 있을 것이며, 이 증거를 완벽하게 평가하려면 물론 그 책을 읽어보아야 할 것이다. 하지만 그가 터무니없는 견해를 제시하고 있다고 볼 이유는 전혀 없다.

두 번째로 나오는 사람은 수 할렘으로, 이 사람도 전문가라고 할 수 있다. 그녀는 런던대학 교육연구소에서 일하고 있기 때문이다. 이 기사를 쓴 사람(이 분야를 잘 알고 있는 교육 담당 편집자)은 그녀의 연구가 아주 자세한 연구로 정평이 나 있다고 말하고 있다.

교육부 장관인 데이비드 블렁킷은 정치인으로, 꼭 교육 전문가라고 할 수는 없다. 윗글에서 그의 '논증'이라고 말한 것은 사실 논증이 아니라 숙제에 들이는 시간을 정해줄 필요가 있다고 하는 하나의 주장이다. 그의 주장은 연구에 바탕을 둔 것이라고 말하고, 우리는 인디펜던트의 교육 담당 편집자가 이 연구와 제3차 국제 수학 및 과학 조사 보고서의 결과에 관해 정확한 서술을 할 것이라고 예상할 수 있다.

따라서 여기 나온 여러 연구 결과가 잘못된 것이라고 볼 이유는 전혀 없다. 하지만 전문가들 사이에서도 의견이 나뉘는 것으로 보인다. 물론 이들 사이에 일치점도 있다. 그들은 모두 숙제가 가정 생활에 방해가 될 수 있으며, 숙제를 내주는 것 자체는 그렇게 나쁜 것이 아니라고 생각한다. 그들은 숙제의 양이 어느 정도여야 하는지, 그리고 어떤 숙제를 내주어야 하는지가 중요하다는 점에서도 의견이 일치한다. 이들의 견해 차는 숙제가 아이들의 실력 향상에 얼마나 효과가 있는지를 두고서 생겨난다. 이 둘이 모두 옳을 수 있을까? 이들의 연구가 서로 다른 나라에서 행해진 것이라고 할 때, 아이들이 한 숙제 종류가 다르고 숙제의 효과를 측정하는 시험도 달라서 서로 다른 결론이 나오게 되었을 수도 있다.

제3차 국제 수학 및 과학 조사 보고서의 결과를 두고서는 우리가 어떤 결론을 내릴 수 있을까? 이 정보만 가지고 우리가 내릴 수 있는 결론은 숙제를 많이 내주면 국제 시험을 잘 못 볼 수도 있다는 것 정도이다. 나라들마다 숙제의 양 차이가 아니라 다른 차이 — 가령 교육 방법이 다르다거나 교사들의 질이 다르다거나 수학과 과학 수업 시간이 다르다거나 등 — 때문에 결과가 달라지는 것일 수도 있다.

블렁킷이 지침을 정하는 데 근거가 된 연구 결과만으로는, 숙제가 효과가 있다거나 바람직한지 여부에 관해 일정한 결론을 내릴 수 없다. 왜냐하면 그것은 다른 여러 나라의 수학 숙제 양과 관련된 것일 뿐 수학 숙제를 더 많이 내주었을 때의 결과가 어떨지에 관한 것은 아니기 때문이다.

따라서 여기 나온 글만으로는 숙제가 유익한지 아니면 해로운지, 교육 목표를 달성하는 데 필요한지 그렇지 않은지에 관해 정확한 결론을 내릴 수 없다. 일정한 주제에 관한 연구 결과를 접할 경우 우리는 때로 또 다른 문제를 제기하게 되기도 한다. 이후 장에서 여러분 자신의 논증을 제시하거나 논쟁적인 주제에 관해 여러분 자신의 견해를 정하고자 할 때, 그런 물음에 어떻게 답해야 할지 좀 더 살펴볼 것이다.

예 3: 과속 감시 카메라 — 카메라를 설치하면 도로가 더 안전해지는가?

과속 감시 카메라 문제를 다루고 있는 다음의 여러 글을 살펴보기로 하자.

> (i) "카메라가 있으면 대부분의 운전자들이 제한 속도를 지킨다"에서 발췌
>
> "공식 조사 기록에 따르면, 과반수의 운전자들이 처음에는 시속 30마일 제한 속도를 지키는 것으로 나타났는데, 이는 과속 감시 카메라 덕분에 운전자들의 습관이 바뀌었다는 것을 말해준다.
>
> 시내에서 제한 속도를 지키는 않는 사람들의 비율은 1996년에는 72%였다가 작년에는 49%로 떨어졌다.
>
> 제한 속도를 지키는 사람이 늘어난 덕분에 보행자 사망자 수가 크게 준 것으로 보이는데, 1996년에는 997명이었던 것이 2005년에는 671명으로, 10년 동안 3분의 1이 줄었다.
>
> 교통부에서는 여러 도로에서 여러 방식으로 차량 속도를 측정해왔다.

과속 감시 카메라가 설치된 지점과 멀리 떨어진 곳에서 속도를 측정해봄으로써 운전자가 잠깐 동안 속도를 낮추는 식으로 왜곡되는 결과가 나오지 않도록 조사를 했다. 제한 속도가 시속 30마일인 도로 — 이것은 과속 감시 카메라가 설치된 도로 가운데서는 가장 낮은 것이다 — 에서 35마일 이상 달린 자동차의 비율은 1996년에는 37%였는데 작년에는 19%로, 반으로 줄었다.

하지만 제한 속도가 시속 70마일인 고속도로에서 이보다 10마일 이상 과속한 운전자의 비율은 같은 기간 동안 약간 떨어진 데 불과해 19%에서 17%로 준 데 그쳤다."

"AA의 도로 정책 책임자인 폴 워터스는 속도위반 차량에 부과한 벌금이 1996년에 26만 파운드였던 것이 2004년에는 2백만 파운드로 크게 늘어났기 때문에, 운전자들이 제한 속도에 좀 더 신경을 쓰게 된 것이라고 말했다. 100만 명 이상의 운전자들이 6점 이상의 벌점을 받아 1점만 더 받으면 6개월 면허 정지 처분을 받게 되는 것으로 조사 결과 밝혀졌다.

워터스는 운전자에게 제한 속도를 일러주는 위성 네비게이션도 제한 속도를 지키는 사람이 늘어나게 하는 데 일조를 했다고 말했다.

RAC 재단은 카메라가 있을 경우에만 제한 속도를 지키는 나쁜 운전자를 위해서는 경찰이 도로 순찰을 더 자주 해야 한다고 말했다."

"과속 감시 카메라 설치 반대 운동을 펼치고 있는 단체 '안전 운전'의 창시자인 폴 스미스는 보행자 사망자가 준 이유는 보행자가 16% 정도 줄었기 때문이라고 말했다.

그는 '사고의 원인은 과속이 아니라 난폭 운전이다' 라고 말했다. '사람들이 천천히 운전한다고 해서 그 도로가 더 안전하다는 의미는 아니다' 라고 그는 말했다."

(벤 웹스터, 「더 타임스」 교통 통신원, 2007. 4. 6.)

(ii) "중요한 물음: 과속 감시 카메라가 진짜 안전한 도로를 만드는 최선의 방안인가?" 에서 발췌

그렇지 않다는 사람들의 주장은 무엇인가?

과속 감시 카메라를 반대하는 사람들은 "속도 때문에 사고가 나는 것은 아니다"라고 주장한다. 영국 운전자 협회는 현재의 방안은 '안전 운전이 아니라 합법적 운전' 을 하도록 부추긴다고 주장했다. 협회 소속의 마크 맥아더크리스티는 운전자들을 벌주기보다는 교육을 하는 데 중점을 두어야 한다고 주장했다.

더럼 지역과 관련한 한 추정치에 따르면, 차량 충돌 사고 가운데 과속으로 인한 것은 3%에 불과했다. 졸음운전이나 좌회전 때 다른 차를 제대로 보지 못한 것이 사고의 주된 원인으로 생각된다.

과속 감시 카메라 설치 반대 운동을 하는 폴 스미스는 속도는 '안전 운전과 아무런 관련이 없다' 고 생각한다. 그는 경찰의 경우 시속 125마일로 운전하는 방법을 가르친다고 말한다. "경찰이 그렇게 하는 이유는 그 정도 속도를 내더라도 정상적인 상황이라면 안전하다는 점을 그들도 잘 알고 있기 때문이다."

속도가 실제로 그렇게 문제인가?

도로 안전에 관한 수많은 연구 결과는 속도와 충돌 사고가 연관이 있다는 주장을 지지해준다. 대부분의 전문가들은 '지나친' 속도가 적어도 사고의 3분의 1 정도의 주요 원인이므로, 단일 요인으로는 가장 중요한 원인이라는 주장을 받아들인다.

의회의 교통 안전 자문위원회는 300건의 자동차 사고와 200백만 건의 속도 측정 결과 및 1만 명의 운전자를 대상으로 한 충돌 사고 조사 결과를 보면, 속도와 사고 빈도 사이에 상관관계가 있음을 결정적으로 입증해준다고 말한다.

과속 감시 카메라를 지지하는 사람들은 부상 정도가 속도에 비례한다는 것은 기본적인 물리학적 사실이라고 지적한다. 도로 안전 운동 단체인 '브레이크' 는 자동차가 시속 35마일 속도에서 보행자를 칠 경우 30마일 속도일 때보다 보행자가 사망할 확률은 두 배가 된다고 말한다. 환경론자는 건강과 안전 문제를 들어 또 다른 논증을 편다. 그들은 속도가 높다는 것은 에너지 소비가 더 많다는 것이며 이는 탄소 배출량이 더 많아진다는 의미라고 지적했다. 그들은 누구나 항상 더 낮은 속도로 운전을 해야 한다고 주장한다.

카메라가 있어서 속도가 줄었는가?

정부의 조사에 따르면, 과속 감시 카메라가 설치된 지점의 경우 속도가 6% 정도 떨어진 것으로 나타났다. 고정 카메라를 설치한 지역의 경우 과속 차량이 70% 정도 줄었다. 전반적으로 보았을 때, '과속' 차량 — 제한 속도보다 15마일을 초과하는 차량 — 의 비율은 고정 카메라가 설치된 지역의 경우 91%가 줄었다.

카메라가 있어서 사상자가 줄었는가?

교통부는 장기적으로 보았을 때 줄어드는 추세가 있기는 했지만, 과속 감시 카메라가 새로 도입된 지역의 경우 부상자가 22% 줄었으며, 사망하거나 중상을 입은 사람들의 수도 42%가 줄었다고 말했다. 카메라가 설치된 지역의 경우 연간 사망자는 100명 이상이 줄었는데, 이는 32%가 준 것이다.

(베리 클레맨트, 교통 담당 편집자, 「인디펜던트」, 2006. 6. 16.)

먼저 우리는 여기 나온 증거들의 출처가 신뢰할만한지를 살펴보아야 한다. 여기 나온 기사들은 유력지의 교통 담당 편집자가 쓴 것이다. 그러므로 그들은 여기 나온 증거나 연구 결과에 대해 정확한 설명을 하고자 한다고 볼 수 있다.

첫 번째 기사에서는 교통부에서 나온 증거를 들고 있다. 교통부는 과속 감시 카메라가 효과가 있다는 점을 보이는 일과 관련해 이해관계에 얽혀 있는 부서라고 할 수 있지만, 정부 부처가 연구 결과를 두고 국민들을 오도하려 한다고 보기는 어렵다.

두 번째 기사에서는 의회의 교통 안전 자문위원회가 언급되고 있다. 그런 위원회의 목적은 교통 정책 개선과 관련해 정부에 자문을 하는 것이므로, 그 위원회가 사실을 오도하려 한다고 보기는 어렵다.

두 개의 자동차 단체인 AA와 RAC가 나온다. 그 단체들은 회원들, 즉 운전자의 이익을 대변할 것이다. 따라서 그 단체들이 말하는 내용이 교통 안전과 관련해 권위가 있다고 할 수 있지만, 그들도 과속 감시 카메라 문제와 관련해 불편부당하지 않을 수 있다.

여기 나오는 또 다른 자료는 압력 단체나 운동 단체에서 나온 것이다. 폴 스미스는 과속 감시 카메라 설치 반대 운동 창시자로 나오고 있으며, 영국 운전자 협회의 마크 맥아더크리스티도 과속 감시 카메라 설치를 반대하는 사람으로 기술되어 있다. 두 사람 모두 과속 감시 카메라가 지닌 부정적 측면을 강조하고자 할 것이다. 한편 두 번째 기사를 보면 '브레이크' 라는 단체는 도로 안전을 위한 운동을 하고 있으며, 과속 감시 카메라 설치를 적극 찬성하고 있음을 알 수 있다. 따라서 우리는 이 단체가 내세운 증거를 평가할 때 이 점을 염두에 두어야 한다. 왜냐하면 이들은 과속 감시 카메라가 지닌 긍정적 측면에 주로 초점을 맞출 것이라고 예상할 수 있기 때문이다.

'환경론자' 가 나오는데, 구체적으로 어떤 단체인지는 나와 있지 않다. 에너지 소모와 탄소 배출량을 줄이기 위해서는 자동차 속도를 낮추는 것이 바람직하다는 그들의 주장은 과속 감시 카메라를 설치하면 도로의 안전성이 더 높아지는가 하는 논란과는 아무런 관련이 없다.

교통부와 의회의 교통 안전 자문위원회라는 단체는 신뢰할만하다고 볼 때, 우리는 이들이 제시한 증거로부터 어떤 결론을 이끌어낼 수 있을까? 두 기사에 나온 수치를 보면 영국에서 과속 감시 카메라를 도입한 이래 과속 차량의 비율이 감소했음을 알 수 있다. 두 종류의 수치 사이에 약간의 차이가 있다. 하지만 그것들이 꼭 서로 모순된다고 볼 필요는 없다. 왜냐하면 그것들은 서로 다른 해의 자료이고, 한 연구는 과속 감시 카메라가 설치된 지역에서의 속도만을 언급하고 있기 때문이다. 두 기사 모두 과속 감시 카메라가 도입된 이래 교통사고 사망자나 부상자 수가 감소했다고 말하고 있다.

이런 수치만으로 과속 감시 카메라 덕분에 과속 차량이 줄었다거나 속도가 준 덕분에 사망자나 부상자 수가 줄었다고 확실하게 결론 내릴 수는 없다. 하지만 이들이 이렇게 인과적으로 연관되어 있다고 보는 것이 합당하지 않을까? AA의 폴 워터스는 속도 위반 과태료 때문에 제한 속도에 운전자들이 더 신경을 쓰게 되었다고 주장하는데, 이는 여기 나와 있는 대로 백만 명 이상의 운전자들이 벌점을 1점만 더 받으면 6개월 면허 정지를 당하게 된다는 주장이 참일 경우 설득력이 있어 보인다. 과속 감시 카메라가 설치된 지점에서 속도를 줄인다는 것은 카메라가 거기에 설치되어 있다는 것을 알기 때문이라고 할 수 있다. 하지만 첫 번째 기사에 나와 있듯이, 과속 감시 카메라가 설치된 지점과 멀리 떨어진 곳에서 속도를 줄이게 된 것도 감시 카메라 덕분이라고 말할 수는 없다. 그것은 가령 과속의 위험을 일깨우기 위한 TV 캠페인과 같은 다른 원인 때문일 수도 있다.

속도 감소와 사상자 수의 감소 사이에 연관이 있다고 볼 수 있을까? 두 번째 기사에는 이들 사이의 연관성을 뒷받침해준다고 하는 '도로 안전에 관한 수많은 연구 결과'와 '대부분의 전문가들'의 견해가 거론되고 있다. 가령 주요 도로에서 높은 속도로 운전을 할 경우 옆에서 갑자기 차가 진입하면 충돌 위험이 크다는 것은 설득력이 있는 주장이다. 속도가 높을수록 부상 정도가 심하다는 것도 마찬가지로 설득력이 있는 주장이다. 따라서 '브레이크'에서 들고 있는 수치(즉 35마일로 달리는 차와 충돌했을 경우가 30마일로 달리는 차와 충돌했을 경우보다 사망할 위험이 배가 더 높다)가 꼭 정확한 것은 아니라 하더라도, 우리는 빨리 움직이는 물체에 부딪힐수록 부상의 정도가 더 크다는 주장은 받아들일 수 있다. 교통부에서 든, 과속 감시 카메라가 설치된 지점에서의 사상자 관련 수치는 이 주장을 뒷받침해준다.

이미 우리는 폴 스미스와 마크 맥아더크리스티의 주장은 편향된 것일 수도 있다는 점을 지적했다. 마크는 과속 감시 카메라는 '안전 운전이 아니라 합법적 운전'을 부추긴다고 주장했다. 이런 구분은 제한 속도를 지키며 운전한다는 것이 곧 안전 운전의 충분조건은 아니라는 점을 시사해준다. 하지만 마크는 그것이 필요조건도 아니라는 점을 주장하고자 했을 수도 있다. 하지만 그는 이를 뒷받침해줄 증거를 따로 제시하고 있지는 않다. 그는 운전자들을 처벌하기보다는 교육하는 데 중점을 두어야 한다고 말한다. 하지만 법을 위반하는 사람들에게 처벌을 강화하면서 동시에 운전자들에 대한 교육도 강조하는 방안이 있을 수 있다.

더럼 지역의 교통 사고 원인에 관한 통계는 내용이 자세하지 않아서 일반적인 결론을 이끌어내기는 어렵다. 표본의 크기라든가 도로 유형이라든가 시간, 연구 기간 등이 명확하게 나와 있지 않다.

폴 스미스는 두 기사에 모두 언급되어 있다. 그는 속도와 무관하게 안전 운전을 할 수 있다는 주장을 뒷받침하기 위해 경찰의 경우 시속 125마일로 운전하는 훈련을 받게 한다는 사실을 들고 있다. 하지만 그는 이런 훈련이 번잡한 도로에서 이루어지는지, 그렇게 훈련을 받는 사람은 가령 반사 신경이 아주 발달한 특수한 사람은 아닌지, 그런 훈련을 받는 사람은 누구나 그런 속도에서도 안전 운전을 할 수 있다는 것인지 등에 대해서는 아무런 이야기도 해주지 않고 있다. 폴 스미스는 보행자 사망자 수의 감소에 대해 다른 설명 — 즉 보행자 수가 16% 감소한 데서 찾고 있다 — 을 제시하고 있지만, 이런 수치가 어디에서 나온 것인지는 밝히고 있지 않다.

이 기사들에 나온 정보를 토대로 판단해볼때, 오로지 과속 감시 카메라 설치 때문에 속도가 줄어든 것은 아닐 수도 있지만, 과속 감시 카메라가 사고율이나 사망자 수에 긍정적 영향을 미치고 있다고 결론 내릴 수 있다.

연습문제 18: 증거의 신뢰성을 평가하기

아래 글에 나온 증거가 신뢰할만하고 설득력이 있는지를 평가하고, 그런 증거로부터 어떤 결론을 이끌어낼 수 있을지를 판단해보라.

1. 없어진 돈

조용한 주택가에 있는 제인의 집 뒤뜰에서 8살인 제인, 루시, 셀리가 놀고 있었다. 아이스크림을 파는 차의 벨 소리를 듣자 그들은 앞마당으로 뛰어갔고, 제인의 아빠인 블랙이 아이들에게 아이스크림을 사먹으라고 돈을 주었다. 블랙은 현관문 바로 안쪽 탁자 위에 지갑을 두고는 다락방을 청소하러 다시 갔다. 한 시간 뒤 그가 돌아왔을 때 그가 분명히 닫아두었다고 생각한 현관문은 열려 있었다. 석간신문이 현관 안에 놓여 있었고, 원래 있던 자리에 지갑이 있기는 했지만 그 안에 있던 10파운드 지폐 두 장이 없어졌고 신용카드는 그대로 있었다.

아이들은 모두 아이스크림을 산 이후에는 집 앞마당으로 간 적이 없으며, 다른 누군가가 집에 들어가는 것도 보지 못했고 그런 소리도 듣지 못했다고 말했다. 루시와 셀리가 집으로 돌아간 후 제인은 아빠에게 자기들은 술래잡기를 하고 놀았으며, 루시가 뒤뜰에서는 보이지 않는 집 옆에 숨은 적이 있다고 말했다. 제인은 다음과 같이 말했다. "루시가 그때 집 안에 들어가 돈을 가져갔을 수도 있다. 루시가 그랬다고 하더라도 놀랄 일이 아니다. 그 애는 용돈이 많지 않으며,

걔가 다른 애 지갑에서 돈을 훔친 적도 있다."

블랙은 셀리의 엄마에게 말해 셀리에게 아이들 가운데 그날 오후 집 안으로 들어간 사람이 있느냐고 물어보았다. 셀리는 제인이 화장실에 간다고 하면서 옆문을 통해 집 안으로 들어갔었다고 말했다. 셀리는 또한 루시가 한 일이 분 동안 안보였던 적이 있다고 말했다. 블랙은 자기 딸 제인에게 집 안에 들어간 적이 있냐고 물어보았다. 제인은 옆 문 가까이에 있는 화장실에 가기 위해 안에 들어간 적은 있지만, 거실에 가지는 않았으며, 따라서 현관문이 열려 있는 것도 몰랐다고 말했다.

신문 배달하는 아이는 제인의 집 가까이에 산다. 블랙은 그 아이에게 뭔가 의심스러운 것을 보지 못했는지를 물었다. 그는 자신이 갔을 때 현관문이 열려 있어서 여느 때처럼 편지함에 신문을 넣는 대신 그냥 현관 안에 신문을 던져놓고 바로 나왔다고 말했다. 그는 지갑을 보지 못했으며, 앞마당에는 아무도 없었다고 주장했다.

블랙은 돈이 없어진 데 대해 루시의 가족에게 이야기를 하지 않기로 했고, 없어진 돈도 많지 않아 도난 신고도 하지 않기로 했다.

2. 총기법이 총기 범죄에 영향을 미치는가?

총기법과 범죄를 다루고 있는 아래 글은 여러 출처에서 가져온 자료이다. 이들 자료의 신뢰성과 설득력을 각각 차례대로 평가해보라. 그런 다음 증거에 비추어 볼 때 어떤 결론을 이끌어낼 수 있을지 판단해보라. 자료의 출처가 신뢰할만한지를 판단하기 위해 인터넷을 찾아보아도 된다.

(i) 아래 나오는 자료는 "총기 금지는 역풍을 불러온다"에서 발췌한 것이다. 이 글은 2004년에 쓴 것으로, 글쓴이는 미국 기업 연구소 상근 학자인 존 로트 2세로, 『총에 대한 편견』이라는 책을 쓴 사람이다. 여러 웹사이트를 보면 존 로트는 방어용으로 총을 사용한 예 가운데 98%는 상대방의 공격을 멈추도록 하기 위해 총을 꺼낼 수밖에 없었던 경우라고 주장한 것으로 나와 있다. 다른 학자들은 이런 조사 결과를 불신한다.

정부는 최근 영국과 웨일즈의 총기 범죄가 1998~1999년부터 2002~2003년 사이의 4년 동안에 거의 배로 증가했다고 발표했다.

1997년 총기 불법화 이후에는 범죄가 증가하지 않을 것으로 예상되었다. 하지만 1996년 이래 중대한 강력 범죄는 69%나 늘었다. 강도가 45% 늘었고, 살인은 54%가 늘었다. 그 법이 도입되기 이전에는 무장 강도는 1993년부터 1997년 사이 50%가 떨어졌다. 하지만 총기 소지가 불법화되자 곧 강도 사건이 다시 증가해 1993년 수준으로 거의 되돌아갔다.

가장 최근 조사인 2000년 국제 범죄 희생 조사 결과를 보면, 영국과 웨일즈의 강력 범죄는 미국보다 배가 높았다. 2004년 새로운 조사 결과가 나올 경우, 그 차이는 분명 더 벌어질 것이다. 왜냐하면 영국 경찰에 신고되는 범죄 건수는 그때 이래 35%가 증가한 반면, 미국에서는 6%가 감소했기 때문이다.

……

총기 소지를 금지했을 때 이런 결과를 나타낸 나라는 영국뿐만이 아니다. 호주도 1996년 포트 아서 총기 규제 조치가 내려진 이후 영국과 비슷하게 강력범 범죄율이 치솟았다. 그 법이 통과된 이후 6년(1997년부터 2002년까지) 동안 강력범 범죄율은 1995년 그 법이 통과되기 이전의 기간에 비해 평균 32%가 더 높아졌다. 무장 강도 범죄도 74%가 늘어난 것으로 나타났다.

1990년대 영국과 호주가 총기를 엄격하게 규제하는 동안, 미국은 개인의 총기 소지 권한을 크게 완화했다. 50개 주 가운데 37개의 주가 일정한 자격을 갖추기만 하면 총기 소지를 허용하고 있다. 이 가운데 세네 시간 정도 걸리는 훈련을 받도록 요구하는 주는 반 정도에 불과하다. 하지만 이들 주의 경우 나라 전체보다도 더 많이 범죄가 줄었다. 전반적으로 보았을 때, 1990년대 총기 소유가 급격히 늘어난 주는 살인이나 다른 강력 범죄가 가장 크게 줄어든 주이다.

(http://www.lewrockwell.com/lott/lott30.html에서 발췌)

(ii) 아래 표는 "총기에 관한 몇 가지 사실"에서 가져온 것으로, 총기 규제 네트워크의 웹사이트에서 찾아볼 수 있다. 이는 엄격한 총기 규제를 옹호하는 운동을

하는 단체이다.

총기 사고 사망자: 세계 여러 나라들의 비교

인구 10만 명당 총기로 인한 연간 사망자 수(어느 해 자료인지는 나라 옆에 명시되어 있다).

	살인	자살	기타(사고 포함)
미국(2001)	3.98	5.92	0.36
이탈리아(1997)	0.81	1.1	0.07
스위스(1998)	0.50	5.8	0.10
캐나다(2002)	0.4	2.0	0.04
핀란드(2003)	0.35	4.45	0.10
호주(2001)	0.24	1.34	0.10
프랑스(2001)	0.21	3.4	0.49
영국/웨일즈(2002)	0.15	0.2	0.03
스코틀랜드(2002)	0.06	0.2	0.02
일본(2002)	0.02	0.04	0

이 자료는 『세계적으로 번지고 있는 총기 소유』에서 가져온 것이다. Cukier and Sidel (2006) *The Global Gun Epidemic*, Praeger Security International, Westport.

(http://www.gun-control-network.org/GF01.htm에서 발췌)

(iii) 다음 글은 영국 범죄 조사 보고서 2006/07의 요약 부분에서 발췌한 것이다. 이 자료는 다음 웹사이트에서 찾아볼 수 있다. — http://www.crimereduction.homeoffice.gov.uk/statistics/statistics066.htm

영국 범죄 조사 보고서(BCS) 2006/07에 나온 통계치를 보면, 작년 전반적인 범죄율은 영국과 웨일즈에서 큰 변화가 없었다. 이는 장기적인 추세 가운데 하나로, 범죄율은 1995년에 정점에 달했다가 그 후 10년 동안 42%가 떨어졌다. 이에 따라 일반인들이 범죄의 희생자가 될 위험은 42%가 줄어들었다. 물론 이 수치는 작년에 비하면 1%가 늘어난 것이다. 경찰이 집계한 범죄율에 따르면, 강력범 비율은 작년 1% 감소했는데, 이는 8년만에 처음 있는 일이었다. 경찰이 집계한 총기 관련 범죄는 같은 기간 13%가 줄었다. 늘어난 범죄도 있기는 했지만, 작년에 유일하게 큰 폭의 변화가 있었던 범죄 유형은 공공기물 파괴범이었다. 그것은 10% 증가한 것으로 나타났다. 하지만 그렇게 증가했는데도, 그 범죄는 1995년에 비한다면 여전히 11%가 준 것이다.

1997년부터 (1998년 BSC) 2006/07년도의 변화 추이(2007년 3월까지의 기록이다)

- 전체 범죄는 32%가 줄어들었다.
- 절도 사건은 55%가 줄어들었다(통계적으로 유의미한 감소).
- 차량 도난 사건은 52%가 줄어들었다(통계적으로 유의미한 감소).
- 가정 폭력 사건은 33%가 줄어들었다(통계적으로 유의미한 감소).
- 폭력 범죄는 31%가 줄어들었다(통계적으로 유의미한 감소).
- 개인간의 폭행 범죄는 32%가 줄어들었다(통계적으로 유의미한 감소).

강력범의 세부 항목들

- 폭행 사건은 9%가 줄어들었다.
- 개인에 대한 다른 폭력은 1%가 줄어들었다.
- 개인에 대한 상해와 같은 폭력은 8%가 줄어들었다.
- 개인에 대한 다른 (상해 없는) 폭력은 6%가 늘었다.

(iv) 이 주제와 관련된 마지막 글은 '키비타스'(Civitas) 웹사이트에서 가져온 것이다. 시민사회연구소라는 이 단체는 스스로 어느 정당에도 속하지 않은 독립된 싱크 탱크라고 기술하면서, 연구소의 목적은 자유롭고 민주적인 사회를 만들기 위한 법적, 제도적, 도덕적 틀에 대한 대중의 이해를 넓히는 데 있다고 말하고 있다.

2003년 10월 정부는 국제간의 범죄를 비교한 조사 결과를 발표했는데, 이 결과는 현재 17개 선진국이 포함되어 있는 국제 범죄 희생자 조사 자료에 일부 근거해 있다. 그 조사에 따르면 영국과 웨일즈는 재산 관련 범죄와 폭력 관련 범죄가 모두 평균치보다 훨씬 더 높았다.

(Issue 12/03)

가장 최근 조사에 따르면, 1999년 영국과 웨일즈는 범죄율이 두 번째로 높았다. 호주가 가장 나빠 국민들 가운데 30%가 범죄 대상이 되었다고 말한 반면, 영국과 웨일즈는 바로 다음인 26%였다. 미국은 그 수치가 21%에 불과했다. 유럽에서 네덜란드와 스웨덴은 25%로 영국과 웨일즈보다 크게 좋은 것은 아니었지만, 프랑스의 경우 국민들 가운데 21%만이 범죄 대상이었다고 신고한 것으로 나타났다. 2000년에 나온 영국 범죄 조사 보고서에 따르면, 프랑스의 수치를 영국와 웨일즈에 적용할 경우 거의 300백만 건 정도 더 범죄가 줄어들게 된다.

하지만 내무부에서 나온 보고서는 「유럽의 범죄와 형사재판 통계 자료」에서 나온 지난 12달의 기록을 비교하는 데 초점을 맞추고 있다. 전년과 비교했을 때 전체 범죄 건수는 2%가 늘었고, 강도 사건은 14%가 줄었다. 2001년의 국제 조사 결과를 처음 발표할 때 내무부는 영국의 범죄 조사 결과를 강조했었다. 보도자료에서 정부는 '영국이 세계에서 가장 안전한 나라가 되도록 하기 위해' 필요한 모든 조처를 강구하겠다는 정부의 단호한 의지를 피력했다.

(내무부 보도자료, 2001/05/03)

하지만 보도자료에는 영국과 웨일즈의 경우 범죄 대상이 될 위험이 조사 결과 17개 나라 가운데 16번째로 나빴다는 사실은 나와 있지 않다. 보도자료는 영국과 웨일즈의 살인 사건 범죄율이 낮다는 점은 언급하고 있지만, 영국와 웨일즈가 강도나 폭력, 성폭력 등을 포함하는 '폭력 관련 범죄'는 17개 나라 가운데 16번째라는 사실은 언급하고 있지 않다.

(형사 재판 통계 국제 비교 1999, 내무부, 2001년 5월)

• 영국과 웨일즈의 사람들은 조사에 나오는 어떤 다른 나라들보다 1인당 범죄 대상이 된 경험이 더 많아, 100명 당 평균 35.2명에 비해 54.5명으로 훨씬 많았다.
• 영국과 웨일즈의 사람들은 범죄 대상이 될 위험이 두 번째로 가장 높았다. 호주가 가장 높아서 2000년에 30%였고, 그 뒤를 이어 영국과 웨일즈가 26.4%였다.
• 영국과 웨일즈는 '아주 심각한' 범죄의 경우 가장 나빠서 100명당 18명이었고, 호주가 그 뒤를 이어 16명이었다.
• 다른 어떤 나라보다도 더 많은 사람들이 돈을 들여 도난 감지 장치를 설치해서, 호주가 26%이고 미국이 24%인데 비해 영국은 34%였다.
• 영국과 웨일즈의 사람들은 다른 나라와 비교했을 때 밤에 혼자 외출하는 것이 불안하다고 느껴 17개 나라 가운데 4위를 기록했다.
• 강도나 성폭력, 폭력 등으로 정의되는 폭력 관련 범죄는 영국과 웨일즈가 두 번째로 높았다. (조사 결과 3.6%였다.) 가장 높은 나라는 호주로 4.1%를 기록했다. 미국의 수치는 1.9%였고, 일본은 0.4%였다.

(키비타스, 런던. http://www.civitas.org.uk/pubs/internatCrime.php에서 발췌)

3. 로즈웰 UFO 사건

1947년 7월 초 뉴멕시코의 로즈웰 외곽 공터에서 어떤 사건이 발생했다. 많은 사람들이 로즈웰 UFO 충돌음을 들었지만, 자세한 사정을 아는 사람들은 드물었다. 1947년 UFO 사건에 관한 다음 내용은 공식 기록에 나와 있는 것들로서, 국제 UFO 박물관과 1997년 UFO 목격자 단체에서 내놓은 보도자료에서 가져온 것이다.

1947년 7월 3일 저녁, 존경받는 사업가였던 윌모트와 그의 부인은 집 앞 베란다에 앉아 있다가 밝게 빛나는 접시 모양의 물체가 하늘에서 시속 4~5백 마일로 움직이는 것을 보았다. 윌모트는 그 미확인 비행 물체의 길이가 20피트에서 25피트 정도였다고 추정했다. 그 비행 물체는 남동쪽에서 나타나서 북서쪽으로 사라졌다. 윌모트는 그가 본 놀라운 장면을 로즈웰 지방 신문에 제보했다.

7월 초 포스트 목장 주인인 맥 브라젤은 천둥 번개가 심하게 치던 날 밤 양을 살펴보기 위해 밖으로 나왔다. 맥 브라젤은 농장 풀밭 도처에 특이한 파편들이 무수히 널려 있는 것을 보게 되었다. 맥 브라젤은 파편 일부를 주워 친구와 이웃들에게 보여주었고, 나중에는 그 지역 관할 경찰 조지 윌콕스 경장에게도 이야기를 했다. 맥 브라젤이 말한 물질이 군사 작전과 관련이 있을지 모른다고 생각한 윌콕스 경장은 로즈웰 육군 부대 담당자에게 이를 알려 도움을 요청했다.

509연대 정보부대 소속 마르셀 소령은 처음 로즈웰 육군부대로 넘겨졌던 파편들을 모두 수거했다. 7월 8일에 로즈웰 일간 신문사는 비행 접시의 잔해가 그 지역 풀밭에서 발견되었다는 기사를 머리기사로 실었다. 마르셀 소령에게 문의한 결과 잔해들은 뉴멕시코에서 상부 기관으로 넘어갔다는 사실을 알려주었다.

509연대 연대장인 윌리엄 블랜차드 대령은 보도자료를 내 부서진 원반의 잔해들을 발견했다고 말했다. 두 번째 보도자료는 텍사스의 워드 육군 비행부대 제8비행대 사령관 로저 라미 장군 사무실에서 나온 것으로, 첫 번째 보도자료가 나온 지 한 시간도 되지 않아 나왔다. 두 번째 보도자료는 첫 번째 보도자료가 잘못된 것이라고 말하면서 509연대 장교들이 기상관측용 풍선과 레이더 반사경을 부서진 원반으로 오해했다고 주장했다.

로즈웰의 발라드 상조회사는 구급차와 영안실 장비를 제공하기로 로즈웰 군부대와 계약을 맺었다. 발라드 상조회사에 근무하던 젊은 장의사인 글렌 데니스는 잔해를 발견했다는 소식을 듣기 전에 이미 부대 장례 담당자로부터 여러 차례 전화를 받았다. 글렌 데니스에게 작고 완벽하게 봉인할 수 있는 상자가 있는지 그리고 수일 동안 부대에 보관되어 있던 물체를 보관해줄 수 있는지를 물어왔다. 호기심이 일어 글렌 데니스는 그날 저녁 부대 병원을 찾아갔는데, 건물 입구에서부터 사람들이 그를 따라다니며 감시했다. 이러자 글렌 데니스의 호기심만 더 커졌고, 그는 다음날 커피집에서 간호사 한 사람을 만나기로 약속을 잡았다. 그 간호사는 '…… 여러 구의 사람이 아닌 시신……' 을 부검하는 동안 입석했던 사람이었다. 글렌 데니스는 만나는 동안 간호사가 냅킨에 그려주었던 외계인 그림을 가지고 있었다. 이것이 그들의 마지막 만남이었고, 글렌 데니스는 그 간호사가 갑자기 며칠만에 영국으로 전근을 감에 따라 외계인 시신에 대해 더 이상 아무것도 듣지 못했다.

7월 9일 로즈웰 일간 신문사는 잔해가 포스트 농장에서 발견되었다고 폭로했다. 맥 브라젤은 하도 시달려서 자기가 이 사실을 지역 경찰에 제보한 것을 후회하였다.

이후 충돌 잔해를 목격한 사람이나 이후 수습 과정에 관여했던 사람들은 모두 갑자기 다른 곳으로 갔거나 모르는 곳으로 사라졌다. 이 때문에 아주 특이한 이 사건을 정부가 의도적으로 숨기고 있다는 인상을 준다. 이후 이 사건과 연관된 군 인사들이 쓴 책이나 인터뷰, 기사 등을 보면 정부가 숨기고 있다는 인상을 더욱 강하게 준다.

1979년 마르셀은 잔해 수거 과정에서 자신이 어떤 역할을 했는지에 관해 인터뷰를 했다. 마르셀은 "그것은 불에 타지 않았고, 무게가 전혀 나가지 않았으며, 아주 가늘고, 담배 갑에 있는 은박지보다도 얇았다. 그것은 구부러지지도 않았다. 우리는 심지어 큰 망치로 흠을 내려고 쳐보기도 했다. 그래도 흠이 나지 않았다." 사건 당시 (잔해를 수거해 간) 부대에서 근무했던 여러 사람들도 마르셀의 주장에 동의했다.

사건 당시 11살이었던 마르셀 2세 박사는 검색 작업에 아버지를 따라갔다. 제시 마르셀 박사는 잔해 표면에 있던 상형 문자 같은 기호를 자세히 그려서 보여주었다. 마르셀 박사는 로즈웰에서 UFO가 충돌했다는 자신의 믿음을 정기적으로 증언해왔다.

5

언어를 사용하는 두 가지 기술

지금까지의 논의는 언어의 이해라고 하는, 여태껏 명시적으로 다루지 않았던 기술의 사용에 의존하고 있다. 물론 이것은 비판적 사고를 하기 위해 필요한 인간의 기본기다. 왜냐하면 비판적으로 사고한다는 것은 언어로 표현된 논증을 다룬다는 것을 기본적으로 포함할 수밖에 없기 때문이다. 개인에 따라 언어를 다루는 기술 수준은 다르다. 하지만 연습을 통해 그런 기술을 향상시킬 수 있다. 어휘력을 늘리고, 복잡한 구조를 지닌 문장을 다룰 수 있는 능력을 키울 수 있다. 이 책에서는 이런 능력을 키울 수 있는 특정한 훈련을 하지는 않았다. 하지만 이 장에서는 논증과 직접 관련이 있는 언어 사용의 두 가지 기술 — 언어를 분명하고 정확하게 다루는 기술과 다른 사람의 논증을 요약하는 기술 — 을 다룰 것이다.

이런 기술들 가운데 첫 번째 기술은 훌륭한 논증을 하는 사람이면 당연히 갖추어야 할 기술이다. 논증을 평가하는 일은 때로 표현의 의미를 정확히 하는 데 크게 의존하기 때문이다. 논증을 요약하는 기술인 두 번째 기술은 논증의 평가보다는 논증의 이해와 주로 관련된 것이다. 그러나 이해가 없이는 평가가 불가능하고 요약은 이해를 돕는 중요한 수단이기 때문에 이 기술을 발전시키는 일도 매우 중요하다.

언어를 분명하고 정확하게 사용하기

한 표현이 여러 의미를 가질 수도 있고, 그래서 어떤 단어나 구의 사용이 때로 애매하다는 점은 언어의 본질 가운데 하나다. 논증을 펼 때 사람들이 가끔 사용하는 한 가지 속임수는 일부러 애매한 단어를 사용해 제시된 논증으로부터 실제로는 따라나오지 않는 결론을 사람들이 받아들이도록 하는 것이다. 이런 속임수의 고전적 예라고 생각되는 것이 존 스튜어트 밀의 『공리주의』에 나온다.

> 어떤 대상이 볼 수 있는(visible) 것임을 보여줄 수 있는 유일한 증명은 사람들이 그것을 실제로 본다는 것이다. 어떤 소리가 들을 수 있는(audible) 것임을 보여줄 수 있는 유일한 증명은 사람들이 그것을 실제로 듣는다는 것이다. 같은 방식으로, 어떤 것이 바람직한(desirable) 것임을 보여줄 수 있는 유일한 증거는 사람들이 실제로 그것을 바란다는 것이라고 나는 생각한다.
>
> (존 스튜어트 밀, 『공리주의』, Collins/Fontana 288쪽)

여기서 애매한 단어는 '바람직한'이다. 밀을 비판하는 사람들은 이 단락에서, '바람직한'이 '볼 수 있는'과 '들을 수 있는'에 대비되고 있다는 점에 비추어볼 때, '바람직한'의 의미는 '바랄 수 있는' (can be desired)이어야 한다고 주장한다. 그런데 밀은 이 단락을 근거로 행복은 '바랄만한' (ought to be desired)이라는 의미의 '바람직한' 것이라는 주장으로 나아간다고 그들은 비판한다. 밀이 실제로 이런 속임수를 쓰고 있다고 볼 수 있을지를 판단하려면, 『공리주의』의 4장을 읽어보아야 할 것이다. 거기서 밀이 정확히 어떤 의미를 의도했는지 단서를 찾을 수 있을 것이다. 하지만 우리에게는 이것이 단어가 애매하게 쓰일 수 있다는 점을 보여주는 좋은 예가 된다.

애매한 경우가 모두 의도적인 것은 아니다. 우리는 1장에서 다음 논증을 살펴보았다.

> 담배 광고를 금지하게 되면, 담배 회사들은 광고에 지출할 돈을 절약하게 될 것이다. 그 결과 담배 회사들은 그들끼리의 경쟁을 위해 담배 값을 내릴 것이다. 그러므로 담배 광고를 금지하게 되면, 흡연 증가가 초래될 것으로 보인다.

앞에서 우리는 '흡연 증가'라는 말이 흡연 인구의 증가인지, 아니면 흡연자들의 흡연량 증가인지, 아니면 이 둘 다인지가 분명하지 않다고 했다. 글쓴이가 이 표현을 의도적으로 불분명하게 남겨둠으로써 근거가 빈약한 결론을 받아들이도록 하려고 했다고 볼 필요는 없다. 이 논증을 제시한 사람은 이 말이 무슨 뜻인지를 아주 분명하게 알고 있었다고 볼 수도 있고, 이 논증이 결론을 강력하게 뒷받침한다고 생각했을 수도 있다. 아마도 분명하게 하지 않은 이유는 그 표현이 애매하다는 점을 깨닫지 못했기 때문일 수도 있다. 짧은 이 글에는 글쓴이의 의도가 무엇인지를 파악할 수 있는 단서가 나와 있지 않다.

이런 경우 우리는 가능한 해석을 모두 평가해보아야 한다. 담배 값을 내리면 흡연 인구가 늘어날까? 그럴 것 같지 않다. 왜냐하면 담배를 피우지 않는 이유가 담배 값 때문인 것 같지는 않기 때문이다. 담배를 피우지 않는 사람들 가운데는 아마도 담배를 피울 마음이 전혀 없는 사람도 있을 테고, 오로지 건강에 해롭다는 이유 때문에 담배를 끊은 사람도 있을 것이다. 이런 범주에 드는 사람들에게는 담배 값이 아무런 역할도 하지 못할 것이다. 만약 담배 값이 내리면, 담배를 끊었던 사람들 가운데 일부가 다시 담배를 피우게 될 수도 있겠지만, 그럴 가능성은 별로 크지 않아 보인다. 도리어 담배를 피우지 않던 사람들, 가령 아직 흡연이 습관이 되지 않은 젊은이들 가운데 일부가 담배 값이 싸질 경우 흡연자가 될 수도 있을 것이며, 이럴 가능성이 좀 더 큰 것 같다.

또 다른 해석을 보자. 담배 값을 내리면 흡연자들의 흡연량이 늘어날까? 그럴 것 같다. 담배가 비싸서 하루 피우는 담배량을 제한하는 사람이라면 담배를 더 피우게 될 것 같고, 담배를 하루에 약간 더 피운다고 해서 건강에 더 큰 해가 있을 것이라고는 보지 않는 사람도 있을 수 있다.

우리는 애매한 낱말이나 구가 나오는 예를 두 가지 살펴보았다. 그 경우 어느 해석이 의도된 것인지를 알려면, 주어진 글에서 단서를 찾아보아야 한다. 만약 단서를 찾을 수 없다면, 각각의 해석에 따라 그 논증을 평가해보는 수밖에 없다.

사용된 용어를 분명히 할 필요가 있는 경우는 이밖에도 또 있다. 그런 경우는 용어가 어떤 대상들의 전체 집합을 포괄하기 위한 것이지만, 주어진 글에는 그 용어가 명확하게 정의되어 있지 않아서 정확히 어떤 것들을 포괄하는지가 불분명한 경우다. 앞 장에서 원리의 적용을 논의할 때 이런 예가 하나 나왔다. 그 원리는 "스스로 초래한 질병을 치료하는 데 높은 우선순위를 부여해서는 안 된다"는 것이었다. 이 원리에 근거하고 있는 논증을 평가하려면, '스스로 초래한 질병'이란 말이 정확히 정의되어야 한다. 이때 글쓴이가 어떤 정의를 염두에 두고 있는지를 파악할 수 있는 단서가 글에 나와 있는 경우도 있다. 그런 단서를 전혀 찾을 수 없다면, 우리는 가능한 모든 정의를 생각해보고, 그런 다음 이런 정의에 입각해 차례차례 논증을 평가해보아야 한다.

연습문제 19: 낱말이나 구절을 분명하게 하기

아래 글에서 논증에 중요한 역할을 하는 단어나 구가 있는지 찾아보고, 더 명확히 해야 할 표현이 있는지 말해보라. 그런 단어나 구에 대한 서로 다른 해석이 있다면 그것을 말해보고, 그 차이가 논증에 어떤 영향을 미치는지를 평가해보라.

1. 예쁜 얼굴이란 어떤 것일까? 완벽한 코는 어떻게 생겨야 하는 것일까? 최적의 얼굴 길이나 최적의 귓불의 크기는 얼마일까? 콧날과 눈의 각도는 얼마가 되어야 이상적일까? 최근의 연구를 보면, 미남이나 미녀는 단순히 평균 남이나 평균 여(Mr or Ms average)라는 의미이다.

   300명의 심리학과 학생들에게 얼굴 사진을 보여주고 1점에서 5점까지 매력도를 매기도록 했다. 사진 가운데는 한 개인의 얼굴 사진도 있었고, 합성한 얼굴 사진도 있었다. 합성한 사진 가운데는 2사람의 얼굴을 합성한 것도 있었고, 4사람의 얼굴을 합성한 것도 있었으며, 8사람, 16사람, 32사람까지 합성한 것도 있었다. 매력도에서 가장 낮은 점수를 받은 것은 개인의 얼굴 사진이었다. 매력도 순위는 합성한 사람들의 수가 많아질수록 높았다.

   그러니까 용기를 내라! 미인은 오뚝 솟은 코와 뭉툭한 코, 주걱턱과 쑥 들어간 턱, 넓은 이마와 좁은 이마의 중간치일 뿐이다. 예쁘게 보이기 위해 당신은 비범할 필요가 없다. 당신은 평균이기만 하면 된다.
2. 아이를 키울 때 우리는 아이가 동정심을 갖도록 키워야 한다. 왜냐하면 동정심이 없는 아이는 위험하기 때문이다. 예를 들어 어린이 성추행범이나 정신적

으로 불안정한 사람은 위험하다. 왜냐하면 그런 사람들은 타인의 고통을 전혀 헤아리지 못하기 때문이다. 하지만 어린이들이 우리가 원하는 시민으로 자라도록 하려면 동정심 이상의 것이 필요하다. 왜냐하면 동정심은 좋은 방향으로 사용될 수도 있지만 나쁜 방향으로도 사용될 수 있기 때문이다. 예를 들어 기업가는 상대방에 대한 이해를 생산성을 높인다거나 착취하는 데 이용할 수도 있다.

3. 의사는 환자에게 정직해야 한다. 만약 의사가 환자에게 거짓말을 하고, 환자 자신이 속았다는 것을 알게 된다면, 치료에 꼭 필요한 신뢰 관계가 깨지고 만다. 더구나 환자는 자신의 의학적 상태에 관해 모든 것을 알 권리가 있기 때문에, 자신의 상태가 어떤지를 물어보는 환자에게 의사는 진실한 답변을 해야만 한다.

논증 요약하기

이 책에 나온 예의 경우 우리는 대부분 글에 나오는 정확한 표현을 이용해 논증 구조를 파악해왔다. 이렇게 해서 우리는 글의 관련 부분 — 기본 이유, (언급된 또는 숨은) 중간 결론, 그리고 최종 결론 — 을 골라내고, 그런 다음 논증이 진행되는 순서대로 그것들을 정렬했다. 이런 작업은 짧은 글의 경우, 특히 그 글에 결론 시사 표현과 이유 시사 표현이 분명하게 나와 있을 경우, 아주 쉬웠다. 하지만 우리가 신문에서 대개 볼 수 있는 것과 같은 긴 글의 경우, 논증에 나오는 모든 단계들을 정렬하기 전에 먼저 전체 글을 명확히 이해해야 한다. 글을 요약하는 것이 두 가지 면에서 이런 이해에 도움이 된다. 첫째, 여러분 자신의 말로 표현하게 됨으로써 글의 내용을 정확하게 이해할 수 있게 된다. 둘째, 우리가 말하는 방식대로 글을 요약하게 되면, 긴 글을 짧은 것들로 나눔으로써 그 글을 좀 더 쉽게 다룰 수 있게 된다.

먼저 결론 시사 표현을 찾아보거나, 아니면 "이 글의 요지가 무엇인가?"라는 물음을 물어보아 최종 결론을 찾아내라. 그런 다음 결론을 뒷받침하는 직접적인 이유를 찾아내라. 이유는 기본 이유일 수도 있고, 중간 결론일 수도 있다. 이 단계에서는 논증 전체를 요약하려고 하지 마라. 예를 들어 중간 결론이 정확히 어떤 식으로 뒷받침되고 있는지 파악하려고 하지 마라. 최종 결론을 직접적으로 뒷받침하는 한두 가지 진술에만 집중하라. 그런 다음 최종 결론과 그 결론을 뒷받침하는 진술을 여러분 자신의 표현으로 나타내보라.

글의 요약은 다음과 같은 형태를 띤다.

> 이 글이 말하고자 하는 요지는 …… (최종 결론)이고,
> 이 주장의 근거는 …… (중간 결론 1)과 …… (기본 이유) 및 …… (중간 결론 2)이다.

이런 간단한 요약문을 작성하게 되면, 여러분은 이제 좀 더 자세하게 분석해볼 수 있는 논증의 틀을 갖게 되는 것이다. 그러고 나서 중간 결론을 하나씩 차례대로 골라, 그것을 뒷받침하기 위해 어떤 이유가 제시되고 있는지 생각해보라.

이를 예에 적용해보기로 하자.

예 1: 흡연자에게 니코틴

> 니코틴 껌이나 니코틴 패치와 같은 니코틴 제품을 값싸게 이용할 수 있게 해야 하고, 광고도 많이 해야 하며, 그런 것들을 보건 당국이 승인해주어야 한다. 그렇게 하면 흡연자들이 좀 덜 해로운 이 제품들을 쓰게 될 것이다.
>
> 폐암으로 인한 사망자가 연간 암 사망자의 3분의 1을 차지하는데, 폐암의 원인은 담배 안에 들어 있는 불순물이다. 반면 담배 안에 들어 있는 니코틴은 즐거움이나 자극, 긴장 완화 효과를 준다. 담배 안에 들어 있는 불순물을 완전히 없앨 수 있다고 하더라도, 담배가 잘 팔리는 이상 담배 회사들이 불순물을 완전히 없앨 것 같지는 않다.
>
> 니코틴은 심장 질환을 야기하는 원인이라고 생각된다. 하지만 담배를 끊어서 생기는 건강상의 이득이 니코틴을 섭취할 때 생기는 위험보다 훨씬 크다.

이 글의 요지는 무엇인가? 그것은 흡연자들이 담배를 끊는 보조 수단으로 니코틴 제품을 이용할 수 있도록 권장해야 한다는 것이다.

니코틴 제품을 권장해야 한다는 직접적인 이유는 그렇게 하게 되면 흡연자들이 해로운 담배 대신 덜 해로운 니코틴 제품을 찾게 될 것이라는 것이다. 따라서 우선 이 글을 요약하면 다음과 같이 될 것이다.

> 이 글의 요지는 니코틴 제품을 값싸게 이용할 수 있게 해야 하고, 광고도 많이 해야 하며, 그런 것들을 보건 당국이 승인해주어야 한다는 것이고, 이 주장의 근거는 이들 제품은 담배보다 덜 해로우며, 그런 것들을 권장하게 되면 흡연자들이 담배를 끊고 대신 그런 제품을 사용하게 될 것이라는 것이다.

여기서 우리는 두 번째 문장에서 두 가지 이유를 추출해냈는데, 하나는 니코틴 제품이 담배보다 덜 해롭다는 것이고, 다른 하나는 니코틴 제품을 권장함으로써 흡연자들의 행태가 바뀌리라는 것이다. 이 글의 나머지 부분은 주로 첫째 이유를 뒷받침하기 위한 것, 즉 니코틴 제품이 실제로 담배보다 덜 해롭다는 점을 보이기 위한 것이다. 하지만 두 번째 단락과 세 번째 단락은 다음과 같은 숨은 중간 결론, 즉 만약 흡연자들이 담배의 어떤 성분이 즐거움을 주고 어떤 성분이 폐암을 일으키는지를 안다면, 그들은 특히 니코틴 패치와 니코틴 껌이 비교적 쌀 경우, 담배 대신 니코틴 제품을 사용할 것이라는 중간 결론을 뒷받침해준다고 볼 수도 있다.

예 2: 예술에 대한 정부의 재정 지원

이제 좀 더 긴 글을 요약해보기로 하자.

> [예술은 소수의 사람만이 관심을 갖는 것이기 때문에 정부가 예술에 재정적 지원을 할 이유가 전혀 없다고 주장하는 사람도 있다.] 이 견해는 때로 가난한 사람들의 입장을 옹호하는 것으로 비치기도 한다. 예술에 대한 정부의 지원은 세금을 내는 모든 사람들(여기에는 로열 오페라 하우스는 물론이고

박물관이나 국립 극장 근처에도 가지 않는 사람도 포함된다)에게서 돈을 걷어, 특권층들의 여가 활동을 지원하는 데 돈을 쓴다는 의미다. 예술에 대한 정부의 지원을 반대하는 사람들은 왜 축구와 같은 프롤레타리아 오락은 지원하지 않으면서 오페라와 같은 고상한 오락은 지원하는가라고 묻는다.

정부의 재정 지원 덕택에 아무리 싸다고 하더라도(사실 박물관은 대부분은 무료다) 보통 사람들은 대부분 문화와는 평생 완전히 담을 쌓고 산다는 믿기지 않는 가정은 그만두고라도, 이 논증에는 뭔가 이상한 점이 있다. 논리적으로 따져본다면, 이 말이 옳을 경우 민주 사회에서 이루어지는 모든 형태의 과세는 그 근거가 허물어지게 된다. 예술을 전혀 이용하지 않는 사람이라면, 예술을 위해 돈을 낼 필요가 없다는 주장과, 자식이 없을 경우 학교를 지원할 필요가 없다거나 차가 없을 경우 도로를 건설하는데 돈을 낼 필요가 없다는 주장 사이에 무슨 차이가 있는가?

세금을 거두어 쓰는 방식은 개인 서비스를 위해 돈을 쓰는 방식과는 다른 원리에 근거해 있다. 나라가 어떤 것, 가령 의무 교육이나 문화 유산의 보존이 나라 전체에 좋은 것이라고 생각한다고 해서, 세금을 내는 모든 사람들이 각자 그런 일에 관여되어 있어야 하는 것은 아니다.

그러면 예술은 왜 좋은 것인가? 골프를 좋아하는 수많은 사람들에게는 자기 돈으로 골프를 치게 하면서, 우리들 가운데 극히 일부만 가는 로열 오페라 하우스에는 왜 수백만 파운드를 지원할 필요가 있는 것인가? 왜 나의 여가가 여러분의 여가보다 더 가치 있어야 하는가?

존 스튜어트 밀은 선은 '최대 다수의 최대 행복'이라는, 너무 단순한 공리주의의 원리를 수정하지 않을 수 없었다. 왜냐하면 그 원리는 모든 쾌락이 동등하다는 것을 함축하기 때문이다. 누름 핀도 시(詩)만큼 좋다는 것을 함축한다. 예술은 단순히 특이한 종류의 취미가 아니다.

속물주의에 맞서 예술을 옹호할 때 내가 이전에 말했듯이, 예술은 삶에 의미를 부여하며 그것을 넘어서는 방식을 인간에게 제공해준다. 예술은 결국 인간을 인간답게 해주는 것이다.

(「더 타임스」, 1995년 10월 12일자에 자넷 데일리가 쓴 글에서)

이 글의 요지는 무엇인가? 이 글은 예술을 지원하는 데 정부 예산을 사용하는 것을 반대하는 논증을 논의하면서, "이 논증에는 뭔가 이상한 점이 있다"는 사실을 지적하고 있다. 이 글은 왜 예술이 좋은 것인지, 즉 왜 나라 전체 차원에서 보면 좋은 것이라고 할 수 있는지 설명하고자 한다. 따라서 이 글은 예술에 대한 정부의 지원을 반대하는 논증이 나쁜 논증이며, 정부가 예술을 지원할만한 이유가 있다는 점을 설득하고자 한다고 할 수 있다. 우리는 이를 다음과 같이 요약할 수 있다.

> 이 글의 요지는 예술에 대한 정부의 재정 지원이 바람직하다는 것이며, 이의 근거는 의무 교육처럼 예술도 나라 전체에 좋은 것이며, 나라 전체에 좋은 것이라면, 비록 세금을 내는 사람들 가운데 그런 서비스를 전혀 이용하지 않을 사람이 있을지라도, 정부가 재정 지원을 할 필요가 있다는 것이다.

여기서는 직접적인 이유로 두 가지를 찾아내었다. 즉 예술은 나라에 좋은 것이며, 비록 세금을 내는 사람들 가운데 일부는 전혀 이용하지 않을지라도 나라에 좋은 것이라면 정부가 재정 지원을 하는 것이 적절하다는 것이다.

첫 번째 이유를 뒷받침하는 주장은 예술은 '결국 인간을 인간답게 해주는 것'이라는 사실이다. 두 번째 이유를 뒷받침하기 위해, 정부가 예술을 재정적으로 지원해서는 안 된다는 주장을 옹호하는 데 이용되는 원리, 즉 세금으로 마련한 돈을 세금을 낸 사람들이 전혀 이용하지 않을 서비스에 지원해서는 안 된다는 원리가 어떤 함축을 갖는지를 보인다. 이 원리는 세금을 교육이나 도로 건설에 사용해서도 안 된다는 것을 함축하게 된다. 왜냐하면 세금을 낸 사람 가운데는 아이가 없는 사람도 있으며, 자동차 운전을 하지 않는 사람도 있기 때문이다. 이런 결과는 받아들이기 어려우므로, 그런 결과를 낳는 그 원리도 거부되어야 한다. 대신 우리는 나라 전체에 좋은 것이라면 세금으로 걷은 돈을 지원해도 된다는 원리를 받아들여야 한다.

이 두 예에서, 우리는 먼저 간단한 요약문을 제시했다. 거기에는 아직 논증의 모든 단계들이 나열되는 것은 아니며, 그 작업의 목적은 최종 결론을 직접적으로 뒷받침하는 중요 이유를 찾아내는 데 있다. 그런 다음 이런 간단한 요약문을 기초삼아 논증의 단계들을 어떻게 자세하게 채울 수 있을지를 보았다. 아래 나오는 예는 이런 연습을 하기 위한 것이다.

특히 길거나 복잡한 글(예를 들어 연습문제 20에 나오는 몇 가지 예들)의 경우, 최종 결론과 이유를 요약하기 전에 각 단락의 중심 주제를 먼저 찾아내 요약해보는 것이 도움이 된다.

요약: 논증 요약하기

1. 최종 결론을 찾아내라.
2. 최종 결론을 뒷받침하는 기본 이유나 중간 결론을 찾아내라.
3. 최종 결론과 여러분이 찾아낸 중간 결론을 가지고 여러분 자신의 말로 간단한 요약문을 써보라.
4. 중간 결론을 하나씩 차례로 살펴보고 그 중간 결론을 뒷받침하는 이유가 무엇인지를 찾아내라.
5. 중간 결론을 뒷받침하기 위해 어떤 논증 방식이 제시되고 있는지를 살펴보라.

연습문제 20: 논증 요약하기

아래 글에 대해

(a) 최종 결론과 이를 위해 제시된 직접적 이유(기본 이유나 중간 결론)를 적어보아라.
(b) 여러분이 찾아낸 중간 결론이 있다면, 그 결론을 뒷받침하기 위해 어떤 논증이 제시되고 있는지 말해보라.

1. 부작용이 따른다고 해서 그것을 금지해 사회 문제를 해결할 수는 없다. 체셔 경찰서장 피터 파이는 젊은이들의 음주 추태 문제에 대한 해결책으로 음주 가능 연령을 21살로 올리고 공공 장소에서의 야외 음주를 금지하는 방안을 제안했는데, 이는 터무니없을 뿐만 아니라 그렇게 한다고 해서 그 문제가 해결되는 것도 아니다. 그것은 소수를 위해 다수를 벌주는 일이다. 그것은 야외 휴식

의 매력을 앗아가는 일이다. 그것은 아주 권위주의적인 생각이고, 법을 잘 지키는 시민들의 삶을 정부가 나서서 감시하겠다는 생각이다. 그것은 문제의 본질에 대한 해결책이 아니다. 그 문제는 통제되지 않은 비행 청소년이 저지르는 사회 문제이다.

나는 요즘 젊은이들이 쉽게 흥분하며 버릇이 없다고 생각한다. 그들이 저지르는 나쁜 행위는 때로 술 때문에 크게 번지기도 한다. 하지만 21살 미만의 모든 사람에게 술을 금한다는 것은 자유에 대한 묵과할 수 없는 공격이다. 물론 미국 몇 개 주가 그렇게 하고 있다. 하지만 미국의 문화는 1919년과 1933년 사이에 아주 폭넓은 지지를 받았던, 엄격한 금지의 시대에서 아직도 완전히 벗어나지 못한 것이다.

대신 다른 방안들을 생각해보라. 라틴아메리카 나라들이 술 문제를 어떻게 다루는지를 생각해보라. 그들은 유대 전통에 따라 문명화된 사회적 맥락 안에서, 특히 가족 식사의 맥락 안에서 그 문제를 해결하고자 한다. 그리고 그들 나라는 술 취하는 것을 부끄러운 것으로 여긴다. 둘째, 과거 영국 사회가 공공장소에서 술 취하는 문제를 어떻게 해결했는지를 생각해보라. 정열적이고 자발적인 절제 운동으로 해결했다. 때로 돈이 많은 자선 사업가의 기부를 통해 사람들은 술 취하지 않는 것의 긍정적 측면을 강조했다. 그들은 지역 공동체와 교회, 스포츠 활동이나 심지어 절제를 통해 해결했다.

새로운 법을 만들기보다, 몇 가지 법은 폐지되는 것이 더 좋다고 사람들은 생각한다. 특히 인권과 관련된 법 가운데, 일을 저질러 문제가 될 때마다 깡패들이 "나도 권리가 있다"고 말할 수 있게 하는 그런 법은 폐지되는 것이 더 낫다. 그렇다. 술을 취할 때까지 마시지 않도록 하는 현행법을 지키도록 하고, 취하도록 술을 마시는 문화가 없어지도록 창의적인 노력을 기울이는 것이, 국가 권력이 끊임없이 개입하도록 하는 방안보다 더 좋다.

(메리 케니, "법을 새로 만든다고 해서 술을 덜 먹게 되는 것은 아니다",
「더 타임스」, 2007. 8. 17. 금요일)

2. 신생아의 아버지에게 14일 동안의 유급 출산 휴가를 주자는 정부안에 대해 경

영계는 또 다시 거짓 정보를 흘리고 있다…….

오늘날 영국에서 새로 아버지가 되는 사람들의 노동 시간은 예전보다 더 늘어났다. 그들은 결코 게으름뱅이가 아니다. 그들의 노동 시간이 유럽에서 가장 길다. 다람쥐 쳇바퀴 도는 것 같은 일상에서 벗어나 한두 주 정도 아기를 돌보게 하는 것이 그렇게 해가 될까?

그게 너무 감정적으로 들린다면, 실제적인 효과를 따져보자. 의료 보험 공단에서는 가급적 일찍 산부인과 병동에서 산모들을 퇴원시킨다. 누가 그들을 돌보는가? 이 사람들 가운데 20% 정도는 제왕절개 수술을 한 사람들이다. 많은 경우 그들을 돌봐줄 다른 가족이 따로 없다. 아기 아버지가 그들을 도와야 할 핵심 인물이다. 아기 아버지가 적극적으로 도와줄 경우 산후 우울증이 덜한 것은 당연하다.

아버지가 더 적극적으로 도와주고 사정을 잘 알고 있을 경우, 모유 먹이기에 성공할 가능성도 더 높다. 스코틀랜드의 경우 의료 보험 공단에서 아버지들을 상대로 건강 교육 프로그램을 운영하는 이유도 바로 이 때문이다. 그것은 또한 출산 휴가를 시행해야 할 중요 이유이기도 하다. 처음 부모가 되어 서투르기만 한 사람들이 첫 2주 동안에 자신감을 갖게 되고 필요한 정보를 얻게 된다. 이 기간에는 가정 방문의가 집을 찾아온다. 하지만 아버지가 일하러 나가고 없다면, 그는 옆에서 볼 기회를 잃는 셈이며, 아기도 그런 셈이다.

아주 많은 아버지들이 아기를 어떻게 돌보는지를 전혀 모른다는 사실이 과연 문제가 되는가? 문제가 된다. 요즘은 아버지가 아기를 돌보는 시간이 점점 더 많아지고 있다는 점을 생각해볼 때 그렇다. 최근 조사 결과를 보면, 엄마가 일을 할 경우 아기를 주로 돌보게 되는 사람은 단연 아버지다. 간단히 말해 육아에 무지한 아버지는 아기에게도 위험하다는 것이다.

만약 이 점이 여전히 경영계가 보기에는 너무 감정적이라고 생각된다면, 어떤 이득이 있는지 말해보기로 하자. 호주에서 가장 큰 보험회사인 AMP는 처음 아버지가 되는 사람에게 6주 동안의 유급 출산 휴가를 주고 있다. 이는 정부가 제안한, 인색한 휴가보다 더 긴 기간이다. 그 회사는 이 제도가 직원들의 이직률을 줄여 결국에는 이득이 된다고 생각한다. 아버지를 배려해주는 것은 가족에게만 좋은 것이 아니라 회사에게도 좋다.

("출산 휴가는 가족과 회사 모두에게 좋다"에 대한 의견,
「인디펜던트」, 2000. 12. 8.)

3. 이식용 장기가 아주 부족한 실정이며, 대부분의 나라에서 공급보다 수요가 훨씬 많다. 하지만 오스트리아나 스페인의 상황은 훨씬 낫다. 그들 나라의 경우 죽은 사람의 장기를 적출해도 된다는 '암묵적인 동의'가 있기 때문이다. 다시 말해 그들 나라에서는 개인이 자신의 장기를 적출하지 못하도록 하는 어떤 공식적인 증서에 서명을 하지 않은 이상, 그 사람이 죽으면 장기 이식을 위해 장기를 적출해도 된다. 이 방안은 이타성을 중시하는 법안이며, 다른 나라들도 이를 채택해야 할 것으로 보인다.

게다가 장기를 친구나 친척에게 기증하는 일은 고귀하고 이타적인 행위로 여겨진다. 장기 이식을 실행함으로써 우리 몸은 신성한 것이며 몸에서 아무것도 떼어내서는 안 된다는 생각도 불식시킬 수 있다.

따라서 장기 기증을 받아들이고 환자의 자율성을 중시한다면, 어떤 사람이 자신의 신장을 파는 것에 대해서는 왜 그토록 혐오감을 나타내고 반대하는가? 만약 환자가 자신의 신체에 대한 권리를 지니고 있다고 한다면, 그 사람이 하고자 하는 것을 왜 못하게 하는가? 그것은 아무에게도 해를 주지 않는다. 사람에게는 암벽 등반을 하거나 스키를 타거나 산악자전거를 타는 위험을 감수할 권리가 있다는 점을 어느 누구도 부정하지 않으며, 사람들은 실제로 정기적으로 그런 위험을 감수하기도 한다. 우리는 권투 선수가 심각한 신체 손상을 입을 수도 있다고 보고 그 대가를 지불한다. 군인들은 우리를 보호하기 위해 자신의 몸을 희생한다.

내가 들은 가장 일반적인 논증은 그 경우 부자들은 가난한 사람들의 신장을 살 수 있게 된다는 것이다. 이에 대한 나의 대답은 그렇게 하면 가난한 사람들은 돈을 벌 수 있다는 것이다. 나는 거의 본능적인 혐오가 아니라면, 왜 사람들이 자신의 신체의 일부를 팔아서는 안 된다고 생각하는지 그 이유를 알 수 없다. 그러나 본능적인 혐오 그 자체가 좋은 판단의 근거일 수는 없다. 가령

다른 나라에 사는 아주 가난한 사람이 장기를 팔면 극심한 가난에서 벗어날 수 있다고 해보자. 많은 돈을 준다면, 그런 매매를 통해 그 가족의 삶이 바뀔 수도 있을 것이다. 물론 이것이 남용될 수도 있다. 하지만 우리가 노동력을 팔듯이, 이것도 비슷한 방식으로 적절히 규제하면 된다.

(루이스 월퍼트, '신장 문제', 「인디펜던트 일요판」, 1998. 2. 22)

4. 지난 50년 동안 농업 기술의 발달로 말미암아 식량 생산이 크게 늘었고, 이 때문에 그 시기 동안 식품 가격이 낮아졌다고 할 수 있다. 식품 가격은 약 75%가 떨어졌다.

그 사이 세계 인구는 약 배가 늘었다. 그래서 지금은 50년 전과 견주었을 때 지구상에 그때보다 배가 많은 사람들이 살고 있다. 하지만 1인당 식량은 25%가 늘었다. 세계에서 가장 가난한 지역의 경우 그것은 거의 40%가 늘었다.

유기농업이 이런 흐름을 되돌릴 위험이 있다. 몇 가지 예외가 있기는 하지만, 유기농업은 대부분의 현대식 농업과 비교해보았을 때 현대식 기술을 쓰지 않기 때문에 효율이 상당히 낮다.

사람들이 식량에 들어 있는 화학 성분에 반응하는 방식에 대한 이해에서 과학이 한 역할을 살펴보자. 세계에서 가장 자주 거론되는 과학자 가운데 한 사람인 브루스 앰스 교수에 따르면, 우리가 먹는 화학 성분 가운데 99% 이상은 천연 화학 성분이다. 더욱 놀라운 사실은 우리가 먹는 살충제의 99.99%도 천연 화학 성분으로, 곤충이나 다른 천적이 달라들지 않도록 하기 위해 식물에 들어 있는 것이라는 점이다. 식물은 나름의 고유한 살충제 성분을 포함하고 있다.

매일 신선한 과일과 야채를 많이 먹는 것이 암이나 심장병뿐만 아니라 나이와 연관된 다른 많은 병을 예방한다는 사실은 널리 알려져 있고 잘 입증되어 왔다. 전통적인 방식으로 생산된 신선한 과일이나 야채에 들어 있는 영양소나 비타민이 지닌 예방 효과는 거기에 살충제 성분이 남아 있어서 끼칠지도 모르는 해악보다 훨씬 크다. 돈이 많지 않은 가정의 경우, 더 비싼 유기농식품을 사게 되면 신선한 과일이나 야채를 그만큼 덜 사게 될 것이다. 이렇게 되면 질병 인자에 더 취약하게 될 수 있고, 나이가 들어감에 따라 더 취약하게 될 수도 있다. 왜냐하면 비싼 유기농식품을 먹기 때문에 과일이나 야채를 충분히 먹을 여유가 없을 것이기 때문이다.

(줄리안 모리스, "유기농식품을 먹는 것이 좋지 않을 수도 있는 이유", 「인디펜던트」, 2005. 7. 12. 화요일)

6

논증의 기술 훈련하기

여러분이 평소에 접하고 평가하고자 하는 실제 논증은 신문이나 잡지, 교과서에 나오는 것들로서, 대개 이 책에 나온 논증처럼 깔끔하거나 짧지가 않다. 도리어 여러분이 긴 글에서 논증을 추출해야 하는 경우도 있다. 그런 글에는 무관한 얘기도 일부 들어 있고, 이유나 결론도 분명한 단계들로 제시되기보다는 뒤죽박죽 제시되기도 한다. 긴 글을 평가하는 작업은 하나의 특정 기술이 아니라 모든 논증 기술을 한꺼번에 사용해야 한다는 점에서, 이 책에서 다룬 대부분의 연습문제와는 다르다. 우리는 전체 게임을 해야 하며 적절한 기술을 그때마다 선택해야 한다. 이는 마치 테니스 선수가 열심히 훈련해온 포어핸드 드라이브로 치는 것이 나은지 아니면 아주 날카로운 백핸드 발리가 적절한 공격 수단인지를 선택해가면서 게임을 해나가야 하는 것과 비슷하다.

우리는 이미 연습문제 13에서 긴 글에 이런 기술들을 적용해보는 연습을 한 바 있다. 이 장에서는 긴 글의 논증을 분석하고 평가하는 방법을 살펴보고, 스스로 연습해볼 수 있는 몇 개 글을 제시하고자 한다.

긴 글로 이루어진 논증

긴 글에 나오는 논증을 다루려면, 처음에는 겁이 날 수도 있다. 하지만 글이 길더라도 필요한 기술은 똑같다는 점을 생각한다면 도움이 될 것이다. 우리는 글을 다루는 중요 단계들을 먼저 제시하겠다. 이 단계들은 3장에서 제시한 목록을 확장한 것이다.

논증을 분석하고 평가하기

1. 우선 해야 할 일은 결론과 이유를 찾아내는 일이다. 우리는 ('따라서', '그러므로'와 같은) 결론 시사 표현이나 ('왜냐하면', '때문에'와 같은) 이유 시사 표현의 도움을 받을 수 있다. 그러나 이런 표현을 포함하지 않는 글도 있으며, 이 경우 우리는 글의 요지를 이해해서 결론을 찾아내야 한다. 그러므로 전체 글을 우선 읽어보고 "글의 요지가 무엇인가?"를 스스로에게 물어보라. 이에 대한 답을 찾았다면, 이제 "이것을 받아들이도록 하기 위해 이 글에는 어떤 직접적인 이유나 증거가 제시되고 있는가?"를 물어보라. 이 단계에서는 다음과 같은 형식으로 간단한 요약문을 작성해보는 것이 도움이 된다.

   이 글의 요지는 ……이고,
   그 주장의 근거는, 첫째 ……, 둘째 …… 등등이다.

   아주 긴 글일 경우, 요약문을 작성하기 전에 그 글을 작은 부분들로 나누고 각 부분의 요지를 파악해보는 것도 도움이 된다.

2. 어떤 이유가 제시되어 있는지를 찾아낼 때, 어떤 가정이 들어 있는지도 생각해보아야 한다. 가정에는 다음과 같은 것들이 있다.
   - 기본 이유를 뒷받침하거나 추가 이유이거나 또는 중간 결론의 역할을 하는 가정.
   - 단어나 구의 의미에 관한 가정. 그래서 애매한 단어나 분명하게 정의되어야 할 용어가 있다면 찾아내라.
   - 어떤 사례나 상황이 다른 것과 유사하다거나 비교할만하다고 하는 가정. 그래서 비교가 실제로 이루어지고 있는지 찾아보라.
   - 일정한 증거에 대해 특정한 설명만이 그럴듯한 설명이라는 가정. 따라서 다른 설명이 가능한지를 생각해보라.

가정을 찾아냈다면 우리는 논증의 배경을 재구성한 셈이다.

3. 일단 논증과 논증의 배경을 분명히 했다면, 이를 평가해야 한다. 모든 지식을 동원해 이유나 가정이 참인지를 생각해보라. 이유가 참인지를 평가하려면, 어떤 정보가 더 필요한지도 생각해보라.
4. 논증은 신뢰성이 문제가 되는 어떤 견해에 의존하고 있지는 않은가?
5. 결론을 강화하거나 약화하게 될 어떤 지식을 가지고 있지는 않은가? 아니면 참이면서 결론에 어떤 영향을 주게 될 무엇인가를 생각해낼 수 있지는 않은가? (다른 사람의 주장을 평가할 때 적용하는 기준이 여러분 자신의 '지식'을 평가할 때에도 그대로 적용된다는 점을 명심하라.)
6. 글에 어떤 설명이 나온다면 그 설명은 그럴듯한가, 나아가 그것만이 합당한 설명인가?
7. 글에 비교가 나온다면 그런 비교는 적절한가, 다시 말해 비교되는 두 가지는 모든 점에서 서로 비슷한가?
8. 글에 나온 정보로부터 글에 나와 있지 않은 어떤 중요한 결론을 이끌어낼 수 있지는 않은가? 그런 결론 가운데 논증에 흠이 있음을 시사해주는 것은 없는가?
9. 글의 논증(혹은 그 논증의 일부)은 우리가 이미 잘못된 논증이라고 알고 있는 것과 똑같은 것은 아닌가?
10. 이유나 가정에 일반 원리가 들어 있는가? 일반 원리가 들어 있다면, 그 원리에 문제점이 있음을 보여줄 적용사례를 생각해낼 수 있는가?
11. 이유나 가정이 결론을 얼마나 잘 뒷받침하는지를 평가해보라. 만약 결론을 제대로 뒷받침하지 못한다면, 이유에서 결론으로 나아가는 과정에 구체적으로 무엇이 잘못되었는지를 말할 수 있는가? 앞의 질문 5에서 10에 대한 대답이 이를 대답하는 데도 도움이 될 수 있다.

이 목록은 기본적으로 최종 결론과 그 결론을 뒷받침하기 위해 제시된 이유나 증거가 여러 개 나오는 논증에 적용된다. 그러나 논증을 포함하고 있기는 하지만 최종 결론이 없는 글도 있을 수 있다. 아마 그런 글은 상반되는 시각에서 쟁점들을 검토해보고, 결론을 내리는 일은 독자의 몫으로 남겨두는 것일 것이다. 아니면 그런 글은 연습문제 12에 나왔던 것처럼 무언가를 설명하고자 하는 것일 수도 있다. 최종 결론이 없는 글일지라도 그 논증을 평가하기 위해서는 앞에서 나열한 단계들을 하나씩 검토해보는 것이 도움이 된다.

논증 평가의 두 가지 예

예 1: 산 사람을 위해 사체를 재활용해야 한다

장기 기증이 위기를 맞고 있다. 영국의 경우 신장이 필요한 사람의 숫자만도 매년 약 5,000명에 이르는데, 이 수요를 충족시키기 위해 등록된 기증자의 수는 이의 반에도 미치지 못한다. 더욱 심각한 문제는 사망자의 보호자 가운데 30% 정도는 사망자의 장기를 이용할 수 있도록 해달라는 요구를 거부한다는 점이다. 이는 영국에서만도 기증된 장기가 부족해서 매년 수많은 사람들이 죽어가고 있다는 의미이다. 세계적으로 본다면, 미국의 경우 장기 기증을 기다리고 있는 사람이 5만 명이나 되고, 인도의 경우 7만 명에 달한다.

장기 기증 카드 제도는 분명히 실패했다. 우리는 사람이 죽으면 그의 몸을 그냥 땅에 묻거나 화장해도 된다는 생각을 버려야 한다. 이는 생명을 구하거나 건강을 회복하게 할 수 있는 장기나 신체 조직들을 쓸데없이 낭비하는 짓이다.

문제는 우리가 장기를 기증하게 될 사람이나 그 사람의 친지들에게 고통이나 슬픔을 줄 수 있는 일을 절대로 해서는 안 된다고 옛날부터 사회에서 배워온 데 있다. 하지만 같은 생각을 장기 이식을 기다리고 있는 환자나 그 가족에게는 적용하지 않았다. 양쪽 모두에 관심을 기울여야 한다. 따라서 우리는 두 집단, 즉 장기 기증자와 장기 수혜자를 모두 고려해야 한다. 만약 우리가 그들이 하고자 하는 것을 존중하지 않을 경우 각 집단이 무엇을 잃게 되는지를 물어본다면, 우리는 아주 다른 대답을 얻게 될 것이다. 한 집단은 자신들의 목숨을 잃게 된다. 다른 집단은 이미 자신들의 목숨을 잃었으며, 더 나쁜 경우에는 죽기 전에 자신들이 원하던 것들 가운데 하나가 이루어지지 않게 된다는 것이다.

이 두 집단이 무엇을 잃게 되는지를 생각해볼 때, 두 집단의 사람들에게 동등한 관심을 표시하는 방식이 하나 있다. 그것은 법을 만들어 사람이 죽을 경우 동의를 받지 않고도 그 사람의 신체 장기를 모두 자동적으로 이용할 수 있도록 하는 것이다. 죽은 사람은 어쨌건 장기가 더 이상 필요하지 않다. 하지만 살아 있는 사람은 그것이 필요하다.

이 제안을 받아들일 경우, 많은 이점이 있다. 이렇게 되면 모든 사체의 장기는 자동적으로 쓸 수 있게 되고, 의사가 죽어가는 사람들에게 장기 기증에 동의하는지를 물어볼 필요도 없게 된다. 또한 의사는 슬픔에 빠져 있는 보호자에게 가장 좋지 않은 순간에 아주 곤란한 질문을 하지 않아도 된다.

사람들은 이와 같은 간단한 방안에 대해 여러 가지 종교적인 비판이 가능하다고 생각할 것이다. 그런데 사실은 그럴 것 같지 않다. 왜냐하면 동의를 구하지 않고도 검시관이 사망자를 부검할 수 있도록 한 현재의 제도에 대해서도 강력한 반발이 없었기 때문이다. 어느 누구도 이의 예외가 될 수 없으며 양심적인 비판의 여지도 없다. 더구나 잘 알려져 있듯이, 때로 부검 과정에서 장기를 떼어내고 원상 복구하지 않는 경우도 있다. 우리는 이 경우 중요한 공적인 이익이 있다는 사실을 받아들인다. 살인범을 잡아야 하며 죽음을 야기한 병이나 사고를 적절히 밝혀내 다른 사람이 보호될 수 있도록 하는 것은 아주 중요한 일이다. 여기에는 분명하고 중대한 공적인 이익이 있다. 하지만 장기 기증의 경우에는 이보다 더 큰 공적인 이익이 있다. 장기는 생명을 구하는 데 필요하며, 이는 단지 의심스러운 죽음을 설명하기 위해 필요한 것이 아니다. 만약 죽음을 설명하는 데 공적인 이익이 있다고 한다면, 생명을 구하기 위해 장기를 기증하는 데도 분명히 커다란 공적인 이익이 있다고 해야 한다.

장기를 자동적으로 적출할 수 있도록 할 경우, 의사들은 장기 기증을 기다리는 사람들이 있다면 그 사람을 살리려는 노력을 덜 하게 될 것이라는 우려를 표명하는 사람들이 가끔 있다. 그런 우려와 관련해 두 가지 사실을 주목할 필요가 있다. 첫째, 장기 기증 카드 소지자가 최고의 치료를 받지 못했다는 증거는 없다. 그러나 아마도 더 중요한 것은 — 만약 사람들이 생존 가능성을 걱정한다면 — 적절히 치료를 받지 못하는 경우 도리어 필요한 장기를 얻지 못할 가능성이 더 크다는 점이다. 따라서 자기 이익이라는 측면에서 보더라도 사체의 장기를 자동적으로 이용할 수 있게 하는 것이 더 좋다.

죽은 다음에 시신이 훼손된다는 것 때문에 이를 강력하게 반대하는 사람도 있을 것이다. 이런 비판은 종교적인 믿음이나 문화적인 관습에 바탕을 두고 있을 것이다. 문명화된 사회라면 어떤 조치에 대한 양심적인 반대를 감안하려고 애쓸 것이다. 사체 이식에 대한 양심적인 반대 운동을 강력하고 지속적으로 펼 사람들은 많지 않을 것이므로, 우리는 그런 견해를 감안하면서도 기증된 장기가 부족해서 죽어가는 사람들의 생명을 구할 수 있을 것이다.

물론 사정이 이렇지 않고 양심적 반대가 목숨까지 담보로 할 경우 문제가 생긴다. 그 경우 우리는 어려운 결정을 해야 한다. 무고한 생명을 구하는 일을 사람들이 양심적으로 거부할 권리가 있는지는 결코 분명하지 않다. 하지만 양심적 반대임이 분명하다면, 전쟁시에 양심에 따른 병역 면제를 주장하는 사람들을 선별할 때 하는 것과 유사한 어떤 검사를 하도록 한다면, 예외는 그렇게 많지 않아서 그런 어려운 결정을 하지 않아도 될 것이다. 내가 아는 한, 강제 부검에 대해 양심적 거부를 할 여지는 전혀 없다는 점을 주목할 필요가 있다.

모두의 동의를 얻는 방안이 언제나 가장 좋은 것이다. 하지만 많은 것들이 걸려 있을 경우, 우리는 강제적인 방안도 생각해보아야 한다. 내가 제안한 방안은 사람의 목숨을 구할 수 있으며, 그 대가는 검시관이 시신의 부검을 명령하는 데서 볼 수 있듯이, 문명화된 민주 사회의 가치와 양립 불가능한 것이 아니다.

(존 해리스, 「인디펜던트」, 1999. 2. 19.)

이 논증을 앞에서 말한 11단계로 나누어 평가해보기로 하자.

결론과 이유: 우선 이 글의 요지가 무엇인지 그리고 그것을 받아들이도록 하기 위해 어떤 이유가 제시되고 있는지를 찾아내 글의 요약문을 간단히 작성해야 한다. 이 글은 장기 이식에 쓸 수 있는 장기를 좀 더 많이 확보할 수 있는 새로운 방안을 제시하고 있다. 우리는 요약문을 대략 다음과 같이 쓸 수 있다.

이 글의 요지는 "사람이 죽을 경우 동의를 받지 않고도 그 사람의 신체 장기를 자동적으로 이용할 수 있도록 하자"는 것이다. 그 근거는 그렇게 하면 사람의 목숨을 구할 수 있으며, 대가가 있기는 하겠지만 그런 대가는 "문명화된 민주 사회의 가치와 양립 불가능한 것이 아니"라는 것이다.

이유를 좀 더 자세하게 말하면 다음과 같다.

(a) 장기 기증이 위기를 맞고 있다.
(b) 장기 기증 카드 제도는 분명히 실패했다.
(c) 장기 기증자(그리고 그들의 보호자)와 장기 수혜자(그리고 그들의 가족)에 모두 관심을 기울여야 한다.
(d) 우리는 이 두 집단의 사람들에게 동등한 관심을 표현하지 않았다.
(e) 동의를 받지 않고도 장기를 이용할 수 있게 한다면 이는 이 두 집단의 사람들에게 동등한 관심을 표현하는 것이 된다.
(f) 죽은 사람은 장기가 더 이상 필요하지 않지만 산 사람은 필요하다.
(g) 이 방안(동의를 받지 않아도 되도록 하자는 방안)은 많은 이점이 있다.
(h) 여러 가지 종교적인 비판이 실제로 가능할 것 같지는 않다.
(i) 자기 이익이라는 측면에서 보더라도 사체의 장기를 자동적으로 이용할 수 있게 하는 것이 더 좋다.
(j) '양심적인 반대 운동'을 인정하면서도 장기가 부족해서 죽어가는 사람들의 생명을 구할 수 있을 것이다.

이유 (a)와 (b)를 뒷받침해주고 있는 것은 수치들(신장 이식이 필요한 사람이 5,000명 정도인데 등록된 장기 기증자의 수는 이의 반에도 미치지 못하며, 이 가운데 30% 정도는 보호자의 동의를 받지 못한다는 실정)로, 이는 매년 수많은 사람들이 영국에서 기증된 장기가 부족해서 죽어가고 있다는 점을 보여준다.

이유 (d)를 뒷받침하는 주장은 우리가 장기를 기증하게 될 사람이나 그 사람의 보호자에게 불편함을 주거나 슬픔을 주는 일을 절대로 해서는 안 된다고 배워왔다는 사실이다. 이는 아마도 장기 기증 카드를 가진 사람의 장기를 이용하고자 할 경우에도 보호자의 동의를 얻어야 하며 동의가 없으면 장기를 이용할 수 없도록 한 절차를 말할 것이다.

이유 (e)를 뒷받침하는 것은 두 집단의 사람들이 하고자 하는 것을 존중하지 않을 경우 각 집단이 무엇을 잃게 되는지를 비교해볼 때 그렇다는 것이다. 장기 수혜자는 목숨을 잃게 되는 것이며, 장기 기증을 못하게 된 사람은 자신들이 원하던 것 가운데 하나가 이루어지지 않게 된다는 것이다.

이유 (g)를 뒷받침하기 위해 나열된 장점은 이식할 수 있는 장기가 많아지며, 의사는 죽어가는 사람이나 슬픔에 빠져 있는 보호자에게 동의를 구하지 않아도 된다는 것이다.

이유 (h)를 뒷받침하는 것은 동의를 받지 않고 장기를 기증하게 하는 방안과 동의를 받지 않고 검시관이 사망자를 부검할 수 있는 방안의 비교이다. 후자의 경우 사망자의 보호자는 부검을 거부할 수 없도록 되어 있다. 두 경우 모두 동의를 구하지 않아도 되고 예외를 인정하지 않아도 될만한 중요한 공적인 이익이 있다는 것이다. 동의를 구하지 않고도 검시관이 사망자를 부검할 수 있도록 한 방안에 대해 격렬한 반대가 전혀 없었으므로, 동의를 받지 않고 장기를 이용할 수 있게 하자는 방안에 대해서도 격렬한 반대가 있을 것 같지 않다고 주장되고 있다.

이유 (i)를 뒷받침하기 위해, 글쓴이는 장기 기증을 기다리는 사람이 있을 경우 의사들은 그 사람을 살리려는 노력을 별로 하지 않으리라는 걱정을 할 필요가 없는 이유로 두 가지를 제시하고 있다. 그것들은 다음과 같다.

- 장기 기증 카드 소지자가 최고의 치료를 받지 못했다는 증거는 없다.
- 적절히 치료를 받지 못하는 경우 도리어 필요한 장기를 얻지 못할 가능성이 더 크다는 점이다.

(j)를 뒷받침하기 위해 제시된 이유로는 양심적 병역 거부와 비슷한 방식으로 장기 기증에 대한 양심적 거부 운동에 대응할 수 있다는 것이다.

가정: 이유 (c)와 (d)에 관련된 가정이 있다. 여기에는 장기 기증자와 장기 수혜

자를 동등하게 배려하려면, 장기 기증자의 바람과 맞지 않는 경우가 있다 하더라도, 장기 수혜자의 목숨을 우선적으로 구하는 조처를 취해야 한다고 하는 가정이 들어 있다.

이유 (g)와 관련해서는, 의사가 죽어가는 사람이나 슬픔에 빠져 있는 보호자에게 장기 이용에 관한 동의를 구하지 않아도 된다면 이는 좋은 것이라고 하는 가정이 들어 있다. 물론 여기서 이것이 좋다는 말이 의사의 입장에서 좋다는 것인지 아니면 환자나 보호자의 입장에서 좋다는 것인지는 분명하지 않다.

이유와 가정을 평가하기: 이유와 가정이 참인지를 어느 정도까지 평가할 수 있는가? 이유 (a)와 (b)에 관련된 주장, 즉 여기 나오는 수치나 특히 이식할 장기가 있다면 이식을 통해 목숨을 구했을 많은 사람들이 그렇지 못해 죽는다고 하는 주장은 의심의 여지가 없다. 원리상 수치들은 우리가 찾아보면 된다.

이유 (c), 즉 장기 기증자와 장기 수혜자에게 모두 관심을 기울여야 한다는 주장은 분명히 참이다. 하지만 이유 (d)는 논란의 여지가 있다. 이 두 집단의 사람들에게 동등한 배려를 하지 않는 사람이 누구인가, 그리고 동등한 배려를 하고 있다는 점을 보이려면 어떻게 해야 하는가? 의료진이 장기 이식이 필요한 사람들을 동등하게 배려하지 않았다는 의미는 분명 아니다. 이식이 가능하지 않을지라도, 간호사나 의사는 장기 수혜자를 동등하게 배려하며 치료할 수 있다. 그것은 '사회'가 장기 기증자에게는 장기를 기증할 것인지를 선택할 수 있게 하고 보호자에게는 기증을 거부할 수 있도록 허용한다는 점에서 동등한 배려를 하지 못했다는 의미이다. 이유 (e)는 동등한 배려를 한다는 것을 보이려면 어떻게 해야 하는지에 대한 글쓴이의 답을 제시해준다. 그것은 동의를 받지 않고도 장기를 이용할 수 있게 하는 것이다. 이유 (c), (d), (e)와 관련된 가정, 즉 장기 기증과 관련해 사람의 목숨을 구하는 것이 동의를 얻어야 한다는 요건보다 더 중요하다는 가정은 논란의 여지가 있다. 의료진은 분명 이 두 의무를 모두 지고 있다. 하지만 이 두 의무가 서로 갈등할 경우, 어떤 것을 우선해야 하는가는 논란의 여지가 있다.

'장기가 필요하다'는 말이 '장기가 제대로 작동하면 건강을 유지할 수 있다'는 의미라면, 이유 (f)는 분명히 참이다.

이유 (g)와 관련하여, 이 방안을 채택하면 이식할 장기가 많아지게 된다는 것은 거의 확실한 것 같다. 다른 장점이라고 거론된 것들은 논란의 여지가 있다. 의사들이 죽어가는 환자나 슬픔에 빠져 있는 보호자에게 곤란한 질문을 하지 않아도 된다면, 이는 아마 의사들에게 좋은 일일 것이다. 하지만 이것이 일반인들에게도 좋은 일일까? 이것은 장기 기증을 할지 여부에 대해 선택권을 갖지 않는 것이 좋은지 아니면 어려운 때에 곤란한 질문을 받는 것이 차라리 나은지에 대해 어떻게 생각하느냐에 달려 있다.

이유 (h), 즉 여러 가지 종교적인 비판이 실제로 가능할 것 같지는 않다는 주장이 참인지는 의문의 여지가 있다. 이에 대해서는 아래 '추가 증거' 와 '비교' 에서 자세하게 논의할 것이다.

이유 (i)를 뒷받침하는 두 가지 주장이 있었다. 이 가운데 장기 기증 카드 소지자도 아프거나 부상을 당할 경우 여느 사람과 같은 치료를 받게 된다고 하는 첫째 이유는 의문의 여지가 없다. 이 주장이 아프거나 부상을 당한 사람은 모두 '적절한 치료를 받게 된다' 는 주장을 함축한다면, 적절히 치료를 받지 못하는 경우 도리어 필요한 장기를 얻지 못할 가능성이 더 크다는 두 번째 주장 역시 참이다. 하지만 장기 이식의 필요성이 거의 없는 사람도 있을 수 있고, 따라서 이 경우 각자의 '자기 이익이라는 측면에서 보더라도 사체의 장기를 자동적으로 이용할 수 있게 하는 것이 더 좋다' 는 것이 사실인지는 그다지 분명하지 않다.

이유 (j)가 참인지의 문제는 '양심적인 반대 운동' 이 무엇을 의미하는지에 달려 있다. 글쓴이는 이것이 종교적 믿음이나 문화적 관습에 바탕을 둔 것이라고 말하고 있다. 그런 이유 때문에 예외가 되는 사람이 그렇게 많지는 않을 것이며, 그래서 수요를 충족시킬만한 정도는 여전히 될 것이라고 하는 주장은 아마 참일 것이다. 글쓴이는 정확히 어떤 기준하에 예외자를 골라낼 수 있을지에 대해서는 구체적으로 말하고 있지 않다. 아마 양심적인 반대 운동에 따른 사람들과 장기 이용을 그냥 반대하는 사람들을 구분하는 것이 실제로는 쉬운 일이 아닐 수도 있을 것이다.

인용된 견해: 이 논증은 다른 사람의 견해에 어느 정도 근거하고 있는가? 이 글

에는 인용된 견해가 없다. 첫 번째 단락에 인용된 수치가 어디서 나온 것인지에 대해서는 언급이 없다. 하지만 글쓴이가 이와 관련해 우리를 오도하려 한다고 볼 이유는 전혀 없다.

추가 증거: 결론을 강화하거나 약화할 추가 정보를 생각해낼 수 있는가? 세 가지 점을 이야기할 수 있을 것 같다.

- 이 글이 쓰여진 1999년에는 사망한 어린이의 장기를 의학적인 연구 목적으로 사용하는 데 대한 반대가 크게 있었다. 최근에는 엘더 헤이 병원이 부모의 동의도 받지 않고 사망한 어린이의 장기와 신체 부위를 수없이 많이 보유하고 있었다는 사실이 드러나 격렬한 비판을 받은 적이 있다. 그 후 이식용 장기는 더 감소했으며, 이는 아마도 보호자가 동의를 해주지 않았기 때문이라는 보도가 있었다. 이런 사실은 존 해리스가 제안한 방안에 대해 커다란 반대가 있을 수도 있음을 시사해준다.
- 엘더 헤이 병원에서와 같은 '불미스런 일' 은 신체 부위의 소유권 문제와 관련해 문제를 제기한다. 어떤 사람은, 살아 있는 존재만이 소유권을 갖기 때문에, 죽은 사람의 장기는 죽은 사람의 소유가 아니라고 주장할 수도 있을 것이다. 하지만 우리는 사람들의 권리를 인정해서 그 사람이 죽었을 경우 그 사람이 원하던 대로 그 사람의 재산을 처분하게 한다. 그렇다면 신장이 투석기나 치료비를 지불하는 데 써서 생명을 연장할 수도 있는 금전적인 자산과 무엇이 다른가? 더구나 우리는 죽을 경우 가령 매장을 원하는지 아니면 화장을 원하는지를 미리 말할 권리가 있다고 생각하며, 죽은 사람을 위해 보호자가 그런 문제를 결정할 권한이 있다고 생각한다. 엘더 헤이 병원에서 죽은 어린이의 부모들이 크게 상심했던 것은 자신들이 '불완전한' 아이들을 그냥 묻었으며, 아이들을 편하게 보내지 못했다고 생각하기 때문이다. 이는 해리스의 방안이 널리 받아들여지려면, 태도 면에서 커다란 변화가 있어야 할 것이라는 점을 보여준다.
- 여기서 제안된 방안의 목적은 장기 이식의 수요를 충족시키기 위해서는 장기의 공급이 늘어나야 한다는 것이라고 한다면, 이 문제를 다른 나라들은 어떻게 해결하고 있는지 살펴볼 필요가 있다. 연습문제 20에 나온 루이스 월퍼트의

글에 따르면, 스페인과 오스트리아는 기증 의사 표시를 하는 것이 아니라 기증하지 않을 의사 표시를 하는 방안을 채택하고 있다. 즉 어떤 사람이 기증을 반대할 경우, 그 사람은 그렇게 적힌 카드를 소지하고 다니고, 그렇지 않을 경우에는 기증에 동의한 것으로 여기는 것이다. 월퍼트는 영국에서 이 방안을 따를 경우 이식할 수 있는 장기가 더 많아지게 될 것이라고 주장한다. 해리스는 이 방안을 생각해보지는 않는데, 이것이 큰 비판에 부딪히지 않으면서 장기 부족 문제를 해결하는 방안일지도 모르겠다.

설명: 이 글에는 어떤 설명도 나와 있지 않다.

비교: 이 글은 어떤 비교를 하고 있는가? 그렇다. 이 글은 검시관의 강제 부검과 동의를 받지 않는 강제적인 장기 기증을 비교하고 있다. 이 두 경우 중요한 공적인 이익이 있다고 주장되고 있고, 강제적인 장기 기증의 경우에도 별 비판이 없으리라는 점에서 이 두 가지가 비슷하다고 보고 있다.

글쓴이는 이런 비교를 통해 강제적인 장기 기증을 반대해서는 안 된다는 점을 보여주고자 할 뿐만 아니라, 또한 그것을 그런 식의 반대를 하는 사람도 많지 않을 것이라는 주장의 증거로 삼고자 하는 것 같다. 우리는 이 점은 의문의 여지가 있다고 이미 말했다. 아마 이 두 가지는 강제 부검의 영향을 받게 되는 사람은 많지 않지만, 강제 장기 기증의 영향을 받게 되는 사람은 훨씬 많다는 점에서 차이가 나며, 이 두 경우 공적인 이익이 똑같다고 보지 않을 사람도 많이 있을 수 있다.

추가 결론: 아래 11번째 단계에서 논의되듯이, 이 문제에 대한 더 나은 해결책이 있을 수 있다는 것 말고는, 추가로 이끌어낼 수 있는 다른 결론은 없다. 또한 원리들이 어떤 함축을 갖는지에 대해서는 아래 10번째 단계를 참조.

같은 논증: 어떤 같은 논증도 떠오르지 않는다.

일반 원리: 이 논증이 근거하고 있는 어떤 일반 원리가 있는가? 이 논증의 배후

에는 '동등한 관심'이라는 원리가 있는데, 이는 분명 중요한 원리다. 우리는 장기 이식을 해야 치료될 수 있는 병을 앓고 있는 사람과 아프거나 죽어가고 있지만 장기 기증을 원하지 않는 사람의 복리에 대해 동등한 관심을 가져야 한다. 한 집단에게 그들이 원하는 것을 주게 되면 다른 집단에게는 그들이 원하는 것을 주지 못하게 될 경우, 이 원리를 적용하는 데 어려움이 따르게 된다. 이런 어려움은 두 가지 원리, 즉 목숨을 구하기(또는 연장하기) 위해서는 가능한 한 모든 것을 해야 한다는 원리와 자신의 신체에 관한 것일 경우에는 그 사람의 선택을 언제나 존중해야 한다는 원리의 충돌이라고 말할 수 있을 것 같다. 해리스는 분명히 장기 이식의 경우, 첫째 원리가 둘째 원리에 우선한다고 생각한다. 목숨을 구하기(연장하기) 위해서는 가능한 한 모든 것을 해야 한다는 원리가 아주 일반적으로 적용될 만큼 상위의 원리인지는 분명하지 않다. 만약 그렇다면, 이는 가령 국가는 개인들의 부를 모아 가난한 나라의 사람들의 목숨을 구하는 데 써야 한다는 의미가 된다. 이런 문제는 아주 어려운 철학적이고 윤리적인 문제이며, 이런 것들은 나의 책 『윤리학에서의 비판적 사고』(*Critical Reasoning in Ethics*)에서 자세하게 다루고 있다.

이유가 결론을 뒷받침하는가? 이유와 가정은 결론을 어느 정도 뒷받침하는가? 어떤 정책을 제안하는 논증의 경우 우리는 다음 사항을 생각해보아야 한다.

- 제안된 정책은 원하는 목적을 달성할 수 있는가?
- 부작용은 없는가?
- 더 나은 다른 방안은 없는가?

이 정책의 목적은 장기 이식의 수요를 충족시킬 만큼의 장기를 공급하는 것, 또는 적어도 장기 이식이 필요한 사람들의 목숨을 구할 수 있을 만큼의 장기를 공급하는 것이라고 하자. 물론 이 방안으로 더 많은 목숨을 구할 수 있을 것이며, 해리스는 이 주장을 뒷받침하기 위해 다른 논란의 여지가 있는 논증을 제시할 필요는 없다. 양심적인 반대 운동의 기준이 엄격할 경우, 아마도 이런 방안으로 장기 이식의 수요를 충분히 충족시킬 수 있을 것이다.

바람직하지 않은 어떤 결과가 나타나지는 않을까? 이런 방안의 도입에 대해 아마도 해리스가 생각한 것 이상으로 많은 비판이 있을 수 있으며, 엘더 헤이 병원에서 있었던 '불미스런 일'에 대한 부모들의 반응에 비추어볼 때 이 방안은 보호자에게 슬픔을 가져다줄 수도 있을 것이다. 양심적 거부자의 조건을 정확히 하는 데도 어려움이 있을 수 있으며, 예외로 인정받지 못한 사람은 자신들의 권리가 침해되었다고 느끼는 경우도 있을 수 있다.

같은 목적을 달성할 수 있는 더 나은 방안이 있는가? 물론 시간이 흐름에 따라 사람들의 태도가 바뀔 수도 있으며, 우리의 신체는 우리에게 속한 것이 아니라 국가가 다른 사람을 위해 신체의 일부를 이용할 권리를 갖게 된다는 것을 우리가 대부분 받아들이게 될지도 모르겠다. 하지만 현재로서는 이런 생각을 거부한다고 할 때, 스페인과 오스트리아의 방안을 채택하는 것이 더 나은 방안일 수도 있다. 그 방안은 장기 사용을 금한다고 하는 카드를 가지고 있지 않는 한, 누구나 다 장기 이용에 동의한다고 간주하는 방안이다. 이 방안을 시도해본다면, 이것이 필요한 장기 수요를 충족시킬 수 있을지를 알 수 있을 것이다. 현재와 같은 불신 상태에서라면, 그렇지 못할 수도 있다. 하지만 아마 그렇게 하면 충분한 장기를 공급할 수 있을지 모르며, 실제로 그렇게 한다면 그것은 분명히 여러 사람들이 반대하는 강제 장기 기증 방안보다 나은 방안이 될 것이다.

이 대목에서 우리는 앞서 요약한 해리스 논증을 다시 살펴보아야 한다. 거기에서는 강제 장기 기증 방안이 상당한 대가를 치르는 방안이기는 하지만, 이런 대가는 '문명화된 민주 사회의 가치와 양립 불가능한 것이 아니' 라고 주장하고 있다. 글쓴이가 장기 공급의 부족 문제를 해결하고자 한다는 점은 분명하지만, 그의 목적이 이런 실제 문제를 해결하는 것만은 아닌 것 같다. 그는 또한 사회가 가져야 할 가치와 관련해서도 윤리적인 주장을 하고자 한다. 그의 말은 문명화된 사회라면(소수의 양심적인 반대자가 아니라면) 사람들이 장기가 부족해 죽어가고 있을 경우 장기 기증을 거부하지 않을 것임을 시사하고 있다. 하지만 문명화된 사회라면 또한 모든 사람들의 관심을 고려해야 하며, 특히 자신의 신체가 자신이 원하는 대로 사용되기를 바라는 사람들의 관심도 존중해야 할 것이다. 실제적인 문제가 선택의 자유를 부인하지 않는 스페인과 오스트리아의 방안과 같은 것을 통해 해결될 수 있다면, 이것이 바로 문명사회가 채택해야 할 방안이 아닐까?

예 2: 문제의 핵심을 보라

레드 와인을 마시면 더 오래 산다고? 이는 오류다.

레드 와인이 당신에게 좋다. 그것은 심장병 예방 효과가 있고 더 오래 살게 한다. 맞는 말인가?

어떻게 이와 같은 이야기가 생겨나고 부풀려져서 지금껏 바로잡히지 않고 있는지 이상하다. 나는 내가 지금 말하는 것이 많은 영향을 줄 것이라고 기대하지는 않는다. 하지만 나는 레드 와인의 허명을 꺾기로 하겠다. 자 이제 시작이다.

대부분의 사람들은 프랑스 통계에 근거한 논증을 들어 레드 와인의 이점을 정당화한다. 이 논증은 다음과 같이 진행된다.

프랑스에서 심장병으로 죽는 사람들은 영국의 3분의 1 또는 4분의 1 정도이다. 흡연율이나 지방 또는 콜레스테롤 섭취와 같은 다른 위험 요인은 두 나라에서 비슷하다. (사실 프랑스인의 지방 섭취 행태는 미국인과 아주 비슷하다.)

하지만 프랑스인은 영국인보다 술을 훨씬 더 많이 먹는다. 특히 프랑스인은 레드 와인 — 누구나 알듯이 여기에는 노화 방지 물질이 풍부하게 들어 있다 — 을 많이 마신다. 따라서 이 논증은 심장병으로 죽는 프랑스인이 적은 이유는 레드 와인 때문임이 분명하다고 결론짓는다.

불행하게도 레드 와인 이론이 레드 와인 업자들에게는 매력적이겠지만, 이 이론을 뒷받침하는 의학상의 증거는 별로 없다.

지난 이십여 년 동안 술이 건강에 어떤 영향을 미치는지를 두고 많은 장기간의 연구가 있었다. 그런 연구는 여러 가지로 어려움이 많다.

예를 들어 몇몇 초기 연구에서, 술을 마시지 않는 사람은 실제로 몸이 좋지 않아서 술을 끊은 사람들이었다. (이것은 흡연자들에 대한 초기 연구에서, 편향된 '비흡연자들' 이 더 높은 사망률을 보이는 결과를 낳았다.)

더구나 음주 습관과 생활 행태 — 여기에는 식습관과 흡연 여부, 운동을 얼마나 하는지 등도 포함된다 — 사이의 상관관계도 이 문제를 복잡하게 만들 수 있다.

하지만 지금 나와 있는 증거(지금도 꽤 많은 증거가 나와 있다)에 비추어볼 때, 실제로 하루에 한두 잔의 술을 마시면 심장병에 걸릴 위험이 약 20% 정도 줄어드는 것 같다. 사실이 아닌 것은 레드 와인이 화이트 와인이나 다른 양주나 맥주가 갖지 않는 특별한 이점을 갖는다고 하는 주장이다.

이 사실은 레드 와인만을 마시는 사람들과 화이트 와인만을 마시는 사람들을 비교한 연구에서 처음으로 입증되었다. 하지만 레드 와인을 마시는 사람들과 맥주를 마시는 사람들을 비교한 최근의 연구에서도 같은 결과가 나왔다.

서로 다른 술을 마시는 사람들은 술 마시는 행태에서도 중요한 차이가 있었다. 예를 들어 맥주나 양주를 즐겨 마시는 사람들은 일주일에 한두 번 술을 아주 많이 마시는 경향이 있는 반면, 와인을 즐겨 마시는 사람들은 거의 매일 조금씩 먹는 경향이 있었다.

술이 심장병을 예방하게 되는 이유는 피에 찌꺼기가 생기는 것을 막아주기 때문인 것 같다. 피를 묽게 하는 술의 효과는 24시간이 채 지속되지 않는다고 생각되므로, 적은 양의 술을 매일 마시는 사람이 많은 양을 한꺼번에 마시는 사람보다 더 유리한 것으로 보인다.

이 점을 고려한다면, 서로 다른 술을 마시더라도 얻게 되는 이득에는 아무런 차이가 없을 것이다.

(아직 40대 중반이 되지 않은 사람들, 그래서 심장병에 걸릴 위험이 낮은 사람들은 아마도 술을 마신다고 해도 이런 의미에서는 전혀 이득이 되지 않을 것이다.) 이 점은 생리학적인 측면에서도 입증이 되었다. 같은 양의 술을 마시는 사람들 사이에서는 혈액 샘플을 조사해보아도 아무런 차이가 없었다.

도리어 술의 긍정적 효과 자체 — 즉 피의 서로 다른 구성 요소 가운데 콜레스테롤의 비중이 줄어들고 혈액 응집의 가능성이 줄어드는 것 — 는 어느 술이나 다 똑같았다. 레드 와인을 마시면, 레드 와인에 들어 있다는 이른바 산화 방지 페놀 복합물이 혈류에 많아지게 된다는 증거를 찾아낸 사람은 아직 아무도 없다.

이제 레드 와인은 지나치게 높게 평가되던 지위에서 반쯤은 내려온 것 같다. 레드 와인은 맥주만큼 좋을 뿐이다. 하지만 이보다 더 나아갈 수 있다. 어쨌건 의학에 토대를 둔 충고는 언제나 여러 단서가 붙어 있게 마련이며, 사실 심장병 이외의 병으로 죽는 사람들이 훨씬 더 많다.

첫 번째로 명심해야 할 사항은 (레드 와인을 포함해) 술은 사하라 사막 이남의 아프리카에서는 그렇게 좋지 않다는 점이다. 거기서 심장병으로 죽는 사람들 가운데 둘은 비명횡사하는 경우이다. 이런 상황이라면, 레드 와인을 마신다고 해서 안 죽게 되는 것은 아닐 것이다.

두 번째로 명심해야 할 사항은 술(여기에도 역시 레드 와인이 포함된다)이 남성에게 좋은 것만큼 여성에게도 좋은 것은 아니라는 점이다.

그 이유 가운데 일부는 여성은 우선 심장병으로 죽을 가능성이 남성보다 낮기 때문이다. 또한 술은 남성보다 여성에게 더 해롭기 때문이다.

예를 들어, 여성은 간에 손상을 입을 가능성이 더 크며, 매일 술을 마실 경우 유방암에 걸릴 위험도 약 10%가 증가한다. (이 때문에 의학적인 이유로 레드 와인을 마시는 여성은 질병 하나를 다른 하나로 맞바꾸는 셈이 된다.)

세 번째로 명심해야 할 사항은 (역시 레드 와인을 포함해) 술이 프랑스 남성에게도 꼭 좋기만 한 것은 아니라는 점이다.

영국에서 심장병으로 인한 사망률은 프랑스보다 3배 이상 높다. 하지만 (구강암이나 간 경변, 음주운전 사고 등을 포함해) 술과 관련된 질병으로 인한 사망률은 영국보다 프랑스가 3배나 더 높다.

(또한 술 소비가 증가하고 있는 영국의 경우, 간 경변으로 인한 사망자 비율도 늘어나는 추세다.)

이런 것들이 모두 레드 와인과 관련해 우리가 알아야 할 것들이다. 하지만 프랑스는 어떤가? 만약 레드 와인을 마신다고 해도 특별한 예방 효과가 없다면, 왜 프랑스가 특수한가? 프랑스인들의 경우 왜 심장병으로 인한 사망률이 그토록 낮은가?

올해 초에 영국 의학 저널에서 런던 바톨로뮤 병원의 울프슨 예방 의학 연구소 소속의 의학자인 말콤 로와 니콜라스 왈드는 레드 와인 가설에 대한 대안적인 설명을 제시했다.

"프랑스의 경우 술 소비가 많은 이유는 술 마시는 사람이 많아서라기보다는 한 사람당 술 마시는 양이 많아서 그런 것이다. 술은 모두 심장병을 예방하는 효과가 있다. 하지만 하루에 많아야 한두 잔을 먹어야 한다"고 말콤 로는 말했다. 따라서 프랑스인들의 많은 술 소비가 심장병에 대한 추가 예방 효과를 가져오는 것은 아니다.

그러면 왜 그런가? 그들의 분석에 따르면, 이것은 시간 지체 때문이다. 그런 차이가 존재하는 이유는 고지방, 고콜레스테롤 음식을 먹어 동맥에 쌓이게 되는 데는 수 세기가 걸리기 때문이다.

"프랑스인들의 지방 섭취는 지금은 미국인들과 비슷하지만, 그렇게 많이 섭취하게 된 것은 비교적 최근에 와서부터다. 그들은 이전에는 지방을 그렇게 많이 섭취하지 않았다"고 말콤로는 말했다.

레드 와인은 그것과는 아무런 관련이 없다.

(토마스 발로, 「파이낸셜 타임스」, 주말판, 1999. 7. 10/11.)

결론과 이유: 최종 결론의 단서는 제목, '레드 와인을 마시면 더 오래 산다고? 이는 오류다'에 드러나 있다.

여기서 '오류'란 정확히 무슨 의미인가? 이 말은 때로 '거짓인 주장'을 의미하며, 이렇게 이해할 때 결론은 '레드 와인을 마셔도 더 오래 살게 되지는 않는다'가 될 것이다.

하지만 '오류'의 좀 더 정확한 의미(논리학자들이나 비판적 사고 연구자들이 쓰는 의미)는 논증 과정이 옳지 못하다는 것이다. 이렇게 이해할 때 결론은 '레드 와인을 마시면 더 오래 산다는 주장은 잘못된 논증이나 증거에 근거해 있다'가 될 것이다. 이렇게 해석한다고 해서 이 말이 '레드 와인을 마시면 더 오래 산다'는 주장이 거짓이라는 것은 아니다. 이는 다만 이 주장을 뒷받침한다고 제시된 증거나 논증으로는 이 주장이 참임을 보이지 못한다는 말일 뿐이다.

이 글은 분명히 두 번째 의미로 '오류'란 말을 쓰고 있다. 앞의 다섯 단락에서 레드 와인에 관한 주장을 뒷받침하기 위해 일반적으로 거론되는 논증을 제시한 다음 여기에 어떤 잘못이 있는지 보여주고자 한다. 하지만 이 글은 또한 레드 와인을 마시면 더 오래 산다는 것이 참이 아니라는 것도 밝히고자 하는 것 같다. 왜냐하면 이 글은 레드 와인을 마셨을 때 생길 수 있는 나쁜 결과도 제시하고 있기 때문이다.

좀 더 강한 이 주장과 관련해 이 논증을 생각해보기로 하자. 이 논증은 "레드 와인을 마신다고 해서 더 오래 살게 되는 것은 아니다"는 결론을 뒷받침하는가?

대략 아래와 같은 중간 결론들을 뒷받침하는 세 가지 논증이 있다.

- 레드 와인도 맥주만큼 [또는 화이트 와인이나 양주만큼] 좋을 뿐이다.
- 레드 와인을 마시는 것이 어떤 집단의 사람들에게는 해가 되기도 한다.
- 레드 와인은 프랑스인들의 낮은 심장병 발병률과 아무런 관련이 없다.

이것들을 차례로 살펴보기로 하자.

(a) 레드 와인도 맥주만큼 [또는 화이트 와인이나 양주만큼] 좋을 뿐이다.

이 중간 결론을 뒷받침하는 논증은 단락 4와 5에 나오는 논증, 구체적으로 레드 와인을 마시는 것과 프랑스에서 심장병 발병률이 낮은 것 사이에 인과적 연관성이 있다고 하는 그 논증의 가정에 문제가 있음을 보이기 위한 것이기도 하다.

이 중간 결론을 뒷받침하기 위해 제시된 이유들은 다음과 같다.

화이트 와인도 레드 와인만큼 효과가 있다는 주장을 뒷받침하는 것은 다음이다.

- 이 사실은 레드 와인만을 마시는 사람과 화이트 와인만을 마시는 사람을 비교한 연구에서 처음으로 입증되었다.

맥주와 양주도 레드 와인만큼 효과가 있다는 주장을 뒷받침하는 것은 다음이다.

- 술은 피에 찌꺼기가 생기는 것을 막아줌으로써 심장병을 예방하는 것 같다.
- 피를 맑게 하는 술의 효과는 24시간이 채 지속되지 않는다고 생각된다.
- 맥주나 양주를 즐겨 마시는 사람은 일주일에 한두 번 술을 아주 많이 마시는 경향이 있는 반면, 와인을 즐겨 마시는 사람은 거의 매일 조금씩 먹는 경향이 있다.

이들 이유는 아래의 중간 결론을 뒷받침하기 위한 것이다.

- 적은 양의 술을 매일 마시는 사람이 많은 양을 한꺼번에 마시는 사람보다 유리한 것으로 보인다.
- 음주 행태의 차이를 감안했을 때, 서로 다른 주종의 술을 마시더라도 효과의 차이는 없었다.

레드 와인의 효과는 다른 술의 효과와 차이가 없다는 주장을 뒷받침하는 또 다른 추가 이유는 다음과 같다.

- 다른 주종의 술을 같은 양을 마신 사람들의 혈액 샘플과 비교했을 때 아무런 차이가 없었다.
- 술 자체의 긍정적 효과, 즉 피의 구성 요소 가운데 콜레스테롤의 비중이 줄어들고 혈액 응집의 가능성이 줄어드는 것은 어느 술이나 똑같았다.
- 레드 와인을 마시면, 레드 와인에 들어 있다는 이른바 산화 방지 페놀 복합물이 혈류에 많아지게 된다는 사실을 보여주는 증거를 찾아낸 사람은 아직 아무도 없다.

(b) 레드 와인을 마시는 것이 어떤 집단의 사람들에게는 해가 되기도 한다.

이 중간 결론을 뒷받침하기 위해 제시된 이유는 다음과 같다.

아프리카와 관련된 이유:

- 그 지역에서 심장병으로 죽는 사람들 가운데 둘은 비명횡사하는 경우이다.
- 그리고 이런 상황이라면, 레드 와인을 마신다고 해서 안 죽게 되는 것은 아닐 것이다.

이들 이유는 다음과 같은 중간 결론을 뒷받침하기 위한 것이다.

- (레드 와인을 포함해) 술은 사하라 사막 이남의 아프리카에서는 그렇게 좋지 않다.

여성과 관련된 이유:

- 여성은 애초에 심장병에 걸릴 가능성이 낮다.
- 또한 여성의 경우 남성보다 술이 더 해롭다. 예를 들어 여성은 간에 손상을 입을 가능성이 더 크며, 매일 술을 마실 경우 유방암에 걸릴 위험도 약 10%가 증가한다.

이들 이유는 다음의 중간 결론을 뒷받침하기 위한 것이다.

- 술(여기에도 역시 레드 와인이 포함된다)이 남성에게 좋은 만큼 여성에게도 좋은 것은 아니다.

프랑스 남성과 관련된 이유:

- 심장병 사망률은 영국이 프랑스보다 세 배나 높다.
- 하지만(구강암이나 간 경변, 음주운전 사고 등을 포함해) 술과 관련된 병으로 인한 사망률은 프랑스가 영국보다 세 배 이상 더 높다.

이들 이유는 다음의 중간 결론을 뒷받침한다.

- 술(여기에도 레드 와인이 포함된다)이 프랑스 남성에게 꼭 좋기만 한 것은 아니다.

술을 마실 때의 효과와 관련된 다른 추가 이유로는 다음과 같은 것들이 있다.

- (술 소비가 증가하고 있는 영국의 경우, 간 경변으로 인한 사망자 비율도 늘어나고 있다.)
- (40대 중반이 되지 않은 사람들, 그래서 심장병에 걸릴 위험이 낮은 사람들은 술을 마신다고 해도 적어도 이런 의미에서는 전혀 이득이 되지 않을 것이다.)

(c) 레드 와인은 프랑스인들의 낮은 심장병 발병률과 아무런 관련이 없다.
이 중간 결론을 뒷받침하는 것은 간단한 논증과 프랑스인들이 왜 심장병 발병률이 낮은지에 대한 대안적 설명이다. 이 논증은 다음과 같다.

이유:

- 프랑스의 경우 술 소비가 많은 이유는 술 마시는 사람이 많아서라기보다는 한 사람당 술 마시는 양이 많아서 그런 것이다.
- 술은 모두 심장병을 예방하는 효과가 있지만, 하루에 많아야 한두 잔 먹을 때 그렇다.

결론:

- 따라서 프랑스인들의 술 소비가 많다는 것이 곧 추가로 심장병 예방 효과를 가져오는 것은 아니다.

왜 프랑스인들의 경우 심장병 발병률이 낮은지에 대한 다른 설명은 두 명의 의학자들이 제시한 것으로, 얼마 전까지만 해도 프랑스인들의 식습관은 높은 심장병 발병률을 보이는 영국인들과 같은 고지방, 고콜레스테롤 음식 위주가 아니었다는 것이다.

가정: 다음과 같은 가정을 찾아낼 수 있다.

- 레드 와인을 마시는 것과 화이트 와인을 마시는 것의 효과를 비교한 연구는 믿을만하다.
- 만약 레드 와인이 다른 술보다 심장병 예방 효과가 크다면, 레드 와인을 마신 사람들의 혈액 샘플은 다른 술을 마신 사람들의 샘플과는 다를 것이다.
- 레드 와인을 마시게 되면 산화 방지 페놀 복합물이 혈류에 많아지게 된다는 주장은 사실이 아닐 가능성이 높다.
- 40대 중반이 되지 않은 사람들은 술을 마신다고 해도 이 때문에 노년에 심장병 예방 효과가 있는 것이 아니다.
- 프랑스인들이 심장병 발병률이 낮은 이유에 대한 두 의학자의 설명은 올바르다.

이유와 가정을 평가하기: 과학적 지식이나 통계를 확인해보지 않고는 대부분 여기 나온 이유나 가정이 참인지를 알기가 어렵다. 혈류에 술이 미치는 영향에 대한 주장이 있는데, 이는 과학적 증거로부터 나온 정보이다. 그리고 원리상 확인해볼 수 있는 통계에 관한 주장이 있는데, 예를 들어 서로 다른 주종의 술을 마시는 행태, 각각의 암으로 인한 사망률, 병에 걸릴 가능성 등이 그런 것들이다. 그리고 프랑스인의 식습관이 변했다는 주장도 나온다.

인용된 견해: 술의 영향에 관한 연구와 관련해, 그것을 누가 주장했는지는 나와 있지 않다. 과학적 증거가 정확한지를 판단하고자 한다면, 이런 연구를 한 사람이 누구인지를 살펴보아야 하고, 그들이 특정한 술을 마시면 심장병 위험이 줄어든다고 사람들을 믿게 할만한 이해관계를 가지고 있는 것은 아닌지를 생각해보아야 한다. 예를 들어 레드 와인 회사의 돈을 받은 과학자라면 보건 당국의 지원을 받은 과학자에 비해 이해관계에 얽혀 있을 가능성이 더 많다. 또한 확증의 중요성을 기억하라. 그래서 다른 여러 연구를 통해서도 같은 결과를 얻었다면, 이 주장이 정확하다고 확신할 수 있다.

프랑스인의 심장병 발병률을 설명할 때 두 명의 과학자, 말콤 로와 니콜라스 왈드를 언급하고 있는데, 이들은 런던 바톨로뮤 병원의 울프슨 예방 의학 연구소 소속의 의학자들이다. 이들이 전문가라는 사실을 의심할 이유는 전혀 없다. 왜냐하면 이들은 의학자(질병 형태에 관한 전문가)이기 때문이다. 그리고 이들은 질병의 원인을 알아내기 위해 만들어진 연구소에 근무하고 있다는 점에서, 이들이 어떤 이해관계를 가지고 있다고 생각할 이유도 전혀 없다. 그리고 이들의 연구가 제대로 수행되지 않았다고 생각할 이유도 전혀 없다. 왜냐하면 이들의 논문은 유명 저널(『영국 의학 저널』)에 실렸고 심사를 거친 것이기 때문이다.

하지만 이들의 설명은 하나의 가능한 설명일 뿐이며, 우리는 여전히 이를 평가해 보아야 한다는 점을 명심해야 한다. 우리는 이를 아래 '설명' 항목에서 다루기로 한다.

추가 증거: 심장병 발병률이 다른데 대한 다른 설명과 관련하여 추가 증거를 찾아볼 수 있을 것이다. 만약 여러분이 이미 떠올린 것이 없다면, 다음 절을 읽기 전에 지금이라도 한 번 생각해보아라.

설명: 세 개의 서로 다른 사실에 대한 설명이 나와 있다.

- 와인을 마시는 사람과 맥주나 양주를 마시는 사람 사이의 심장병 발병률의 차이.
- 여성은 술을 마셔도 남성만큼 효과를 보지는 못한다는 점.
- 프랑스인들의 심장병 발병률이 낮다는 점.

명시적으로 나와 있지는 않지만, 와인을 마시는 사람은 맥주나 양주를 마시는 사람에 비해 심장병 발병률이 낮다는 것이 함축되어 있다. 이것은 술 마시는 행태가 다르기 때문이라는 것이 이 글에 나온 설명이다. 맥주나 양주를 마시는 사람은 술을 자주 마시지 않는다는 것이 사실이고, 술이 혈액에 미치는 긍정적 효과는 24시간만 지속된다는 것이 사실이라면, 이것은 합당한 설명이라고 할 수 있다.

'술(여기에도 역시 레드 와인이 포함된다)이 남성에게 좋은 것만큼 여성에게도 좋은 것은 아니다'는 말이 정확히 무엇을 의미하는지는 분명하지 않다. 하지만 제시된 설명을 보건대, 두 가지 방식으로 읽을 수 있을 것 같다. 하나는 남성 음주자만큼 여성 음주자의 심장병 발병 위험이 낮아지는 것은 아니라고 보는 것이다. 이는 애초에 여성은 남성보다 심장병에 걸릴 위험이 낮기 때문이라는 것이다. 이것이 사실인지를 보여줄 증거(가령 남성과 여성, 그리고 술을 마시는 사람과 그렇지 않은 사람이 심장병에 걸릴 확률과 관련된 통계)는 전혀 제시되어 있지 않다. 그리고 이 점이 여성들은 애초부터 심장병에 걸릴 위험이 적기 때문에 그렇다고 설명될 수 있는 것인지도 분명하지 않다. 이것이 좋은 설명이라고 하더라도, 이 점이 술을 마시는 것이 여성에게는 좋지 않다는 것을 보여주는 것은 아니다. 왜냐하면 그렇게 하면 어느 정도는 위험이 줄어들기 때문이다.

여성은 남성만큼 효과를 보지는 못한다는 점을 설명하는 또 다른 방안은 술의 위험 — 다른 병에 걸릴 가능성이 커진다는 의미에서 — 은 남성보다는 여성에게서 훨씬 빨리 증가한다고 보는 것이다. 이는 남성 음주자만큼 여성 음주자가 오래 살 가능성이 높아지는 것은 아니라는 것을 설명한다고 보는 것이다. 이 경우도 이를 뒷받침하는 증거(이 경우는 남성과 여성의 평균 수명 및 술을 마시는 사람과 술을 마시지 않는 사람의 평균 수명에 관한 통계)는 전혀 제시되어 있지 않다. 만약 이것이 참이라면, 이것은 여성들이 간 손상을 입거나 유방암에 걸릴 가능성이 커진다는 것으로 설명될 수 있다.

프랑스인의 심장병 발병률이 낮은 이유에 대한 설명이 이 글의 핵심 주제이다. 레드 와인의 효과 때문이라는 설명을 버렸고, 이를 위한 논증을 제시했는데, 이때 다음과 같은 주장이 참이라고 보고 있다.

- 프랑스의 경우 술 소비가 많은 이유는 술 마시는 사람이 많아서라기보다는 한 사람당 술 마시는 양이 많아서 그런 것이다.
- 술은 모두 심장병을 예방하는 효과가 있지만, 하루에 많아야 한두 잔을 먹을 때에만 그렇다.

영국과 프랑스에서 음주 인구의 비율이 같고, 심장병 예방 효과가 있으려면 (영국인이든 프랑스인이든 똑같이) 하루에 두 잔 정도만 먹어야 한다면, 심장병 발병률의 차이를 설명해줄 수 있는 것은 프랑스인들이 술을 더 많이 먹기 때문이라는 것은 아니다. (물론 글쓴이도 인정하고 있듯이, 그것은 와인을 마시는 사람과 맥주를 마시는 사람이 술 먹는 행태가 다르기 때문일 수는 있다).

이 글에 나오는 다른 설명, 즉 과거의 식습관의 차이 때문에 심장병 발병률에 차이가 난다는 설명도 설득력이 있다. 식습관이 심장병 발병에 영향을 준다고 알려져 있기 때문에 특히 그렇다. 만약 이 설명이 올바른 설명이고 지방이나 콜레스테롤 섭취가 지금은 두 나라에서 비슷하다고 한다면, 앞으로 프랑스에서 심장병 발병률이 증가할 것이라고 예상할 수 있다. 실제로 이런 일이 일어난다면, 이는 이 설명을 확증해주는 셈이다. 만약 이런 일이 일어나지 않는다면, 다른 설명을 생각해보아야 할 것이다. 예를 들어 두 나라 사람들의 유전적 차이나 운동 습관의 차이 혹은 프랑스인들은 다량의 지방 섭취를 상쇄할만한 다른 음식을 먹는다고 하는 식습관에서의 다른 차이 등이 그런 것이 될 것이다.

비교: 이 글은 다른 나라(프랑스, 영국, 미국)를 비교하고 있고, 남성과 여성을 비교하고 있으며, 서로 다른 주종을 비교하고 있다. 하지만 대부분 결론을 뒷받침하기 위해 근거 없는 유비에 의존하고 있지는 않다.

예를 들어, 이 글은 프랑스 사람들은 레드 와인을 많이 마시는데 심장병 발병률이 낮기 때문에, 영국 사람들도 레드 와인을 많이 마시게 되면 심장병 발병률을 낮출 수 있을 것이라는 생각을 문제삼고 있다.

이 글은 레드 와인, 화이트 와인, 맥주, 양주가 심장에 어떤 영향을 미치는지를 비교할 수 있다고 생각한다. 이는 과학적 연구 결과를 받아들이는 데 근거하고 있으며, 따라서 이런 비교가 적절한지를 평가하려면 이 증거가 어디서 나온 것인지를 살펴보아야 한다.

암암리에 비교가 이루어지고 있는 것이 있는데, 이는 문제가 될 수 있다. 프랑스 남성에게 술이 미치는 부정적 효과를 언급하는 이유는 일반적으로 술이 남성에게도 꼭 좋은 것만은 아니라는 점을 말하기 위한 것이고, 그래서 술을 마시는 프랑스 남성과 술을 마시는 영국 남성이 중요한 점에서 비교가 가능하다는 점을 받아들이도록 하기 위한 것이다. 하지만 레드 와인이 영국 남성들에게도 좋은 것이 아니라는 결론을 내리기 위해 이 둘을 비교하려면 이 두 집단이 비슷한 양의 술을 마신다고 생각해야 한다. 하지만 이 글 끝에 보면, 프랑스의 경우 술 소비가 많은 이유는 한 사람이 술을 많이 먹기 때문이라고 나와 있다. 따라서 영국 남성의 경우 구강암이나 간 경변에 걸릴 위험이 별로 없으면서 레드 와인의 장점을 살릴 수 있을 만큼 술을 마실 수도 있는 것이다.

추가 결론: 앞 절의 마지막 문장에서 한 가지 결론을 찾아내었다. 이는 글쓴이가 자신의 주장으로부터 이끌어낼 수 있는 것이기는 하지만 글쓴이의 핵심 주장과는 잘 맞지 않는 것이다.

같은 논증: 어떤 같은 논증도 생각나지 않는다.

일반 원리: 이 논증은 일반 원리에 의존하고 있지 않다.

이유가 결론을 뒷받침하는가? 우리가 앞에서 찾아낸 세 가지 중요 논제 각각에 대해 이를 생각해보기로 하자.

(a) 레드 와인도 맥주만큼 [또는 화이트 와인이나 양주만큼] 좋을 뿐이다.

레드 와인의 효과와 다른 술의 효과를 비교한 연구 결과는 (그 연구 결과가 신뢰할만하다고 가정할 때) 레드 와인을 마시는 것이 다른 술을 마시는 것보다 심장병 위험을 줄이는 효과의 측면에서 더 탁월한 것은 아니라는 결론을 강력하게 뒷받침해준다. 하지만 이것이 최종 결론을 뒷받침하는 것은 아니다. 왜냐하면 이것이 레드 와인을 마신다고 해서 술을 전혀 마시지 않는 것보다 더 오래 살게 되는 것은 아니라는 점을 보여주는 것은 아니기 때문이다.

(b) 레드 와인을 마시는 것이 어떤 집단의 사람들에게는 해가 되기도 한다.

사하라 사막 이남 지역의 사망률과 관련된 이야기는 중간 결론이나 최종 결론을 전혀 뒷받침하지 못한다. 글쓴이도 이것이 중요한 논거가 된다고 생각한 것 같지는 않다. 평소에 레드 와인을 마신다고 해서 살인 사건의 희생자가 되지 말란 법은 없다는 사실은 레드 와인을 마시면 심장병에 걸릴 위험이 낮아져서 더 오래 살게 되는 것은 아니라는 주장을 뒷받침할 수 없다. "레드 와인을 마신다고 해서 더 오래 살게 되는 것은 아니다"라는 결론은 "레드 와인을 마신다고 해서 모두가 오래 살게 되는 것이 아니다"는 의미이지 "레드 와인을 마신다고 해서 일찍 죽는 것을 막지는 못한다"는 의미는 아니다.

술이 여성의 건강에 미치는 영향에 관한 증거는 여성의 경우 레드 와인을 마셔도 장수하지 않을 수 있다는 결론을 뒷받침해줄 수 있을 뿐이다. 하지만 이 글에 나온 증거는 이런 제한적인 결론을 뒷받침하기에도 부족하다. 왜냐하면 술을 어느 정도 마시면 간 손상이나 유방암에 걸릴 가능성이 높아지는지에 관한 정보가 전혀 나와 있지 않기 때문이다. 만약 여성이 매일 레드 와인을 조금씩만 마신다면, 간 손상이나 유방암의 위험을 피하면서 심장병 예방 효과를 보는 방안도 있을 수 있다.

프랑스 남성에 관한 주장은 아마도 술이 남성에게도 일반적으로 언제나 좋은 것은 아니라는 점을 말해주기 위한 것일 것이다. 하지만 여성에 관한 주장과 관련해 앞에서 했던 비판을 이 경우에도 똑같이 할 수 있을 것 같다. 술을 어느 정도 마셔야 건강에 역효과를 주게 되는지에 관한 이야기가 전혀 나와 있지 않다. 다만 프랑스인들은 일인당 음주량이 많다는 이야기는 나와 있다. 레드 와인의 이점을 누리면서도 구강암이나 간 경변에 걸릴 위험이 없을 정도로 술을 마실 수도 있을 것이다. 음주운전 사고와 관련된 사망자 문제는 이 글과는 무관하다. 음주운전에 의한 자동차 사고로 죽는 사람들은 술을 마시지 않는 사람일 수도 있고, 운전자가 아닐 수도 있으며, 매일 레드 와인을 조금씩 마시는 사람들이 꼭 술에 취해 운전을 하는 것도 아니다.

(c) 레드 와인은 프랑스인들의 낮은 심장병 발병률과 아무런 관련이 없다.

전체 논증에서 이 부분은 두 의학자의 설명이 설득력이 있는가에 어느 정도 달려 있다. 그들의 설명은 일리가 있지만, 이를 분명히 하려면 더 많은 증거가 있어야 한다.

이것은 프랑스에서 레드 와인 소비가 많은 것은 일인당 음주량이 많기 때문이라는 주장에 근거하고 있는데, 이 주장은 참일 경우 중간 결론을 강력하게 지지해준다.

하지만 이 중간 결론 자체는 "레드 와인을 마신다고 해서 더 오래 살게 되는 것은 아니다"라는 최종 결론을 제대로 뒷받침해주지 못한다. 왜냐하면 레드 와인 소비의 차이가 프랑스인들이 심장병 발병률이 낮은 이유에 대한 올바른 설명이 아니라 하더라도, 레드 와인이 여전히 어떤 예방 효과를 가질 수도 있는 것이기 때문이다. 사실 글쓴이는 이것이 예방 효과가 있다는 점을 인정한다. 다만 그 효과는 다른 주종에 비해 차이가 없다는 것이다.

요약: 논증 평가하기

분석하기

1. 결론과 이유를 찾아내라.
   - '결론 시사 표현' 을 찾아보고,
   - '이유 시사 표현' 을 찾아보라.
   - '이 글의 요지가 무엇인가?' 를 스스로에게 물어보라.
   - '그 주장을 뒷받침하기 위해 어떤 이유나 증거가 사용되고 있는지?' 를 물어보라.
2. 가정을 찾아내라.
   - 기본 이유를 뒷받침하는 가정.
   - 추가 이유의 역할을 하는 가정.
   - 중간 결론의 역할을 하는 가정.
   - 단어의 의미와 관련된 가정.
   - 유사 상황이나 비교 상황과 관련된 가정.
   - 주어진 설명이 적절한가와 관련된 가정.

평가하기

3. 이유와 가정이 참인지 평가하라.
   - 이를 위해 여러분은 어떤 증거를 추가로 구하려 하겠는가?
4. 논증의 근거가 되는 견해가 신뢰할만한 것인지를 평가하라.
5. 결론을 강화하거나 약화할 추가 증거가 있는가?

- 참일 수도 있는 어떤 추가 증거가 있는가?
- 여러분이 참이라고 알고 있는 어떤 추가 증거가 있는가?

6. 여러분이 찾아낸 설명이 있다면, 그것이 그럴듯한지 평가하라.
7. 여러분이 찾아낸 대비점이 있다면, 그것이 적절한지 평가하라.
8. 글로부터 여러분이 이끌어낼 수 있는 어떤 결론이 있는가? 만약 그렇다면, 그 결론은 원래 논증에 흠이 있다는 의미인가?
9. 글에 나온 논증 가운데 여러분이 이미 잘못된 논증이라고 알고 있는 것과 유사한 것은 없는가?
10. 이유나 가정 가운데 일반 원리를 포함하고 있는 것은 없는가? 만약 있다면 그 원리를 평가해보라.
11. 논증은 결론을 잘 뒷받침하고 있는가? 그렇지 않다면, 이유로부터 결론으로 나아가는 과정에 어떤 문제가 있는지 구체적으로 말할 수 있는가? 이에 답하기 위해서는 앞에 나온 5~10번 물음을 이용하면 도움이 된다.

연습문제 21: 10개의 긴 글 평가하기

이제 여러분은 아래 나오는 10개의 글을 스스로 평가해볼 수 있을 것이다. 앞의 두 예를 평가할 때처럼 11단계를 사용해 평가해보라.

1. 우는 아기와 영아 산통

태어나고 첫 세 달 동안 끊임없이 우는 아기 때문에 아주 힘들어하는 엄마들이 자주 있다. 아기가 울어도 부모가 할 수 있는 일은 전혀 없는 것 같다. 부모들은 대개 아기 몸에 큰 이상이 있어서 운다고 생각해 이를 없애보려고 노력한다. 물론 몸에 뭔가 이상이 있는 것은 사실이다. 하지만 그것은 아마도 원인이 아니라 도리어 결과인 것 같다. 이른바 이 '영아 산통'(콜릭, colic)은 생후 3~4개월 쯤 되면 마술같이 싹 사라진다는 중요한 사실을 생각해볼 때 그렇다. 영아 산통은 아기가 엄마를 하나의 개체로 인식할 수 있게 되는 시점이 되면 완전히 사라진다.

우는 아기의 엄마가 하는 행동과 울지 않는 아기의 엄마가 하는 행동을 비교해보면 답을 찾을 수 있다. 전자는 아기를 대할 때 일관성이 없으며 안달복달하고 걱정이 많다. 후자는 차분하고 조용하며 침착하다. 중요한 것은 이렇게 이른

시기에도 아기는 촉각을 통해 '편안' 하고 '안전' 한 것과 그렇지 않은 것을 명확히 구분한다는 점이다. 초조한 엄마는 새로 태어난 아기에게도 그런 느낌을 줄 수밖에 없다. 이것은 다시 그녀에게 초조해하지 않아야 한다는 생각을 갖게 한다. 이는 엄마에게 스트레스를 주게 되고, 아기는 더 울게 된다. 결국 가여운 아기는 너무 울어서 아프게 되고, 이전의 고통에 육체적 고통까지 덧붙여지게 되는 것이다.

이런 악순환을 끊기 위해서는 엄마가 상황을 받아들이고 침착하게 대처할 필요가 있다. 이를 받아들이기가 쉽지 않다고 하더라도(이때 아기를 달래기란 사실상 거의 불가능하다), 이미 말했듯이 생후 3~4개월이 되면 저절로 나아진다. 그때가 되면 아기는 엄마를 뚜렷이 알아보게 되고, 본능적으로 '보호자' 로서의 엄마에 반응하기 시작하기 때문이다. 엄마는 더 이상 불안한 느낌을 주는 실체없는 어떤 것이 아니라 익숙한 얼굴이 되는 것이다. 엄마가 계속해서 불안한 느낌을 준다고 하더라도 아기는 더 이상 깜짝깜짝 놀라지 않는다. 왜냐하면 그런 자극이 친근한 사람에게서 온다는 사실을 알게 되기 때문이다. 따라서 아기와 엄마의 유대감이 커짐에 따라 엄마가 안정을 찾게 되고, 엄마의 근심도 자연히 줄어들게 된다. 결국 '영아 산통' 은 사라지게 되는 것이다.

(데즈먼드 모리스, 『털 없는 원숭이』 뉴욕: 델출판사, 1967, 98~9면)

2. 좋은 소식은 바로 스포츠가 우리에게 좋지 않다는 것이다.

— 토마스 수트클리프 —

학교를 다닐 때, 나는 정기적으로 나보다 훨씬 덩치가 큰 애들에 의해 땅바닥에 떠밀려 넘어지곤 했다. 내 얼굴은 흙으로 범벅이 되었고, 정강이가 차이고, 옷이 찢기곤 했다. 선생님들은 이런 야만적인 행동을 용서했을 뿐만 아니라 계속하도록 그냥 내버려두었고, 얼굴이 벌개지도록 선동하기까지 했다.

그 이유는 근처 어디선가 — 내 생각에 나와 꽤 멀리 떨어진 곳에 — 미끄러운 타원형 공을 서로 잡으려고 무리한 같은 도적들이 싸우고 있었기 때문이다. 이런 흔한 고통 말고도, 학교 운동장 옆에 있던 내장 가공 공장에서 나오는 악취도 고통스러웠다. 그 악취는 신선한 공기와는 거리가 먼 것이었지만 보건 당국의 규제 범위를 넘어서는 것은 아니었다.

하지만 나를 가장 힘들게 했던 것은 악취나 육체적인 고통이 아니었다. 그것은 운동을 못하는 애라고 놀림을 당하거나 경멸을 당한다는 사실도 아니었다. 그것은 이런 불쾌한 시련이 도덕적으로 도움이 된다고 하는 거듭된 주장이었다.

내가 스포츠계의 부패나 잘못된 관행이 새로이 드러날 때마다 이를 반기는 이유는 단순히 악의 승리를 환호해서 그러는 것은 아니라는 점을 이해하길 바란다. 내가 환호하는 이유는 폭군, 즉 스포츠가 윤리적인 근육을 강화해준다고 하는 터무니없는 오류의 관에 마지막으로 못을 박는 소리가 감미롭게 들리기 때문이다. 만약 그 폭군이 아직 완전히 숨이 끊어진 게 아니라면, 그것은 적어도 식물인간 상태에 있음이 분명하다.

한편 스포츠 정신의 모범인 남아프리카 공화국 크리켓 팀의 주장은 잘못을 인정하고 기소되었다. 국제 크리켓 위원회는 승부조작을 조사하기 위한 모임을 가졌다. 스코틀랜드와 웨일즈의 럭비 선수들은 국가대표 선수가 되기 위해 호적을 날조하기도 하며(당신 할아버지가 에딘버러 록[사탕의 이름]을 한 봉지 산 적이 있지요? 오, 그러면 됩니다!) 투어 드 프랑스[장거리 자전거 경주대회]는 불법적인 약물 복용의 파문에 휩싸이기도 한다. 프리미어리그 축구 클럽들은 개미가 진딧물을 빨아먹듯이 팬들의 돈을 빨아먹는다. 규칙이 무너지고 모퉁이가 잘려나가고 정의는 빛을 바래고 명성은 돈을 주고 산 것임을 볼 수 있는 풍경이 도처에 펼쳐진다.

이것은 스포츠와는 아무 관련이 없다고 주장할지도 모르겠고, 실제로 그렇게 말하는 사람도 있다. 그런 사람들은 우리가 보고 있는 것은 본질적으로 아주 고귀하고 이상적인 것에 돈이라는 요소가 조금 들어와서 생긴 해악일 뿐이라고 말한다. 이에 대해서는 두 가지 대답을 할 수 있을 것 같다. 첫째는 참된 스포츠 정신이라면 경제적인 이유 때문에 속임수를 쓸 이유가 없다는 것이다. 마을의 자존심 외에는 걸린 게 아무것도 없는, 동네 대항 체스 대회나 동네 맥주집에서 하는 다트 게임에서 종종 불거져 나오는 불미스러운 일들을 생각해보라.

둘째는 만약 앞의 논증이 조금이라도 가치가 있다면, 스포츠를 하는 남성과 여성은 운동을 통해 정신력이 엄정하게 단련되었기 때문에 일반인에 비해 쉽게 유혹에 빠지지 않아야 할 것이다.

이 문제는 규칙이 복잡하거나 애매해서 그런 것도 아니다. 사업을 하는 사람이라면 지나친 경쟁이 불미스런 결과를 낳을 수도 있지만 언제 그렇게 될지 예상하기 어렵다는 식으로 정당화를 할지도 모르겠다. 하지만 스포츠의 경우 옆줄이 이보다 더 분명하게 그어질 수는 없다.

실제로 진실은 대부분의 유명 스포츠맨은 나머지 우리들보다 조금도 더 나은 사람이 아니라는 것이다. 그들은 우리보다 조금 못하다. 왜냐하면 '어떻게 해서든 이겨야 한다' 고 하는 그들의 정의(定義)는 언제나 너무 많은 것들을 허용할 수 있고, 냉혹할 수 있기 때문이다. 스포츠의 세계가 냉혹한 이유는 그것이 제로섬(zero sum) 게임이기 때문이다. 누군가가 이기려면 누군가는 져야 한다. 미국 야구 코치 레오 두로처가 잘 표현했듯이, '착한 사람은 꼴찌를 한다.' 이처럼 스포츠는 언제나 도덕적으로 취약한 요소를 가지고 있기 때문에, 석회암에 물이 스며들듯, 돈은 약점을 찾아 냉정하게 그곳을 파고들게 된다.

물론 스포츠의 장점도 있다. 스포츠는 인간 한계에 대한 도전이며, 위대한 아름다움의 순간이기도 하다. 그것은 또한 내가 해보니까 흥미롭기도 하다. 하지만 스포츠가 도덕성을 길러주는 것이라고 한다면, 그것은 터무니없는 주장이라는 점을 인정해야 할 것이다.

(「인디펜던트」, 2000. 5. 4.)

3. 반신반인과 죽음

— 존 해리스 —

우리는 모두 나이를 먹고 결국에는 죽도록 프로그램되어 있다. 하지만 꼭 그래야 하는 것은 아니다. 만약 세포가 나이를 먹도록 프로그램되어 있지 않다면, 세포 분열의 횟수를 지배하는 말단소립(telomere, 텔러미어)이 세포 분열 때마다 줄어들지 않을 것이며, 질병이나 나이 때문에 생기는 몸의 손상을 '내부에서' 고칠 수 있게 된다면, 우리는 분명히 더 오래 살고 더 건강한 삶을 살게 될 것이며, 심지어 영생을 얻을 수도 있을 것이다.

세계 도처에서 과학자들은 세포가 나이를 먹지 않도록 다시 프로그래밍하고 말단소립이 끊임없이 스스로를 재생하게 하고, 세포나 조직의 손상을 고치게 함으로써 원리상 삶을 무한정 연장할 수 있게 하는 연구를 하고 있다. 우리나라에서도 다음 달에 전문가들이 생명을 연장하는 연구 가운데 가장 유망한 분야인 인간 배아 줄기 세포와 관련한 최근 성과를 장관들에게 보고하도록 되어 있다.

인간이 영생을 얻을 수 있다는 것이 단순한 공상 과학 이야기가 아닐 수도 있다는 전망이 갑자기 부상했다.

물론 이미 우리는 영생의 비밀을 알고 있다고 말할 여지도 있다. 우리의 유전자는 최초의 원인(猿人) 조상으로부터 왔고 원인의 유전자는 지구상의 최초 생물 형태로부터 왔다는 점에서 '영생'이라고 할 수 있다. 우리가 다음 세대에 물려줄 유전자는, 어떤 방식의 재생산 과정을 거치든, 미래에도 무한정 살아 있을 것이다. 그렇지만 원래 물음은 개인의 영생이다. 그렇게 될 수 있다면 많은 개인들로서는 기쁜 일이겠지만 인간으로서는 큰 어려움에 빠지게 될 것이다.

지금 현존하는 사람들을 영생하도록 만드는 것과 미래 세대가 영생하도록 하는 것 사이에는 커다란 차이가 있다. 여러분이나 내가 영생하도록 하려면 우리의 모든 세포가 재생되도록 해야 한다. 이 일은 아주 커다란 과제이며, 그렇게 하려면 혈류에 서로 다르게 프로그램된 수많은 줄기 세포를 넣어 서로 다른 신체 조직으로 분화될 수 있도록 해야 한다. 어떤 과학 기술도 100% 확실할 수는 없으므로 계속해서 개입을 해야 하기는 하겠지만, 이런 식으로 현존하는 생명을 무한정 늘일 수 있을 것이다.

하지만 결국에는 초기 배아 세포나 심지어 수정 전에 생식 세포를 수정함으로서 나이를 먹는 과정 자체를 '차단'할 수 있을 테고 세포 내에 수리 프로그램을 유지할 수도 있을 것이다. 만약 배아 때의 초기 줄기 세포는 모두 나이를 먹는 프로그램이 차단된 것이고 이들은 재생이 되도록 프로그램되었다고 한다면, 이후의 세포 분열이나 세포 분화로 생긴 것들에도 영생이 전달될 테고, 결국 몸에 있는 모든 세포는 만들어질 때부터 영생을 하게 될 것이다. 이렇게 해서 태어나는 아이는 진정으로 영생하게 될 것이다.

그러나 영생이 곧 취약하지 않다는 의미는 아니며, 심지어 이렇게 영생을 하게 되어 있는 것도 죽거나 살해될 수 있다. 우리는 그런 기술이 언제 발전되어 안전하게 사용될 수 있을지, 과연 그럴 수 있을지 알지 못한다. 하지만 그렇게 된다면, 그것은 중대한 함축을 지닌다.

우리는 그런 결과를 낳게 될 기술은 아주 비싸리라고 짐작할 수 있다. 여러 차례 반복해서 개입이 필요한 기존 사람들의 경우 그 비용은 엄청날 것이다. 새로운 배아를 모두 수정하려면, 사람들은 생식에 관해 아주 신중해야 할 것이며, 아마도 자신의 자식들이 영생할 수 있도록 하는 데 재생 기술을 사용해야 할 것이다. 심지어 과학 기술이 발달한 나라의 경우에도 '영생' 이나 평균 수명의 증가를 기대할 수 있는 사람의 수는 전체 인구 가운데 소수에 그칠 것이다.

세계적으로 본다면 고소득을 올리는 국가와 그렇지 않은 국가의 차이도 더 벌어질 것이다. 우리는 '영생' 하는 사람들과 '영생을 하지 못하는' 사람이라는 두 부류의 사람을 보게 될 것이다. 이것은 근본적으로 바람직하지 않은 것으로 보일지 모르겠지만, 정의라는 이유로 이를 어떻게 해야 하는지 혹은 그렇게 할 수 있는지는 불분명하다. 왜냐하면 영생이나 평균 수명의 증가가 좋은 것이라고 할 때, 모두가 그것을 쓸 수는 없다는 이유로 일부 사람들도 그것을 써서는 안 된다고 할 수는 없기 때문이다. 우리는 신장병을 앓고 있는 모든 사람에게 신장 이식을 해줄 수는 없다고 해서 신장 이식을 아예 금하지는 않는다. 보통 저소득 국가의 경우 신장 이식을 거의 못하거나 전혀 못하는데 반해, 우리는 그런 이식 수술을 많이 한다고 해서 우리가 사악하다고 여기지는 않는다.

이것이 바로 핵심 문제이다. 영생은 선인가, 이득인가? 영생의 가능성을 혐오하거나 공포라고 여기는 사람도 있다. 또한 영생을 무엇보다 바라는 사람도 있다. 대부분의 사람들은 죽음을 두려워하고 가능하면 죽음을 늦추려고 한다는 점에서 대개는 영생을 바랄 것이라고 가정할 수 있다. 하지만 우리 자신의 개인적 영생을 생각해본다는 것과 점점 더 많은 사람이 영생을 하게 되고, 그래서 미래의 모든 아이들이 직업이나 공간 등 모든 것을 두고 이전 세대와 무한 경쟁을 해야 하는 세상을 생각해본다는 것은 전혀 다른 일이다.

하지만 그런 전망 때문에 영생이 좋지 않은 것으로 비칠지라도, 수명을 대폭 늘리거나 심지어 영생을 얻게 하는 기술을 발전시키고 이용하는 것을 막아야 하는지는 분명하지 않다. 왜냐하면 영생은 심각한 질병을 예방하거나 치료하는 것과 무관하지 않기 때문이다. "사람들이 영생을 얻도록 해야 하는가?"라는 물음을 물어 이에 부정적 대답을 하는 것이 하나라면, 사람들이 심장병이나 암, 치매 등의 질병에 걸리지 않도록 해야 하는지를 묻고 그렇게 하지 말아야 한다고 결정을 내리는 것은 전혀 다른 것이다. 여러 질병을 예방하거나 치료하는 과정에서 생기는, 아마도 원하지 않았던 부작용으로 영생을 볼 수도 있을 것이다. 우리는 과연 사람들에게 다음과 같이 말할 수 있을까? "당신은 나이 30이나 40에 혹은 50에 죽어야 합니다. 당신을 치료할 수 있는 유일한 방안은 당신이 영생하게 만들거나 아니면 당신이 200살이나 300살이 될 때까지 살게 하는 것입니다."

그러나 우리는 이제 전례 없는 새로운 상황에 직면하게 된다. 우리는 가장 공정하고 윤리적인 경로가 바로 일종의 '세대 청소'(generational cleansing)가 되는 미래에 직면하게 된다. 이 경우 각 세대가 얼마나 사는 것이 합리적일지를 결정해야 하며, 그 기간 동안 가급적 건강한 삶을 살 수 있도록 할지를 결정해야 한다. 그 경우 우리는 미래 세대에 길을 비켜주기 위해 그들이 반드시 죽도록(자살이나 안락사?) 보장해야 할 것이다.

만약 그것이 받아들이기 어렵다고 한다면, 우리는 가능하다면 똑같은 결과를 낳는 일, 가령 일정 시간(일정 횟수의 세포 분열) 동안은 세포의 노화 과정을 꺼놓았다가 이후에 '적절한 시간'이 되면 다시 켜지도록 프로그래밍할 수도 있을 것이다. 물론 이는 현재 자연 상태의 체계와 아주 비슷한 것이고, 다만 대부분의 사람들이 온전한 수명을 누리게 된다는 점에서만 다를 것이다.

영생은 확실히 축복이지만 양면성을 띠고 있다. 하지만 우리는 심각한 질병에 대한 치료를 거부하지 않아야 한다. 비록 이런 치료의 대가가 수명을 늘리는 일이 되고 심지어 영생을 얻게 하는 결과를 낳는다고 할지라도 그렇다. 영생을 얻게 하는 과학적 연구가 윤리학이나 사회 정책 면에서 이에 상응하는 연구와 함께 이루어지는 것이 바람직하며, 죽음을 맞이할 수밖에 없는 존재에서 새롭게 이른바 반신반인(半神半人, demi-gods)의 지위로 나아가는 과정에 우리가 어떻게 대처해야 하는지를 제대로 알아야 할 것이다.

(「인디펜던트 일요판」, 2000. 1. 16.)

4. 나는 신호등을 좋아한다. 하지만 신호등이 완전히 철거된 때를 좋아한다.

— 마틴 카시니 —

교통 체증의 원인은 무엇일까? 이에 답하기는 아주 쉬워 보인다. 차가 너무 많아서다. 그렇지 않다! 이는 틀린 답이다. 다시 생각해보라. 교통 체증을 야기하는 것은 대부분 신호등이다.

여러분의 삶에서 차에 타고 가다가 지나가는 사람 하나 없는데도 신호등 때문에 멈추어 서 있어서 버려야 했던 시간을 생각해보라. 그리고 스스로에게 다음과 같은 질문을 해보라. 갈지 말지를 정할 때 누가 더 판단을 잘할 수 있을까, 현장에 있는 운전자일까 아니면 그냥 장치에 의해 작동되는 신호등일까? 신호등은 사람이 만든 질병인 잘못된 우선권 규칙의 치료제로서 존재한다. 이 우선권 규칙은 주 도로 차량에 우선권을 부여하고 소 도로 차량이나 보행자에게는 불이익을 준다. 이런 우선권 흐름을 잠시 중지하기 위해 신호등이 '필요하게' 된다.

1929년 이전에는 우선권 규칙이 선착순에 근거해 있었다. 모든 도로 이용자는 동등한 권리를 지니고 있었다. 그래서 교차로에 나중에 온 자동차는 그보다 먼저 온 차에게 양보를 했고, 그리고 보행자가 먼저 왔다면 그에게 양보를 했다. 운전자는 충돌을 피할 책임이 있으며 다른 도로 이용자를 보호할 의무가 있다.

다른 생활 영역에서도 줄을 서는 일반적인 원리가 적용된다. 하지만 도로의 법칙은 줄을 건너 뛰거나 공격적인 것을 허용하는 우선권 규칙에 근거해 있어서, 빈틈을 비집고 들어가고 녹색불일 때를 위해 싸움을 벌이는 전쟁터가 되었다.

하지만 신호등이 작동하지 않을 때 우리는 자유롭게 통제하며, 우리 스스로의 판단에 따라 움직일 때에는 평화로운 무정부 상태가 도래한다. 우리는 천천히 접근하고 차례대로 지나간다. 예의가 지켜지고 체증은 풀린다. 신호등이 다시 작동하게 되면, 체증이 다시 시작된다.

어제 「더 타임스」에 나왔듯이, 규제 완화를 주장하는 보수당은 시내에서 차선이나 신호등을 폐지하는 방안에 대해 긍정적이다. 신호등을 폐지한 네덜란드 도시의 경우 분명히 사고와 교통 체증이 줄어들었다. 드라흐텐 시에서는 24 군데의 신호등을 없앴다. 그 결과는? 평균적으로 걸리는 시간이 반으로 줄었고, 사고와 체증도 거의 사라졌다. 더 적은 규제의 이점은 다른 곳에서도 찾아볼 수 있다. 몬태나에서는 속도 제한을 폐지한 결과, 사고가 30% 줄었고 평균 속도도 시간당 7마일 정도 낮아졌다.

사람이란 움직임을 잘 감안해 순식간에 충돌을 방지할 수 있도록 진화되어왔다. 교통 통제는 이런 본능적 기술에 방해가 될 뿐이다. 그렇게 하면 다른 운전자나 보행자가 어떻게 하려고 하는지를 가늠해서 더 안전하게 하기보다 우리의 시선은 도로를 벗어나 신호등을 향하게 된다.

신호등은 여행에 방해가 될 뿐만 아니라 24시간 작동하는 신호등의 물결은 지구 환경에도 커다란 해를 준다. 이산화탄소 배출량 가운데 약 30%는 자동차에서 나온다. 유명한 교통 전문가인 데이비드 벡 교수는 그 가운데 40%는 공회전 때문임을 인정했다. 1리터의 연료가 소모되면 2.4 킬로그램의 이산화탄소와 다른 온실 가스가 생성된다. 신호(그리고 때로 다니지도 않는 버스전용 차선 옆에서)를 기다리느라 공회전을 할 수밖에 없는 시간이 몇 분이나 되는지 그것들을 하루의 총 시간과 곱해보고 그리고 1년의 날짜 수로 곱하고 자동차 대수와 곱해보면 환경에 어떤 영향을 주는지가 명백해질 것이다.

신호등은 환경에 나쁠 뿐만 아니라 또한 비싸기도 하다. 교차로에 신호등을 설치하는 데 드는 비용은 10만 파운드 정도이며 유지하는 데도 연간 1만 파운드 정도가 든다. 캔 리빙스턴이 런던 시장이 되고 나서 에너지를 엄청나게 소모하는 새로운 신호등을 1,800개 가량 설치했다. 누군가는 세금으로 큰 돈을 벌고 있는 것이다.

정책 결정자들이 어떻게 이런 것도 모를 수 있을까? 신호등이 워낙 깊이 뿌리박힌 것이어서 그것 없는 삶은 생각도 할 수 없기 때문인가? 아니면 런던 교통당국 — 수도에서 교통 통제라고 하는 비생산적인 일을 하는 공공의 적 1호이다

— 의 예산 규모가 워낙 크고, 그래서 76명의 운영진에게 뭘 한다고(체증을 일으킨다고?) 매년 10만 파운드씩을 주기 때문인가?

비슷한 부류의 사람으로 시장 후보였던 스티브 로이스는 '런던이 바뀌고 있다' 는 제목의 최근 토론에서 교통 체증의 원인을 나열했는데, 그는 신호등은 한 번도 언급하지 않았다. 대신 그는 더 비싼 첨단 장비가 필요하다고 주장하였다. 그가 지능적 교통 체제라는 잘못된 이름의 회사 사장이라는 점은 우연의 일치일까? 그 회사는 현재 도로를 위험하게 하고 막히게 하는 통제 기술을 주로 공급하는 회사이다.

신호등을 폐지하면 안 된다고 하는 사람들이 할 수 있는 대답은 다음과 같은 것이다. 영국에서는 한 번도 그렇게 해본 적이 없다. 나는 교통 관련 당사자들에게 더 나은 방안을 한 번 시험해보자고 제안해왔는데 그들은 항상 '안 된다' 고만 말한다. 어마어마한 교통 통제 제도라는 베를린 장벽은 고임금을 받는 전문가들에 의해 유지되고 있다. 교통 신호등 없는 세상은 그들의 존재 이유를 위협하는 것이며, 그 점에서 그들의 저항은 이해할만하다.

신호등, 버스전용차선, 오토바이 진입 금지 도로, 엄격한 주차단속, 섣부른 혼잡통행료 부과, A에서 B로 가려면 XYZ를 거쳐 가야만 하는 일방통행제도 등등의 교통 통제 때문에 도로는 악몽 같은 장애물 경기장으로 바뀌고 말았다.

물론 어마어마한 교통량이 하나의 드라마일 수 있다. 하지만 교통량+통제=위기. 만약 우리가 동등한 권리와 책임을 갖도록 하는 상식적인 원칙을 회복하고 도로 이용자들이 차례대로 지나가도록 한다면, 그리고 신호등을 없애고 교통 통제라는 거대한 괴물을 해체한다면, 우리는 단번에 도로를 더 안전하게 만들 수 있고, 우리 삶을 친환경적으로 만들 수 있으며, 교통 흐름도 훨씬 더 원활하게 되며, 쓸데없이 멈추어선 운전자들의 분노도 달랠 수 있을 것이다.

(「더 타임스」, 2007. 1. 23.)

아래 글에는 맥신 카라는 사람이 등장하는데, 그는 2002년 케임브리지 지방의 소햄에서 두 소녀를 살해한 이안 헌틀리의 부인이다. 카는 헌틀리의 알리바이를 조작했다는 이유로 기소되었는데, 나중에 법원에서는 카가 이안이 범인이 아니라고 믿었기 때문에 그렇게 했다는 사실을 받아들였다.

5. 왜 우리는 여성을 계속 감옥에 집어넣는가?

— 자넷 스트리트 포터 —

나쁜 소식이다. 마틴 나레이 교정 담당자는 대중의 의견에 무릎을 꿇어 맥신 카를 석방하지 않기로 했다. 여러분은 이런 터무니없는 성 차별주의적인 일 다음에 무슨 일이 벌어질지 생각해볼 수 있을 것이다. 한편 나는 여러분도 내 생각에 동의하기를 바란다. 그렇다면 지금 바로 [당시 내무 장관인] 데이비드 블렁킷에게 항의 편지를 보내자.

현재 교도소가 만원이고, 재소자 수가 지난 5년 동안 50% 넘게 늘어났으며, 재범률은 전혀 낮아질 기미가 없는 상황에서, 어느 누가 여성을 굳이 감옥에 집어넣어야 한다고 말할 수 있을까? 여성에게 똑같은 옷을 입혀 자존심을 앗아가고, 몇 시간 동안 꼼짝 못하게 가두어두고, 저질 음식을 먹이고, 자식들을 못만나게 하면, 숫자밖에 모르는 내무부가 정한 모호한 목표를 달성할 수 있다는 것 말고는 무슨 소용이 있는가?

아이의 결석 때문에 투옥된 첫 번째 엄마였던 패트리시아 아모스에게 투옥은 분명 해결책이 아니었다. 2002년 5월 아모스 부인은 60일 형을 받았고, 28일만에 보석으로 석방되었다. 그녀의 딸은 지금 또 학교를 가지 않으려 하고 있고, 아모스 부인은 또 다른 형을 받기 위해 법정에 서게 되었다. 이번 주 초 신문에는 2년형을 받게 되어 심란해하고 있는 또 다른 슬픈 엄마 사진이 실렸다. 히스 톰슨은 과속으로 자신의 딸과 딸의 친구가 사망하게 된 교통사고를 일으킨 혐의로 유죄 선고를 받았다. 그녀의 과속으로 커다란 고통이 야기되었고 두 가정이 고통을 겪게 되었다는 점은 분명하다. 하지만 투옥이 과연 죽은 사람에 대한 보상 방안이거나 그 사건에 책임이 있는 사람에게 새로운 삶을 시작하게 하는 방안인가?

나는 18살 미만의 청소년을 투옥할 이유가 없으며 내무부가 미성년자의 투옥을 옹호하는 것은 부끄러운 일이라고 생각하듯이, 나는 사회적으로 지각 있는 노동당 정부가 여성 범죄자를 왜 다른 식으로 다루지 않는지 그 이유를 모르겠다. 여성을 감옥에 집어넣게 되면 많은 시간과 돈이 들고, 우리 사회에서 가장 궁핍한 사람들 중의 일부에게 많은 사소한 규정과 규제를 해야 하는데, 왜 그렇게 하는가? 현재 재소자 수는 7만 명이 넘으며, 여성 재소자 수는 꾸준히 늘어나(2001년과 2002년 사이 남성 재소자 수가 6% 증가한 것에 견주어 여성은 15%가 증가했다) 거의 4,500명에 이르고 있다. 10년 동안 여성 재소자 수는 놀랍게도 140%나 증가했다.

여성은 대개 중범죄, 가령 마약 제조나 대규모 기업 사기 같은 범죄를 저지르지 않는다. 여성은 대개 도둑이나 총기를 든 강도가 아니다. 여성 재소자의 약 40%는 마약 소지나 판매와 같은 마약 관련 범죄자이다. 대부분은 마약 사용자들이며, 이들은 중독 때문에 범죄를 저지르며, 이 경우 이들은 치료가 필요한 것이고 사회의 어떤 시설에 수용해야 한다.

그 다음으로 큰 비중(16.6%)을 차지하는 것은 '다른 사람에 대한 폭력'인데 아마도 톰슨도 이 범주에 속한다고 할 수 있을 것이다. 하지만 여성은 원래 그다지 폭력적이지 않다. 다만 그들도 생각이 짧거나 배운 게 없거나 이기적일 수 있다. 그들이 감정에 휩싸이거나 배척당했다는 느낌 때문에 죄를 지을 수도 있겠지만, 스릴 때문에 사람을 죽이거나 사람에게 해를 끼치는 여성은 거의 없다. 그런 사람이 있다면 그런 여성은 정신과 치료를 받아야 하는 것이지, 마약을 쉽게 구할 수 있고 자상한 사랑이란 찾아볼 수 없는 분위기인 감옥에 가두어 시간을 보내게 해서는 안 된다.

최근 통계에 따르면, 재소자들 가운데 자해를 하는 사람이 1998년 이후 다섯 배나 늘었고 특히 여성 자해자 수가 치솟은 것으로 나타났다. 재소자들 가운데 약 80% 정도가 어떤 형태의 정신 질환을 앓고 있다는 사실은 관련 대변인도 인정했다. 감옥에 갇혀 있는 대부분의 여성 재소자들은 글을 읽지 못하거나 가정에서 학대를 받았거나 하류층 출신인 사람들이다. 영국에서 가장 큰 여성 교도소인 홀로웨이의 재소자들의 사회인구학적 분포가 엡슨이나 첼텐햄의 분포를 그대로 반영한다고 볼 수는 없다.

감옥에 보냄으로써 좋은 부모가 되게 할 수 있다는 데이비드 블렁킷의 생각은 분명 터무니없으며, 이는 보살핌이 필요한 아이에게서 부모를 빼앗는 것이고 아이를 돌볼 사람을 필요로 하게 만드는 일이다. 나는 아이와 어떤 관계를 가져야 하는지, 아이를 학교에 보내려면 어떻게 해야 하는지에 관해 도움이 필요한 엄마가 많다는 사실을 부정하지 않는다. 그들은 따돌림이 심하며 패거리 문화의 위협이 늘 있는 아이를 어떻게 다루어야 하는지에 관해 도움과 충고가 필요하다. 하지만 나는 부모들에게 필요한 이런 기술을 감옥에서 가장 잘 배울 수 있다고는 생각하지 않는다.

아이를 통제할 수 없는 부모의 경우 일정한 사회봉사를 하게 해 지역 사회에 기여할 수 있게 하는 것이 더 효과적인 방안이다. 일단 여성들에게 도움을 주어 더 좋은 엄마가 되게 하고 그들을 교육하고 후원해주어 그들이 자존심을 회복하도록 한다면, 그들은 연금 사기나 신용카드 절도 같은 데 빠지거나 상점 절도를 해도 괜찮다거나 장물을 팔아도 된다고 생각하지 않도록 딸들을 교육하게 될 것이다.

신임 검찰총장은, 유럽 몇 개 나라에서 그렇게 하듯이, 어린 아이를 살해한 혐의로 기소되는 엄마들을 감형해주고, 법정 밖에서 이 문제를 해결하는 방안을 고려하고 있다. 지금이 바로 다른 여러 범죄의 경우에도 여성을 감옥에 집어넣는 대신 이런 방안을 적용해볼 때이다. 물론 우리가 내년에 더 많은 여성들을 감옥에 집어넣고 그들이 자해하기를 기다리지 않는다면 그렇다는 말이다. 우리가 그렇게 냉혈한인가?

(「인디펜던트」, 2004. 2. 13.)

6. "자살은 항상 이기적 행동인가?"에서 발췌

— 조안 하리 —

사람들이 죽음을 선택할 수 시기가 되면, 서구 사회는 고통스런 윤리적 과도기에 들어선 것이다. 우리는 삶의 신성함을 믿는 유대 그리스도교의 전통에서 삶의 질이 더 중요할 수도 있음을 인정하는 시대로 옮아가는 것이다. 자살에 관한 논란은 분명해보이지 않을 수도 있다. 누가 자살을 막을 수 있다는 말인가? 하지만 그것은 문제가 된다. 왜냐하면 우리가 자살에 관해 어떤 결론을 내리든 그것은 조력(助力) 자살에 대한 결론에도 영향을 줄 수밖에 없기 때문이다.

이 두 논란에서 핵심 문제는 다음과 같은 것이다. 여러분의 생명은 여러분의 것인가, 그리고 원한다면 여러분은 그것을 끝낼 권리를 지니는가? 그렇다고 믿는다면, 너무 의지가 박약하거나 물리적으로 움직일 수 없는 상태에 있거나 아니면 겁이 많아서 물리적 행위를 할 수 없는 사람에게도 그런 권리가 있다는 것은 부정하기 어렵다. 의사가 환자에게 치사량의 주사액을 주사하는 것은 다른 수단을 써서 자살을 하게 하는 것과 다르지 않다. 내 스스로 자살을 하는 것과 의사가 그렇게 하도록 돕는 것 사이의 윤리적 차이는 크지 않아 보이며, 안락사를 반대하는 사람들이 그 차이를 간혹 과장할 따름이다.

이것들은 지금 특히 중요한 문제다. 왜냐하면 지금 의회에 제출되어 있는 한 법안의 일부로서, 정부는 법적 구속력을 갖는 '사망 선택 유언' (living will) 제도를 도입하자고 제안하고 있기 때문이다. 이미 유럽 몇 나라에서 시행하고 있는, 새로운 이 법안은 죽음을 택하게 되는 상황을 미리 규정할 권리를 허용한다. 가장 흔한 상황은 여러분이 정신적으로 불능 상태에 빠졌거나 물리적 고통이 극심한 경우이다. 크게 부각되지는 않았지만 이 법안은 하나의 전환점이 되는 사안이며, 그것은 조금씩 바뀌어온 도덕이 마침내 이전과는 얼마나 많이 달라졌는지를 깨닫게 해주는 순간이기도 하다. 이안 던컨 스미스[2004년 보수당 당수]는 그 법안이 '정부가 용인하는 자살' 이고 '뒷문으로 도입되는 안락사' 라고 비난했다. 이는 정확한 서술이다. 정부는 그런 논란을 잠재우거나 명백한 안락사 함축을 부정해서는 안 된다. 이안 던킨 스미스에 맞서 싸워야 하며, 스스로의 죽음을 선택할 권리를 옹호해야 한다.

안락사를 반대하는 대부분의 사람들처럼 이안 던컨 스미스도 모든 생명은 — 아주 고통스럽거나 살고 싶지 않다고 하더라도 — 똑같이 보존할 가치가 있다고 주장한다. 처음 보면 이는 그럴듯하게 들린다. 하지만 거의 대부분의 사람들, 심지어 교황청도 '삶의 신성함' 을 내세우는 윤리(철학 용어를 쓴다면)가 더 이상 일관되게 지켜질 수 있다고는 생각하지 않는다. 힐스보로 재앙의 희생자 가운데

한 사람인 안토니 블랜드를 보라. 그는 식물인간 상태에 빠졌고 의료 기술 덕분에 4년 동안 살아 있었다. 그는 양배추처럼 아무런 의식이 없었으며, 어떤 치료도 가능하지 않았다. 하지만 그는 분명히 살아 있었다. 여러분이 영혼을 믿는다면, 그는 아마도 영혼을 가지고 있었을 것이다.

여러분이 어떤 대가를 치르더라도, 즉 삶의 질과 무관하게 생명의 신성함을 믿는다면, 여러분은 인공호흡기를 빼서 그를 죽게 하는 것을 반대해야 할 것이다. 하지만 실제로 1993년에 마침내 그런 일이 벌어졌고, 아무도 반대하지 않았다. 이는 삶의 질이 아주 나빠 생명의 신성함을 압도해 죽음을 더 선호하게 되는 때도 있음을 인정한다는 의미이다. 일단 이를 인정하고 나면, 남은 논란은 삶의 질이 얼마나 나빠야 사람이 자살을 하도록 내버려두는 것(또는 그렇게 하도록 돕는 것)이 정당화되는가 하는 것뿐이다.

영국의 대중들도 이 점을 점차 깨달아가고 있다. 하지만 많은 사람들은 새로운 윤리가 없는 상태에서 기존의 윤리가 퇴색되고 있다는 데 대해 무언가 불안해한다. 우리는 대안을 찾아야 한다. 우리가 원한다면 죽음의 시간을 선택할 권리를 법적으로 보호하게 하는 어떤 대안이 필요하다. 이는 치명적인 질병을 앓고 있는 사람의 경우에 국한되어서는 안 된다. 그런 사람들이 가장 우호적인 사람들이기는 하겠지만 그리고 그들이 가장 위협을 받기도 하겠지만, 죽기를 바라는 압도 다수의 사람들은 물리적 질병이 아니라 삶 자체로부터 고통을 받고 있다. 그것을 고치기 위해 온갖 노력을 했고 합당한 치료를 받았는데도 효과가 없는 것으로 드러나게 되면, 그들이 삶을 끝낼 수 있도록 의학적 도움을 주어야 한다.

자발적 안락사 모임인 디그니타스(Dignitas)는 지난 3년 동안 심한 우울증을 앓던 네 사람을 스위스로 보내 죽음에 이를 수 있도록 도움을 주었다. 이는 많은 비난을 받았다. 하지만 이들 환자가 어떠한 의학적 치료도 불가능하고 참을 수 없을 만큼의 정신적 고통을 겪고 있었다면, 나는 이들이 자신의 선택대로 존엄한 방식으로 삶을 끝내도록 도와주는 것이 연민 어린 행동이라고 생각한다.

만약 내가 한 세대 전에 태어났다면, 즉 요즘 쓰이는 항우울제인 SSRI가 나오기 전에 태어났더라면, 나도 똑같은 선택을 했을지 모른다. 삶을 지탱하기에 너무 고통스럽다고 느끼는 소수의 사람들에게는 이런 방안을 허용해야 한다. 그리고 그 법안은 그런 방향으로 나아가는 아주 작은 걸음이다. 그것은 우리에게 유대 그리스도교라는 낡은 잔해에서 벗어나, 아주 드문 경우 죽음이 가장 덜 나쁜 방안일 수도 있음을 인정하는 계기가 될 것이다.

(「인디펜던트」, 2004. 11. 12.)

7. 체벌을 사회적으로 허용해서는 안 된다.

두 개의 의회 보고서는 체벌을 '합당한 벌'이라고 옹호하는 낡은 생각을 버리라고 권고했다. 의회의 보건위와 인권위에 따르면, 체벌에 대한 법적 옹호가 아이들에게 폭력을 행사하는 데 너무 자주 이용되고 있다.

보건 위원회의 의장인 데이비드 힌치리퍼가, 처음에는 살짝 때리는 것에서 시작한 것이 별로 점점 커져 여덟 살짜리 빅토리아 클림비에를 학대하고 고문해 살해하기에까지 이르게 되었다고 기술한 것은 너무 나아간 것일 수 있다. 하지만 그나 의회의 동료들이 취하는 방향은 옳다.

클림비에와 같은 끔찍한 사례는 아주 드물지만, 아동 학대는 아주 흔하다. 현재 영국에서 약 80명의 아이가 해마다 아동 학대로 죽는다. 하지만 체벌이 금지되어 있는 스웨덴의 경우 부모나 후견인에 의해 죽은 어린이는 한 명도 없다. 아이를 키우기 위해 때릴 필요는 없다.

부모가 아이를 살짝 때리기만 하면 무조건 형사처벌을 받게 될 수도 있다는 점은 별로 문제가 되지 않는다. 그것은 지각 있는 경찰 활동을 통해 충분히 걸러질 수 있다. 진정한 위험은 아이에 대한 폭력의 사용이 사회 규범으로 용인될 수 있는 것처럼 비칠 수 있다는 데 있다.

이런 상황에서라면 법을 바꾸지 않고는 커다란 변화를 가져올 수 없다. 바로 이 때문에 의원들의 요구에 정부가 그렇게 약한 반응을 보인 점은 아주 실망스런 일이다. 한 세대 전에는 음주운전도 사회적으로 용인되었다. 하지만 법이 바뀌었다. 당시 그 법은 아주 인기가 없었고, 법적 실효도 없을 것으로 보였다. 체벌을 금지하자는 제안에 대한 반응도 이와 꼭 같다. 하지만 비교적 짧은 기간 안에 그리고 광범위한 캠페인을 통해, 음주운전은 곧 반사회적인 것으로 받아들여지게 되었고, 아주 소수의 사람들만 음주운전을 한다.

다른 나라들에서 입증되었듯이, 체벌은 불법일 뿐만 아니라 사회적으로도 용인될 수 없다는 인식을 심어줄 수 있다. 우리에게 필요한 것은 그렇게 하고자 하는 정치적 의지이다.

(사설, 「인디펜던트」, 2003. 6. 25.)

8. "16살부터 투표권을 주자는 근거가 무엇인가?"에서 발췌

— 존 커티스 —

요즘 정치인들은 더 많은 사람이 투표에 참여하도록 하기 위해 온갖 가지 방안을 강구하고 있다. 그들은 지방 선거에서 온갖 종류의 전자 선거를 실험해왔다. 지금까지는 그런 시도로도 무관심을 깨뜨리지는 못한 것 같다. 좀 더 성공적이었던 것은 전통적 방식의 우편 투표였다. 모두에게 우편 투표를 하게 한다면, 지방 선거에서 평균 15% 정도에 그치고 있는 암울한 투표율을 높일 수 있을 것 같다. 사실 바로 그 때문에 정부는 영국 네 개 지역에서 6월 10일 선거를 우편 투표로 해야 한다고 주장하는 것이다.

하지만 투표 방식을 바꾸는 일은 아마도 1회용 대증요법일 가능성이 크다. 그렇게 하더라도 점증하는 무관심과 불만의 흐름을 되돌릴 수는 없다. 특히 젊은 유권자들 사이에 만연한 무관심을 되돌리기는 어려울 것 같다. 2001년 선거에서 젊은이들의 투표율은 다섯 가운데 두 명꼴도 채 안 된다. 기권이 예외가 아니라 정상이 되고 있는 세대를 우리가 키우고 있는 것이다.

이 문제를 어떻게 해결할 수 있을까? 무관심이 배기 전에 투표를 할 기회를 준다면, 그들은 아마 앞으로도 계속 투표하는 습관을 지니게 될 것이라는 주장이 있다. 만약 그렇다면 16살부터 투표를 하게 하면 어떨까?

'쿨한 영국' 이미지를 부활하고자 하는 수상[토니 블레어]에게는 이런 발상이 어느 정도 매력이 있을 것이다. 하지만 수상이 동료 정치인들과 함께 진정으로 투표율이 높아지기를 원한다면, 그는 좀 더 생각을 해보아야 한다. 왜냐하면 투표율을 높이거나 낮추기 위해 정치인들이 실제로 할 수 있는 것 가운데 이 방안은 자신들의 집단적 곤궁함을 더욱 가중시킬 수밖에 없는 것이기 때문이다.

젊은이들이 투표를 하지 않는다는 것은 새삼스러운 일이 아니다. 그들은 나이 많은 사람들에 비해 투표할 가능성이 언제나 낮다. 다행인 점은 그들도 언제까지나 젊기만 한 것은 아니라는 점이다. 주택 대출금이 있고 결혼(혹은 적어도 장기간의 동거)도 하게 되면 정치에 약간은 더 신경을 쓰게 되고 정치가 좀 더 중요한 문제가 된다. 이삼십 대에 접어들게 되면, 그들도 점차 정치에 관심을 갖게 되고 그래서 투표소로 향하게 된다.

성인들에게 적용되는 것은 십대에도 적용된다. 정치에 관심을 보이는 12살짜리 아이란 사실 아주 드물다. 적어도 18살은 되어야 일부가 관심을 갖는다. 따라서 16살과 17살 아이들에게 투표할 기회를 주게 되면, 18살과 19살보다 더 관심이 없는 집단에게 참정권을 주는 꼴이 된다.

투표 연령을 낮추어야 한다고 주장하는 사람들은 그렇게 하면 정치에 대한 10대들의 관심을 자극할 수 있다고 주장한다. 하지만 그렇다면, 왜 현재처럼 18살로 투표권을 낮추었을 때는 별 효과가 없었는가? 1960년대 21살에서 18살로 투표 연령을 낮춘 해럴드 윌슨의 결단은, 요즘 정치인들이 비탄해마지 않는 젊은 유권자들의 무관심을 가져오는 역할만을 했을 뿐이다. 역사가 그렇게 반복되지 않으리라는 보장이 없다.

좀 더 미묘한 논증은 처음 투표권이 주어졌을 때 투표를 하는 사람들은 이후 선거에서도 투표할 가능성이 꽤 높다는 것이다. 따라서 사람들을 가급적 일찍 투표소로 데려올 수 있다면, 그 사람들은 나중에도 계속 투표를 하는 유권자가 될 것이라는 주장이다.

하지만 18살 때 투표소에 갔었다는 이유로 사람들이 정치나 투표에 갑자기 관심을 갖게 되는 것은 아니다. 도리어 18살에 투표소에 간 것은 그들이 이미 정치에 관심을 갖게 된 아주 드문 10대들 가운데 한 사람이기 때문이다.

젊은 사람들이 투표를 하기를 바란다면, 그들이 정치에 관심을 갖도록 해야 한다. 하지만 지금보다 일찍 기권할 기회를 준다고 해서 그렇게 되는 것은 아니다. 도리어 우리처럼 그들도 투표가 세상을 바꾼다는 확신을 갖도록 해주어야 한다.

(「인디펜던트」, 2004. 5. 5.)

9. 과속 감시 카메라를 지금 당장 철거하라.

— 폴 스미스 —

영국의 도로 안전에 문제가 있다. 교통사고 사망자 수는 예상했던 만큼 줄지 않고 있으며, 최근 나온 유럽 자료를 보면 영국의 도로 안전이 유럽에서 21번째이다. 과거에는 우리가 세계에서 가장 안전한 나라였지만 지금은 추월당했다.

교통부의 목표는 달성된 것으로 보이지만, 이런 긍정적 결과가 나오게 된 것은 중상자 추세일 뿐이다. 불행하게도 교통사고로 입원한 환자 수는 10년 동안 줄지 않았다. 이로부터 내릴 수 있는 유일한 결론은 중상자 수도 줄어들지 않았다는 것인데, 하지만 제대로 보고되지 않은 사고가 점차 늘어남에 따라 교통부 통계에는 문제가 있는 것 같다.

왜 교통사고 사망자가 예상만큼 줄어들지 않는지를 조사해보라고 했더니 교통연구소에서는 "일부 운전자는 점점 더 난폭 운전을 하고 있음이 분명하다"는 결론을 이끌어내고 있다.

나는 지난 6년 동안 도로 안전 문제를 하나의 체계로 보고 연구를 해왔으며, 나는 이제 무엇이 문제인지 알았다. 현대의 교통 정책이 운전자를 더 난폭하게 만들고 있다. 이 점은 이전에도 인정되어왔다. 교통부는 좋은 운전자가 어떤 운전자인지도 정의하지 못하고 있으며, 운전자가 정확히 무엇을 해야 하는지조차도 제대로 이해하지 못하고 있다. 하지만 운전자의 행위, 특히 운전자 행위의 질이 교통 안전의 핵심 요인이다. 교통부는 운전자의 자질을 그냥 주어진 것으로 여기거나 이 점을 깡그리 무시했는데, 존 위트모어 경도 최근 이 문제를 텔레그라프 자동차란(6월 2일자)에서 거론했다. 운전이란 실시간 위기관리 과정이다. 위기관리를 잘하는 운전자는 위험에 빠지지 않는다. 그들은 위기 상황을 인지하고, 기다리거나 속도를 늦추거나 피해간다.

물론 운전할 때 닥치는 잠정적 위기에는 여러 가지가 있다. 20초 동안 눈을 감고 있으면 아마 충돌사고가 날 것이고 여러 사람이 다치거나 죽을 수도 있다. 눈을 감고 운전한다면 이는 미친 짓이겠지만, 이것은 사실 아주 중요한 무언가를 우리에게 말해준다. 중요한 것은 우리가 보는 것이라기보다 우리가 보고난 다음 어떻게 대처하느냐 하는 것이다. 위기를 관리하기 위해 우리는 이것을 이용한다.

유감스럽게도 대부분의 사람들은 운전이 위기관리라는 사실을 배운 적이 없다. 우리는 조작 기술(핸들이나 클러치 조작, 기어 변속)과 규정(차선, 정지, 정차 금지, 과속 금지, 음주운전 금지)만을 배운다.

필요한 위기관리 기술은 경력(적어도 우리가 매일 차를 운전하는 경험을 한다면)에 따라 점차 쌓이게 되고, 그것은 대부분 의식에 잠재하는 것이어서 쉽게 간과된다. 우리는 어디를 보아야 하고, 위험을 어떻게 감지하고, 위험을 알게 되었을 때 어떻게 해야 하며, 온갖 가지의 미묘한, 거의 반자동적인 판단을 어떻게 하는지를 배운다.

특히 우리는 도로나 날씨, 교통 상황에서 안전을 위해 속도를 어떻게 조절해야 하는지를 배운다. 속도는 여러분 자신이 정한 내부 위기관리 체계의 산출물이다. 하지만 교통부는 속도를 '입력물'로 여긴다.

교통 안전 정책은 도로를 더 안전하게 만드는 데 궁극적 목표를 두어야 한다. 성공의 척도는 교통 사고 사망 사건이 변화하는 방식에 있다. 만약 교통사고 사망자 수가 영국에서 예상만큼 줄어들고 있지 않지만 비슷한 경제적 조건을 가진 다른 나라에서는 예상만큼 줄고 있다면, 우리 정책에 무언가 문제가 있는 것이다.

실제로 우리 정책에 문제가 있다. 우리 정책은 운전자의 질을 무시하고 있을 뿐만 아니라 적극적으로 운전자를 더 나쁘게 만들고 있다. 우리는 잘못된 것에 우선순위를 두고 있고, 잘못된 것에 집중을 하고 있다. 우리 정책의 핵심에 교통 순찰을 대체한 과속 감시 카메라가 있다. 원래 이상은 카메라가 위기를 줄여준다는 것이었는데, 현실은 그것 때문에 우리의 위기관리 수준이 떨어지게 된다는 데 있다.

카메라는 법적인 규정을 준수하게 하는 것이 목표이지 안전이 목표가 아니다. 이 둘 사이의 차이가 지금은 아주 분명하다. 운전자들이 안전이 아니라 규정 준수에 집중하는 나라에 우리는 살고 있는 것이다. 원래 과속 감시 카메라를 설치한다는 기획 자체가 이미 사람들이 위기 관리 능력을 갖추고 있지만 도로 안전은 개인들의 실시간 위기관리에 달려 있다는 생각을 부정하는 것이다. 따라서 교통부는 운전자의 자질이 무엇인가 하는 점을 이해하지 못했을 뿐만 아니라 그 점을 훼손하는 정책을 실시하고 있는 것이다. 더 나쁜 것은, 교통부가 자신의 정책을 정당화하기 위해 잘못된 도그마를 우리에게 끊임없이 강요하고 있다는 점이다. 그런 잘못된 도그마에 도로 안전 산업이 감염되어, 지금은 수백만의 사람들이 도로를 안전하게 만드는 방안은 속도를 줄이는 것뿐이라고 믿게 되었다.

하지만 그렇게 한다고 도로가 더 안전하게 되는 것은 아니다. 교통량이 크게 늘었음에도 치명적 충돌 사고는 수십 년 동안 줄어든 이후 교통부가 교통 정책을 과속 감시 카메라 설치로 전환한 이래 별로 변하지 않고 있다. 만약 모든 교통 관리들에게 점멸등과 스톱워치를 주고 도로 옆 의자에 앉아 왼쪽이나 오른쪽 아무데도 보지 않고 있으라고 했다면, 우리는 그것이 미친 짓이라고 생각할 것이다.

유일한 방안은 교통부가 잘못을 인정하고 실패한 과속 감시 카메라 정책을 폐기하는 것이다. 이것은 분명 극적인 전환점이 될 것이지만, 강조점만 바꾸게 되면 잘못된 도그마는 그대로 두는 것이 되기 때문에 그런 전환이 꼭 필요하다.

우리는 실제로 근본적인 태도 변화가 필요하다. 우리가 다시 세계를 리드해 새로운 길을 제시할 필요가 있다.

과속 감시 카메라와 이를 정당화는 공식적인 선전은 현재 문제의 원인이지 해결책이 아니다. 그것들을 폐지해야 하며, 지금이 바로 폐지해야 할 때이다.

(http://www.telegraph.co.uk/motoring/main.jhtml?xml=/motoring. 2007/06/23)

10. 배출가스 문제가 있지만 그래도 계속 비행기를 이용해야

— 아나톨 칼레츠키 —

한때 나도 토니 블레어에 동의했고 그의 편을 들었다. 수상처럼 나도 사업이나 여가를 위해 비행기를 자주 타며, 이런 여행 방식을 바꿀 의향이 전혀 없다. 플로리다로 가족 여행을 가면서 비행기를 타고 간 블레어의 잘못은 현실성 없는 사과를 했다는 점이다. 그는 지구의 환경을 위해서, 그리고 영국에서 벌어지고 있는 논란의 질을 위해서도 원래 입장 — 이 입장은 화요일자 가디언 1면 기사 제목인

“‘비행기를 계속 타자, 지구는 과학이 구해줄 것이다’ 라고 블레어 말해”에 잘 요약되어 있다 — 을 고수하는 편이 더 좋았을 것이다.

애초 기사 제목은 아이러니를 의도한 것이었지만, 기후 변화와 관련해 무엇을 해야 할지를 잘 요약해주고 있다. 원하는 한 비행기를 계속 타도 되지만, 우리는 과학이 ‘지구를 구해줄 수 있을’ 만큼의 경제적 조건을 만들어야 한다. 더 정확히 말해, 기후 변화에 대한 관심을 표현하는 방식은 죄책감을 느끼게 한다거나 삶의 방식을 바꾸도록 하는 것이어서는 안 되고, 영국이나 유럽뿐만 아니라 중국, 인도네시아, 브라질 등의 나라에서 탄소 배출을 줄일 수 있도록 유인책을 제공하는 것이어야 한다.

항공기의 배출가스가 지구 온난화를 일으키는 원인 가운데 가장 빨리 늘어나고 있는 원인인데도, 왜 비행기를 더 타는 것이 기후 변화에 대한 신중한 태도와 양립 가능한가? 이에 대해 산수, 기술, 경제, 정치라는 네 부분으로 나누어 대답할 수 있다.

간단한 산수에서 시작하자. 백분율로 보면 아주 빨리 증가하고 있기는 하지만, 항공기 배출가스는 애초 아주 작은 양에서 출발한 것이어서 50년 후에도 아주 작은 요인으로 남을 것이다. 스턴 리뷰에 나온 통계에 따르면, 전체 배출가스에서 항공기가 차지하는 비중은 고작 1.6%이다. 현재처럼 빠른 속도로 증가한다고 가정하더라도 2050년이 되면 2.5%로 늘어날 뿐이다.

항공기는 대기 높이에 탄소를 배출하기 때문에, 땅에 배출하는 것에 비해 온실 효과는 2배에서 4배 정도 더 크다. 그러므로 스턴에 따르면 항공기가 지구 온난화에 미치는 영향은 오늘날 약 3%(최고 6%) 정도이며 2050년이 되면 약 5%(최고 10%) 정도까지 될 수 있다.

그러므로 항공기 배출가스는 지구 온난화에 영향을 미치는 아주 작은 요소이며, 이는 온실 가스의 10%를 만들어내는 자동차나 각각 14%를 만들어내는 공장이나 농가에 견주어볼 때 아주 작다. 항공기 여행은 탄소 오염의 두 가지 주된 원인 — 발전소에서 24%가 되고, 산림벌채가 18%가 된다 — 과는 무관하다. 이런 산림벌채의 반 — 지구 기후 변화의 9%를 책임지는 — 은 브라질과 인도네시아 두 나라의 열대우림을 매년 파괴하기 때문이다. 그러므로 인도네시아와 브라질이 1년 동안 환경 파괴를 멈추도록 설득할 수 있다면, 그 결과 생기는 열대우림의 보존으로도 2050년까지 항공기가 세계에 미치게 될 기후 영향을 상쇄하고도 남는다. 화석 연료를 이용한 전기의 1/3을 재생 에너지나 핵 발전으로 바꾸기만 해도 같은 결과를 얻을 수 있다.

영국 항공사나 다른 항공사가 이런 기초적인 사실을 국민들에게 제대로 전달하지 못했다는 것은 — 그리고 항공기 여행이 지구 온난화의 주된 원인 가운데 하나라는 믿음이 잘못임을 보이기 위해 한 일이 아무것도 없다는 것은 — 승객들도 오래전부터 이미 이런 사정을 알고 있었다는 의미이다. 항공사들은 세계에서 경영이 가장 엉망인 회사들에 속한다.

이제 기술을 생각해보자. 항공기는 온실 가스의 주된 원인은 아니지만, 항공기의 가스 배출량을 줄이기는 다른 산업의 가스 배출량을 줄이기보다 훨씬 더 어렵고 비용도 많이 든다. 탄소를 발생시키지 않고 전기를 생산한다거나 배출가스를 적게 배출하는 자동차를 만들 수 있는 여러 가지 방식은 있지만, 항공기 기름인 케로센을 대체할만한 것은 현재 없으며, 앞으로 금방 개발될 것 같지도 않다. 이는 항공기가 지구 온난화에 미치는 영향이 크지 않다 하더라도, 그 영향을 줄이려면 비행기에 승객을 가득 태우고 운행하도록 하고, 비행기에서 나오는 배출가스가 전기 생산이나 토지 이용 때문에 생기는 배출가스를 상쇄할 정도가 되도록 하는 장치를 만들어내야 한다는 의미이다.

경제로 가보자. 항공기의 효율을 최대로 높이기 위해 정부는 현재 비합리적으로 부과하고 있는 승객 부과금을 유류세로 바꾸거나, 혹은 좀 더 좋은 방안으로는 항공사들이 핵 발전이나 임업과 같이 지구상에서 비교적 쉽고 싸게 탄소를 없앨 수 있는 영역에서 배출권을 사도록 하는 탄소 배출권제로 바꾸어야 한다. 그렇게 하는 이유는 여행을 줄이도록 하는 데 있는 것이 아니라 탄소 절감 활동 — 그것이 영국에서 핵 발전이든 브라질에서의 열대우림 재생이든 상관없이 — 에 대한 유인책을 강화하는 데 있다.

마지막으로 정치로 넘어가자. 탄소를 적게 배출하면서 서구 수준의 안락한 교통 수단을 갖추도록 하는 기술과 유인책을 중국과 브라질에 제공한다면, 이들 나라도 지구 전체로 보아 책임 있는 방식으로 경제를 발전시킬 것이다. 이는 터무니없는 생각이 결코 아니다. 열대우림를 보존하려면 꽤 많은 보조금이 있어야 하며, 핵발전이나 태양 발전 기술, 그리고 탄소 배출이 적은 차량을 만드는 기술 등은 이미 존재하지만, 탄소 배출은 아주 비용이 많이 드는 반면 오염을 유발하지 않는 에너지는 매년 보조금을 받는 그런 상황이 되어야만 비로소 그런 기술들이 상업화될 것이다.

여기가 바로 늘어난 항공기 여행이 건설적인 역할을 할 수 있는 지점이다. 항공사들이 탄소 배출권을 사들이게 되면 배출가스가 적은 에너지로 많은 돈이 흘러들어가게 된다. 사람들이 비행기 여행을 더 많이 하면 할수록 탄소 배출량을 줄일 수 있는 관련 기술 산업은 더 이익을 보게 될 것이다.

하지만 항공기 여행에 대한 강박증에 비추어보건대, 수많은 이른바 녹색운동가들은 사실 청교도적인 이데올로그들일 뿐이며, 그들은 기후 변화를 막는 일보다 이기적인 자본주의적 생활 방식에 더 초점을 두고 있다. 하지만 탄소 배출을 진정으로 줄이고자 하는 참된 환경주의자라면 죄책감을 느끼게 한다거나 정치인들이 삶의 방식을 바꾸는 모범을 보여야 한다는 식의 주장을 해서는 안 된다. 대신 사람들은 경제적 제도를 개선하려는 노력을 함으로써, 업계와 정부가 개발 도상국에서 탄소를 줄이기 위한 작업에 경제적 매력을 느끼도록 만들어야 한다.

그들은 아담 스미스가 아래와 같이 표현했듯이, 아마도 정치 철학에서 가장 중요한 통찰을 기억해야 한다. "우리가 매일 식사를 마련할 수 있는 것은 푸줏간 주인과 양조장 주인, 그리고 빵집 주인의 자비심 때문이 아니라, 그들 자신의 이익을 위한 그들의 고려 때문이다."(역자 주: 아담 스미스, 『국부론』에 나오는 유명한 구절, 김수행 옮김(비봉출판사, 2007), 19쪽 참조) 경제적인 자기 이익이 지구 온난화 문제의 유일한 해결책이다. 그밖의 것은 다 잘못된 것이다.

(「더 타임스」, 2007. 1. 11.)

7

논증 구성하기

논증 기술이 가장 유용한 곳은 일상생활에서 우리가 그것을 적용하는 경우이다. 그런 기술을 이용해 우리는 어떤 것을 받아들이고 어떤 행위를 할지를 바르게 판단할 수 있다. 앞에서 우리는 다른 사람이 제시한 논증을 분석하고 평가하는 능력을 키워왔다. 그런 능력은 여러분 스스로 논증을 제시하는 데 필요한 모든 기술을 망라한 것이었다. 하지만 다른 사람의 논증을 비판하기는 잘하지만, 자신의 논증은 제대로 제시하지 못하는 사람도 있다. 이 장에서는 자신의 논증을 제시하는 데 있어서 중요한 두 가지 사항, 즉 논증을 구성하고 의사 결정을 제대로 하는 방안에 대해 간단히 살펴보기로 하겠다.

논증 구성하기

논증을 구성하고자 하는 맥락은 다양하다. 여러분이 일정한 견해를 가지고 있고 이 견해가 합리적이라는 점을 상대방에게 확신시키고자 하는 경우가 있을 수 있다. 여러분이 관심을 가지고 있지만 아직 마음을 정하지는 못한 어떤 주제에 대해 일정한 결론을 내리기 위해 조사를 해보고자 하는 수도 있다. 교육을 하는 맥락이라면, 선생님이 여러분에게 특정 주제에 관해 논증을 구성해보라고 하는 경우도 있을 수 있다. 회사에서라면, 여러분이 일정한 대책이 더 나은 방안임을 보이기 위해 보고서를 써야 하는 경우도 있을 수 있다.

우선 여러분의 견해가 합리적인 것임을 보여주고자 하는 첫 번째 경우부터 살펴보기로 하자. 예를 들어 여러분이 부모는 아이에게 언제나 사실을 말하는 것이 가장 좋다고 생각한다고 해보자. 논증을 제시하려면, 여러분이 왜 그렇게 생각하는지, 이를 뒷받침해줄 증거나 이유는 어떤 것이 있을지를 생각해보아야 한다. "부모는 언제나 아이에게 사실을 이야기해주어야 한다. 왜냐하면 부모가 거짓말을 할 경우 아이들은 언젠가는 그 사실을 알게 될 테고, 그렇게 되면 더 이상 부모를 믿지 않을 것이기 때문이다"라고 말한다면, 여러분은 하나의 논증을 제시한 것이다. 물론 논증을 꼭 글로 적어야 하는 것은 아니다. 다른 사람이 여러분의 주장에 대해 이의를 제기한다면, 여러분은 그 논증을 보강하거나 수정해야 하는 경우도 있을 수 있다.

학교에서 소논문을 쓸 경우, 여러분은 책이나 수업에서 관련 자료를 어떻게 모으는지를 배울 테고, 업무와 관련해 논증을 해야 하는 상황이라면 그 주제에 관해 일정 정도 전문 지식을 가지고 있을 것이다.

논증을 말로 제시하든 아니면 글로 제시하든, 여러분은 관련 정보를 지니고 있어야 한다. 여러분이 아직 마음을 정하지 못했고 여러분 스스로 좀 더 정보가 필요하다고 생각하는 주제를 예로 들어 논증 구성 과정을 자세히 살펴보기로 하자.

예: 자전거 헬멧과 안전

자전거를 탈 때 헬멧을 쓰는 것이 좋은지를 두고 논란을 벌이는 것을 본 적이 있다고 해보자. 여러분은 신문에서 그와 관련된 독자 투고 글을 보았는데, 거기 나온 논증을 보고도 아직 확신이 들지 않았고, 그래서 여러분이 이 문제에 관해 입장을 정하기 위해 좀 더 알아보아야 되겠다고 생각한다고 하자. 여러분이라면 필요한 정보를 어떻게 구하겠는가?

다행히 사람들은 인터넷을 통해 많은 자료를 쉽게 구할 수 있다. 인터넷에 나온 자료가 참이라는 보장은 없지만, 그렇더라도 그 자료는 여러분이 검토해서 평가해볼 수 있는 중요한 정보이다. 여러분이 '자전거 헬멧과 안전'이라는 검색어를 입력했더니, 여러 웹 사이트에 아래와 같은 주장들이 나왔다고 해보자.

1. 왕립 사고 예방 협회에 따르면, 2006년 영국에서 자전거 사고로 사망한 사람

은 146명이었고, 중상자가 2,296명, 경상자는 13,754명이었다.

2. 영국 의학 협회는 자전거 헬멧 착용이 의무가 될 경우 자전거를 타는 사람이 줄어들 것이며, 이렇게 되면 운동 부족으로 건강을 잃게 되는 사람들이 더 늘어나게 되리라는 우려를 표명했다.
3. 현재는 자전거를 타는 사람이 헬멧을 착용해야 할 법적 의무는 없다.
4. 자전거 헬멧은 일반인이 시속 12마일로 달리다가 부딪혔을 때의 충격에 견딜 수 있을 정도로 만들어졌다.
5. 1991년과 1995년 사이에 헬멧을 쓰고 자전거를 타는 사람들이 늘어났다.
6. 자전거 탈 때의 위험을 고려해볼 때, 대부분의 사람들은 다른 자동차와 충돌하지 않더라도, 언젠가는 넘어지게 마련이다.
7. 헬멧을 쓰면 사람들은 실제보다 더 안전하다고 느끼게 되고, 그래서 사고가 날 가능성은 더 커진다.
8. 런던대학 임페리얼 칼리지의 조사 결과, 자전거 사고로 병원에 실려간 사람들의 수는 1991년과 1995년이 거의 같았지만, 머리 부상을 입은 사람들의 비율은 1991년 40%였다가 1995년에는 28%로 낮아졌다.
9. 자전거 사고로 죽는 사람들은 대부분은 자동차와의 충돌 사고 때문이었다.
10. 경험이 많은 자전거 운전자들의 경우 자동차와 충돌하는 사고를 당한 것은 전체 사고의 20%도 되지 않았다.
11. 자전거 헬멧 가운데는 디자인이 멋지고 요즘 유행하는 색상이어서 아주 비싼 것도 있다.
12. 머리 부상을 방지하려면 자전거 헬멧이 잘 맞아야 한다.
13. 헬멧을 쓰지 않은 상태로 머리를 부딪칠 경우 머리가 깨지게 된다.
14. 2006년에 실시한 바스대학의 조사에 따르면, 자전거를 추월해가는 자동차 운전자는 자전거를 타는 사람이 헬멧을 쓰고 있을 경우 그렇지 않을 때보다 더 바짝 붙여서 차를 운전하는 것으로 나타났다. 실험을 하는 동안 자전거 운전자는 두 차례나 부딪혔다. 한 번은 버스에 그리고 또 한 번은 트럭에 부딪혔다. 두 번 모두 그 사람은 헬멧을 쓰고 있었다.
15. 자전거를 탈 때 헬멧을 쓰면 불편하고 느낌이 좋지 않다는 이유로 헬멧을 쓰

지 않으려고 하는 사람들도 있다.

16. 자전거 사고로 부상을 당한 사람들 가운데 두 부류, 즉 머리 부상을 입은 사람과 다른 곳에 부상을 입은 사람을 비교한 연구가 여러 차례 있었다. 그런 연구를 보면 머리 부상을 입은 사람들이 그렇지 않은 사람들에 비해 헬멧을 쓴 비율이 낮았다는 점이 일관되게 드러난다.

물론 여기 나온 것이 여러분이 찾아낼 수 있는 모든 것은 아니다. 하지만 논증을 구성하고자 할 때 어떻게 해야 하는지를 보여주는 데는 이것으로도 충분하다. 우선 할 일은 여기 나온 정보를 분류해서 자전거 헬멧과 안전의 문제와 관련이 있는 것과 그렇지 않은 것을 나누는 일이다. 여러분이 보기에 관계없어 보이는 것은 어떤 주장인가? 자전거 헬멧에 관한 이야기이기는 하지만 안전과는 관련이 없는 항목이 두 개 있는데, 그것은 11번과 15번이다. 따라서 이것들은 무관하다고 보고 무시해도 된다. 헬멧에 직접적으로 관련된 것은 아니지만 그래도 배경 정보로 중요해 보이는 항목도 있는데, 가령 1번이 그런 것이다. 나중에 논의해 보기로 하고, 일단 이것은 그대로 두기로 하자.

이 단계에서 여러분은 4장에 나왔던 기준을 사용해 이들 정보의 신뢰성을 판단해보아야 한다. 여기 나온 주장 가운데 일부는 신뢰할만한 출처에서 온 것으로, 가령 왕립 사고 예방 협회나 영국 의학 협회, 대학에서 행한 연구 등이 그런 것이라 할 수 있다. 여러분은 또한 웹 사이트나 글을 쓴 사람이 신뢰할만한지도 생각해보아야 한다. 이 장의 목적은 논증 구성 방법을 설명하는 것이므로, 일단 여기 나온 주장은 모두 신뢰할만한 데서 나온 것이라고 가정하기로 하겠다.

다음으로 할 일은 헬멧을 쓰는 것이 안전에 도움이 된다는 주장을 뒷받침하는 정보와 그렇지 않은 정보를 나누는 것이다. 헬멧을 쓰면 도움이 된다거나 아니면 도리어 해가 된다는 주장을 뒷받침하는 항목들을 찾아보라. 그런 다음 나머지 항목들 가운데 어떤 것들이 서로 함께 묶일 수 있는지 그리고 그것들이 어떤 함축을 지니는지를 생각해보아라. 물론 그 가운데는 어느 한 입장을 명확히 지지하지 않는 것도 있을 수 있다. 그러고 나면 배경 정보이기는 하지만 헬멧을 쓰는 것이 안전한지 아니면 위험한지에 대해 일정한 함축을 갖지 않는 주장들만 남게 될 것이다. 더 읽기 전에 방금 말한 식으로 주장들을 분류해보라.

헬멧을 쓸 경우 위험이 따른다는 점을 아주 분명하게 말하고 있는 주장이 셋이 있는데, 그것은 2, 7, 14번이다. 주장 2는 자전거 헬멧 착용이 의무화될 경우의 위험에 관한 것으로, 그런 법안을 제정하고자 하는 사람이라면 따져보아야 할 사항이다. 하지만 우리의 논증은 사람들이 헬멧을 쓰면 과연 더 안전하게 되는가와 관련해 결론을 내리는 것이므로, 이 주장은 별 관련이 없다고 해야 한다. 주장 7은 헬멧을 썼을 때 생길 수 있는 위험에 관한 것이므로 고려해보아야 한다. 주장 14는 중요하다. 왜냐하면 이는 자전거 운전자가 헬멧을 쓸 경우 충돌 사고를 당할 가능성이 더 클 수도 있음을 시사해주기 때문이다.

주장 16은 헬멧을 쓰면 더 안전하다는 주장을 뒷받침하는 것이라고 할 수 있다. 왜냐하면 그것은 자전거를 탈 때 헬멧을 쓰지 않는 사람은 사고가 날 경우 머리 부상을 당할 가능성이 높다는 점을 시사해주기 때문이다. 다른 두 주장은 1991년과 1995년 사이의 변화에 관한 것으로, 주장 5는 헬멧을 쓰는 자전거 운전자 비율이 증가하고 있다는 것을 말하고 있고, 주장 8은 자전거 사고를 당한 사람들 가운데 머리 부상을 입은 사람들 수가 줄어들었다는 것을 말하고 있다. 이 두 주장을 합쳐 본다면, 이들은 이런 두 가지 변화 사이에는 인과적 연관성이 있다는 점을 시사해준다. 이 예는 우리가 정보를 분류할 때 서로 다른 별개의 항목이 서로 맞아 이로부터 하나의 결론을 이끌어낼 수 있는 경우도 있음을 보여준다. 주장 6, 9, 10은 사고가 날 수 있는 상황에 관한 것이고, 주장 13은 사고에서 생기는 부상 종류에 관한 것이고, 주장 4는 헬멧의 보호 성능에 관한 것이다. 주장 4와 13을 합쳐 본다면, 이들은 자전거를 타다 그냥 넘어져서 생기는 사고의 경우라면 헬멧을 쓸 경우가 머리 부상을 당할 가능성이 낮다는 점을 함축하며, 주장 6은 대부분의 자전거 운전자들은 언젠가는 그런 사고를 당하게 마련이라는 점을 함축한다. 주장 9는 그런 사고는 자동차와 부딪히는 사고와 견주어 보았을 때 사망으로 이어지는 경우는 드물다는 점을 함축하며, 주장 10은 경험이 많은 자전거 운전자는 자동차와 충돌하는 경우는 많지 않다는 점을 함축한다. (주장 10은 또한 주장 6을 어느 정도 뒷받침해준다.) 그러므로 주장 4, 6, 9, 10, 13으로부터 우리는 비교적 흔하지만 그렇게 치명적이지는 않은 자전거 사고의 경우 헬멧을 쓰면 머리 부상을 막을 수 있지만, 그다지 흔하지는 않지만 대부분의 사망 사고의 경우에는 아마도 머리 부상을 막지는 못한다고 결론 내릴 수 있다. 따라서 이 주장들은, 헬멧을 쓰면 자동차와 충돌할 가능성이 더 커진다고 볼 이유가 없는 이상, 자전거 헬멧을 쓰면 더 안전해진다는 주장을 뒷받침해준다고 할 수 있다.

우리는 아직 주장 1, 3, 12는 다루지 않았는데, 이들은 논증을 구성할 때 배경 정보가 될 수 있는 것들이다.

이 증거들을 찬찬히 살펴본 후, 비교적 흔한 자전거 사고에서 심한 머리 부상을 당할 위험을 고려해보건데, 자전거 헬멧을 쓰는 것이 안전에 더 좋다고 결론 내렸다고 가정해보자. 우리는 아래에서 이런 결론을 뒷받침하기 위해 여기 나온 정보들을 어떻게 배치하는 것이 자연스런 논증 흐름인지를 보여주기로 하겠다.

> 2006년에 영국에서 146명의 자전거 운전자들이 교통 사고로 죽었고, 큰 부상을 입은 사람은 2,296명에 달했다. 자전거 헬멧 착용이 법적으로 의무는 아니지만, 여러 증거에 비추어볼 때 헬멧을 쓰는 것이 온당해보인다.
>
> 첫 번째 증거는 자전거 사고에서 머리 부상을 당한 사람들 가운데 사고 당시 헬멧을 쓰고 있었다고 답한 사람의 비율이 자전거 사고 때 머리가 아니라 다른 곳을 다친 사람들과 견주어보았을 때 낮았다는 연구 결과이다. 이는 헬멧을 쓰지 않은 사람들이 사고가 날 경우 머리 부상을 당할 가능성이 더 높다는 점을 시사해준다. 이런 증거는 더 있어서, 1991년부터 1995년 사이에 나왔던 런던대학 임페리얼 칼리지의 연구 결과도 그런 것이다. 그 시기 동안 영국에서 헬멧을 쓰는 자전거 운전자의 비율이 늘었으며, 전체 부상자 수는 별 차이가 없었음에도 머리 부상을 당한 부상자의 비율은 40%에서 28%로 줄어들었다. 이처럼 머리 부상을 입는 사람들이 줄어든 이유는 헬멧 착용이 늘었기 때문일 것이다.
>
> 헬멧이 자전거와 자동차가 서로 충돌했을 때의 충격에 견딜 만큼 강하게 만들어진 것은 아니라는 점은 사실이다. 또한 자전거 사고로 사망하는 사람들은 대부분 이런 사고 때문이라는 점도 사실이다. 하지만 자전거 사고 가

운데 자동차와 충돌하는 경우는 전체 사고 가운데 20%가 채 안 된다. 따라서 대부분의 사고에서라면 자전거 헬멧이 머리 부상을 막아준다고 볼 수 있다. 대부분의 자전거 운전자들이 자동차에 부딪히지 않더라도 언젠가는 넘어지게 마련이라는 점과 그냥 바닥에 넘어졌을 때 머리가 깨질 수 있다는 점을 고려해볼 때, 자전거 운전자가 헬멧을 쓸 경우 머리 부상을 당할 위험은 줄어든다고 할 수 있다.

자전거 헬멧을 쓰면 실제보다 안전하다고 느껴 위험을 감수하는 경향이 있게 되어 사고를 당할 가능성이 더 커진다는 주장이 있다. 하지만 헬멧과 안전에 관한 증거를 제대로 검토해본 지각 있는 자전거 운전자라면 단순히 자신들이 헬멧을 쓰고 있다는 이유로 무모하게 자전거를 탈 만큼 어리석지는 않을 것이다. 좀 더 설득력 있는 주장으로, 자전거 타는 사람이 헬멧을 쓰고 있을 경우 자동차 운전자들은 그들이 덜 취약하다고 생각해 차에 부딪히는 사고가 날 가능성이 더 크다고 말하기도 한다. 2006년 바스대학의 연구에서는 자전거를 추월하는 자동차를 2,500건 면밀히 검토한 결과, 헬멧을 쓰고 있을 경우 차가 더 바짝 붙어 추월한다는 점이 드러났다. 이 실험 도중 두 차례 차에 부딪혔는데, 두 차례 모두 헬멧을 쓰고 있을 때였다. 헬멧을 쓸 경우 머리를 다칠 수도 있는 사고를 당할 위험이 더 커진다고 한다면, 사실 이는 놀랄만한 일일 것이다. 하지만 이런 하나의 연구만으로, 그리고 2,500건의 추월 가운데 오직 두 차례의 충돌만 가지고는, 자동차 운전자들이 헬멧을 쓰지 않고 자전거를 타는 사람보다 쓰고 타는 사람을 더 바짝 붙어 추월한다고 결론 내릴 수는 있지만, 헬멧을 쓸 경우 자동차에 부딪힐 위험이 더 커진다는 일반적인 결론을 내리기는 부족하다. 아마도 자동차 운전자들은 헬멧을 쓰고 있지 않은 운전자는 초보자여서 좀 더 불안하게 운전한다고 생각하는 것 같으며, 이 때문에 그들이 더 멀리 떨어져서 운전을 하는 것일 수도 있다. 이것만 가지고 자동차 운전자들이 헬멧을 쓴 자전거 운전자에게 위험하게 더 바짝 붙어 운전하는 경향이 있다고 결론 내릴 수는 없다.

위의 논증이 완벽한 것은 아니며, 여러분 스스로 이를 분석하고 평가해볼 수도 있을 것이다. 여기서 우리의 목적은 일차적으로 증거들을 사용해 어떻게 여러분 스스로 논증을 구성할 수 있는지를 보여주는 데 있었다. 여기서 이 문제에 대해 최종 해결책을 제시하고자 하는 것은 아니며, 좋은 글을 어떻게 쓰는지 모범을 보여주고자 하는 것도 아니다. 글을 쓰는 방식은 다양하며, 여러분이 꼭 앞의 방식대로 글을 써야 하는 것도 아니다. 그렇지만 여러분 스스로 논증을 구성할 때 여러분이 참조할만한 것들이 이 논증에 들어 있다.

첫째, 논증을 시작하는 방식에 따라 독자들이 이해하기가 쉬울 수도 있고 그렇지 않을 수도 있다. 이 논증은 도입 문장으로 시작되고, 그 다음 주된 결론이 바로 나온다. 이는 좋은 방안이며, 이렇게 하면 처음부터 논증의 방향을 분명히 할 수 있다. 또 다른 방법은 여러분이 해결하고자 하는 문제를 먼저 제시하고, 끝에 가서 결론 시사 표현을 사용해 최종 결론을 제시하는 것이다.

둘째, 이유 시사 표현과 결론 시사 표현을 쓰게 되면 더 분명하게 된다. 위의 논증에서 '첫번째 증거는', '이는 ……를 시사해준다', '또 다른 증거는', '라는 점을 염두에 둘 때' 등과 같은 표현이 사용되었음을 주목해두라.

여러분이 제시하는 직접적인 이유는 결론을 뒷받침하는 것이어야 한다. 우리 예의 경우 이것이 두 번째와 세 번째 문단에 나온다.

만약 여러분이 여러분의 결론에 대한 반박을 알고 있다면, 그것도 무시하지 말라. 그런 반박이나 증거를 제시하고, 왜 그것들이 여러분의 결론을 강력하게 논박하는 것은 아닌지 그 이유를 제시하라. 우리 논증에서는 마지막 문단에서 이런 작업을 하고 있다.

글 전체에 걸쳐 표현을 분명하게 하라. 여러분이 글을 쓰고 나중에 다시 읽어보면 불분명하거나 애매한 곳을 찾아낼 수 있을 것이며, 이를 고치도록 하라. 이 단계에서는 비판적 사고가 지닌 비판적 측면이 특히 중요하다. 만약 지금까지 이 책에서 연습해왔던 대로 여러분 자신의 논증을 분석하고 평가한다면, 여러분의 논증에 들어 있는 약점을 찾아 고칠 수 있을 것이다.

요약: 논증 구성하기

1. 해당 주제에 관한 정보를 수집하라. **기존 견해를 뒷받침하는 증거만을 찾으려고 하지 마**

라. 되도록 폭넓게 정보를 수집해보라.

2. 해결하고자 하는 문제와 **관련된** 증거와 **무관한** 증거를 구분하고, 무관한 증거는 버려라.
3. 관련 있는 증거들의 **신뢰성**을 판단해보라. 신뢰할만하지 않은 증거라면 버리거나 왜 신뢰할만하지 않은지를 설명하라.
4. 증거들을 상반된 견해를 뒷받침하는 두 부류와 중립적인 한 부류로 나누어라.
5. 서로 관련된 증거들을 하나로 묶어라.
6. 증거들이 어떤 **함축**을 지니는지를 생각해보라.
7. 대략적인 **결론**을 내려라.
8. '중립적' 인 주장들이 결론을 뒷받침해줄 수 있는지, 아니면 도입부에 쓸 수 있는 것인지를 생각해보라.
9. **최종 결론**부터 말하고 시작한 다음 이를 뒷받침하는 **증거**나 **이유**를 제시하거나, 주제를 간단히 설명한 다음 **이유**를 먼저 제시하고 그 다음 **최종 결론**을 내려라. 독자들이 논증을 쉽게 이해할 수 있도록 **이유 시사 표현**이나 **결론 시사 표현**을 사용하라.
10. **결론에 대한 반박이나 결론과 배치되는 증거를 무시하지 마라.** 이것들도 나열하고, 왜 그렇다고 해서 여러분이 내린 결론이 근거가 없는 것이 아닌지를 말하라.
11. 문제를 해결하려면 추가 증거가 있어야 된다고 생각될 경우, 어떤 증거가 필요한지를 말하라.
12. 글을 쓴 다음, 검토해보아 지금까지 배운 것을 모두 적용해보라(가령 **명료하지 않은 예가 아닌지, 흠이 있거나 가정이 불분명한 것은 아닌지, 설명에 의문이 제기될 수 있는 것은 아닌지, 추론은 온당한지**를 생각해보라.)
13. 필요할 경우 논증을 수정하라.

합리적으로 결정 내리기

우리가 논증을 구성하는 주제들 가운데 많은 것들은 의사 결정을 해야 하는 주제이기도 하다. 자전거 헬멧에 관한 논증은 자전거 운전자가 헬멧을 써야 하는지를 정한다거나 또는 부모가 아이에게 자전거를 탈 때 헬멧을 써야 한다고 해야 할지를 정하거나 또는 정부가 헬멧 착용을 의무화할지를 정할 때 근거가 될 수 있다. 물론 결정들 가운데는 중요하지 않거나 어렵지 않아서 깊이 생각해보거나 추론해볼 필요가 없는 것도 있다. 하지만 여러분이 합리적인 결정을 내리고자 한다면, 체계적인 방법을 사용하는 것이 좋다.

합리적인 의사 결정은 올바른 추론에 의존하며, 따라서 앞에서 다루었던 여러 추론 기술이 그대로 쓰인다. 하지만 의사 결정을 우리가 꼭 글로 써야 하는 것은 아니다. 추론의 각 단계를 간단히 메모만 해도 되며, 온전한 문장으로 정확히 쓰지 않아도 된다. 우리에게 필요한 것은 우리가 밟아야 할 필수 단계를 빠뜨리지 않도록 하는 절차 정도이다.

우리는 합리적 의사 결정 과정에서 네 가지 주요 단계를 설정할 수 있다.

- 정보를 모으기
- 가능한 방안이나 대안을 찾기
- 이런 방안이나 대안의 결과나 함축을 파악하기
- 평가하기

여러분이 이 책에서 그동안 연습한 내용이 의사 결정의 네 가지 단계에 어떻게 쓰일까?

정보를 모으기

논증 구성과 관련해보았듯이, 우리는 인터넷에서 많은 정보를 모을 수 있다. 여러분에게 필요한 것은 어떤 정보가 적절한지 그리고 어떤 정보가 신뢰할만한지를 판단하는 기술이다.

대안 찾기

신뢰할만한 관련 정보를 모았다면, 이제 여러분은 가능한 방안이 어떤 것일지를 파악해볼 수 있다. 이 과정에서 여러분은 어떤 가능성도 무시하고 있지 않다는 점을 분명히 하기 위해, 증거에 대한 올바른 설명과 관련된 가정도 찾아낼 수 있도록 해야 한다.

결과나 함축을 파악하기

이 단계에서 결론을 이끌어내는 기술이 사용된다. 여러분은 대안이 어떤 과정을 거치게 될지 그리고 이로부터 어떤 결과가 나올지를 생각해보아야 한다. 또한 그런 결과가 발생할 가능성이 어느 정도인지를 파악하는 것도 아주 중요하다. 이 과정에서도 여러분은 가정이 어떤 것인지를 분명히 해야 한다.

평가하기

때로 우리는 특정한 목적을 염두에 두고 의사 결정 과정을 진행하는 경우도 있다. 가령 여러분은 자전거를 안전하게 타고 싶다는 목적에서, 자전거 헬멧 착용 여부에 대해 의사 결정을 내려야 한다고 생각할 수 있다. 또는 정치인들이 자전거 사고로 죽거나 큰 부상을 당하는 사고를 줄이고자 하는 목적에서, 헬멧 착용을 의무화할지 여부에 대해 의사 결정을 내려야 한다고 생각할 수 있다.

2장에서 우리는 이미 어떤 행동이나 정책을 권고하는 논증을 평가할 경우 다음과 같은 물음을 물어야 한다는 점을 지적했다.

- 권고된 정책이나 행위를 하면 원하는 목적을 달성할 수 있는가?
- 그렇게 할 경우 부작용은 없는가?
- 같은 목적을 달성할 수 있는 다른 더 좋은 방안은 없는가?

마찬가지로 행위나 정책을 결정할 때도 바람직한 결과나 부작용을 생각해보아야 하며, 동일한 목적을 달성할 수 있는 다른 방안은 없는지를 생각해보아야 한다.

우리가 생각해낸 결과의 가능성을 평가해야 할 뿐만 아니라 이 결과들의 상대적 중요성도 판단해야 한다. 부작용 가운데 어떤 것은 적절히 해결할 수 있어서 크게 문제가 되지 않을 수도 있다. 가령 자전거 헬멧을 의무화할 경우 예상되는 결과 가운데 하나는 자전거를 타는 사람이 줄어들게 되고 그래서 운동 부족으로 건강을 해칠 위험이 더 커지는 것이라고 한다면, 이런 부작용은 운동의 중요성을 강조하는 캠페인을 통해 해결할 수도 있을 것이다.

일단 결과들을 가능성과 중요성에 비추어 평가하고 그것들이 대안을 선택하는 데 도움이 되는지 아니면 방해가 되는지도 평가했다면, 이제 어떤 대안이 최선의 방안인지를 최종적으로 판단해야 한다.

비판적 사고 교재 가운데 의사 결정 모형과 그것을 적용하는 예를 다루고 있는 책으로는 Fisher(2001)와 Swartz and Park(1993), Thomson(1999) 등이 있다.

요약: 의사 결정 내리기

1. 왜 의사 결정이 필요한지를 생각해보라.
2. 의사 결정을 내리기 위해 **관련 정보**를 수집하고 그 정보의 **신뢰성**을 평가하라.
3. **대안**을 찾아보라. 이 과정에서 **가정**도 분명히 해야 한다.
4. 대안의 **결과**와 **함축**이 어떤 것인지를 알아보고, 그런 결과가 나타날 **가능성**이 얼마나 되는지를 판단해보라.
5. 가능한 결과와 관련해 다음 사항을 판단해보라.
   - 그 결과가 **바람직한지** 아니면 **바람직하지 않은지**
   - 그 결과가 얼마나 **중요한지**
   - 그 결과는 그 대안의 **장점**인지 **단점**인지
   - 바람직하지 않은 결과의 경우 이를 **해결**할 수 있는 방안이 있는지 여부
6. 각각의 방안이 원래 **목적을 달성하는지** 여부를 판단해보라.
7. 앞의 4, 5, 6에 나온 판단에 비추어 대안들 가운데 하나를 **선택**하라.

연습문제 22: 논증 구성하기

다음 문제에 대해 논증을 하나 구성해보거나 아니면 합리적으로 의사 결정을 해보라.

1. 여중이나 여고는 모두 없애야 하는가?
2. 기차 운행을 더 늘려야 하는가?
3. 대마초 사용을 합법화해야 하는가?
4. 어디를 가든 자동차를 타고 간다면 그것은 좋은 일인가, 나쁜 일인가?
5. 범죄를 줄이기 위해 각 가정이 할 수 있는 역할은 무엇인가?

6. 개인의 삶에 관련된 것일 경우에는, 언론의 자유를 제한해도 되는가?
7. 영국의 입헌 군주제는 좋은 제도인가?
8. 사형 제도를 폐지하는 것이 좋은가?
9. 임상 연구를 위해 동물을 이용해도 되는가?
10. 결혼한 부부는 아기를 가질 '권리'를 갖는다고 할 수 있는가?
11. 과속 감시 카메라를 철거하는 것이 좋은가?
12. 운전면허를 딸 수 있는 나이를 열여덟 살로 내리는 것이 좋은가?
13. 숙제를 없애면 아이들의 교육에 어떤 영향이 있는가?
14. 식습관과 범죄를 저지르는 것 사이에 연관성이 있는가?
15. 본인이나 보호자의 동의가 없더라도 사체의 장기를 장기 이식에 쓸 수 있도록 해야 하는가?
16. 결혼하는 사람이 줄어드는 것은 나쁜 추세인가?
17. 음주 가능 연령을 스물한 살로 올리는 것이 바람직한가?
18. 항공 연료에 대해서는 세금을 많이 물려야 하는가?
19. 아이가 있는 여성 범죄자의 경우 투옥을 하지 않아야 하는가?
20. 부모가 아이를 체벌해서는 안 된다는 법을 제정해야 하는가?

연습문제 해답

연습문제 1: 논증과 결론 찾아내기

1. 이것은 논증이고, 결론은 첫 번째 문장이다. 애완동물을 키우는 사람은 우울증을 앓거나 고혈압에 걸릴 가능성이 낮다는 증거는, 애완동물의 존재가 건강에 도움이 된다고 가정할 때, 애완동물은 사람에게 좋다는 주장을 뒷받침해주는 이유가 된다. 이 글을 다시 쓰려면, 두 문장의 순서를 바꾸고, "애완동물은 사람에게 좋다"는 주장 앞에 '따라서'나 '그러므로'를 넣어면 된다.

2. 이것은 논증이 아니다. 이 글은 동물과 질병에 관해 세 가지 주장을 하고 있는데, 이들 가운데 어느 것도 다른 주장을 뒷받침해주지 않는다. 세 번째 문장은 다른 두 문장과 무관하다. 왜냐하면 이 문장은 토끼를 통해 전염되는 질병에 관한 것인 반면, 다른 두 문장은 고양이를 통해 전염되는 질병에 관한 것이기 때문이다. 하지만 처음 두 문장도 하나가 다른 하나를 뒷받침하고 있지는 않다. 이 두 문장은 단순히 고양이를 통해 전염되는 질병에 관한 사실, 즉 그 병으로 임산부가 유산될 수도 있으며 고양이를 키우는 사람들은 대부분 이 병에 면역되어 있다는 사실을 이야기하고 있을 뿐이다.

3. 이것은 논증이 아니다. 이 글은 글씨를 잘 쓰는 학생과 잘못 쓰는 학생에 관한 정보를 제공하고 있을 뿐, 이 두 주장 가운데 어느 것도 다른 주장으로부터 따라나오지 않는다. 글씨를 잘못 쓰는 학생에 관한 두 주장은 서로 아무런 연관이 없으며, 글씨를 잘 쓰는 학생에 관한 정보가 그 두 주장을 뒷받침하는 것도

아니다.

4. 이것은 논증이고, 결론은 시험에 시간제한을 두는 것은 정당하지 않다는 것이다. 세 번째 문장은 결론의 이유를 제시하고 있다. 이 글을 다시 쓰면 다음과 같다.

> 시험에 시간제한을 두면 실력이 있어도 제대로 발휘하지 못하는 사람이 있게 된다. 고용주들은 시간이 걸리더라도 제대로 된 해결책을 내놓는 사람을 뽑고자 하기 때문이다. 따라서 시험에 시간제한을 두는 것은 정당하지 않다.

5. 이것은 논증이고, 결론은 두 번째 문장이다. 이 문장에서 '해야 한다'는 표현은 강 주변에서 농사를 짓지 못하게 되는 농부들에게 보상금을 지급하라고 권고하고 있음을 시사해준다. 이 글의 나머지 문장들은 이를 위한 이유를 제시하고 있다. 즉 그렇게 하면 돈도 절약되고 환경에도 도움이 된다는 것이다. 이 글을 다시 쓰면 다음과 같다.

> 강 주변의 농경지를 홍수로부터 보존하기 위해 수백만 파운드의 공적 자금이 쓰이고 있다. 그 돈의 일부를 농사를 짓지 못하게 되는 농부들에게 보상금으로 지급할 수 있다. 이렇게 하면 돈도 절약되고 환경에도 도움이 된다. 왜냐하면 강물이 넘치게 내버려두면, 홍수를 통해 자연스럽게 생기는 땅은 야생 동식물이 많이 사는 습지나 숲을 이루게 될 것이기 때문이다. 따라서 강 주변의 농경지를 홍수로부터 보존하기 위해 쓰는 돈 가운데 일부를 농사를 짓지 못하게 되는 농부들에게 보상금으로 지급해야 한다.

6. 이것은 논증이 아니다. 이 글은 날씨에 관한 몇 가지 정보를 그냥 나열하고 있을 뿐이다.

7. 이것은 논증이 아니다. 이 글은 지구에 있는 물이 어떤 것이고, 우리가 이용할

수 있는 것은 어떤 것인지를 이야기하고 있다. 앞의 두 문장이 지구에 있는 물은 대부분 우리가 이용할 수 없는 것이라는 주장을 뒷받침하고, 세 번째 문장은 우리가 이용할 수 있는 물을 언급하고 있기 때문에 세 번째 문장이 결론이라고 생각하는 사람이 있을지 모르겠다. 하지만 세 번째 문장의 주장은 우리가 이용할 수 있는 물이 점점 줄어들고 있다는 것이며, 앞의 두 문장에 이 주장을 뒷받침하는 것은 아무것도 없다.

8. 이것은 논증이 아니다. 이 글은 새로 지은 웸블리 스타디움에 관한 몇 가지 사실을 말해주고 있기는 하지만, 이것들로부터 일정한 결론을 이끌어내고 있지는 않다.

9. 이것은 논증이고, 결론은 마지막 문장이다. 이 문장은 '이는 …… 시사해준다'로 이루어져 있음을 주목하라. 이것은 흰머리수리의 관찰 횟수가 증가했다는 증거로부터 결론이 이끌어지고 있음을 나타내준다. 그 결론은 관찰 횟수가 증가했다면, 흰머리수리가 더 많아졌음이 분명하다고 하는 (명시적으로 진술되어 있지는 않은) 가정에도 의존하고 있다. 이 글을 다시 쓰려면, 그냥 마지막 문장 앞에 '따라서'를 집어넣으면 된다.

10. 이것은 논증이고, 결론은 "감시 카메라의 도입이 완전한 성공은 아니다"라는 것이다. 이 글을 다시 쓰면 다음과 같다.

> 감시 카메라를 설치하고 나서 쇼핑몰과 같은 지역의 경우 범죄가 줄어든 것으로 밝혀졌다. 하지만 법을 잘 지키는 사람들은 자신의 활동이 감시받는 것을 달가워하지 않으며, 범죄자들은 감시 카메라가 설치되지 않은 지역에서 여전히 똑같은 범죄를 저지르고 있다. 따라서 감시 카메라의 도입이 완전한 성공은 아니다.

11. 이것은 논증이 아니다. 이 글은 유권자의 특성에 관해 세 가지 이야기를 하

고 있는데, 이 가운데 어느 것도 다른 것을 뒷받침하고 있지 않다.

12. 이것은 논증이다. 하지만 이 점을 파악하기가 다른 예들보다 어려운데, 그 이유는 결론이 간단한 문장으로 이루어진 것이 아니기 때문이다. 그렇지만 이 글에는 논증이 들어 있고, 무모하게 운전하는 난폭 운전자 문제를 해결하기 위해 제한 속도를 더 낮추어서는 안 된다는 권고를 하고 있다. 이런 권고의 이유는 그렇게 할 경우 안전하게 운전하는 대다수의 사람들이 불편을 겪게 된다는 것이다. 이 글을 다시 쓰면 다음과 같다.

비록 제한 속도를 더 낮추고, 제한 속도가 준수되도록 더 많은 노력을 기울이면 교통사고를 줄일 수 있다고 하더라도, 이렇게 하면 안전하게 운전하는 대다수 사람들이 불편을 겪게 된다. 따라서 이 방안은 현재의 제한 속도 상태에서 무모하게 운전하는 난폭 운전자 문제를 해결하는 합당한 방안일 수 없다.

13. 이것은 논증이 아니다. 이 글은 대마초에 관한 세 가지 정보, 즉 빅토리아 시대에는 대마초가 여러 병을 치료하는 데 쓰였으며, 지금은 대마초 사용이 불법이고, 다발성 경화증을 완화시키는 효과를 갖는다고 하는 사실들을 그냥 나열하고 있을 뿐이다. 이런 정보 가운데 어느 것도 다른 것을 뒷받침하지 않는다.

14. 이것은 논증이다. 결론은 두 번째 문장이며, 제시된 이유는 세 번째 문장이다. 이 글을 다시 쓰면 다음과 같다.

과학자들은 가령 산소를 더 효율적으로 사용할 수 있어서 근육이 더 오래 기능하도록 하는 유전자를 지닌 사람이 있으며, 이런 사람이 운동선수로서 더 유리하다고 말한다. 따라서 훈련을 많이 하면 할수록 경기력이 향상되며, 첨단 장비의 개발도 신기록을 수립하는 데 도움이 되기는 하지만, 이렇다고 해서 훈련을 많이 하고 좋은 장비만 있으면 누구나 좋은 성적을 낼 수 있다는 말은 아니다.

15. 이것은 논증이고, 결론은 마지막 문장이다. 이 문장에서 '따라서'는 결론이 나오고 있음을 시사해준다. '에 따라'라는 표현이 두 번째 문장에 나오지만, 여기서 이것은 최종 결론이 나오고 있음을 말하는 것이 아니라, 도리어 최종 결론과는 맞지 않는 사회 역사가의 논증에서 일정한 역할을 하는 것이다. '하지만'이란 말은 견해 차가 있다는 점을 나타내며, 그 다음에 최종 결론을 뒷받침하는 이유들이 나오고 있다.

연습문제 3: 이유 파악하기

1. 정답은 (c)이다.

(a)는 결론을 뒷받침하지 않는다. 왜냐하면 (a)는 헌혈 기구가 헌혈하는 사람에게 대가를 지불할만한 경제적 여력이 없을 수도 있다는 점을 시사하기 때문이다.

(b)가 결론을 뒷받침한다고 생각할지 모르나 그렇지 않다. 뒷받침한다고 생각하려면, 어떤 사람이 다른 사람을 돕고자 해서 하는 일이라면, 우리는 언제나 그 사람에게 대가를 지불해야 한다고 가정해야 한다. (b)는 대개 헌혈을 하도록 하기 위해서는 대가를 지불할 필요가 없다는 점을 시사해준다.

(c)는 헌혈하는 사람에게 대가를 지불할 경우의 이점, 즉 그렇게 하면 더 많은 사람들이 헌혈을 하게 됨에 따라 혈액 부족 문제를 해결할 수 있다는 사실을 거론함으로써 헌혈하는 사람에게 대가를 지불해야 한다는 결론을 뒷받침하고 있다.

2. 정답은 (b)이다.

(a)는 결론을 뒷받침하지 않는다. 왜냐하면 인성과 기술이 모두 시간이 지나면 변할 수 있다고 할 경우, 지원자의 인성이나 기술은 새로운 사람을 뽑는 데 중요한 요소일 수 없을 것이기 때문이다.

(b)는 결론을 뒷받침해준다. 만약 고용자가 지원자의 인성의 중요성을 무시한다면, 그는 인성이 나쁘지만 그것을 바꿀 수도 없는 지원자를 뽑을 수 있기 때문이다. 하지만 그가 좋은 인성을 가진 사람을 뽑는다면, 그는 이 사람에게 필요한 기술을 쉽게 가르칠 수 있을 것이다.

(c)는 결론에 반한다. 왜냐하면 그것은 지원자들 사이의 인성 차이는 별로 중요하지 않으며(왜냐하면 누구나 다 좋은 인성을 개발할 수 있기 때문에), 그리고 특수한 기술을 요하는 어떤 직업의 경우 지원자들 사이의 기술 차이가 아주 중요하다는 점을 시사해주고 있기 때문이다.

3. 정답은 (a)이다.

(a)는 피부색이 옅은 사람이 햇볕에 노출될 경우 아주 해로운 결과, 즉 피부암에 걸릴 수도 있다는 것을 말해줌으로써 결론을 뒷받침하고 있다.

(b)는 결론과 무관하다. 왜냐하면 (b)는 피부색이 진한 사람이 햇볕에 노출될 경우 어떤 결과가 일어날지를 말하고 있는데 반해, 결론은 피부색이 옅은 사람이 햇볕에 노출될 경우 어떤 결과가 일어날 수 있는지를 말하고 있기 때문이다.

(c)는 결론을 뒷받침하지 않는다. (c)는 피부색이 옅은 사람이 살이 타는 것을 막는 한 가지 방법, 즉 선크림을 바르면 된다는 것을 말하고 있다. 하지만 이것은 피부색이 옅은 사람이 왜 햇볕에 노출되면 안 되는지에 관해서는 아무것도 말해주지 않는다.

4. 정답은 (a)이다.

(a)는 단열재를 설치하는 경제적 이점, 즉 난방비를 줄일 수 있다는 점을 들어 결론을 뒷받침하고 있다. 따라서 단열재를 설치하는 데 비용이 든다고 하더라도, 장기적으로는 그렇게 하는 것이 경제적인 일이 될 것이다.

(b)는 결론을 뒷받침하지 않는다. 왜냐하면 (b)는 단열재를 설치할 경우 얻게 되는 경제적 이점에 대해서는 전혀 언급하고 있지 않기 때문이다. 그것은 안락하다는 이점만을 거론하고 있다.

(c)는 결론을 뒷받침하지 않는다. 왜냐하면 (c)는 단열의 어떤 단점, 즉 습도가

높아지기도 한다는 사실을 언급하고 있기 때문이다. 이 사실은 단열재를 설치하는 것이 경제적이라고 생각할 이유가 되지 못한다. 도리어 그것은 습도 문제를 해결하기 위해 추가 비용이 들 수도 있다는 점을 시사해준다.

5. 정답은 (c)이다.

(a)는 소년범을 교도소에 보내서는 안 된다는 결론을 뒷받침하지 않는다. (a)는 교도소에서 시간을 잘 활용하는 한 방안, 즉 직업 교육을 받는 방안을 말하고 있을 뿐이다.

(b)는 결론을 뒷받침하지 않는다. 왜냐하면 그것은 교도소 부족 문제와 교도소를 새로 지을 경우 비용 문제를 말하고 있는데 반해, 결론은 소년범을 교도소에 보내지 말아야 하는 이유는 범죄를 줄이기 위한 것이라는 데 초점을 맞추고 있기 때문이다.

(c)는 소년범을 교도소에 보낼 경우 재범을 범할 가능성이 많아지기 때문에 범죄가 증가하게 된다는 것을 보여줌으로써 결론을 뒷받침하고 있다.

6. 정답은 (c)이다.

(a)는 결론을 뒷받침하지 않는다. 왜냐하면 샐리가 살인을 하고자 했고 그렇게 할 수 있었다고 하더라도, 이것이 샘이 살인을 저지르지 않았다는 것을 보여주는 것은 아니기 때문이다.

(b)는 결론을 뒷받침하지 않는다. 왜냐하면 샘은 살인을 저질러 얻을 게 아무것도 없다 하더라도 그렇게 할 수도 있는 노릇이기 때문이다.

(c)는 샘이 살인을 저지르기가 물리적으로 불가능했다는 점을 보여줌으로써 결론을 뒷받침하고 있다.

7. 정답은 (b)이다.

(a)는 결론을 뒷받침하지 않는다. 왜냐하면 (a)는 채식 위주의 식사를 할 경우의 비타민 결핍에 관해 말하고 있을 뿐이기 때문이다. 이는 채식 위주의 식단이 건강에 나쁠 수도 있음을 시사해준다고 할 수 있다.

(b)는 채식 위주의 식사를 하는 사람은 건강에 해로운 것, 즉 심장병을 유발할 수도 있는 동물성 지방을 먹지 않게 된다는 것을 보여줌으로써 결론을 뒷받침하고 있다.

(c)는 결론을 뒷받침하지 않는다. 왜냐하면 (c)는 채식 위주 식단에는 들어 있지 않지만 건강에는 좋은 어떤 것에 관해 말하고 있을 뿐이기 때문이다.

8. 정답은 (b)이다.

(a)는 결론을 뒷받침하지 않는다. 왜냐하면 (a)는 일부 부모들이 예방접종의 부작용에 대해 어떤 생각을 가지고 있는지를 말해주고 있을 뿐이기 때문이다. 이것은 예방접종의 이점에 관해서는 아무런 정보도 제공해주지 않는다.

(b)는 많은 부모들이 아이들에게 천연두 예방접종을 하지 않는다면 바람직하지 않은 일이 일어날 수 있다는 것, 즉 몇 년마다 천연두가 창궐하게 된다는 것을 보여줌으로써 결론을 뒷받침하고 있다.

(c)는 그 자체로 결론을 뒷받침하지 않는다. (c)는 천연두에 걸릴 위험이 아주 낮기 때문에 아이들에게 천연두 예방접종을 할 필요가 없다는 사실을 시사해주는 것일 수도 있다. 하지만 천연두에 걸릴 위험이 아주 낮은 이유는 인구의 대다수가 예방접종을 받기 때문일 수도 있다. 만약 이 정보를 (c)에 덧붙인다면, (c)는 결론을 뒷받침하는 논증의 일부로 기능을 할 수도 있다.

9. 정답은 (a)이다.

(a)는 결론을 뒷받침한다. 왜냐하면 수영을 못하는 사람은 익사의 위험이 큰 운동은 하지 않는 데 비해 수영을 잘하는 사람은 그런 운동을 한다고 한다면, 이 사실은 왜 익사자들 가운데 수영을 못하는 사람보다 수영을 잘하는 사람이 많은지를 설명해줄 수 있기 때문이다.

(b)는 결론을 뒷받침하지 않는다. 왜냐하면 (b)에는 배를 탈 때 구명조끼를 입지 않는 사람들이 대부분 수영을 잘하는 사람들인지 여부에 대해서는 아무 말이 없기 때문이다.

(c)는 결론을 뒷받침하지 않는다. 왜냐하면 (c)에는 수영을 못하는 사람들에 관

해서는 아무런 이야기도 없기 때문이다. 그것은 수영을 잘하는 사람도 왜 익사하는 경우가 있는지를 설명해주기는 하지만, 이것이 익사하는 사람들 가운데는 수영을 못하는 사람보다 잘하는 사람이 더 많다고 생각할 이유가 되는 것은 아니다.

10. 정답은 (c)이다.

(a)는 결론을 뒷받침하지 않는다. 왜냐하면 (a)는 이에 좋은 껌에 관해서 말하고 있을 뿐이기 때문이다.

(b)는 결론을 뒷받침하지 않는다. 왜냐하면 (b)는 어떤 껌을 씹든 이에 좋은 영향을 준다는 것을 시사해주기 때문이다.

(c)는 어떤 껌은 이를 썩게 한다는 것을 보여줌으로써 결론을 뒷받침한다.

11. 정답은 (b)이다.

(a)는 결론을 뒷받침하지 않는다. 왜냐하면 (a)는 사람이 조류 독감에 걸릴 수 있는 한 가지 방식을 말하고 있을 뿐으로, 이는 조류 독감이 세계적으로 유행할지 여부에 대해서는 아무것도 말해주는 것이 없기 때문이다.

(b)는 결론을 뒷받침한다. 왜냐하면 비록 새와 접촉해서 여러 사람이 조류 독감에 걸린다 할지라도, 사람끼리는 쉽게 전염되지 않는다면 조류 독감이 세계적으로 유행할 가능성은 별로 없을 것이기 때문이다.

(c)는 미래에는 조류 독감 예방주사를 맞을 수도 있다는 점을 시사해주며, 이 경우 사람들 사이에 조류 독감이 유행할 가능성은 낮을 것이지만, 이것이 결론을 뒷받침하는 것은 아니다. 왜냐하면 이것이 백신이 개발되기 이전에 조류 독감이 크게 유행할 가능성을 배제하는 것은 아니기 때문이다.

12. 정답은 (b)이다.

(a)는 결론을 뒷받침하지 않는다. 왜냐하면 그 연구에 참여한 사람들이 먹는 것을 좋아하는지 여부는 그들이 먹은 음식이 건강에 어떤 영향을 주는가 하는 문제와는 무관하기 때문이다.

(b)는 결론을 뒷받침한다. 왜냐하면 사람들이 무엇을 먹었는지를 정확히 보고하지 않는다면, 그들이 먹은 음식이 건강에 어떤 영향을 주는지에 관해 신뢰할 만한 결론을 이끌어낼 수 없을 것이기 때문이다.

(c)는 그 연구 결과의 정확성 여부와 무관하다. 왜냐하면 비록 조사가 시작되었을 때 이미 일부 사람들은 건강하지 않았다 할지라도, 그 연구 기간 동안 사람들의 건강이 더 좋아졌는지 혹은 더 나빠졌는지에 관한 결론은 이끌어낼 수 있기 때문이다.

13. 정답은 (c)이다.

(a)는 결론을 뒷받침하지 않는다. 왜냐하면 그것은 전기를 절약하는 것과는 아무런 관련이 없기 때문이다.

(b)는 전기를 절약할 경우의 이점에 관한 것이다. 하지만 그것은 결론을 뒷받침하지 않는다. 왜냐하면 그것은 잠깐이라도 불을 끄는 것이 왜 전기를 절약하는 데 도움이 되는지에 대해서는 아무런 이유도 제시하고 있지 않기 때문이다.

(c)는 결론을 어느 정도 뒷받침한다. 이는 불을 새로 켜는 데 드는 전력 양은 잠깐이라도 불을 그대로 켜놓을 때 드는 전력 양보다는 적다는 점을 말해주기 때문이다.

14. 정답은 (b)이다.

(a)는 결론을 뒷받침하지 않는다. 왜냐하면 그것은 컴퓨터 게임을 하는 아이들은 책을 덜 읽는 결과를 낳을 수 있다는 점을 시사해주며, 책을 덜 읽는 것이 좋다고 볼 아무런 이유도 없기 때문이다.

(b)는 결론을 뒷받침한다. 왜냐하면 그것은 컴퓨터 게임을 할 경우 얻을 수 있는 어떤 이점(시력 향상)을 거론하고 있기 때문이다.

(c)는 결론을 뒷받침하지 않는다. 왜냐하면 그것은 컴퓨터 게임을 하는 것이 TV를 보는 것보다 더 교육적이라는 것을 시사해주는 것도 아니고 컴퓨터 게임을 하는 것이 특별히 교육적이라는 것을 주장하는 것도 아니기 때문이다.

15. 정답은 (c)이다.

(a)는 결론에 아무런 영향도 주지 않는다. 왜냐하면 결론은 비율이 낮아졌느냐에 관한 것인데, 비율은 전체 건수에 영향을 받지 않을 수 있기 때문이다.

(b)는 결론을 뒷받침하지 않는다. 왜냐하면 그것은 결론에서 말하고 있는 집단과는 다른 집단에 관한 이야기이기 때문이다.

(c)는 결론을 뒷받침한다. 왜냐하면 그것은 왜 사람들이 이혼을 하지 않고 사랑 없는 결혼생활을 지속하는가 하는 이유를 제시해주며, 따라서 사랑 없이 결혼생활을 지속하는 사람들의 비율이 낮아지지 않더라도 왜 이혼율은 낮아질 수 있는가 하는 이유를 제시해주기 때문이다.

연습문제 4: 논증의 부분 파악하기

이 답안에는 '이유 1', '이유 2' 등으로 이유에 번호를 붙여놓았다. 여러분이 어느 이유에 어떤 번호를 붙이든 상관 없으므로, 번호를 다르게 붙였다고 걱정할 필요는 없다. 중요한 것은 이유와 중간 결론 및 이유와 최종 결론 사이의 관계다.

1. 이 논증에는 한 가지 이유와 결론이 나온다.

이유: 극장이나 연주회에 갈 때 입장료를 낸다.
결론: 박물관이나 미술관에 갈 때도 입장료를 내는 데 반대할 이유가 전혀 없다.

이 논증은 다른 문화 시설에 들어갈 때 입장료를 내지 않아도 될 경우에만 박물관이나 미술관에 갈 때 입장료를 내는 데 반대할 수 있다는 점을 당연한 것으로 간주하고 있다.

2. 최종 결론은 '따라서'라는 단어가 시사해주듯이 마지막 문장이다. 이 글의 나머지 부분은 이 결론을 뒷받침해주는 증거라고 생각되는 연구를 서술하고 있다. 우리는 이 논증이 다음과 같은 구조를 지녔다고 할 수 있다.

이유 1: 런던에 있는 왕립 무료 병원 소속의 정신과 의사들은 우울증을 앓고 있는 약 70명의 환자들을 두 집단으로 나누어 대조 실험을 했다.

이유 2: 한 집단의 환자들과는 열두 번의 심리 치료 상담을 했고, 다른 집단의 환자들과는 주치의와 통상적인 상담을 하도록 했다.

이유 3: 아홉 달 후에는 두 집단에 속한 환자들이 모두 많이 좋아졌다.

이유 4: 나아진 비율이나 정도에는 두 집단 사이에 아무런 차이가 없었다.

이 네 가지 이유가 합쳐져서 다음 결론을 뒷받침해준다.

결론: 심리 치료가 주치의와 상담하는 것보다 더 효과적이라고 할 수 없다.

3. 이 글에는 결론이 먼저 나오고, 그 다음에 한 가지 이유가 나온다. 이 논증의 구조는 다음과 같다.

이유: 영국보다 흡연율이 높은 나라인 스페인이나 이탈리아의 경우 비슷한 조치를 취하더라도 별 문제가 없었다.

결론: 영국의 경우 공공장소에서 흡연을 금지하는 방안은 별 다른 저항 없이 받아들여질 것 같다.

4. 이 글에는 '이유 시사 표현'이 두 개 나온다. 두 번째 문장에 나오는 '왜냐하면'과 세 번째 문장에 나오는 '……하는 근거이다'가 그것들이다. 최종 결론은 첫 번째 문장이다. 이 논증을 다음과 같이 분석할 수 있다.

이유 1: 동물 실험 결과 안전하다고 한 약 가운데서도 인간에게 해로운 약이 있었다.

이유 2: 아스피린과 페니실린은 고양이에게는 독이 된다.

이들 이유가 합쳐져서 다음 중간 결론을 뒷받침해준다.

중간 결론: 동물은 인간과는 너무 다르다.

이것이 다음 최종 결론을 뒷받침해준다.

최종 결론: 약이 인간에게 안전한지를 알아보기 위해 동물 실험을 한다고 해서 우리가 필요로 하는 정보를 얻을 수 있는 것은 아니다.

5. '이는 ……라는 의미이다' 라는 표현은 두 번째 문장에서 결론이 이끌어지고 있음을 시사해주지만, 이 글은 마지막 문장에서 최종 결론을 내리고 있다. 이 글의 구조는 다음과 같다.

이유: 유럽 국가의 경우 출산율이 급격히 낮아지고 있다.

이것이 다음의 두 중간 결론을 뒷받침해준다.

중간 결론 1: 사람들이 이전보다 장수한다 하더라도 결국에는 인구가 감소할 것이다.
중간 결론 2: 노년 인구를 부양할 수 있는 생산 연령 인구는 계속 줄어들 것이다.

이 두 중간 결론이 합쳐져서 다음 최종 결론을 뒷받침한다.

최종 결론: 은퇴 연령을 높이거나 젊은 사람들이 생산성을 높여야 한다.

마지막 이 문장을 낱개의 두 문장으로 나누고, 이 논증은 두 개의 서로 다른 최종 결론을 지니고 있다고 말하고자 하는 사람이 있을지도 모르겠다. 만약 어떤 논증이 중요하지만 서로 관련이 없는 두 가지 점을 뒷받침하고 있다면, 그 논증의 최종 결론이 두 가지일 수 있다. 하지만 이 글에서 두 가지 점은 서로 연결되어 있다. 즉 은퇴 연령을 높인다면, 젊은 사람들이 생산성을 반드시 높여야 하는 것은 아니며 그 역도 성립한다는 점에서 그렇다. 이 논증은 은퇴 연령을 높여야 하며 그리고 또한 젊은 사람들이 생산성을 높이기도 해야 한다고 주장하는 것이 아니다. 이 논증은 전자나 후자 가운데 어느 하나가 필요하다고 말하고 있는 것이다.

6. 이 논증은 복잡한 구조를 가지고 있다. 하지만 결론을 찾아내기가 어렵지는 않다. 결론은 '따라서' 라는 단어가 시사하듯이, 마지막 문장이다. 이 글에는 이유 시사 표현이 두 개 나온다. 세 번째 문장에 '때문에' 와 네 번째 문장에 '왜냐하면' 이 그런 것이다. 그리고 두 번째 문장의 '이렇게 되면' 은 어떤 결론이 이끌어지고 있음을 나타내준다. 이 논증은 다음과 같이 분석된다.

이유 1: [운전자에게도 대마초와 같은 마약 검사를 하게 된다면], 마약 성분이 전혀 나오지 않아야 한다는 기준이 채택될 것이다.

이것이 다음 중간 결론을 뒷받침해준다.

중간 결론 1: 혈중에 대마초 성분이 조금이라고 남아 있는 사람은 처벌을 받게 될 것이다.

이 중간 결론은 다음과 합쳐져서

이유 2: 대마초는 넉 달까지 혈중에 남아 있을 수 있다.

중간 결론 2를 뒷받침해준다.

중간 결론 2: 운전하는 데 아무런 문제가 없는 사람도 처벌을 받을 수 있다.

이 중간 결론은 다음을 뒷받침해준다.

중간 결론 3: 이는 온당치 못하다.

이는 다음을 뒷받침한다.

최종 결론: 마약 검사를 도입한다면, 마약 성분이 전혀 나오지 않아야 한다는 것을 기준으로 삼아서는 안 된다.

이 결론은 조건문임을 명심하라. 이 논증은 어떤 가정을 하고 있다고 생각되는가?

7. 이 글에는 논증 시사 표현이 전혀 나오지 않는다. 따라서 우리는 이 글의 요지가 무엇인지를 살펴보아야 한다. 이 글은 지구 온난화의 원인이 화석 연료를 쓰기 때문이 아닐 수도 있다는 점을 말하고자 한다. 이 논증은 다음과 같은 구조를 지니고 있다.

이유 1: 지구 온난화가 진행되고 있다는 점은 분명하다.

이유 2: 지금처럼 화석 연료를 많이 사용하기 전에도 이미 지구가 따뜻했고 이산화탄소도 많았던 적이 있다.

이 두 가지가 합쳐져서 다음 결론을 뒷받침한다.

결론: 지구 온난화의 원인이 이산화탄소를 많이 배출하는 화석 연료를 쓰기 때문인지는 확실하지 않다.

8. 이 논증은 앞의 것과 같은 구조를 지니고 있다.

이유 1: 담배 피는 사람이 아무도 없다면, 세금으로 걷는 수입도 크게 감소할 것이다.

이유 2: 많은 수의 흡연자들은 자기들 몫의 노후 연금이나 건강 연금을 받기도 전에 죽는다.

이 두 가지가 합쳐져서 다음 결론을 뒷받침한다.

결론: 흡연과 관련된 질병 때문에 정부가 종종 얘기되는 것만큼 많은 비용을 부담하고 있는 것은 아니다.

9. 이 글은 첫 번째 문장에 나오는 권고를 받아들이도록 하기 위해 네 가지 이유를 제시하고 있다. 그것들은 다음과 같다.

이유 1: 이런 장기 이식은 비용이 많이 든다.
이유 2: 동물의 질병이 인간에게 옮겨질 가능성도 배제할 수 없다.
이유 3: 이식할 장기가 부족하다는 문제는 더 많은 사람들이 장기 기증을 하도록 해 해결할 수 있다.
이유 4: 인간에게는 인간의 장기를 이식해야 생존 가능성도 높아진다.

이들 이유가 합쳐져서 다음 결론을 뒷받침한다.

결론: 동물의 장기를 인간에게 이식하도록 해서는 안 된다.

10. 최종 결론은 마지막 문장에 나온다. 이 논증의 구조는 다음과 같다고 할 수 있다.

이유 1: [만약 동물을 죽이는 것이 그 권리를 침해하는 것이라면] 우리는 편리함을 위해 어린 강아지 가운데 일부를 죽여서는 안 되며, 굴이 19개면 충분할 때 20개를 따서는 안 되며, 그냥 즐겁기 위해 여름밤에 촛불을 켜서도 안 되며, 운 나쁜 나방이 부적절하게 최후를 맞게 해서도 안 된다.

이유 2: 진짜 중요한 일이 아니라면 우리는 산책을 해서도 안 된다.
이유 3: 이런 것은 모두 유치하다.

이 세 가지 이유가 합쳐져서 다음의 중간 결론을 뒷받침해준다.

중간 결론: 어떤 것은 되고 어떤 것은 안 된다고 하는 구분선을 긋기란 불가능하다.

이 중간 결론이 다음 최종 결론을 뒷받침해준다.

최종 결론: 고통없이 죽일 수만 있다면 아무 이유가 없더라도 동물을 죽일 수 있는 절대적인 권리가 있다고 할 수 있지만, 고통을 주게 된다면 특별한 정당화가 필요하다.

11. 이 논증은 결론을 먼저 제시하고, 그 다음 그 결론의 이유를 다음과 같이 제시하고 있다.

이유 1: 처음에는 [광우병에 감염된 고기를 먹었기 때문에] 앞으로 한 50년에 걸쳐 수천 명이 죽을 것으로 예상되었다.
이유 2: 이것이 정확한 추정치라면, 지금쯤에는 적어도 129건 이상이 영국에서 보고되었어야 한다.

이 두 이유가 합쳐져서 다음을 뒷받침하는 것으로 나와 있다.

결론: 1980년대 후반 BSE('광우병')가 한창일 때 광우병에 감염된 고기를 먹었기 때문에 죽게 될 사람의 수는 처음 예상했던 것보다는 훨씬 적을 것이다.

12. 마지막 문장에 나오는 '때문에'는 그 표현 앞부분이 이유이고 뒷부분이 결론

임을 시사해준다. 뒷부분에 나오는 '해야 한다'도 또한 그 부분이 결론임을 시사해준다. 이 글의 구조는 다음과 같다.

이유 1: 여러 동식물의 멸종 가능성을 걱정하는 환경보호론자들은 세계 도처에 보호 구역을 설정해야 한다고 주장한다.
이유 2: 하지만 그렇게 하면 몇몇 가난한 나라의 경우 그 사람들이 이용할 수 있는 유일한 자연 자원을 이용할 수 없게 된다.
이유 3: 경제 원조가 없다면 국제 사회가 아니라 가난한 개인들이 보존의 대가를 지불하는 결과가 된다.

이들 세 가지 이유가 합쳐져서 다음 결론을 뒷받침하는 것으로 되어 있다.

결론: 그런 나라에는 보호 구역을 설정하면서 경제 원조도 해야 한다.

13. 첫 번째 두 문장은 이유로 제시되고 있다기보다는 화제를 도입하는 것이라고 할 수 있다. 결론은 '하지만'으로 시작하는 문장이다. '하지만'이 엄밀하게 말해 결론 시사표현이라고 할 수는 없겠지만, 앞에 나온 것과 상반되는 결론을 글쓴이가 주장하고자 할 때 그 표현을 쓰기도 한다. 이 논증의 구조는 다음과 같다.

이유: 이정표를 기억하는 능력은 남자보다 여자가 훨씬 나으며, 낯선 지역에서 길을 찾는 데는 이 능력이 아주 중요하다.
결론: 남자가 지도를 더 잘 보며, 미로 찾기도 더 잘하므로 남자가 길 찾기 능력이 더 뛰어나다는 주장은 너무 단순한 견해이다.

14. 이 논증은 하나의 이유와 결론으로 이루어져 있는데, 그것은 다음과 같다.

이유: 보통의 사전에 나오는 항목과 달리 위키디피아에 있는 항목은 해당 분

야의 전문가가 아니더라도 쓸 수 있다.

결론: 인터넷 '사전'인 위키디피아가 보통의 백과사전만큼 믿을만하다는 주장은 터무니없다.

15. 이 논증은 결론을 위해 세 가지 이유를 제시하고 있다.

이유 1: 도로의 교통량이 꾸준히 증가하고 있다.

이유 2: 새로운 도로를 낸다거나 기존 도로를 확장하면 교통량만 더 늘어날 뿐이다.

이유 3: 자동차를 몰면 경제적 불이익이 따르도록 해야만 비로소 운전자들의 생각이 바뀔 것이다.

이 세 가지 이유가 합쳐져 다음 결론을 뒷받침하는 것으로 나온다.

결론: 교통 체증을 해결하는 유일한 방안은 통행료를 물리는 것이다.

연습문제 7: 논증에서 가정 찾기

1. 이 글은 목표 지향적 기술에서 남자와 여자 사이에는 타고난 차이가 분명히 있다고 결론짓고, 그 근거로 겨우 세 살 된 남자아이도 동갑내기 여자아이보다 이런 것을 더 잘한다는 사실을 들고 있다. 이 글은 여기에 나오는 다른 설명, 즉 '교육을 받으면서 남자아이들이 이런 기술을 연습할 기회가 더 많기 때문'이라는 설명을 받아들이지 않는다. 따라서 이 결론은 세 살 된 남자아이가 여자아이보다 목표 지향적 기술에서 더 나은 이유는 이들이 이런 기술을 연습할 기회가 더 많았기 때문은 아니라고 가정하고 있다.

   이 가정을 다음과 같이 서술할 수 있다.

   세 살 된 남자아이도 동갑내기 여자아이보다 목표 지향적 기술에서 더 낫다는 사실을 설명해줄 수 있을 만큼 남자아이들이 세 살 전에 그런 기술을 충

> 분히 연습했을 리는 없다.

이 가정은 추가 이유로 기능을 하고 있다.

2. 이 글은 부모들에게 자녀의 성을 선택할 수 있게 하면, 심각한 사회적 대가를 치러야 할 수도 있다고 결론짓고 있다. 이를 위해 두 가지 이유가 제시되고 있는데, 하나는 여자 짝을 구할 수 없는 남자의 비율이 점점 높아지게 된다는 것, 다른 하나는 폭력 범죄의 수가 증가하게 된다는 것(대부분의 폭력범죄는 남자들이 저지르기 때문이다)이다. 하지만 전체 인구에서 여자 대비 남자의 비율이 높아질 경우에만 이런 두 결과가 생겨날 것이다. 따라서 이런 두 이유는 만약 부모들에게 자녀의 성을 선택할 수 있게 한다면, 여자아이보다는 남자아이를 선택할 가능성이 훨씬 높다는 가정에 근거하고 있다.

   이 가정을 다음과 같이 서술할 수 있다.

> 만약 부모들에게 자녀의 성을 선택할 수 있게 한다면, 여자아이보다는 남자아이를 선택할 부모들이 더 많을 것이다.

이 논증에서 이것은 두 가지 기본 이유를 뒷받침하는 가정이다.

3. 이 논증은 집값의 지속적인 하락이 긍정적인 효과를 가져올 수도 있다고 결론내리고 있다. 이를 위해 제시된 이유는 중산층은 주변 환경을 개선하기 위해서도 더 많은 노력을 기울일 것이라는 점이다. 이 이유는 그 자체로 하나의 중간 결론인데, 이를 뒷받침하는 것은 사람들이 한 집에서 오래 살게 되면, 그 지역 이웃과 강한 유대감을 갖게 된다는 주장이다. 이 이유가 중간 결론을 완벽하게 뒷받침하려면, 집값이 지속적으로 하락할 경우, 중산층은 별로 이사를 하지 않을 것이라는 가정을 해야 한다.

   이 가정을 다음과 같이 서술해볼 수 있다.

집값이 지속적으로 하락하면 집을 가진 전형적인 중산층들은 한 집에서 오래 살 것이다.

이 가정은 추가 이유로 기능을 하고 있다.

4. 이 논증에는 여러 가지 가정이 들어 있다. 이 논증의 구조를 대략 다음과 같이 분석해볼 수 있다.

가정 1: 나는 경보음 소리에 잠을 깬 것이 아니다.
이유 1: 경보음이 울렸다면, 그 소리에 내가 쉽게 깼을 것이다.

이 두 가지가 합쳐져서 아래의 숨은 중간 결론을 뒷받침해준다.

중간 결론 1(가정 2): 경보음이 울리지 않았다.

이것은 다시 다음 중간 결론을 뒷받침해준다.

중간 결론 2: 만약 그 돈이 도난당했다면, 누군가 경보체계를 망가뜨렸음이 분명하다.

이것이 아래 나오는 또 다른 가정과 합쳐져서

가정 3: 경보체계를 설치한 경비회사 사람들만 경보체계를 망가뜨릴 수 있다.

다음의 최종 결론을 뒷받침한다.

최종 결론: 경보체계를 설치한 경비회사 사람이 범인임이 분명하다.

가정 1과 가정 3은 추가 이유로 기능을 하며, 가정 2는 중간 결론으로 기능을 하고 있다.

5. 이 논증의 결론은 홍역에 걸리는 극소수의 사람들은 이전보다 더 위험한 상황에 처하게 된다는 것이다. 두 가지 이유가 합쳐져서 이 결론을 뒷받침해주고 있는데, 하나는 실제 홍역 사례를 한 번도 본 적이 없는 의사들이 상당히 많다는 점이고, 다른 하나는 사전 경험이 없이는 홍역을 진단해 내기가 어렵다는 점이다. 만약 홍역을 치료할 수 있는 효과적인 방도가 없다고 한다면, 홍역에 걸리는 사람들이 이전보다 더 위험한 상황에 처하게 된다는 결론은 따라나오지 않는다.

   이 가정을 다음과 같이 서술할 수 있다.

   홍역이라는 진단이 내려지면, 이에 의해 야기되는 합병증은 치료될 수 있다.

이 가정은 추가 이유로 기능을 하고 있다.

6. 이 논증은 담배를 피우지 않는 사람들보다 담배를 많이 피우는 사람들 중에 심장 마비나 심장 질환으로 죽는 경우가 훨씬 많은 이유는 니코틴 때문이 아니라 일산화탄소 때문이라고 결론짓고 있다. 이를 위해 제시된 이유는 수개월 동안 일산화탄소에 노출된 동물들도 이런 질병과 비슷한 증상을 보였다는 것이다. 이 증거가 결론을 뒷받침하려면 두 가지 가정, 즉 담배를 피우게 되면 일산화탄소에 노출되게 된다는 가정과 일산화탄소는 동물과 사람에게 같은 영향을 미친다는 가정이 필요하다.

   이 가정을 다음과 같이 서술해볼 수 있다.

   (a) 담배를 피우는 사람들은 담배를 피우지 않는 사람들보다 일산화탄소에 더 많이 노출된다.
   (b) 일산화탄소는 동물과 사람에게 같은 영향을 미친다.

(a)와 (b)는 모두 추가 이유로 기능을 하고 있다.

7. 이 논증의 결론은 '죽음에 직면했던 사람들'의 경험 사례는 사후 세계가 존재한다는 증거라는 것이다. 이 결론의 근거는 이런 종류의 경험을 했다고 말한 환자들은 대부분 마약을 복용하지도 않았고 뇌 질환을 앓은 적도 없다는 것이다. 이 근거는 이런 현상은 죽기 전의 뇌 변화 때문에 생겨나며, 이런 현상은 마약이나 뇌 질환에 의해 일어나는 변화와 비슷하다고 주장하는 회의론자의 설명을 거부하는 이유가 되고 있다. 이 논증은 그런 뇌의 변화가 마약이나 뇌 질환의 결과로만 생길 수 있다고 하는 가정(물론 회의론자는 이를 부인할 것이다)에 의존하고 있다.

   이 가정을 다음과 같이 서술할 수 있다.

   특이한 의식 상태를 가져오는 뇌의 변화는 마약이나 뇌 질환이 없이는 일어날 수 없다.

이 가정은 추가 이유로 기능을 하고 있다.

8. 이 논증은 미국의 농촌 인구는 정치적 힘을 잃게 되었다는 결론을 내리고 있다. 이를 위한 이유는 도시 인구가 늘어남에 따라 식량의 수요가 많아졌고, 이 때문에 농가에서는 노동력을 절약할 수 있는 기술을 개발하게 되었고, 그 결과 농촌에서 일하는 사람들의 수가 줄어들게 되었으며, 결국 이는 도시에서 생활하게 되는 사람들이 증가하게 되는 결과를 낳았다는 것이다. 이런 변화 때문에 농촌 인구가 정치적 힘을 잃게 되었다고 말하려면, 정치적 힘이 농촌 인구의 크기에 의존한다고 해야 하며, 따라서 이 논증에는 이런 가정이 들어 있음이 분명하다.

   이 가정을 다음과 같이 서술할 수 있다.

   농촌 인구의 정치적 힘은 전체 인구에서 농촌 인구의 규모가 어느 정도인지에 달려 있다.

이 가정은 추가 이유로 기능을 하고 있다.

9. 이 논증은 미래 의약을 위해서도 야생 식물을 보존하는 일이 중요하다고 결론 내리고 있다. 이 결론을 뒷받침하기 위해 이 논증은 과거의 증거, 즉 과거 50년 동안의 신비한 약물들은 대부분 야생 식물에서 나온 것이었다는 증거를 이용하고 있다. 이런 결론을 이끌어내기 위해서는 아직도 발견할 신비한 약물들이 남아 있다고 가정해야 한다.

   이 가정을 다음과 같이 서술할 수 있다.

   야생 식물에서 신비한 약물들을 개발하는 일은 미래에도 계속될 것이다.

아마 이 가정을 이 논증의 중간 결론으로 보는 것이 가장 자연스러워 보이며, 이 중간 결론은 이전부터 신비한 약물들이 야생 식물에서 개발되어왔다는 증거에 의해 뒷받침되고 있다고 할 수 있다.

10. 이 글은 두 가지 사실, 즉 요즘에는 30년 전에 비해 훨씬 많은 수의 영국 사람들이 해외로 휴가를 가고 있다는 사실과 해외 여행은 비용이 많이 든다는 사실로부터 30년 전의 영국 사람들은 평균적으로 지금보다는 쓸 돈이 적었을 것이라는 결론을 내리고 있다. 이런 결론이 따라나오려면, 만약 영국 사람들이 30년 전에 지금보다 돈을 더 적게 가지고 있지 않았다면, 당시 훨씬 더 많은 사람들이 해외로 휴가를 갔을 것이라고 가정해야 한다.

   이 가정을 다음과 같이 서술할 수 있다.

   해외 여행의 비용 때문에 해외로 휴가를 가는 영국 사람들의 수는 30년 전에는 요즘보다 훨씬 적었다.

이 가정은 추가 이유로 기능을 하고 있다.

11. 이 논증의 결론은 운동선수들에게 근력 강화제를 먹지 못하도록 해서는 안 된다는 것이다. 이를 뒷받침하기 위해 두 가지 종류의 추론이 나온다. 첫 번째는 운동선수들이 훈련과 지도를 통해 경기력을 향상시키는 것을 허용하고 있으므로, 천부적 재능에 기초해 승자를 보상하는 방식과는 이미 한참 멀어져 있다는 것이다. 두 번째 추론에는 운동선수들이 그런 약을 먹어도 된다고 한다면, 부당하게 이득을 보는 사람은 아무도 없을 것이라고 하는 중간 결론의 단계가 있다. 이 중간 결론을 뒷받침하는 것은 만약 그런 약이 실제로 경기력 향상에 도움이 되고 그리고 만약 운동선수들이 그런 약을 먹어도 된다고 한다면, 누구나 다 똑같이 경기력이 향상될 것이라는 주장이다. 첫 번째 추론은 훈련을 통해 경기력을 향상시키는 것과 약을 통해 경기력을 향상시키는 것 사이에 별 차이가 없다는 가정에 의존하고 있다. 게다가 약을 먹어도 된다고 한다면 누구나 다 똑같이 경기력이 향상될 것이라는 주장은 모든 운동선수가 그런 약을 먹을 것이며 또한 그 약은 모두에게 똑같은 효과가 있을 것이라고 하는 가정을 하고 있다.

그러므로 다음과 같은 세 개의 가정이 들어 있다고 할 수 있다.

훈련을 통해 경기력을 향상시키는 것과 약을 통해 경기력을 향상시키는 것 사이에 별 차이가 없다.
근력강화제는 모두에게 같은 효과가 있다.
근력강화제를 먹어도 된다고 한다면, 어느 운동선수든 그 약을 먹을 것이다.

첫 번째 가정은 첫 번째 추론의 추가 가정으로 기능하고 있다. 두 번째와 세 번째 가정은 모두 두 번째 추론의 기본 이유로 기능하는 가정이다.

12. 이 논증의 결론은 GCSE(중등학교 졸업자격 시험) 과학 과목에서 높은 점수를 받는 학생들의 수가 줄어들자 시험을 쉽게 내서 이 문제를 해결하려 한

것은 큰 잘못이라는 것이다. 두 개의 이유가 합쳐져서 이를 뒷받침하는 것으로 나와 있다. 하나는 그렇게 할 경우 학교에서의 과학 교육 수준이 크게 낮아지게 된다는 것이고, 다른 하나는 과학 기술 분야에서 우리나라가 선두 자리를 유지하고자 한다면, 우리나라의 과학 문화 수준을 떨어뜨려서는 안 된다는 것이다. 이 두 이유가 결론을 뒷받침하려면, 학교에서의 과학 교육 수준이 크게 낮아지게 되면, 우리나라의 과학 문화 수준이 떨어지게 된다는 것이 참이고, 또한 우리는 실제로 과학 기술 분야에서 우리나라가 선두 자리를 유지하고자 한다는 것이 참이어야 한다.

이들 가정을 다음과 같이 서술할 수 있다.

> 학교에서의 과학 교육 수준이 크게 낮아지게 되면, 우리나라의 과학 문화 수준이 떨어지게 된다.
>
> 우리는 실제로 과학 기술 분야에서 우리나라가 선두 자리를 유지하고자 한다.

이 두 가정은 이 논증에 나오는 두 가지 이유와 합쳐지는 추가 이유로 기능하고 있다.

13. 이 논증의 결론은 여성은 여전히 편견 때문에 고위직에 오르지 못하고 있다는 것이다. 이를 위해 제시된 이유는 비록 전체 노동 인구의 45%가 여성이고 그 가운데 여성 관리자가 30%임에도 불구하고, 법이나 경찰, 경영 계통의 최고위직에서 여성들을 거의 찾아볼 수 없다는 것이다. 그러므로 이 논증은 전체 노동 인구에서 차지하는 여성의 수가 많음에도 불구하고 최고위직에서 여성의 수가 적은 이유는 여성에 대한 편견 때문이라는 점을 가정하고 있다. 따라서 이 논증은 그런 편견이 없었더라면 더 많은 여성이 최고위직에 올랐을 것임을 가정하고 있다. 하지만 최고위직에 여성의 수가 적은 다른 이유, 가령 그런 일을 하고자 하는 여성들이 적다든가 하는 다른 이유가 있을 수도 있다.

    이 가정을 다음과 같이 서술할 수 있다.

> 만약 여성에 대한 편견이 없었더라면, 더 많은 여성이 법이나 경찰, 경영 계통의 최고위직에 올랐을 것이다.

이것은 추가 이유로 기능하고 있다.

14. 이 글의 결론은 사교적이지 않은 사람들은 어느 한 사람과 정서적으로 유대가 깊은 성관계를 갖기보다 여러 사람들과 피상적인 성관계를 갖기를 선호한다는 것이다. 이런 결론은 성격 검사 결과 '사교적이지 않다'고 판단된 사람들이 성관계 했다고 한 사람들의 수가 그렇지 않다고 하는 사람들이 성관계 했다고 한 사람들의 수보다 더 많았다는 연구 결과에 근거한 것이다. 이 논증은 성격 검사가 사람들의 성격 유형을 정확히 밝혀냈으며, 사람들이 성관계 했다고 말한 수도 정확하다는 점을 가정하고 있다. 게다가 이 글은 일반적인 결론을 이끌어내고 있으므로, 이 연구에 참여한 사람들이 모집단을 대표한다는 점을 가정하고 있다.

   이 가정들을 다음과 같이 서술할 수 있다.

> 이 연구에 참여한 사람들은 모집단을 대표한다.
> 성격 검사는 사람들의 성격 유형을 정확히 밝혀낸다.
> 사람들이 성관계 했다고 말한 수는 정확하다.

이것들은 모두 추가 이유로 기능하고 있다.

15. 이 논증은 다음과 같은 구조를 가지고 있다.

> **이유:** 정신 질환을 앓고 있을 경우 살인을 한 사람은 자신의 행동을 제대로 통제할 수 없다.
>
> **중간 결론 1:** 그 사람을 처벌한다고 해서 그 사람을 행동을 바꿀 수 있는 것은 아니다.

중간 결론 2: 그 사람을 처벌하는 것은 적절하지 않다.

중간 결론 3: 그 사람을 감옥에 가두는 일은 부질없는 짓이다.

최종 결론: 정신질환을 앓고 있는 사람이 살인을 한 경우 그 사람을 감옥에 가두기보다 약물을 통해 그 사람을 치료해주어야 한다.

중간 결론 1에서 중간 결론 2로 나아가는 데는 다음을 가정해야 한다.

사람의 행동을 바꿀 수 있을 경우에만 그 사람을 처벌하는 것이 적절하다.

중간 결론 2에서 중간 결론 3으로 나아가는 데는 다음을 가정해야 한다.

사람을 감옥에 가두는 이유는 오로지 그 사람을 처벌하기 위한 것이다.

이 연습문제의 다른 예들처럼 이 예에서도 여러분은 가정을 찾아내는 일이 논증에 무슨 문제가 있는지를 파악하는 데 도움이 된다는 점을 알 수 있을 것이다. 이 예의 경우 여러분은 사람을 감옥에 가두는 이유는 오로지 그 사람을 처벌하기 위한 것이라는 가정을 문제삼을 수 있을 것이다. 왜냐하면 다른 사람을 보호하기 위해 위험 인물을 감옥에 가둘 수도 있는 것이기 때문이다. 또한 이 글의 결론에 따르면, 가능한 방안이 감옥에 가두거나 약물 치료를 하는 것이라고 보고 있는 것 같은데, 사실은 그 두 방안을 동시에 시행할 수도 있다는 점도 주목할 필요가 있다. 논증에서의 그런 움직임을 때로 '방안을 줄이기' 라고 한다.

연습문제 8: 연습문제 5 다시 하기

여러분은 이 글을 연습문제 5에서 이미 보았다. 그때는 최종 결론을 찾아내고, 어떤 가정이 들어 있다고 생각되는지를 말해보라는 것이었다. 가정 찾기를 다루기 전에 이 연습문제를 했기 때문에, 그때 한 답에는 암묵적인 이유나 암묵적인 중간 결론이라고 보기 어려운 것이 포함되어 있을 수도 있고 그때 찾아낸 가정 가운데는 이런 유형의 가정이 빠져 있을 수도 있다. 연습문제 5의 답과 아래 나오는 연습문제 8의 답을 비교해보면, 가정 찾기를 다룬 절이 글을 이해하는 데 얼마나 큰 도움이 되었는지를 알 수 있을 것이다.

첫 단계는 우선 결론을 찾는 것인데, 결론은 '따라서' 라는 말이 분명하게 드러내주듯이 아주 편하게 이 글 마지막에 나온다.

> 우리는 [그의 성생활 때문에] 빌 클린턴을 비난하지 말라고 비판자들에게 말해주어야 한다.

다음으로 이유를 찾아보기로 하자. 처음 세 문단은 모두 중요 이유를 제시하고 있으며, 이들 이유가 합쳐져서 결론을 뒷받침한다. 이들 이유를 정확하게 찾아내기란 아주 어려운데, 왜냐하면 그것들이 흥미 위주의 신문 글 스타일로 포장되어 있기 때문이다. 이 문제를 해결하는 최선의 방법은 이 글의 요지가 성 생활을 이유로 빌 클린턴을 비난하는 것은 정당하지 않다는 것임을 명심하고, '각 단락의 요점이 무엇인지?' 를 스스로에게 물어보는 것이다.

첫 두 단락이 보여주고자 하는 것은 정치인의 성 생활을 조사해도 된다고 하는 두 가지 이유가 사실은 빌 클린턴에 대한 비판을 정당화해주지 못한다는 것이다. 첫 단락은 첫 번째 이유를 다루고 있는데, 그 이유가 정치인을 비판하는 좋은 이유가 결코 될 수 없다는 것이다. 그 이유란 '만약 어떤 남자가 자신의 부인을 속인다면, 그는 나라도 속일 것이다' 라는 것이다. 이것이 참이 아님을 뒷받침하기 위해 두 가지 논거, 첫째, 좋은 남편이기는 했지만 나쁜 대통령이었던 예와 둘째, 아주 뛰어난 정치인들은 대개 성 욕구가 강하다는 주장을 들고 있다.

두 번째 단락은 정치인의 성 생활을 조사해도 된다고 하는 두 번째 이유가 빌 클린턴의 경우에는 성립하지 않는다는 것이다. 그 이유는 지도자란 나라의 본보기가 되는 것이므로, 그들이 점잖지 못한 일을 하는 것은 위선이라는 것이다. 하지만 이런 근거에서 빌 클린턴을 비판할 수는 없다는 것이다. 왜냐하면 그는 자신이 한점 부끄러움이 없는 삶을 살았다고 공개적으로 주장한 적이 전혀 없기 때문이다.

세 번째 단락에서는 성적인 부정을 이유로 빌 클린턴을 비판하면서 똑같이 처신한 케네디 전 대통령은 암살로 잃은 위대한 대통령이라고 여기는 것은 일관적이지 않다는 것이다.

우리가 지금까지 찾아낸 것들을 요약해보기로 하자. 이 글은 우리가 그의 성 생활 때문에 빌 클린턴을 비난해서는 안 된다고 주장하는데, 그 근거는 다음이다.

(a) 부인을 속이는 사람이 곧 정치인으로서도 부정직한 사람이라는 것은 사실이 아니다.
(b) 빌 클린턴은 나라에 좋지 않은 본보기가 되는 것이 아니다.
(c) 성 생활 때문에 빌 클린턴을 비난하면서 케네디 전 대통령은 칭송하는 것은 일관적이지 않다.

이들 세 주장이 어떻게 확립되는지 좀 더 자세하게 살펴보도록 하자. 앞의 (a)를 뒷받침해주는 논증은 다음과 같다.

이유 1: 제리 포더와 지미 카터는 일반적인 평가에 따를 때 강한 남편이긴 했지만 유약한 대통령이었다.
이유 2: 닉슨 부인은 딕이 매일 밤 어디에 있는지 알고 있었다. 문제는 미국인들은 그가 낮 시간 동안 어디에 있는지를 확실하게 알 수 없었다는 점이다.

이 두 증거가 다음의 숨은 중간 결론을 뒷받침해준다.

중간 결론 1: 좋은 남편이기는 했지만 나쁜 대통령이었던 사람도 있다.

또 다른 논증도 있는 것으로 보인다.

이유 3: 비범한 정치적인 두뇌를 가진 많은 사람에게 신은 너무 많은 남성 호르몬을 주었다는 것은 슬프지만 분명한 사실이다.

이것이 다음의 숨은 중간 결론을 뒷받침해준다고 볼 수 있다.

중간 결론 2: 우리는 비범한 재능의 정치인 가운데는 '부인을 속이는' 사람도 있다고 생각해야 한다.

중간 결론 1과 중간 결론 2가 합쳐져서 앞의 (a)를 뒷받침해주는데, 이것을 명시적으로 서술하면 다음과 같다.

중간 결론 3: '어떤 남자가 자신의 부인을 속인다면, 그는 나라도 속일 것이다' 는 것은 참이 아니다.

앞의 (b)를 뒷받침해주는 논증은 다음과 같다.

이유 4: 빌 클린턴은 이전의 다른 미국 정치인들과 달리, 자신이 한점 부끄러움이 없는 삶을 살았다고 공개적으로 주장한 적이 없다.

이것은 다음의 숨은 중간 결론을 뒷받침해준다.

중간 결론 4: 빌 클린턴은 성 도덕과 관련해 위선적이지 않다.

이것이 다음과 합쳐져서

이유 5: 통치자의 성 생활에 관심을 가져도 된다고 하는 두 번째 이유는 지도자란 암암리에든 드러나게든 그 나라의 본보기가 되는 것이며, 따라서 그들이 점잖지 못한 일을 한다면 그것은 위선이라는 것이다.

숨은 중간 결론인 (b)를 뒷받침한다.

중간 결론 5: 빌 클린턴은 나라에 좋지 않은 본보기가 되는 것이 아니다.

마지막 단락은 사람들이 케네디의 기억을 얼마나 소중히 여기고 있는지를 서술해주고 있을 뿐만 아니라 또한 생전에 공개되지 않았던 그의 성 생활에 관련해 떠도는 이야기들도 넌지시 비추고 있다. 이 단락은 두 가지 주장을 하고 있는 셈인데, 이들 모두 명시적으로 서술되어 있지는 않다. 그 둘은 다음과 같다.

(숨은) 이유 6: 케네디 전 대통령은 대체로 위대한 대통령이라고 여겨진다.
(숨은) 이유 7: 케네디는 성적인 부정을 범한 잘못이 있다.

이 두 가지 이유가 합쳐져서 다음의 숨은 중간 결론을 뒷받침한다.

중간 결론 6: 성 생활 때문에 빌 클린턴을 비난하면서 케네디 전 대통령은 칭송하는 것은 일관적이지 않다.

이제 이 분석에서 드러난 가정들을 나열해보기로 하자.

1. 좋은 남편이기는 했지만 나쁜 대통령이었던 사람도 있다.
2. 우리는 비범한 재능의 정치인 가운데는 '부인을 속이는' 사람도 있다고 생각해야 한다.
3. '어떤 남자가 자신의 부인을 속인다면, 그는 나라도 속일 것이다'는 것은 참이 아니다.
4. 빌 클린턴은 성 도덕과 관련해 위선적이지 않다.
5. 빌 클린턴은 나라에 좋지 않은 본보기가 되는 것이 아니다.
6. 케네디 전 대통령은 대체로 위대한 대통령이라고 여겨진다.
7. 케네디는 성적인 부정을 범한 잘못이 있다.
8. 성 생활 때문에 빌 클린턴을 비난하면서 케네디 전 대통령은 칭송하는 것은 일관적이지 않다.

여러분이 이런 가정 가운데 일부를 찾아냈다면, 이제 여러분은 이것들이 참인지 아니면 이것들이 실제로 최종 결론을 뒷받침해주고 있는지 따져볼 수 있을 것이다. 그렇다면 여러분은 이미 다음 장의 주제, 즉 '논증의 평가' 로 넘어갈 준비가 다 된 것이다. 여러분은 이 글을 나중에 다시 살펴보아도 되고, 그때 스스로 이 글을 평가해보아도 된다.

연습문제 9: 흠 찾아내기

1. 이 글은 환상적인 농구팀을 만들 수 있으며, 이로부터 그러면 어느 팬들에게나 흥미로운 경기가 될 것이라는 결론을 이끌어내고 있다. 우리는 최고 팀의 최고 선수들만으로 새 팀을 만들게 되면 과연 환상적인 농구팀이 만들어질 것인지를 의심해볼 수 있다. '최고 선수들' 은 모두 서로 보완적인 기술을 가진 것이 아니라 동일한 기술을 가지고 있을 수도 있다. 그러나 이 연습문제에서는 이유들이 참인지를 평가하고자 하는 것은 아니다. 따라서 우리가 물어야 하는 물음은 "최고 팀의 최고 선수들만으로 새 팀을 만들게 되면, 실제로 환상적인 농구팀이 만들어진다고 할 경우, 농구는 어느 팬들에게나 흥미로운 경기가 될 것이라는 것이 따라나오는가?" 하는 것이다. 그렇지 않다. 아주 재능 있는 선수들로 농구팀을 만들 수 있다고 해서 이렇게 하면 관중들에게 흥미로운 경기가 된다는 사실을 보여주기에는 충분하지 않다. 엄청나게 강한 팀과 아주 약한 팀이 경기를 하는 것을 보는 것은 아마 재미가 없을 것이며, 농구가 팬들에게 흥미로운 이유는 아마도 자신이 응원하는 팀이 홈경기에서 이기는 것을 보게 되기 때문일 수도 있다.

2. 이것은 두 가지가 동시에 일어나면 하나가 다른 하나의 원인이라고 가정하는 흠의 예이다. 보름에 많은 범죄가 저질러진다고 해서, 보름이 사람들이 범죄를 저지르는 원인이라고 볼 수는 없다.

3. 이 논증은 어떤 개인이 속한 집단의 성원들에 대해 대체로 참인 증거로부터 그 개인에 관한 결론을 이끌어내고 있다. 만약 첫 문장이 오늘날의 젊은이들

은 **모두** 할아버지 세대들보다 정규 교육을 더 많이 받고 있다는 것을 의미한다면, 윌마에 관해서도 그런 결론이 따라나온다. 하지만 첫 문장이 오늘날의 젊은이들은 **대체로** 할아버지 세대들보다 정규 교육을 더 많이 받고 있다는 것을 의미한다고 보는 것이 좀 더 합당하다. 만약 이것이 의도한 주장이라면, 거기에는 예외가 있을 수 있으며, 윌마가 그런 예외 가운데 하나일 수 있다. 윌마의 할아버지는 그 세대에서는 아주 예외적이어서 대학교육까지 받은 반면, 윌마는 아주 일찍 학교를 중퇴했을 수도 있다.

4. 결론은 마리화나나 LSD는 해롭지 않다는 것이다. 그 이유는 의사들이 암 환자의 고통을 줄이기 위해 그것들을 사용한다는 사실이다. 이런 결론은 따라나오지 않는다. 왜냐하면 의사들은 다른 대안이 없을 경우, 즉 환자의 극심한 고통을 줄일 수 있는 다른 방안이 없을 경우에는 해로운 약을 쓸 수도 있는 것이기 때문이다.

5. 이 글은 청소년들은 나머지 인구 집단보다 더 많은 철분이 필요하다고 말한다. 이 글은 이로부터 청소년들이 빈혈 때문에 종종 고생을 하는 이유는 음식물에 들어 있는 철분이 부족하기 때문이 아니라고 결론짓고 있다. 하지만 청소년들의 철분 요구량이 일반인들보다 더 많다면, 청소년들의 빈혈은 음식물에 철분이 부족하기 때문에 생기는 것일 수 있다고 보는 것이 훨씬 더 합당하다. 결론에 나오는 '부족'이라는 말의 의미에 문제가 있다. 빈혈이 있는 청소년들의 음식물에는 일반인들이라면 충분할 만큼의 철분이 포함되어 있을 수 있다. 하지만 청소년들의 철분 요구량이 일반인들보다 더 많다면, 그 양으로는 그들에게는 부족할 것이다.

6. 이 글은 만약 서구인이 일본인의 음식 습관으로 바꾼다면, 그들은 심장마비 대신 일본에서 아주 흔한 병으로 죽게 될 것이라고 결론 내리고 있다. 이 결론은 두 가지 주장에 근거해 있다. 음식이 질병의 중요한 원인이며, 서구인의 심장 마비는 음식 습관이 원인이라는 것이 그것이다. 하지만 이 증거로는 그런

결론을 확립하기에 충분하지 않다. 왜냐하면 음식 습관이 질병의 중요한 원인이기는 하지만 유일한 원인은 아닐 수도 있기 때문이다. 그 경우 일본에서 흔한 질병은 음식 습관 때문이 아니라 유전적 요인이나 환경적 요인 때문에 발생한다고도 할 수 있다. 이 글에는 일본인이 흔하게 걸리는 뇌졸중이나 위암의 원인이 무엇인지에 대해서는 아무런 이야기가 없다. 따라서 우리는 일본인의 음식 습관으로 바꾸면 서구인들은 뇌졸중이나 위암에 더 많이 걸리게 될 것이라고 확신할 수 없다.

7. 이 글은 요리가 40만 년 전에 고안되었음이 분명하다고 결론짓고 있다. 이 결론은 요리를 하는 데 필요조건인 불이 그때 사용되었다는 증거에 근거하고 있다. 하지만 이 글은 불이 요리가 고안되기 위한 **필요조건**이었다는 점을 말할 뿐 그것이 **충분조건**이라는 점을 말해주는 것은 아니다. 아마 불은 처음에는 난방을 위해 사용되거나 아니면 적을 쫓기 위해 사용되었고, 요리는 그보다 나중에 가서야 고안되었을 수도 있다. 이것은 필요조건을 충분조건으로 여기는, 흔히 볼 수 있는 흠의 예다.

8. 이 글은 목격자가 신뢰할만하지 않다는 것으로부터 그가 한 말이 분명히 거짓이라고 결론짓고 있다. 하지만 이 증거로는 그런 결론을 내리기에 충분하지 않다. 우리가 내릴 수 있는 결론은 화재가 시작되었을 때 프레드가 가게 근처에 있지 않았을 수도 있다는 정도이다. 추가 증거가 없는 한, 그가 다른 어딘가에 있었음이 분명하다고 결론지을 수는 없다.

9. 이 논증의 결론은 대부분의 사람들은 충분히 노력하면 천재 음악가가 될 수 있다는 것이다. 이를 위해 제시된 이유는 수많은 작곡가들(대개 천재 작곡가였던 사람들)이 긴 훈련 기간을 거친 후에야 걸작을 작곡하였다는 사실이다. 이 증거가 결론을 뒷받침하려면, 두 단계가 필요한데 이들은 모두 의문의 여지가 있다. 첫째, 이들 작곡가가 거쳤던 연습이 걸작을 작곡하는 데 **필요조건**이었다는 점을 가정해야 한다. 아마도 이것이 그렇게 터무니 없는 가정은 아

닐 테지만, 그렇더라도 걸작을 작곡하는 데 필요했던 것은 연습이 아니라 단순히 성숙도였을 수도 있다. 좀 더 심각한 문제점은 일부의 사람들이 열심히 연습한 결과 걸작을 작곡했기 때문에 누구든 열심히 하면 그들도 그렇게 할 수 있다고 생각한다는 점이다. 이것은 작곡 연습을 걸작 작곡의 필요조건(이것이 필요조건이라고 한다면)이 아니라 충분조건으로 여기는 것이다. 아마 걸작을 작곡하려면 특출한 재능이 필요한 것인지도 모른다.

10. 이 논증은 가난과 범죄를 저지르는 것 사이에는 아무런 연관성이 없다고 결론 내리고 있다. 이런 주장의 증거는 가난하지만 절대로 범죄를 저지르지 않는 사람도 수없이 많다는 것이다. 하지만 이 증거는 결론을 확립하기에는 불충분하다. 가난하지만 절대로 범죄를 저지르지 않는 사람도 수없이 많다 하더라도, 범죄를 저지르는 가난한 사람들 가운데 일부는 가난하지 않았더라면 범죄를 저지르지 않았을 수도 있기 때문이다. 따라서 가난 때문에 일부의 사람들은 범죄를 저지른다는 점에서 가난과 범죄 사이에 연관성이 있을 수도 있다.

11. 걱정 정도를 측정해 이를 치료할 수 있다면 암 발병도 줄일 수 있을 것이라는 결론을 내리면서, 이 논증은 걱정이 암의 발병 원인이라는 가정을 하고 있다. 여기 나온 증거, 즉 걱정이 많은 사람은 암 환자일 가능성이 높다는 연구 결과는 걱정과 암 사이에 상관관계가 있다는 것을 보여줄 뿐 걱정이 암의 발병 원인이라는 것을 밝혀주는 것은 아니다. 가령 스트레스와 같은 제3의 요인이 있어서, 이것이 걱정과 암 모두의 원인일 수도 있다. 또한 걱정이 많은 사람은 흡연자일 가능성이 더 높으며, 흡연이 그 연구에 나오는 사람들의 암 발병 원인일 수도 있다.

12. 이 논증은 책에 나온 어떤 생각과 사회의 특정 조류가 모두 인간의 이기심에 관한 것이며, 그 책이 나와 인기를 끌고 곧 뒤이어 사회의 특정 조류가 나왔다는 사실에 근거해 책에 나온 그 생각이 사회의 특정 조류를 생겨나게 했다

고 결론 내리고 있다. 이 논증은 흠이 있다. 왜냐하면 x가 y 다음에 일어났다는 사실이 곧 y가 x의 원인이라는 증거는 아니기 때문이다. 이런 유형의 오류를 때로 '거짓 원인의 오류' 라고 부른다.

13. 이 논증은 우주는 엄청나게 복잡하다는 주장과 지적인 존재는 우주를 간단하게 만들었을 것이라는 주장에 근거해, 우주는 지적 설계자에 의해 창조된 것이 아니라고 결론 내리고 있다. 우리가 이들 이유를 참이라고 받아들인다면, 우리가 내릴 수 있는 결론은 "우주가 지적이고 설계자인 존재에 의해 창조되었다는 것은 사실이 아니다"는 것이다. 그런데 이 주장은 우주는 지적인 존재가 아니거나 우주는 설계자에 의해 창조되지 않았다는 것이다. 이 논증은 우주의 창조자가 지적인 존재가 아니라고 그냥 단정하고, 우주는 설계자에 의해 창조되지 않았을 가능성은 무시한다는 점에서 흠이 있다.

14. 이 논증은 조사 결과 식사와 질병 사이에는 아무런 연관성이 없다고 결론 내려야 한다는 것이다. 이 과정에서 이 논증은 식사와 질병 사이에 믿을만한 결론을 이끌어내기가 어려운 이유에 대한 통상적 설명을 거부한다. 하지만 이런 설명을 거부하는 이유로는 아무것도 제시된 게 없으며, 따라서 그 주장을 뒷받침해주는 것도 전혀 없다. 식사와 질병 사이에 아무런 연관성이 없다는 주장을 뒷받침하는 이유로 제시된 것은 우리가 이를 받아들일 경우 우리는 식사에 대해 걱정할 필요가 없으며 건강을 개선시킬 수 있는 생활 방식으로 바꾸는 데 더 집중할 수 있다는 것이다. 이 논증의 흠은 어떤 특정 믿음을 받아들이게 되면 더 좋다거나 더 편리하다거나 또는 더 중요한 어떤 것에 집중할 수 있기 때문에 그 믿음을 받아들인다는 것은 그 믿음이 참이라고 볼만한 좋은 이유는 아니라는 점이다. 어떤 것을 믿을 동기를 갖는다는 것과 그것을 믿을 이유를 갖는다는 것은 서로 다르며, 어떤 믿음의 동기가 곧 좋은 이유라는 보장은 없다.

15. 이 논증은 만약 텔레파시가 통한다면 사람들은 일정한 경험을 하게 될 텐데,

사람들은 실제로 그런 경험을 하곤 한다는 사실에 근거해 텔레파시가 통한다고 결론 내린다. 이 논증의 흠은 텔레파시가 통한다면 그런 경험을 하게 된다는 것이 비록 사실이라 하더라도, 그런 경험이 텔레파시 이외의 다른 것에 의해 일어날 수 있는 가능성을 무시하고 있다는 점이다.

연습문제 10: 추가 증거 평가하기

1. 정답은 (e)이다.

(e)는 방과 후 활동으로 운동을 하는 아이들은 왜 그렇지 않은 아이들보다 덜 싸우는지에 대해 다른 설명을 제시해줌으로써 결론을 약화한다. 다른 설명이란 싸움을 자주 하는 아이들은 운동을 못하게 한다는 것이다.

(a)는 결론에 아무런 영향을 주지 않는다. 방과 후 활동으로 운동을 할 경우 어른들이 감독을 한다는 사실은 왜 방과 후 운동 시간에 아이들이 덜 싸우는지를 설명해줄 수는 있지만, 결론은 단순히 방과 후 운동 시간에 아이들이 덜 싸운다는 것이 아니라 학교 수업 시간에도 덜 싸운다는 것이다.

(b)는 결론을 약화하지 않는다. 왜냐하면 운동을 하는 아이들이 너무 공격적이지 않도록 감독을 한다 하더라도, 운동이 공격적 에너지를 아름다운 경쟁으로 바꾸어주는 것일 수도 있기 때문이다.

(c)는 언뜻 보면 방과 후 활동으로 운동을 하지 않는 아이들은 운동을 하는 아이들보다 더 많이 싸운다는 주장과 충돌하는 것 같다. 따라서 여러분이 답으로 (c)를 골랐을 수도 있다. 하지만 '육체적으로 더 공격적인 경향이 있다' 는 말이 '더 많이 싸운다' 는 의미는 아니다. 그것은 '공격적인 경향이 더 강하다' 는 말이다. 만약 이것이 사실이고, 나아가 운동을 하는 아이들은 덜 싸운다는 것도 사실이라면, 이는 운동을 하는 아이들은 그렇지 않았다면 싸움을 통해 발산될 공격적 충동을 운동을 통해 발산한다는 결론을 강화해준다.

(d)는 결론과 무관하다. 학교 수업 시간이나 방과 후 활동 시간 중에 언제 싸움이 일어나느냐 하는 문제는 방과 후 활동으로 운동을 하지 않는 아이들은 왜 더 많이 싸우는가 하는 문제와는 아무런 관련이 없다.

2. 정답은 (d)이다.

(d)는 회사들이 여기서 말하는 방안대로 시행한다면, 즉 박사학위가 없는 공학 전공자의 봉급을 깎는다면, 이는 결국 회사에게 손해가 될 수 있다는 점을 보임으로써 논증을 약화한다. 이렇게 하면 공학을 전공하는 대학원생들이 박사학위를 받으려고 계속 공부를 하는 바람직한 현상을 불러올 수는 있겠지만(이를 통해 공학을 가르치는 사람의 수가 증가하게 될 수는 있다), 봉급을 깎음으로서 공학을 전공하고자 하는 학부생들의 수는 줄어들게 될 것이다. 장기적으로 보면, 이는 공학 관련 회사에서 일을 하려는 지원자가 부족하게 되는 결과를 낳게 되며, 이는 결국 회사에도 손해가 될 것이다.

(a)는 결론과 무관하다. 만약 '과학'에 공학이 포함되지 않는다면, (a)는 이 논증과는 무관한 주제를 말하고 있는 셈이다. 만약 '과학'에 공학이 포함된다면, (a)는 공학 전공자가 최근 늘었다는 본문에 나오는 정보와 별 다를 것이 없다.

(b)는 이 논증을 약화하지 않는다. 이것은 단순히 이 논증이 해결책을 제시하고 있는 문제, 즉 더 많은 공학 전공자들이 가르치는 일에 종사하도록 할만한 유인책이 필요하다고 하는 문제를 강조하고 있을 뿐이다.

(c)는 이 논증에 아무런 영향을 주지 않는다. 공학박사 학위 소지자에게 회사들이 많은 봉급을 준다는 사실은 그들로 하여금 가르치는 일에 별로 관심을 기울이지 않도록 할 가능성이 높다. 이는 공학을 가르치는 사람이 부족한 문제를 해결하기 위해 박사학위가 없는 공학 전공자들의 봉급을 깎자는 방안과는 아무런 관련이 없다.

(e)는 이 논증에 아무런 영향도 주지 않는다. 이 논증은 공학을 전공하는 학부생들이 대학원에 진학하도록 할만한 유인책에 관한 것이다. 연구 프로그램에 지원을 한다고 해서 이런 유인책이 되는 것은 아니다. 그러려면 공부를 하려는 학생들에게 아주 많은 장학금을 지급해야 할 것이다. (e)에는 회사들이 그렇게 한다고 하는 언급이 전혀 없다.

3. 정답은 (e)이다.

(e)는 헤로인 중독자 가운데 일부는 마약을 구하기 위해 중대 범죄를 저지르기도

한다는 증거를 제시해 조안의 주장을 강화하고 있다. 이것은 헤로인 중독자에게 공짜로 헤로인을 제공한다면, 중대 범죄가 줄어들 수도 있다는 주장을 뒷받침해준다.

(a)는 조안의 주장을 강화하는 것이 아니라 약화한다. 만약 헤로인 중독자는 마약을 복용한 상태에서 더 폭력적이기 쉽다면, 그들은 그때 범죄를 저지를 가능성이 더 많을 것이다. 그들에게 공짜로 헤로인을 준다고 해도 그들이 저지르는 범죄 수는 감소하지 않을 것이다.

(b)는 조안의 주장을 강화하지 않는다. 왜냐하면 헤로인 중독자에게 헤로인을 주는 것이 경제적인 의미가 있다는 점을 그녀가 보이고자 하는 것은 아니기 때문이다. 조안은 단지 그렇게 하면 범죄가 줄어들 것이라고 주장하고 있을 뿐이다.

(c)도 조안의 주장을 강화하지 않는다. 그 이유는 (b)가 그것을 강화하지 않는 이유와 마찬가지다.

(d)도 조안의 주장을 강화하지 않는다. 왜냐하면 그것은 헤로인 사용과 무관한 범죄에 관한 것이기 때문이다. 이것은 조안의 방법이 마약 관련 범죄를 줄이는 데 효과가 있을지에 대해서는 아무런 이야기도 해주지 않는다.

4. 정답은 (a)이다.

만약 (a)가 참이면, 자동차 협회로서는 깜빡이를 계속 검사해야 할 좋은 이유가 있는 셈이다. 왜냐하면 검사를 계속 하지 않는다면, 깜빡이가 고장 난 차가 늘어날 것이기 때문이다. 따라서 (a)는 깜빡이 검사를 중단해도 된다는 주장을 약화한다.

(b) 자체로는 이 논증을 약화하지 않는다. 이는 깜빡이가 잘 작동되도록 해야 할 이유를 제공하고 있는 것 같다. 하지만 이것은 깜빡이 검사를 중단해도 된다는 주장을 약화하지는 않는다. 약화하려면 ((a)가 제안하고 있듯이) 검사를 하지 않아도 깜빡이가 제대로 작동하지 않는 차가 늘어나지 않는다는 보장이 있어야 한다.

(c)도 결론을 약화하지 않는다. 약화하려면 검사 절차가 이웃 나라만큼 엄격해야만 된다고 볼 이유가 있어야 한다. (c)에는 그런 이유가 나와 있지 않다.

(d)도 깜빡이 검사를 중단해도 된다는 주장을 약화하지 않는다. 이것은 중단해도 된다는 주장을 뒷받침해주는 이유를 제시하고 있는 것처럼 비치지만, 사실은 약화하지도 않고 강화하지도 않는다. 자동차가 다른 안전상의 결함 때문에 검사를 통과하지 못한다 하더라도, 깜빡이가 고장 난 차가 도로에 여전히 돌아다닐 수는 있다.

(e)가 깜빡이를 계속 검사해야 할 이유를 제공하는 것처럼 보일지 모르겠지만, 이것도 결론을 약화하지 않는다. 깜빡이 검사가 안전 검사 체계가 포괄하지 못하는 다른 결함을 찾아내지는 못한다. 따라서 (e)는 깜빡이를 계속 검사해야 하는지의 문제와는 무관하다.

5. 정답은 (d)이다.
연구진은 아이들이 TV 보는 시간을 부모가 (아마도 '통제한다'는 의미에서) 주의 깊게 모니터한다면, 아이들의 학교 성적이 적정 수준에서 유지될 것이라고 결론지었다. 따라서 연구진은 아이들이 TV를 보는 데 쓰는 시간과 아이들의 학교 성적 사이의 관계를 살펴볼 때 이는 바로 TV 보는 시간이 많다는 것이 학교 성적이 나쁜 원인임을 보여주는 증거라고 가정하고 있다. 연구진은 상관관계를 찾아낸 것이기는 하지만, 두 사건 사이에 상관관계가 있다고 해서 하나가 반드시 다른 하나의 원인이라는 의미는 결코 아니다. (75~76면에 나오는 논의를 참조하라.) (d)는 인과적인 연관성이 있다는 생각을 강화한다. 아이들이 TV 보는 시간이 거의 같을 경우 성적의 차이가 별로 없다면, 이는 TV를 보는 데 들이는 시간의 차이가 성적의 차이의 원인일 가능성을 높여준다.

(a)는 첫 번째 문장에 나오는 주장의 근거가 되는 수치에 관해 좀 더 자세한 내용을 제시해주고 있다. 따라서 이것은 아이들이 하루에 두세 시간씩 TV를 볼 경우, 그들의 학교 성적이 좋지 않을 것이라는 주장을 강화한다. 이것은 이들 사이에 상관관계가 있다는 좀 더 강력한 증거다. 하지만 이것은 인과적 연관성이 있다고 볼 수 있는 추가 증거는 아니다. 따라서 이것은 인과적 연관성이 있다는 가정에 근거하고 있는 결론을 강화하지 않는다.

만약 TV를 보는 시간과 학교 성적 사이에 인과적 연관성이 있다고 가정한다면, (b)는 부모가 아이들이 TV 보는 것을 모니터할 경우에는 왜 학교 성적이 나아지는지를 보여주는 추가 증거가 된다고 생각할 수도 있다. 하지만 (b)는 둘 사이에 인과적 연관성이 있다는 생각을 강화하는 것을 전혀 제시하고 있지 않기 때문에, 그것은 연구진의 결론을 강화한다고 할 수 없다.

(c)는 하루에 두세 시간씩 TV를 보는 것이 학교 성적이 나쁜 원인이라는 주장을 강화하지 않는다. 대신 (c)는 새로운 요인, 즉 책을 읽는 데 쏟는 시간이라는 요인을 도입하여 이것이 학교 성적에 영향을 미칠 수도 있다고 말하고 있다.

(e)는 인과적 연관성이 있다는 생각을 강화하지 않는다. 왜냐하면 TV를 보던 시간에 책을 읽은 아이들이 일부 있다고 하더라도, 이것이 그들의 학교 성적에 어떤 영향을 미쳤는지에 대해서는 (e)에 아무런 언급이 없기 때문이다.

6. 정답은 (a)이다.

(a)는 이 논증을 약화한다. 왜냐하면 이것은 교도소에서 나온 사람들이 교도소에서 배운 기술을 써먹을 수 있는 직업을 선택하지 않는다고 할지라도, 교도소에서 배운 기술은 그들이 어떤 직업을 갖든지 유용할 수도 있다는 사실을 보여주기 때문이다.

(b)는 교도소에서 직업 훈련 프로그램을 폐지하자는 주장에 반대되는 주장이다. 하지만 이것은 이 논증을 약화하는 것과는 다르다. 왜냐하면 이것은 이런 프로그램이 달성하고자 하는 바를 달성하지 못하기 때문에 그런 프로그램을 계속 시행하는 것은 온당치 못하다는 주장에는 아무런 영향을 주지 않기 때문이다.

(c)는 교도소의 직업 훈련 프로그램의 이점을 언급하고 있고, 그래서 이런 프로그램을 계속 시행하는 것은 온당치 못하다는 주장을 어느 정도 약화한다. 하지만 이것은 (a)만큼 이 논증을 약화하지는 않는다. (a)는 논증의 결론이 근거하고 있는 주장, 즉 이들 프로그램은 달성하고자 하는 목적(우리는 이것이 나중에 취업했을 때 유용한 기술을 익히게 하는 것이라고 가정할 수 있다)을 달성하지 못한다는 주장이 참이 아님을 보이고 있다.

(d)는 이 논증을 약화하지 않는다. 왜냐하면 이것은 직업 훈련 프로그램은 이 논증에서 달성하지 못한다고 하는 그 목적을 가지고 있다는 점을 그냥 강조하고

있을 뿐이기 때문이다. (d)에는 이런 프로그램을 통해 그 목적을 달성할 수 있는지에 관해서는 아무런 말이 없으며, 따라서 이런 프로그램을 폐지해야 한다는 결론에도 아무런 영향을 주지 않는다.

(e)는 이 논증을 약화하지 않는다. 왜냐하면 이 논증은 교도소에서 나온 사람들이 교도소에서 배운 기술을 써먹을 수 있는 직업을 선택하지 않는다는 주장에 의거하고 있기 때문이다. 이것은 재소자들이 감옥에서 다른 것을 선택할 도리가 없다는 것을 함축하는 것이 아니며, (e)가 교도소에서 나온 뒤에는 그 사람들이 직업을 바꾸지 않을 것이라는 사실을 함축하는 것도 아니다.

7. 정답은 (e)이다.

(e)는 거짓말 탐지기에 기록되는 생리적 변화는 거짓말 때문에 생기는 스트레스 이외의 것에 의해서도 야기될 수 있다는 증거를 제시하여 이 논증을 약화하고 있다. 이것은 결론의 주장과는 반대로, 전적으로 믿을만한 거짓말 탐지기란 불가능하다는 점을 시사해준다.

(a)는 이 논증에 아무런 영향을 주지 않는다. 왜냐하면 거짓말 탐지기가 비싼 기계이고 면밀한 유지보수를 필요로 한다고 하더라도, 믿을만한 거짓말 탐지기가 있을 수 있기 때문이다.

(b)는 일부 사람들의 경우 거짓말을 해도 거짓말 탐지기는 적은 양의 스트레스 징후만을 포착하게 된다는 점을 시사해준다. 하지만 이것은 믿을만한 거짓말 탐지기가 가능하다는 주장을 약화하지 않는다.

(c)는 이 논증을 약화하지 않는다. 왜냐하면 이것은 거짓말 탐지기를 잘 사용할 수 있는 사람을 찾거나 교육시키는 것이 불가능하다는 것을 보여주는 것은 아니기 때문이다.

(d)는 이 논증을 약화하지 않는다. 왜냐하면 거짓말 탐지기를 오용하거나 남용하는 사람이 일부 있다고 하더라도 믿을만한 거짓말 탐지기는 여전히 가능하기 때문이다.

8. 정답은 (c)이다.

이 논증의 결론은 독감 예방 접종을 하면 독감에 전혀 걸리지 않을 것이라고 기대하는 것은 현실적이지 않다는 것이다. 이를 위해 제시된 이유는 예방 접종을 하기 훨씬 전에 어떤 독감 유형이 유행할지를 예상하게 된다는 점 그리고 만약 새로운 유형이 나타난다면 접종을 하더라도 예방이 제대로 되지 않는다는 점이다. (c)는 완벽한 예측이 불가능한 또 다른 이유를 제시해 이 논증을 강화한다. 왜냐하면 독감에 가장 취약한 사람들에게는 예방 접종 효과도 덜하다는 것이 사실이라면, 일부 사람들은 예방 접종을 하더라도 예방이 되지 않으리라고 예상할 수 있기 때문이다.

(a)는 이 논증과 무관하다. 왜냐하면 결론은 독감 바이러스에 대한 예방을 거론하고 있고, 이 글에는 독감 바이러스와 감기 사이의 연관성에 관해서는 아무것도 나와 있지 않기 때문이다.

(b)는 바이러스의 전파 속도를 늦추려면 아이들에게 예방 접종을 하는 것이 좋다는 것을 시사해주고 있는데, 이는 예방 접종을 하더라도 완전히 예방이 되지는 않는다는 주장과는 무관하다.

(d)는 논증을 강화하지 않는다. 왜냐하면 이것은 독감 예방 접종이 아주 효과적이라고 볼만한 이유를 제시하는 것이고, 이는 예방 접종이 모든 경우에 다 효과적이라고 기대하는 것은 왜 현실적이지 않은지의 이유를 제시해주는 것은 아니기 때문이다.

(e)는 독감 예방 접종의 효과에 관한 논증과 무관하다. 왜냐하면 이것은 독감 예방 접종을 하지 않은 사람들에 관한 이야기일 뿐이기 때문이다.

9. 정답은 (d)이다.

이 논증은 출퇴근 시간 동안 고속도로에서 노견을 이용할 수 있도록 하는 것이 다른 방안들보다 더 좋다고 결론 내리고 있다. 그런 결론의 근거는 최근 시도해본 사례에서 성공적임이 드러났듯이, 그것이 교통 체증 문제를 해결할 수 있는 쉽고 경제적인 방안이라는 것이다. 하지만 만약 (d)가 참이라면, 최근 시도해본 사례가 성공적이었다 하더라도 교통량이 증가할 경우 그런 방안으로는 교통 체증 문제를 해결할 수 없고 도리어 다른 방안이 더욱 효과적인 해결책일 수 있다는 의미가 된다.

(a)는 노견을 이용하면 체증 문제를 해결할 수 있다는 주장과 무관하다. 그것은 단순히 노견이 없는 고속도로도 있을 수 있다는 점을 말해줄 뿐이며, 이것이 교통 흐름에 어떤 영향을 주게 되는지에 관해서는 아무런 이야기도 해주지 않는다.

(b)는 이 논증을 약화하지 않는다. 왜냐하면 그것은 대중교통을 이용할 수 있다고 하더라도 많은 사람들이 여전히 자동차를 이용해 고속도로를 달릴 것이라는 점을 시사해주기는 하지만, 그것은 고속도로 통행량이 미래에 증가할지 여부에 대해서는 아무런 정보도 제공해주지 않기 때문이다.

(c)는 이 논증에서 거부하고 있는 방안이 실제로 실현되기에는 어려움이 따른다고 볼 이유를 제시해주며, 따라서 이 논증을 약화하지 않는다.

(e)는 노견을 이용할 경우 문제점(즉 제한 속도가 낮아진다는 점)이라고 볼 수 있는 것을 언급하고 있기는 하지만, 이 점이 이 논증을 약화하는 것은 아니다. 왜냐하면 그것은 제안된 방안이 교통 체증 문제를 해결할 수 없다는 것을 보여주는 것도 아니고 또한 그것이 더 경제적인 방안이라고 할 수 없다는 것을 보여주는 것도 아니기 때문이다.

10. 정답은 (e)이다.

이 논증은 탄소 상쇄 운동에 반대하는 두 가지 이유를 제시하고 있다. 첫째는 그렇게 하게 되면 사람들은 탄소를 배출하는 비행기를 이용해도 아무 문제가 없다고 생각하게 된다는 것이다. 둘째는 탄소 상쇄 운동에 참여하는 회사들이 내는 돈이 실제로 탄소 배출량을 줄이는 역할을 하는지 소비자들이 알 수 없다는 것이다. (e)는 탄소 상쇄 운동에 반대하는 논증을 강화한다. 그것은 일부 경우 그런 운동이 없더라도 탄소 배출량을 줄여나갈 것이며, 따라서 비행기를 타게 됨으로써 생기는 탄소 배출을 상쇄하게 한다고 주장할 수 없음을 보여주기 때문이다.

(a)는 탄소 상쇄 운동에 참여하는 회사들이 앞으로 좀 더 잘 규제된다고 볼 이유를 제공하며, 따라서 이 논증에 나오는 비판들 가운데 일부는 적용되지 않을 것이라고 볼 이유를 제공해준다. 따라서 이것은 이 논증을 강화하지 않는다.

(b)는 이 논증을 강화하지 않는다. 왜냐하면 이것은 항공 산업에서 나오는 탄

소 배출량은 이 논증에서 가정하고 있는 것만큼 문제가 되는 것은 아니라는 점을 시사해주기 때문이다.

(c)는 이 논증을 강화하지도 않고 약화하지도 않는다. 이것은 에너지 절약 계획에 자금을 지원할 필요가 있다는 점을 시사해주기는 하지만, 이는 탄소 상쇄 운동을 통해 그렇게 해야 하는지의 물음과 관련해서는 아무 것도 말해주지 않는다.

(d)는 이 논증과 무관하다. 왜냐하면 이는 탄소 배출량을 줄이는 다른 방안을 거론하고 있을 뿐이며, 이는 탄소 상쇄 운동이 바람직한지 여부의 문제에 대해서는 아무 것도 말해주는 바가 없기 때문이다.

연습문제 11: 다른 설명을 제시하기

이 답들은 글에 나오는 사실과 설명을 찾아낸 것이다. 그런 다음 한두 가지 다른 설명을 제시하고 있다. 여러분이 생각해낸 설명은 이것과 다를 수도 있다.

1. **사실:** 범죄에 대한 두려움이 커짐에 따라 경찰에 대한 대중의 신뢰도 줄어들고 있다.
   설명: 범죄에 대한 두려움은 경찰에 대한 신뢰 부족 때문이다.
   다른 설명: 범죄에 대한 두려움은 범죄가 증가하고 있다고 사람들이 믿기 때문이다.

2. **사실:** 지난 30년 동안 이혼율이 급속도로 높아졌다.
   설명: 이는 과거에 비해 불행하게 결혼한 쌍이 더 많아졌기 때문이다.
   다른 설명: 지금은 이혼을 하기가 더 쉬우며, 이혼과 연관된 불명예도 없어졌다. (따라서 불행한 결혼을 한 쌍은 과거에도 지금만큼 많았지만, 당시에는 이혼이 어렵거나 다른 사람들의 시선 때문에 이혼을 하지 않은 것일 수도 있다.)

3. **사실:** 인류는 우주 어디엔가 있을지도 모르는 존재와 진정으로 교신을 해본 적이 없다.
   설명: 우주에서 지능이 있는 생명체는 우리 혹성에만 있기 때문이다.

다른 설명: 우주 어디엔가 다른 곳에도 지능이 있는 생명체가 있지만,

· 그들은 우리와 교신을 하고 싶어 하지 않거나

· 그들은 우리가 지구에 존재한다는 것을 모르고 있거나

· 그들이 교신해온 것을 우리가 파악하지 못했기 때문이다.

4. **사실:** 새 도로가 건설될 때마다 그 지역의 교통량이 증가한다.

설명: 영국에서 일인당 차량 보유 대수가 계속 증가하고 있기 때문이다.

다른 설명: 새 도로가 건설되면, 운전자들이 차를 몰고 여행을 가는 횟수가 평균적으로 증가하기 때문이다.

5. **사실:** 지난 여름 영국 내의 휴양지로 휴가를 간 사람의 수가 줄어들었다.

설명: 지난 여름 영국 날씨가 나빴기 때문이다.

다른 설명:

· 경제적인 사정 때문에 휴가를 간 사람이 별로 없었거나

· 해외여행 경비가 싸졌거나

· 영국 해안에 오염이 심하다는 보도가 있었기 때문이다.

6. **사실:** 일부 아이들은 다른 사람들을 무시하고, 때로 폭력을 저지르며, 학교에서 왕따를 시킨다.

설명: 부모가 아이들을 제대로 교육하지 못하기 때문이다.

다른 설명:

· 학교가 엄격하지 않아서 그렇다.

· 아이들이 영화나 TV에 나오는 폭력물에 영향을 받아서 그렇다.

· 일부 아이들은 유전적으로 과격한 성향을 타고 나서 그렇다.

7. **사실:** 그리스의 경우 흡연율이 영국보다 훨씬 높은데도 불구하고 흡연 관련 질병으로 인한 사망률은 영국보다 훨씬 낮다.

설명: 담배 값이 아주 비싸서 영국의 흡연자들은 그리스의 흡연자들에 비해

담배를 꽁초 끝까지 피기 때문이다. (이 설명은 어떤 가정에 의존하고 있는가?)

다른 설명: 흡연 관련 질병으로 인한 사망률의 차이는 두 나라의 식사 습관이나 유전적 기질이 다르기 때문이다.

8. **사실:** 여러 조사에 따르면, 세계에서 가장 행복한 사람들은 덴마크 사람들이다.
   설명: 덴마크 사람들은 기대 수준이 아주 낮고 그래서 좋은 일이 생기면 굉장히 좋아하기 때문이다.
   다른 설명: 덴마크는 살기에 아주 좋은 나라이다.

연습문제 12: 설명을 찾아내고 평가하기

이 답은 어떤 사실이 설명되고 있는지 찾아낸 다음, 글에 제시된 설명이 무엇인지를 말하고, 그리고 다른 설명을 제시한 것이다. 여러분이 생각해낸 설명은 이와 다를 수 있다. 어떤 설명이 가장 그럴듯한지 또는 이 물음을 결정하려면 어떤 증거를 찾아보아야 하는지는 여러분 스스로 생각해보기 바란다.

1. (a) **사실:** 여학생들의 중학교 졸업 성적이 대체로 남학생들보다 나았다.
   (b) **글에 나오는 설명:**
   · 여학생들은 좀 더 분명한 목표를 가지고 있으며, 좀 더 집중력이 있는 데 비해, 남학생들은 중학교 졸업 후에 자신들이 무엇을 하고자 하는지에 대해 아무 생각이 없다.
   · 남학생들은 기를 쓰고 공부하는 것으로 비치기를 원하지 않는 반면, 여학생들은 공부를 열심히 하는 것이 그들의 이미지에도 나쁘지 않다고 보았다.
   · 남학생들은 여학생들만큼 선생님들의 관심을 받지 못한다.
   (c) **다른 가능한 설명**(일부는 앞에서 논평할 때 말했던 것이다):
   · 선생님들이 남학생들의 능력을 과소평가하기 때문에 남학생들이 능력을 제대로 발휘하지 못하는 것이다.
   · 남학생들은 집중력이나 조직력이 없으며 동기도 부족하다.

· 여학생들이 남학생들보다 영리하다.
· 여학생들이 남학생들보다 더 열심히 공부한다.
· 여학생들이 남학생들보다 지적으로 조숙하다.

2. 이 예에는 여러 가지 사실들이 설명되고 있다.

(a) **사실:** 지난해는 1926년 이래 어느 해보다 적은 수의 사람이 영국에서 교통사고로 사망했다.

(b) **글에 나오는 설명:**

· 현장에서의 응급 처치가 더 좋아졌고 의료 기술이 발전했다.
· 관련자가 사고 발생 후 30일 이내에 죽었을 때에만 교통사고 사망자로 간주되는데, 오늘날에는 많은 사람들이 현대 의학 기술 덕택에 훨씬 더 오래 생존해 있다가 죽기 때문에, 사망자 수치는 잘못된 인상을 준다.
· 보행자나 자전거 이용자처럼 교통 사고에 취약한 도로 이용자가 줄어들었다.

(c) **다른 가능한 설명:**

· 도로가 더 좋아지고 더 안전하게 운전하게 됨에 따라 도로는 더 안전하게 되었다.
· 안전벨트나 에어백, 범퍼, 고성능 브레이크 등의 덕택에 차가 더 안전하게 되었다.

(a) **사실:** 다른 유럽 국가들에 견주어볼 때 영국에서 어린이 교통사고 사상자 수는 많은 편이다.

(b) **글에 나오는 설명:** 영국 어린이들은 겨울에는 어두울 때 하교해야 한다.

(c) **다른 가능한 설명:** 다른 유럽 국가들에 견주어볼 때 영국에서는 교통 혼잡 지역을 오가는 어린이 보행자들이 많다.

(a) **사실:** 교통 사고로 인한 어린이 사망자 수와 중상자 수가 모두 증가했다.

(b) **글에 나오는 설명:**

· 도로가 더 위험해졌다.

· 운전자들이 현대식 차 안에서 외부와 너무 단절되어 있다고 느끼기 때문에 그들은 실수를 저지르게 된다.

(c) 다른 가능한 설명: 도로에 차들이 더 많아졌다.

3. 이 글에 나오는 여러 설명은 '다층적'이다. 즉 어떤 사실에 대해 하나의 설명이 제시되고, 그런 다음 그 설명을 설명하기 위해 다시 설명이 제시되는 구조를 지니고 있다.

(a) **사실:** 비교적 최근 현상으로서 비만 문제가 등장했다.

(b) **글에 나오는 설명:** 다음과 같은 요인을 들고 있다.

· 사람들은 30년 전보다 운동을 훨씬 덜 한다.

· 특히 아이들은 운동 부족을 겪게 된다.

· 음식의 크기가 커졌다.

(c) **다른 가능한 설명:** 사람들은 30년 전보다 고칼로리 음식을 섭취하게 되었다. (흥미롭게도, 이 글에는 이것이 사실이 아니라고 말하고 있다. 그러면서 비만이 심해진 이유에 대한 한 가지 가능한 설명은 음식의 크기가 커졌기 때문이라고 주장하고 있다.)

(a) **사실:** 사람들은 30년 전보다 운동을 훨씬 덜 한다.

(b) **글에 나오는 설명:** 시 외곽에 위치한 쇼핑몰의 등장으로 자동차 문화가 가속화되었고, 사람들이 직접 걸어서 움직여야 할 거리가 크게 줄어들었다.

(c) **다른 가능한 설명:** 자가용 소유의 증가를 거론하지 않고는 다른 설명을 생각해내기가 어렵다. 아마 여러분은 왜 이렇게 되었는지에 대해 어떤 설명을 할 수 있을 것이다.

(a) **사실:** 특히 아이들은 운동 부족을 겪게 된다.

(b) **글에 나오는 설명:**

· 놀이터가 많이 줄었다.

· 유괴범이나 살인범이 도처에 있다고 하는 일반인의 (아마도 이성적이지

않은) 인식 때문에 아이들은 걸어가거나 자전거를 타는 대신 어딜 가도 차를 차고 간다.

(c) **다른 가능한 설명:** 노는 시간에 아이들이 할 수 있는 것이 30년 전에 비해 훨씬 많아져, 뛰어노는 것 말고도 가령 비디오를 본다거나 컴퓨터 게임을 할 수 있게 되었다.

4. (a) **사실:** 성모 마리아 상이 눈물을 흘리는 것이 관찰되었다.

(b) **글에 나오는 설명:** 그 상은 물이 스며들 수 있는 재료로 되어 있고 그 위에 물이 스며들지 않도록 광택제를 칠해놓은 것이고, 속이 비어 있다. 만약 눈 위의 광택제 부분을 살짝 긁어놓게 되면, 물방울이 잡히고 그래서 마치 그 상이 우는 것처럼 보인다.

(c) **다른 가능한 설명:** 마리아 상이 눈물을 흘리며, 그것은 기적이다.

이 예의 경우 다른 가능한 설명을 생각해내기가 어려울 것이다. 하지만 여러분들은 이 가운데 어떤 것이 더 설득력이 있으며, 이를 어떻게 밝힐 수 있는지 열띠게 토론해 볼 필요가 있다.

5. (a) **사실:** 이 글에는 세 가지 사실에 대해 각각 설명이 제시되고 있다.

(i) 자동차 업계가 2008년까지 신형차의 경우 이산화탄소 배출량을 140g/km로 줄이기로 한 목표를 달성할 수는 없을 것 같다.

(ii) 작년 소형차 판매량은 7년 이래 가장 적었던 데 반해 대형차는 시장에서 가장 큰 비중을 차지하게 되었다.

(iii) 신형차의 이산화탄소 평균 배출량은 작년보다 1.2% 떨어졌는데, 이는 업계가 목표로 했던 5% 감축에 크게 모자라는 수치이다. (1.2% 떨어진 것은 대부분은 디젤차 비중이 높아진 때문이라고 설명되고 있다.)

글에 나오는 설명: 위의 사실 (ii)와 (iii)은 사실 (i)에 대한 설명으로 제시되고 있다.

자동차 협회가 사실 (ii)에 대한 설명으로 제시하고 있는 것은 다음과 같다.

· 운전자들은 가속이 빠르고 첨단 장비를 갖춘 대형차를 선호한다.

· 신형차의 가격은 떨어진 반면 사람들의 수입이 늘어남에 따라 많은 운전자들이 대형차를 선호하게 되었다.
· 소비자들은 환경 보호를 지지한다고 말하지만, 실제 그렇게 행동하지는 않는다.

자동차 협회가 사실 (iii)에 대한 설명으로 제시하고 있는 것은 다음과 같다.
· 차 무게를 늘리고 에너지 소모를 불러오는 자동차 에어컨이나 자동 창문은 이제 거의 기본 사양이 되었다.
· 에어백이나 옆 충돌 방지 장치와 같은 안전장치도 차 무게를 늘어나게 했다.
· 보행자에게 친근하도록 앞 디자인을 바꾼 것도 공기와 마찰을 더 크게 했다.

다른 가능한 설명: 자연의 친구들이라는 단체는 사실 (i), (ii), (iii)에 대해 다음과 같은 설명을 제시하고, 이를 자기들 나름의 연구를 통해 뒷받침하고 있다.
· 자동차 회사들이 탄소 배출량이 적은 차보다 연료 소모가 많은 대형차를 점점 더 많이 만들어내고 있는 것이기 때문에 회사들이 탄소 배출량을 제대로 줄이지 못하는 데 대해 책임을 져야 한다.

여러분이 보기에 사실 (ii)에 대한 설명으로 가장 그럴듯한 것은 어떤 것인가?

연습문제 13: 기술을 익히기

1. 불소화의 위험

결론: 첫 문장에서는 이 글의 주제, 즉 충치를 예방하기 위한 수돗물 불소화 방안이 소개된다. 우리는 이 글의 마지막 문장, 즉 "이런 문제가 야기된다는 점을 생각하기만 해도 끔찍하다"를 결론으로 여길 수 있다. 이 문장은 수돗물 불소화 방안을 시행해서는 안 된다는 점을 함축한다.

이유/가정:

(i) 불소는 하나의 약물이며 그것도 골다공증 유발과 같은 널리 알려진 부작용이 있는 약물이다.

(ii) 정수를 할 만큼 부자가 아닌 사람들은 불소를 강제로 먹을 수밖에 없게 된다.
(iii) 하루 불소 섭취양은 어떤 공인된 필요량에 의해 정해지는 것이 아니라 소비하는 물의 양에 따라 정해지게 된다.
(iv) 이런 조치는 설탕의 섭취라고 하는 실제 문제에 대한 임시방편일 뿐이다.
(v) 충치의 진짜 원인은 불소화하지 않은 물이 아니라 설탕이다. 또한 설탕은 당뇨를 일으키고 면역 체계에 손상을 주며 비만을 불러온다.
(vi) 불소화는 나쁜 식습관에 대해 일시적으로 양심의 가책을 벗어나게 하고 장기적으로는 손상을 초래하게 할 뿐이다.
(vii) 이는 시민의 자유 문제이기도 하다. 불소화를 한다면, 왜 다른 약물은 하지 않는가?

이유 (vi)는 이유 (iv)와 (v)에 의해 뒷받침되는 중간 결론이기도 하다.

이 논증은 수돗물을 불소화하면 사람들은 설탕 섭취를 줄이려고 하지 않을 것임을 가정하고 있다. 이유 (vii)과 관련해서는 약을 먹을지 말지는 개인이 스스로 결정하도록 해야 한다는 것을 가정하고 있다.

이유/가정의 참: 이유 (i)은 불소화의 부작용을 거론하고 있는데, 이것이 참인지 여부를 알려면 해당 전문가에게 물어보아야 할 것이다.

이유 (ii)와 (iii)은 명백히 참이다. 왜냐하면 수돗물을 불소화했는데 정수기를 살만한 여유가 없는 사람이라면, 불소를 그냥 먹을 수밖에 없게 되고 물을 많이 마실수록 불소 섭취량도 많아질 것이기 때문이다.

이유 (iv)는 의문의 여지가 있다. 충치 예방을 위해 수돗물을 불소화한다고 해서 설탕 섭취가 충치를 불러온다거나 다른 건강상의 문제를 야기한다는 점을 흐리게 한다고 볼 수는 없다. 설탕 섭취의 결과가 얼마나 나쁜지를 계속 홍보할 수도 있는 것이며, 이럴 경우 이는 수돗물을 불소화하면 사람들은 설탕 섭취를 줄이려고 하지 않을 것이라는 가정이 근거가 없음을 보여주게 될 것이다.

설탕이 충치를 불러온다거나 다른 건강상의 문제를 야기한다는 것은 상식에 속하며, 따라서 이유 (v)는 참이라고 할 수 있다.

이유 (vi)은 과연 그럴 '뿐' 인가 하는 점이 문제이다. 이는 불소화의 이점은 과도한 설탕 섭취라고 하는 나쁜 식습관에 대해 일시적으로 양심의 가책을 벗어나게 할 뿐이고, 장기적으로는 이것이 건강에 손상을 초래하게 한다는 것이다. 하지만 수돗물 불소화 방안의 근거는 이렇게 할 경우 실제로 충치를 예방하는 좋은 효과가 있다는 것이며, 수돗물 불소화와 사람들의 과도한 설탕 섭취 사이에 아무런 연관성도 없을 수 있다.

이유 (vii) 및 그와 연관된 가정은 강제적인 수돗물 불소화 방안이 선택의 자유의 제한이라는 중요한 사실을 지적하고 있다.

추가 증거: 수돗물 불소화 방안을 시행해서는 안 된다는 결론과 관련된 추가 증거로 어떤 것이 있을 수 있을까? 이 논증은 그 방안의 부작용에 논의를 집중하고 있다. 하지만 우리는 그 방안이 충치 예방을 위해 꼭 필요한지 여부를 생각해볼 수도 있다. 우리는 가령 치약 불소화 방안이 충치 예방에 얼마나 효과가 있는지 또는 충치의 원인에 대한 폭넓은 홍보가 어느 정도의 효과가 있는지를 살펴볼 수도 있을 것이다.

설명: 이 논증에는 설명이 나오지 않는다.

결론을 뒷받침하는지 평가하기: 충치 예방을 위해 불소화를 하는 방안에 관한 글쓴이의 주장이 결론을 강하게 뒷받침하는 것은 아니다. 왜냐하면 수돗물을 불소화하더라도 사람들이 설탕 섭취를 줄일 것이라고 볼 여지도 충분히 있기 때문이다.

하지만 이유 (vii)에 나오는 주장, 즉 이것은 시민의 자유 문제라는 주장은 수돗물 불소화 방안을 시행해서는 안 된다는 결론을 강력하게 뒷받침해준다고 할 수 있다. 특히 불소화 방안이 바람직하지 않은 부작용을 낳는다는 점이 사실이고, 그리고 충치 예방을 위한 다른 더 효과적인 방안이 있다는 점이 사실이라면 그렇다. 사람들이 특정 약을 먹을지 여부에 관해 선택의 여지를 주지 않는 정책도 정당화될 수 있다. 가령 그렇게 할 경우 다른 방식으로는 결코 얻을 수 없는 엄청난 이점이 있다면 그 방안도 정당화될 수 있을 것이다. 하지만 수돗물 불소화 방안이 이런 범주에 든다고 보기는 어렵다.

2. 유기농업

결론: 이 글의 첫 문장은 유기농식품은 농촌이나 환경에 좋지 않다는 것을 말하고 있다. 하지만 이 논증은 아마도 맨 끝에 나오는 좀 더 강한 주장, 즉 유기농업은 모두에게 해가 된다는 주장을 내세우고자 한다고 볼 수 있다.

이유/가정: 둘째 단락은 이 글의 첫 번째 문장을 뒷받침하는 이유를 제시하고 있다.

(i) 유기농으로 재배할 경우 보통의 경우보다 수확이 크게 줄어든다.

(ii) 유기농으로 재배해 똑같은 양을 생산하려면, 자연보호 구역이나 산이나 습지 또는 골프장이나 주택지로 쓰일 땅도 경작지로 이용해야 한다.

(iii) 그런 땅에 농사를 지으려면 물이 필요하고, 그렇게 되면 강물이나 지하수도 줄어들게 된다.

(iv) 유기농업에서도 트렉트나 펌프나 콤바인이나 다른 화석 연료로 작동하는 농기계들을 쓰고 있고, 일정한 양의 수확을 얻기 위해서는 이들 기계가 더 많은 지역을 돌아다닐 수밖에 없게 되므로, 이산화탄소 배출량도 더 늘어난다.

이유 (ii), (iii), (iv)는 이유 (i)에 의해 뒷받침되고 있는 중간 결론들이며, 이 이유들이 또 다른 중간 결론인 이 글의 첫 번째 문장을 뒷받침하고 있다.

셋째 단락은 주제를 바꾸는 것으로 보인다. 왜냐하면 그 단락은 슈퍼마켓과 대비되는 농산물 현지 시장을 이용할 경우의 문제점에 관한 것이기 때문이다. 물론 유기농으로 생산된 식료품 가운데 많은 것들은 농산물 현지 시장에서 팔린다는 점에서 이 둘 사이에 연관성이 있을 수도 있지만, 그런 연관성이 꼭 있어야 하는 것은 아니다. 하지만 글쓴이는 '유기농업' 이란 말을 통해 식료품의 생산 방식뿐만 아니라 식료품 수송에서 야기되는 탄소 배출을 줄이기 위해 재배지 가까이에서 농산물을 판매하는 것까지 염두에 두고 있을 수도 있다. 이런 경우라면 이 단락은 유기농업이 모두에게 해가 된다는 결론과 관련이 있다고 할 수 있다.

마지막 단락에 두 가지 이유가 더 나온다.

(v) 에너지나 땅 모두 비용이기 때문에, 시장에서라면 이 둘을 가장 효율적으로 이용하는 구조가 생겨나게 마련이다.

(vi) 유기농업은 이를 거꾸로 되돌리는 것이다.

이유/가정의 참: 이유 (i)부터 (iv)까지는 그럴듯해 보인다. 왜냐하면 유기농식품이 더 비싼 이유는 대개 그것은 수확량이 낮아 비용이 더 많이 들기 때문이라고 말하기 때문이다. 하지만 유기농식품을 생산하려면 얼마나 많은 경작지와 물, 그리고 에너지가 더 필요한지, 그리고 이 점이 과연 환경에 큰 부정적 영향을 미치는지는 분명하지 않다.

모두가 농산물 현지 시장에서 식료품을 구입한다면 식료품을 수송하는 데 필요한 에너지도 훨씬 더 많아질 것이고 그래서 이산화탄소 배출량도 더 늘어나리라는 것은 사실일 것이다. 이 점과 관련해서는 아래 결론을 뒷받침하는지 평가하기에서 논의할 것이다.

이유 (v)에 나오는 '시장'이란 말은 물론 물건이 팔리는 장소를 뜻하는 것이 아니라 수요 공급의 법칙에 따라 움직이는 사고파는 행위를 말한다. 이유 (v)는 식료품 수요와 그것을 생산하는 데 드는 비용을 감안해볼 때 에너지나 땅이 가장 적게 드는 방식으로 식료품이 생산될 수밖에 없게 되어 있다는 점을 함축한다. 이것이 언제나 참은 아니다. 왜냐하면 시장이 광고의 영향을 받을 수도 있는 것이고, 소비자가 더 비싼 물건을 기꺼이 살 수도 있는 것이기 때문이다.

이유 (vi), 즉 유기농업은 에너지와 땅을 효율적으로 이용하는 것이 아니라는 주장은 '효율적'이란 말이 단순히 '가장 비용이 적게 든다'는 의미라면 참일 수 있다. 하지만 유기농업을 하는 농민들은 그 방법이 좋은 품질의 농산물을 생산하는 효과적인 방안이며, 일부 소비자들은 그 방법을 더 선호한다고 주장할 수도 있을 것이다.

추가 증거: 신문에 투고를 한 사람은 이 문제와 관련한 모든 증거를 여기서 다 제시했다고 보기는 어렵다. 그렇지만 우리는 이 논증에 영향을 주게 될 다른 증거들도 생각해보아야 한다. 2007년 11월 (즉 이 투고가 실린) 이후 신문에는 유기농식품에는 비타민 C나 미네랄, 폴리페놀(면역 체계를 강화하는 데 도움을 주는 자연산 항산화 물질) 등이 훨씬 많다는 보도가 있었다. 그러므로 유기농식품에는 환경적인 비용이 따른다 하더라도 그것이 사람들의 건강에 더 좋은 영향을 준다고 할 수도 있다. 유기농업을 할 경우 에너지나 물을 얼마나 더

쓰게 되는지와 관련된 자료도 찾아볼 수 있을 것이다.

설명: 이 글에는 설명이 들어 있지 않다.

결론을 뒷받침하는지 평가하기: 이 글은 우리가 좀 더 나은 판단을 하려면 추가 증거를 찾아보아야 하는 논증이다. 유기농업이 환경에 나쁘다는 주장을 뒷받침하려면, 유기농업의 경우 얼마나 더 많은 물과 에너지와 땅이 필요한지를 살펴보아야 한다. 또한 여기에는 전통적 방식의 농업이 화학 비료나 살충제를 사용함으로써 환경에 얼마나 해를 끼치는지에 대해서는 아무런 언급이 없다. 유기농업이 어떤 측면에서는 환경에 나쁘다고 하더라도, 전체적으로 보면 이득이 되는 것일 수도 있다.

모두가 다 농산물 현지 시장에서 식료품을 구입할 경우 에너지 소비가 늘어난다는 주장은 유기농업이 모두에게 해가 된다는 결론을 강하게 뒷받침하지 못한다. 만약 농산물 현지 시장에서만 팔 경우 이산화탄소 배출량이 늘어나고 그리고 식료품 수송에서 생기는 이산화탄소 배출량을 줄이는 것이 유기농업 운동의 목적이라고 한다면, 유기농업을 하는 농민들은 식료품을 대규모 시장에다 팔 것이다.

시장의 작동 원리와 관련한 주장은 식료품 생산의 효율에 영향을 미치는 중요한 비용 요인이 에너지와 땅임을 가정하고 있다. 하지만 살충제나 화학 비료 때문에 생기는 오염이나 이런 것을 이용해 생산한 농산물의 품질, 그리고 이것이 건강에 미치는 영향 등도 효율을 판단할 때 고려해야 한다고 주장할 수도 있다. 따라서 이유 (v)와 (vi)은 결론을 강력하게 뒷받침한다고 하기 어렵다.

3. 텔레비전, 우리나라의 교도소를 위해 좋다

결론: 이 글은 첫 부분에서 이미 이 글이 주장하고자 하는 바를 분명히 하고 있다. 첫 번째 단락에 나오는 결론은 재소자들에게도 TV를 시청할 수 있도록 하자는 제안을 받아들이는 것이 옳다는 것이다.

이유/가정: 두 번째 단락 처음에 나오는 '왜 그런가?' 라는 질문은 이유가 곧 나온다는 것을 알려주며, 이어 바로 나오는 '첫째' 라는 표현과 세 번째 단락 처음에 '두번째 이유' 라는 표현으로 이유가 나오고 있음을 나타내준다. 하지만 두 번째 단락에는 한 가지 이유만 나오는 것이 아니라 여러 이유가 한꺼번에 나오고 있으며, 그 중에 하나는 '게다가' 라는 표현으로 시작되어 나타나고 있다.

다음과 같은 이유를 찾아볼 수 있다.

(i) TV를 시청하게 하는 것이 재소자들이 시간을 보내는 더 좋은 방법이다.

(ii) TV를 시청하게 하면 재소자들을 감독하기가 더 쉬워진다.

(iii) TV를 시청하는 재소자들은 형기를 마칠 때쯤이면 우리들과 비슷하게 될 것이다.

(iv) TV를 보는 대가를 지불하도록 하면 책임감이 강해질 것이다.

(v) TV를 보는 대가를 지불하도록 하면 재소자들이 형기를 마치고 나왔을 때 '벌고 쓰는 일' 에 좀 더 잘 적응할 수 있게 될 것이다.

이유 (i)을 뒷받침해주는 것은 재소자들이 TV가 없을 경우 어떻게 시간을 보내는지를 기술한 것이다. 이유 (iii)을 뒷받침해주는 것은 재소자들이 TV를 못보게 되면 다른 일반인들을 규정짓는 사회적인 흐름이나 사고, 오락, 뉴스로부터 완전히 격리되고 만다는 사실이다.

이런 이유와 결부된 몇 가지 가정으로는, 교도소에 TV를 허용하면 교도소 문화('교도소 안에서 일어나는 범죄들')가 달라질 수 있다는 점, 투옥의 중요한 목적은 갱생이라는 점, 그리고 아마도 교소도가 우리가 사는 곳과 더 비슷해진다면, 그들이 재범을 범할 가능성도 줄어들 것이라는 점 등이 있다.

이유/가정이 참인지를 평가하기: 이유 (i)이 참인지를 평가하기란 어렵다. 이것은 재소자들이 TV를 보게 될 경우, 이것이 재소자들에게 좋다는 의미인가, 아니면 교도관들에게 좋다는 의미인가, 아니면 사회에 좋다는 의미인가? 아마도 이것은 마지막 문장에 나오는 '인도적인' 이라는 단어에 비추어볼 때 재소자들에게 좋다는 의미일 것 같다. 그리고 아마도 TV는 다른 것들보다 재소자들한테 더 큰 즐거움을 줄 것이다. 하지만 글쓴이는 이것이 단순히 더 큰 즐거움을 주는데 그치는 것이 아니라 더 가치 있고 더 좋다고 보는 것 같다. 만약 이것이 또한 교도관들에게도 좋다는 것을 의미한다면, 이것은 이유 (ii)에 해당하고, 합당한 주장이라고 볼 수 있다. 형기를 마치고 일반인으로 되돌아오는 재소자들을 강조하고 있는 것을 볼 때 글쓴이는 그것이 사회에도 실제로 도움이 된다고 보는 것 같다.

이유 (iii)이 참인지는 문제삼을 수 있을 것 같다. TV를 시청하게 하면 재소자들도 다른 일반인들과 같은 정보를 접할 수 있게 되기야 하겠지만, 이로부터 그들이 일반인들과 같은 사회적 가치를 가지게 된다는 것이 따라나오지는 않는다. '교도소 문화'의 가치 — 만약 이런 것이 있다면 — 가 여전히 지배할 수도 있다. 또한 가능성이 높지는 않지만, TV 프로그램을 통해 다른 사람들은 아주 잘 살고 있다는 것을 보게 되어 동질감을 느끼기는커녕 오히려 소외감과 적개심을 가지게 될 수도 있다.

이유 (iv)는 아마도 많은 재소자들이 TV 시청의 특권을 원할 것이며, 벌어서 쓰게 하면 삶의 이런 측면을 그들이 배우게 된다는 점에서 참일 것 같다.

그렇다 하더라도 이유 (v)는 의문의 여지가 있다. 감옥에서 '벌어서 쓰는' 습관이 감옥을 나와서도 일상생활에 그대로 이전될지 여부는 다른 요인, 가령 직업을 구할 수 있는지, 기술을 가지고 있는지와 같은 요인에도 의존한다.

투옥은 벌을 주기 위한 것이기도 하지만 또한 갱생을 위한 것이기도 하다는 가정은, 일반 대중들이 모두 이런 생각을 가진 것은 아닐 수도 있지만, 형사 정의 체계에서 보통 받아들여진다. 모든 죄인을 일생 동안 감옥에 가두어둘 수도 없는 노릇이고, 일상생활로 돌아가기에 적절하지 않는 재소자를 석방시키는 것도 좋은 방안이 아니라고 할 때, 이것은 합당하다고 할 수 있다.

추가 증거: 재소자들에게 TV 시청을 허용하는 다른 나라가 있다거나 이런 정책이 안전이나 갱생과 관련해 어떤 영향을 미치는지를 보여주는 증거를 제시할 수 있을 것이다.

설명: 이 글에는 설명이 나와 있지 않다.

결론을 뒷받침 하는지 평가하기: 결론은 이 정책이 '실질적인 측면에서뿐만 아니라 원리상으로도' 올바르다는 것이다. 하지만 이 논증은 대부분 실질적인 측면, 즉 재소자들을 감독하기가 쉬워진다거나 형기를 마치고 나갔을 때 더 잘 적응할 수 있게 된다는 측면에 치중하고 있다. 만약 다른 역효과가 없고 이런 목적을 달성할 수 있는 더 나은 방도가 달리 없다면, 이런 것들은 그 정책을 받아들일 만한 좋은 이유가 될 것이다.

어떤 사람은 재소자들에게는 TV와 같은 것을 볼 수 있게 해서는 안 된다고 주장하겠지만, 이런 정책의 역효과를 생각해내기란 어려워 보인다. (이 점은 이 글에 나오는 '원리'의 측면과 관련된다. '인도적인' 정책이란 말과 갱생이 교도 행정의 중요 목적이라는 것이 그런 것들이다.) 아니면 TV 시청을 허용하는 정책을 채택하게 되면 교도소 생활이 그렇게 혹독한 것으로 비쳐지지 않아 쉽게 다시 범죄를 저지르게 될지도 모른다고 주장할 수도 있다. 이런 주장이 사실인지에 대해서는 여러분 스스로 생각해보기 바란다.

재소자들을 쉽게 감독할 수 있고 형기를 마치고 나갔을 때 일상생활에 더 잘 적응할 수 있게 하는 더 좋은 방안이 있다면 어떤 것이 있을까? 교도관을 늘리면 '교도소 안에서의 범죄'라는 문제에 일정한 영향을 주겠지만, 이것은 비용이 많이 드는 해결책이다. 재소자들에게 좀 더 생산적인 일을 하게 하고 교도소에서 교육을 더욱 강화하게 되면 갱생에는 도움이 되겠지만, 그렇더라도 재소자들이 일도 하지 않고 교육도 받지 않는 시간은 여전히 있을 것이다. TV를 설치하는 것은 상대적으로 비용이 많이 드는 일이 아니며, 이 글에서 주장하는 효과를 갖는다면 해볼 만한 일일 것이다.

4. "마약의 경제적 측면"

결론: 이 글 전체는 마약 합법화를 찬성하는 이유를 제시하고 있고, 결론은 '마약을 합법화하는 것이 마약을 금지하는 것보다 훨씬 나은 정책이 될 것 같다'이다.

이유/가정: 이유는 다음과 같다.

(i) 마약 판매를 금지하더라도 마약 시장이나 마약 사용을 뿌리 뽑지는 못한다. 다만 그것은 지하로 숨을 뿐이다.

이 주장을 뒷받침하고 있는 것은 열두 살 이상의 인구 가운데 30% 이상이 마리화나를 이용해본 적이 있으며 10% 이상은 코카인을 이용한 적이 있다고 하는 미국 자료이다.

(ii) 마약을 금지하면 폭력범죄가 늘어난다.

이를 뒷받침해주는 주장이 두 가지 있다. 마약을 사려는 사람과 파는 사람 사이에 분쟁이 나더라도 공식적으로 해결할 방도가 없다는 점과 다섯 번째 단락에 나오는 살인 사건 발생률에 관한 정보가 그것이다.

(iii) 금지를 하게 되면 마약과 무관한 범죄를 예방하는 데 쓰여야 할 경찰력을 빼앗아 가버리는 것이기 때문에, 그것은 다른 범죄에도 큰 영향을 주게 된다.

(iv) 마약을 금지하면 경찰이나 판사, 정치인의 부패를 부추긴다.

이 주장을 뒷받침해주는 것은 거기에 거대한 이익이 걸려 있고, 영향력을 미칠 수 있는 합법적인 통로가 없다는 것이다.

(v) 금지를 한다는 것은 건강에도 악영향을 미친다는 의미다.

이 주장은 암 시장에 나오는 마약의 질과 순도가 믿을만하지 않으며, 마약 이용자는 주사처럼 건강에 좋지 않은 방식으로 마약을 이용할 가능성이 높다는 주장에 의해 뒷받침되고 있다.

게다가 미국에서 금주법이 시행되는 동안, 알코올 중독으로 인해 사망한 사람의 수가 증가했다는 증거를 제시하고, 이는 술에 불순물이 들어가 있었기 때문이라고 보고 있다.

(vi) 마약 금지는 마약 공급자와 소비자가 세금을 잘 내는 사람들의 희생을 대가로 이득을 본다는 의미다.

이것은 사회가 마약 판매에 세금을 부과할 수 없고 마약 거래업에 종사하는 사람들에게서 소득세를 거둘 수도 없게 된다는 주장에 의해 뒷받침되고 있다.

이 논증은 술의 판매 금지와 살인 사건의 증가 사이에 인과적 연관성이 있다고 가정하고 있다. 그리고 마약을 합법화할 경우의 단점은 장점보다 크지 않을 것이라고 가정하고 있으며, 술과 마약은 아주 비슷한 점이 많다고 가정하고 있다.

이유/가정이 참인지를 평가하기: 이유 (i)은 참이다. 마약 소지와 마약 판매로 기소되는 사례들을 볼 때 금지를 하더라도 마약 사용을 뿌리 뽑지 못한다는 점은 분명하다. 미국에서 불법적으로 마약을 이용한 사람들의 수치에 관한 자료가 어디서 나온 것인지에 대해서는 말이 없지만, 비록 이 수치가 정확하지 않다고 하더라도 불법적으로 마약이 사용되고 있다는 점은 분명하다.

이유 (ii)를 뒷받침하기 위해 제시된 주장 가운데 첫 번째 것은 마약을 금지할 경우 왜 폭력 범죄가 일어날 수 있는지에 대한 설명은 되지만, 실제로 그런 범죄가 일어난다는 증거가 되지는 못한다. 다섯 번째 단락에 나오는 증거에 따르면, 술과 마약을 금지하는 법이 도입된 후 살인 사건이 증가하였고 금주법이 폐지된 후에는 감소하였기 때문에, 살인 사건이 증가한 원인은 분명히 금지법이라고 가정하고 있다. 이 가정은 의문의 여지가 있으며, 이 증거만으로는 술의 금지와 마약의 금지가 같은 효과를 나타낼지도 알 수 없다. 금주법이 폐지되고 나서 살인 사건이 크게 줄었다는 사실은 살인 사건이 마약보다는 술의 금지와 더욱 밀접하게 연관되어 있다는 점을 시사해준다. 1960년대 이후 살인 사건이 증가한 것은 마침 이때 마약법을 엄격하게 집행했기 때문이라고 보고 있다. 하지만 마약법을 엄격하게 집행하게 된 것은 살인 사건이 증가한 데 따른 것이었을 수도 있으며, 따라서 그것이 꼭 원인이었다고 볼 수 없다. 인과적 연관성이 있다는 가정이 설득력이 있는지 평가하려면 당시 살인 사건의 희생자와 살인자가 마약 거래에 연루되어 있었는지를 보여줄 추가 증거가 필요하다.

이유 (iii)과 관련해, 비록 경찰력을 증강해 모든 범죄를 다룰 수 있을지는 모르겠지만, 경찰이 마약 관련 범죄에 많은 시간을 쏟을 경우 다른 범죄에는 그다지 시간을 들일 수 없다는 점은 분명하다.

이유 (iv)는, 금지를 하면 경찰이나 판사, 정치인의 부패가 더 쉬워질지는 모르겠지만, 꼭 부패한다고 보기는 어렵다는 점에서 이 증거에 의해 뒷받침되지 않는다.

이유 (v)는 참일 수 있다. 왜냐하면 이윤을 극대화하고자 하는 마약 딜러는 마약의 질이나 순도에는 크게 신경쓰지 않을 것이기 때문이다. 마약이 합법화될 경우, 판매되는 상품에 대해 품질 관리가 이루어지고, 마약을 주사하는 데도 위생에 더 신경을 쓰게 될 것이다.

이유 (vi)은 참이다. 불법적인 고용이나 소비에 대해서는 세금을 부과할 수 없다.

이 논증은 마약 합법화의 부작용에 대해서는 전혀 언급하고 있지 않다. 하지만 그런 부작용이 있다 하더라도 그것은 여기 나열된 긍정적 효과를 압도하지는 못한다는 가정이 여기에는 분명히 들어 있다. 이 논증은 마약을 금지할 경우 마약 수요가 약간은 줄어들 수도 있으며, 이는 합법화를 할 경우 마약 수요가 증가하게 된다는 사실을 함축한다는 점을 인정한다. 이 경우 마약 소비자의 수가 증가하게 될 수도 있다. 이 점은 이유 (v)에 나오는 주장과는 반대로, 건강에 대한 역효과라 할 수 있다. 이유 (v)가 지닌 한 가지 문제점은 건강에 아주 해롭고 중독성이 강한 마약과 그렇지 않은 마약을 구분하고 있지 않다는 점이다. 중독성이 별로 없는 마약을 합법화할 경우 여기서 말하는 건강상의 이득을 얻을 수도 있겠지만, 중독성이 강한 마약을 합법화할 경우 그렇지 않을 수 있다.

추가 증거: 마약 사용을 허용하는 나라들(가령 네덜란드)의 증거를 찾아볼 수 있고, 마약의 사용이 범죄를 줄이는 데 어떤 영향을 주었는지 그리고 국민 건강에 어떤 영향을 주었는지를 알아볼 수 있을 것이다.

설명: 미국에서 살인 사건이 증가한 것은 (1910년 이후) 마약과 술을 금지하는 법을 도입했기 때문이며 (1960년대 후반에는) 마약법을 엄격하게 집행하였기 때문이라고 설명하고 있다. 이 설명이 설득력이 있는지 그리고 어떤 증거를 좀 더 찾아보아야 하는지에 대해서는 앞의 이유/가정이 참인지 평가하기에서 이미 말했다.

금주법이 시행되는 동안 알코올 중독으로 인해 사망한 사람의 수가 증가한 이유는 불순물이 섞인 술의 소비가 늘어났기 때문일 것으로 잠정적으로 설명되고 있다. 다른 가능한 설명은 금지법이 시행되던 기간에 음주자의 음주량이 크게 늘었기 때문이라는 것이다. 이들 가운데 어느 것이 참인지를 파악하기란 어려우며, 이들은 모두 금주법의 역효과라고 할 수 있다.

결론을 뒷받침하는지 평가하기: 마약 합법화가 마약의 금지보다 훨씬 낫다는 주장을 하려면 합법화를 했을 때의 부작용을 생각해보고 이런 것들이 긍정적 효과보다 크지 않다는 점을 보여야 하는데, 이 논증은 이 작업을 전혀 하고 있지 않다는 점이 가장 큰 문제점이다. 건강에 해롭고 중독성이 강한 마약(가령 헤로인)과 건강에 크게 손상을 주지는 않는 마약(가령 대마초)을 구분하고 있지도 않다. 만약 모든 마약을 합법화하게 된다면, 마약의 질과 순도를 잘 관리하게 됨에 따라 중독성이 약한 마약 사용자의 경우 건강에 도움이 될지도 모르겠다. 하지만 중독성이 강한 마약의 사용이 증가할 경우(글쓴이는 금지법이 마약 사용을 뿌리 뽑지는 못하지만, 수요를 줄일 수는 있다는 점은 인정한다),

이런 마약 이용자는 건강이 악화될 수 있다.

경제적인 측면에서의 역효과도 있을 수 있다. 합법화를 통해 세수가 증가하고 경찰 비용을 줄일 수 있다 하더라도 이것이 마약 사용이 증가해서 생기게 되는 질병 치료와 노동력 상실에 따른 비용에는 미치지 못할 수도 있다.

마약을 사용해 자신의 건강을 해칠지에 대해서는 개인이 선택을 해야 한다고 주장한다면 이 논증은 강화될 수 있을 것 같다. 가령 다른 마약, 술이나 담배의 경우 이렇게 하도록 허용하고 있기 때문이다.

5. 휴대전화보다 어린이들에게 더 위험한 것도 많이 있다.

결론: 여섯 번째 단락에 나오는 '따라서' 라는 결론 시사 표현은 결론이 우리는 '우선순위를 제대로 매겨' 야 한다, 즉 '우리는 어른들이 운전 중에 휴대전화를 사용하지 못하도록 해야 하는 것이지, 어린이들이 길거리에서 휴대전화를 사용하지 못하도록 해서는 안 된다' 는 것임을 말해준다.

이유/가정: 이유를 다음과 같이 요약할 수 있다.

(i) 휴대전화의 영향이라고 입증된 것은 세 가지뿐이다.

여기에는 이 세 가지 영향이 어린이들이 휴대전화를 사용하지 말아야 할 정도로 나쁜 것은 아니라는 가정이 들어 있다.

첫 번째 영향은 뇌에 약간의 열이 발생한다는 것인데, 이는 '그 점이 문제라면, 우리는 어린이들에게 모자를 쓰게 해서도 안 될 것이다' 라는 이유로 대수롭지 않은 것으로 여겨진다. 따라서 여기에는 휴대전화를 사용할 때 발생하는 열은 모자를 쓸 때 발생하는 열만큼 많지 않다는 가정이 들어 있다.

두 번째 영향은 반응 시간이 빨라진다는 것인데, 이것은 '주의를 할 필요가 있고, 앞으로 연구가 더 필요' 할 정도로 우려되는 사항이다.

세 번째 영향은 '운전 중에 휴대전화를 사용하면 사망이나 부상을 당할 위험이 커진다' 는 것인데, 이것은 어린이들이 휴대전화를 사용해도 되느냐의 문제와는 분명히 무관하다. 왜냐하면 어린이들은 운전을 하지 않기 때문이다. 하지만 이것은 결론의 첫 번째 부분, 즉 우리는 어른들이 운전 중에 휴대전화를 사용하지 못하도록 해야 한다는 주장의 근거다.

(ii) 어린이들의 건강에 심각한 위협이 되는 것들이 있다.

이런 것으로는 10대의 임신이나 마약, 유괴 등이 나열되어 있다. 여기에는 이런 것들이 휴대전화 사용보다 어린이들의 건강에 훨씬 더 위협이 되고 있다는 가정이 들어 있다.

(iii) 어린이들에게 스스로 선택한 일에 책임을 지도록 해야 한다.

이것은 명시적으로 서술되고 있지는 않지만, 일곱 번째 단락에 암시되어 있다.

(iv) 휴대전화 사용을 허용하면 10대들이 독립심을 갖게 된다.

여기에는 또 다른 추가 가정, 즉 아직 밝혀지지 않은, 휴대전화 사용의 영향에 대해서는 걱정할 필요가 없다고 하는 가정도 들어 있다.

여러분은 옛날에 TV 시청에 관해 말했을 법한 것과 휴대전화 사용을 비교한 것을 하나의 이유로 볼 수도 있을 것이다. 그것은 물론 휴대전화 사용에 대해 너무 조심스런 태도는 온당치 않다는 것을 보여주기 위한 것이다. 전체 논증에 이것이 어떤 영향을 미치는지를 평가하려면, TV 시청과 휴대전화 사용이 어떤 점에서 다른지를 생각해보아야 할 것이다.

이유/가정이 참인지 평가하기: 휴대전화 사용의 영향에 관한 주장이 참인지를 평가하려면, 그 정보가 어디서 나온 것인지를 자세히 따져보아야 한다. 하지만 가정 가운데 일부는 의문의 여지가 있다. 만약 반응 시간이 빨라진다고 하는 '생물학적인 영향'이 있고 이는 '주의를 할 필요가 있고 앞으로 연구가 더 필요하다'면, 왜 이 영향은 어린이들은 휴대전화를 사용하지 말도록 해야 할 만큼 크게 우려되는 이유가 아니라고 보아야 하는가? 더구나 우리는 반응 시간이 빨라진다고 하는 이 문제가 실제로 얼마나 심각한 문제인지를 모른다면, 어린이들의 건강에 심각한 위협이 되는 것들이 있다는 주장도 받아들이기 어렵다.

이유 (iii)은 어린이들이 할 수 있는 많은 선택에 비추어볼 때 참이다. 하지만 예를 들어 마약이나 술의 경우처럼 어린이들에게 선택권을 부여하지 않는 것이 옳다고 생각되는 것들도 있다. 만약 휴대전화 사용이 아주 위험하다는 점이 밝혀진다면, 이것도 이런 부류에 포함시키는 것이 바람직할 것이다.

이유 (iv)는 휴대전화가 부모와 10대 사이에 '일종의 보이지 않는 전자 탯줄을 유지하면서도' 그들에게 일정한 독립심을 줄 수 있는 수단이라는 점에서 참이다.

추가 증거: 어떤 사람은 (글쓴이도 제안하고 있듯이) 앞으로 연구를 더 하고, 좀 더 알게 되기 전까지는 어린이들이 휴대전화를 사용하지 못하도록 하는 것이 더 낫다고 주장할 수도 있을 것이다. 이것은 위험에 관한 논의에서 가끔 언급되는, 이른바 '주의 원리'에 호소하는 것이다. 최근 BSE(광우병)에 감염된 소고기를 먹을 경우 CJD(크로이츠펠트-야콥병)에 걸릴 위험이 있다고 하는 문제와 유전자 변형 작물이 환경에 악영향을 끼칠 위험이 있다고 하는 문제에 이 원리가 적용되었다. 이 원리가 사용될 경우, 나쁜 결과가 일어날 가능성이 어느 정도인지만을 생각할 것이 아니라, 그것이 얼마나 나쁜지, 그리고 그런 부작용을 피하려면 어느 정도 비용이 들고 어떤 문제가 따르는지를 생각해야 한다. 예를 들어 BSE와 CJD의 경우 뼈 있는 쇠고기를 먹어 CJD에 걸릴 위험이 어느 정도인지를 알 수 없다 하더라도, 일어날 결과(사람들이 무시무시한 뇌질환으로 죽게 된다)가 워낙 끔찍한 것이기 때문에 그런 쇠고기 판매를 금지하는 것이다. 어린이들의 휴대전화 사용과 관련해서도 이 원리를 적용할 경우, 이는 어린이들이 뇌 종양에 걸릴 수도 있다는 결과를 가져오기 때문에 휴대전화 사용을 금해야 한다고 말할 수도 있을 것이다.

설명: 핸즈프리라 하더라도 운전 중에 휴대전화를 사용하면 왜 사망이나 부상을 당할 위험이 상당히 높은지에 대해 설명이 나와 있다. 그 이유는 '운전자는 통화하는 동안 보이지 않는 상대방을 그려보게 되고, 그래서 길이나 장애물을 제대로 보지 못할 수도 있기 때문이다'라고 나와 있다. 이것이 그럴듯해 보이고, 또한 운전 중에 차에 탄 다른 사람에게 이야기를 하는 경우에는 왜 사고 위험이 증가하지 않는지를 설명하는 데 이것이 도움을 줄 수도 있겠지만, 이 설명이 맞는 설명인지를 평가하기란 쉽지 않다. 어쨌든 사고 위험이 왜 증가하는지를 설명하는 문제는 운전 중에 휴대전화를 사용하면 사고 위험이 증가한다는 주장이 실제로 참인지 하는 문제보다는 덜 중요하다.

결론을 뒷받침하는지 평가하기: 자동차 사고의 위험이 증가한다는 주장이 정확하다면 이는 부모들이 운전 중에 휴대전화를 사용해서는 안 된다고 결론지을

만한 좋은 이유가 된다. 하지만 이 점은 어린이들이 휴대전화를 사용해도 되는지의 문제와는 아무런 관련이 없다. 이들 두 가지 문제를 두고 '우선순위'를 매겨야 한다고 생각할 아무런 이유가 없다. 어린이들이 휴대전화를 사용해서 입게 되는 건강상의 문제가 무모하고 난폭한 어른 운전자에 의해 교통사고를 당할 가능성보다 적다는 것이 사실이라 하더라도, 이것이 어린이들이 휴대전화를 사용해도 된다는 것을 보여주는 것은 아니다. 이런 결론을 내리기 위해서는 다음과 같은 중요한 물음을 물어야 한다. 어린이들의 휴대전화 사용이 얼마나 위험한가 그리고 그런 위험이 휴대전화 사용으로 얻게 되는 이득보다 훨씬 더 큰가?

여기에 나와 있는 증거로는 위험이 어느 정도인지를 판단할 수 없다. 하지만 어린이들에게 휴대전화가 꼭 필요하다고 말할 수는 없으므로, 우리는 신중한 편을 들어 좀 더 많은 사실이 알려지기 전까지는 어린이들의 휴대전화 사용을 금하도록 하는 것이 더 합리적인 방안일 수도 있다. 이 글에 나오는 휴대전화 사용의 이점, 즉 휴대전화를 통해 10대들이 부모와 '일종의 보이지 않는 전자 탯줄을 유지하면서도' 일정한 독립심을 키울 수 있게 된다는 점은, 10대들이 어쨌건 어느 정도 독립심을 키워나갈 수 있다는 점에 비추어볼 때, 휴대전화 사용으로 야기될 수도 있는 위험보다 크지는 않은 것 같다.

어린이들의 건강에 심각한 위협이 되는 다른 것들이 있다는 주장은 이 글과 관련이 없다. 왜냐하면 여기서도 우리가 이들의 우선순위를 매겨야 한다고 생각할 필요는 없기 때문이다. 이유 (iii)(어린이들에게 스스로 선택한 일에 책임을 지도록 해야 한다)이 별 근거가 못된다는 점은 이미 말한 바 있다. 즉 어린이들에게 심각한 문제를 일으킬 수 있는 것들은 금하는 것이 합당하다.

전체적으로 보아, 이 글은 어린이들이 휴대전화를 사용하지 못하도록 해서는 안 된다는 결론을 강력하게 뒷받침하고 있지 못하다. 물론 이 글은 신문에 나온 흥미 위주의 글이므로, 여기에서 너무 엄밀한 논증을 기대해서는 안 된다고 생각할지도 모르겠다. 하지만 이것은 중요한 주제이며, 결론이 갖는 의미도 크다. 이 책 초판에는 BSE를 다룬 글이 있었는데, 그것은 광우병에 대해서 흥미 위주의 아주 가벼운 논평을 한 것이었다. 이후에 BSE가 심각한 문제라는 점이 밝혀졌다. 따라서 이와 같은 예는 흥미 위주의 논증도 주의 깊게 검토해볼 필요가 있다는 점을 우리에게 일깨워준다.

연습문제 14: 결론 이끌어내기

1. 지난밤 기온이 영하로 내려갔음이 틀림없다.
2. 지타가 감기에 걸렸을 가능성이 높다.
3. 아마 올해는 수선화가 늦게 필 것 같다.
4. 제인이 짐보다 더 빨리 달렸음이 분명하다.
5. 만약 브라운이 피살자를 죽였다면, 그는 피살자를 독살했음이 분명하다.

연습문제 15: 함축 평가하기

1. (a) PF: 이 글은 피부암 환자가 육체 노동자보다는 사무직 노동자에게서 더 많다고 말하고 있는데, 이는 육체 노동자 가운데도 피부암에 걸리는 경우가 있다는 점을 시사해준다.
   (b) II: 만약 20세에서 39세 사이의 사람들이 피부암 환자의 20%를 차지하고, 40세 이상이 80%를 차지한다면(물론 20세 이하의 환자도 있을 수 있으므로 80%가 못될 수도 있다), 40세 이상인 사람이 피부암에 걸릴 가능성이 더 많을 수도 있다. 하지만 우리는 (b)가 거짓이라고 결론지을만한 충분한 정보를 가지고 있지 않다. 왜냐하면 첫째, 이것은 일반적 주장인데 우리가 가진 수치는 스웨덴에서의 피부암 환자 발생 수치일 뿐이기 때문에 그렇고, 둘째, 이 두 연령 집단의 생활 방식에 어떤 차이가 있어서 40세 이상의 사람들이 피부암에 더 많이 걸릴지도 모르기 때문이다.
   (c) F: 스웨덴에서 피부암 환자가 증가한 것은 햇볕에 많이 노출된 것이 원인일 수 있다. 왜냐하면 더 많은 스웨덴 사람들이 더운 지방으로 휴가를 가기 때문이다. 물론 햇볕에 노출되는 것이 피부암 발생의 유일한 원인일 리는 없다는 주장이 참일 수도 있다. 하지만 스웨덴에서 나온 수치가 이 점을 시사해준다는 것은 거짓이다.
   (d) II: 피부암 환자의 20%만 20세에서 39세 사이의 사람들이고, 햇볕에 노출

되는 것이 피부암의 중요한 원인이라고 하더라도, 40세 이상의 사람들 가운데 피부암 환자가 많은 것은 이들이 햇볕에 많이 노출되기 때문인지 아니면 같은 양의 햇볕에 노출되더라도 이 연령층이 젊은 사람들에 비해 피부암에 걸릴 가능성이 높기 때문인지를 우리는 알 수 없다.

(e) T: 스웨덴에서 피부암 환자 발생 건수가 증가한 것은 더운 지방으로 휴가를 떠나는 사람들의 수가 증가한 때문일 수도 있다고 결론 내릴 수 있다. (e)가 '참'이라고 말한다고 해서 이것이 원인이라고 주장하는 것은 아니다. (e)는 단지 그것이 원인일 수도 있다고 잠정적으로 말하고 있을 뿐이다.

2. (a) II: 여기에 나오는 정보는 600명의 운전자 샘플에 관한 것뿐이다. 이들 대부분이 자신들은 안전하게 운전하고 있다고 믿는다고 할지라도, 이 정보는 대부분의 운전자들이 그렇다는 주장을 뒷받침하지는 못한다. 이 샘플에 속하는 운전자들은 운전자들을 대표하는 샘플이 아닐 수도 있으며, 이들이 특이한 태도를 갖는 사람들이어서 뽑힌 것일 수도 있기 때문이다.

(b) PT: 이 집단의 운전자들은 대부분 자신의 운전 기술을 과대평가하고 있다고 할 경우, 고속도로에서 80마일 이상으로 달리겠다고 말한 사람들 가운데 50%의 일부는 자신들의 운전 기술을 분명히 과대평가하고 있는 것이다. 80마일이 너무 빨리 운전하는 것이며 실제로 말한 대로 운전을 한다고 가정할 때, 이들 운전자는 고속도로에서 너무 빨리 운전하는 경향이 있다고 말할 수 있다. 이런 가정은 근거없는 것이 아니기 때문에, 자신의 운전 기술을 과대평가하는 사람들 가운데 일부는 운전을 너무 빨리 하는 경향이 있다는 것은 아마 참일 것이다.

(c) PF: 운전 기술을 과대평가하는 경향이 있는 사람들은 젊은 사람들이라는 이야기는 본문에도 나온다. 젊은 사람들은 운전 경력이 많지 않기 때문에, 운전 경력이 얼마 안 되는 사람들은 자신의 운전 기술을 과대평가하지 않는다는 것은 아마 거짓일 것이다.

(d) T: 이 연구는 운전자들이 중대 사고를 냈다고 상상해보게 하면 이들 중 일부는 나중에 운전할 때 속도에 관한 생각을 바꾸게 된다는 것을 보여준다.

이런 태도에 미치는 영향은 장기적이고 이런 변화된 판단에 따라 행위한다고 가정해볼 때, 이들 가운데 일부는 속도에 관한 한 미래에 좀 더 조심스럽게 운전할 것이다. 따라서 사고를 냈다고 상상해보게 하면 운전자들이 앞으로 좀 더 조심스럽게 운전하게 될 것이라는 것은 참이다.

(e) II: 여기에 나오는 것은 운전자들이 중대 사고를 냈다고 상상해보게 했을 경우 그들이 자신감을 잃게 되는지를 생각해보라는 것이었다. 하지만 이것은 실제로 그 사람들이 그 결과 운전할 때 자신감을 잃게 된다는 것을 함축하지는 않는다.

3. (a) PT: 이 글에는 어미양이 '자기의 새끼양'과 유대감을 형성한다고 말하고 있지만, 이것이 어미양이 그의 어린 양 가운데 하나하고만 유대감을 형성한다는 말은 아니다. 어미양은 '다른 양은 모두 거부한다'는 말은 자기의 새끼양을 제외한 모든 새끼양을 거부한다는 의미로 이해되어야 한다.

(b) II 또는 PF: 엄밀하게 말해 우리는, 어미양에게 자기가 낳지 않은 새끼를 들여보내게 되면 그 양은 자기가 낳은 새끼를 거부하게 될지 어떨지를 결론 내릴만한 충분한 정보를 가지고 있지 못하다. 하지만 몇 가지 가정을 할 경우, 우리는 (b)가 아마도 거짓일 것이라고 결론지을 수 있다. 첫째, 만약 어미양이 또 다른 새끼를 낳았다고 실제로 믿는다면, 아마 그 양은 마치 쌍둥이 새끼를 낳았을 때처럼 원래의 자기 양뿐만 아니라 자기가 낳지 않은 새끼와도 유대감을 형성할 것이다. 둘째, 농부들이 새끼가 태어나고 어미양이 곧 죽은 경우에만 이런 방법을 사용하는 것이 아니라면, 이 방법을 사용해 원래의 어린 양을 거부하게 하고 자기가 낳지 않은 새끼를 받아들이게 하는 것은 아무런 의미가 없을 것이다.

(c) T: 어미와 접촉이 없을 경우 새끼양이 이상 행동을 보이는 수도 있다고 본문에 나와 있다.

(d) F: 농부들이 어미가 없는 양을 직접 돌본다는 말이 나온다. 그런 양은 이상 행동을 보일 수도 있겠지만, 그렇더라도 그것은 제대로 커서 어미가 될 것이다.

(e) T: 농부들이 이 방법을 써서 어미양이 두 번째 양을 낳았다고 믿게 할 경우, 어미양이 어미가 없는 새끼양을 받아들여 유대감을 형성할 확률이 80% 정도가 된다.

4. (a) II: 이 글은 피부병이나 검정파리의 공격이 양털에 손상을 준다고 분명히 말하고 있다. 이것은 농부들이 양을 살충액에 넣어 씻고자 하는 충분한 이유가 될 수 있다. 다른 정보가 없는 이상, 우리는 이런 기생충이 양에게 스트레스를 주는지에 대해서는 말할 수 없다.

(b) F: 위원회가 조사한 사례들 가운데 58건의 사례들은 연관 관계가 있을 수 있다는 증거다.

(c) II: 양을 살충액에 넣어 씻는 작업으로 인해 유사 감기 증상을 앓게 되었다고 하는 사례 가운데 3건은 보호 장구를 착용한 사람들이었다. 만약 이 세 사람의 증상이 양을 살충액에 넣어 씻는 작업 때문에 생긴 것이 분명하다면, 우리는 양을 살충액에 넣어 씻을 때 보호 장구를 착용해도 여전히 건강에 문제가 되며 따라서 (c)가 거짓이라고 결론 내릴 수 있다. 하지만 우리는 이런 증상이 분명히 양을 살충액에 넣어 씻는 작업 때문에 생기는 것인지는 아직 모른다.

(d) F: 양을 살충액에 넣어 씻을 때 아주 적게 노출될 경우 영향이 어떤 것인지에 대해서는 아직 알려진 게 없다고 나와 있다. (d)가 거짓이라고 결론지어야 한다는 말은 양을 살충액에 넣어 씻는 방법을 금지해야 할만한 이유가 없다는 말이 아니다. 건강에 위협이 될 가능성이 있다면, 그 방법을 사용하게 해서는 안 된다고 주장하는 사람도 있을 수 있다.

(e) PT: 건강에 위협이 될 수 있다는 증거가 좀 있으며, 농림부도 양을 살충액에 넣어 씻는 작업은 자격증을 가진 사람만이 하도록 할 만큼 신경을 쓰고 있다.

5. (a) II: 그 사람들에 관한 정보는, 자발적으로 참여했다는 것 말고는, 아무 것도 나와 있지 않다.

(b) PT: 실험에 참여한 사람들이 버튼을 누를 때 우려를 나타냈다고 나와 있다(하지만 T라기보다는 PT이다. 왜냐하면 그런 우려는 전기 충격이 단순히 고통을 주는 정도가 아니라 치명적인 영향을 준다고 그 사람들이 생각했을 수도 있기 때문이다).

(c) PF: 이 실험은 이들 피험자가 비록 그렇게 하는 데 우려를 나타내기는 했지만 명령을 그대로 따랐다는 증거를 제시하고 있다. 여러분이 이 때문에 (c)가 분명히 F라고 생각했을 수도 있으며, 그들의 우려는 자신들이 도덕적으로 잘못된 행위를 했다는 느낌 때문에 생겨난 것이라고 가정한다면 그렇게 볼 수도 있다.

(d) PF: 실험에 참여한 사람들은 아마도 '학습자'가 고통을 겪는다고 실제로 믿었던 것 같다. 왜냐하면 그 사람들은 아마도 '학습자'의 비명 소리를 들었을 것이며, 버튼을 누르는 데 대해 우려를 나타내기도 했기 때문이다.

(e) T: 이 글은 실험 결과, 즉 피험자들이 명령을 따랐다는 것이 심리학자들의 예상과 다른 것이었다고 말하고 있다.

6. (a) II: 글에는 붉은날다람쥐는 영국에서 발견되고 있고, 회색다람쥐는 영국 토종 다람쥐가 아니라는 것만 나와 있다.

(b) II: 회색다람쥐는 개암나무 열매와 도토리를 먹고 붉은날다람쥐는 개암나무 열매를 먹는다는 것은 나와 있지만, 붉은날다람쥐는 회색다람쥐가 먹지 않는 다른 것을 먹을 수도 있다.

(c) F: 이 글은 붉은날다람쥐는 도토리만 먹을 경우 몸무게가 준다고 말하고 있다.

(d) PF: 회색다람쥐는 도토리를 잘 소화시킬 수 있다고 나와 있고, 따라서 회색다람쥐는 개암나무 열매가 없어도 생존할 수 있을 것이다.

(e) T: 회색다람쥐가 있는 곳이라면 개암나무 열매는 10월이면 떨어지게 될 테고, 그 후 회색다람쥐는 도토리만 먹고도 잘 살아갈 수 있겠지만, 붉은날다람쥐는 겨울 동안 먹을 개암나무 열매가 없게 될 것이다.

연습문제 16: 같은 논증 찾아내기

1. 정답은 (d)이다. 이들은 모두 다음과 같은 구조를 지니고 있다.

X는 대개 Y라는 특성을 갖는데, Z도 Y라는 특성을 가지고 있기 때문에, Z도 아마 X일 것이다.

원래 논증에서

X = 헤로인 중독자

Y = 팔에 주사바늘 자국이 있다는 점

Z = 로버츠

(d)에서

X = 학생

Y = 25살 이하라는 점

Z = 해럴드

(a)의 구조는 다음과 같다.

X는 대개 Y라는 특성을 갖는데, Z도 X이므로, Z도 아마 Y라는 특성을 가질 것이다.

(b)의 구조는 다음과 같다.

X에 걸린 환자는 대개 Y라는 특성을 갖기 때문에, X가 아마 Y의 원인인 것 같다.

(c)의 구조는 다음과 같다.

X는 Y라는 특성을 갖고, Y라는 특성을 가진 사람은 Z를 하기 때문에, X도 아마 Z를 할 것이다.

(e)의 구조는 다음과 같다.

X는 대개 Y라는 특성을 가지기 때문에, X는 대부분 아마 Z를 할 것이다.

2. 정답은 (b)이다. 마지막 문장과 (b)는 모두 다음과 같은 논증을 하고 있다.

X가 Y를 야기한 것이 아니다. Y가 X를 야기했다.

원래 글에서

X = 높은 유아 사망률

Y = 자식들에 대한 부모의 무관심

(b)에서는

X = 임금이 낮은 영역에 숙련 노동자가 없는 현상

Y = 낮은 임금

(a)의 구조는 다음과 같다.

Y의 원인은 X가 아니라, 그것은 Z이다.

(c)의 구조는 다음과 같다.

X는 Y의 원인이 아니다. X는 Y가 일어나든 일어나지 않든 일어난다.

(d)의 구조는 다음과 같다.

X를 하는 사람은 X와 Y에 모두 해가 된다.

(e)의 구조는 다음과 같다.

X가 Y를 하는 것은 좋다고 여겨지지 않았다. 하지만 많은 X가 Y를 했다.

3. 정답은 (a)이다. (a)와 이 글은 그 바탕에 다음과 같은 구조를 가지고 있다.

> 어떤 경우 X가 없어도 Y라는 아주 나쁜 결과가 나타난다. 따라서 X가 보통 말하듯 그런 나쁜 결과를 가져오는 것은 아니다.

원래 글에서
X = 급속한 인구 증가
Y = 정치적 · 경제적 쇠퇴

(a)에서
X = 흡연
Y = 만성 호흡기 질환

(b)는 원래 글의 첫 문장과 비슷한 구조를 가졌다고도 볼 수 있는 문장으로 시작되고 있다.

> 비싼 페인트를 써도(싼 페인트가 없어도) 두 번을 칠해야 한다(즉 두 번 칠해야 한다는 아주 나쁜 결과가 나타난다).

하지만 (b)의 결론은 싼 페인트가 보통 말하듯 그런 나쁜 결과를 갖는다고 말하지는 않는다.

(c)도 원래 글과 비슷한 식으로 시작되고 있다고 볼 수 있다.

> 에너지 소비를 줄이더라도(즉 많은 에너지 소비가 없는데도) 석유 수입의 증가를 막지 못한다.

하지만 에너지 소비를 줄이는 것이 아주 나쁜 결과를 가져온다는 주장은 어디에도 없다.

(d)나 (e)는 모두 원래 글과 비슷한 구조로 시작하고 있지 않다.

(d)는 X는 일부의 Z에게는 Y를 일으킨다로 시작한다.
(e)는 일부의 X는 Y이고 Z이다로 시작한다.

연습문제 17: 원리를 적용하고 평가하기

여기에 원리의 적용 사례를 몇 가지 제시해놓았다. 여러분이 생각한 적용 사례는 이와는 다를 수 있다. 따라서 여기 나온 것만 '올바른' 답이라고 생각할 필요는 없다.

1. 대중 교통을 전혀 이용하지 않는 사람이라면 대중 교통에 보조하는 만큼의 세금은 내지 않아도 될 것이다.
2. 우리는 위험한 스포츠나 위험한 활동에 참여할 때 안전 수칙을 지켜야 한다는 법을 만들어서는 안 될 것이다. (이 원리를 적용하는 데 문제가 있다. 왜냐하면 '다른 사람에게 해를 끼친다'는 말이 모호하기 때문이다. 한 사람에게는 해를 끼치지만 다른 사람에게는 전혀 해를 끼치지 않는 예를 생각해내기란 무척 어렵다. 가령 산악인이 큰 부상을 입을 경우 이는 그 가족에게 고통을 줄 수 있다.)
3. 신문이 특정 집단이나 특정 개인을 모욕하고 공격하는 견해도 공표할 수 있도록 허용해야 한다.
4. 의사는 환자에게 병이 얼마나 심각한지 또는 수술의 위험이 어느 정도인지 사실을 말해주어야 한다.
5. 여러분에게 한 친구가 범죄에 연루되었다고 고백했고 여러분은 이 사실을 아무에게도 말하지 않기로 약속했다고 해보자. 그런데 다른 누군가가 이 범죄 때문에 감옥에 가게 되었고, 여러분의 친구가 범인이라는 사실을 아는 사람은 당신뿐이라고 해보자. 이 원리에 따르면 이 경우에도 여러분은 어느 누구에게도 이 사실을 말해서는 안 된다.

연습문제 18: 증거의 신뢰성을 평가하기

1. 없어진 돈

여기 나오는 사람들이 말한 증거:

(i) **블랙:** 블랙이 거짓말을 한다고 생각할 이유는 전혀 없다. 하지만 지갑에 돈이 얼마 들어 있었는지에 대해 그가 잘못 알았을 수도 있고, 그가 현관문을 닫았다고 잘못 생각했을 수도 있다.

(ii) **제인:** 제인의 주장은 루시가 돈을 훔쳤을 수도 있다(루시는 잠깐 안 보였다)는 것이며, 과거 그런 적도 있다고 말한다. 하지만 제인 자신이 돈을 훔쳤다면, 그는 다른 사람이 그랬다고 할 테고, 이 때문에 우리는 제인과 루시는 이해관계가 얽혀 있다고 보아야 한다.

(iii) **셀리:** 셀리의 주장은 루시가 잠깐 안 보였다는 점을 확증해주기는 하지만 루시에 관한 제인의 주장을 강하게 확증해주는 것은 아니다. 왜냐하면 셀리는 루시가 한 일이 분 동안 안 보였다고 말하고 있지만 셀리가 놀이에 집중하고 있었다면 루시가 안 보였던 시간을 정확히 파악하고 있다고 보기는 어렵기 때문이다. 셀리는 제인이 집 안에 들어간 적이 있다고 주장했는데, 아빠가 제인에게 물어보자 제인도 그 점을 인정했다. 이는 셀리의 주장을 확증해주는 것이기는 하지만, 이 점에 대해 제인이 솔직하게 말했다고 해서 거실에 가지는 않았다는 제인의 말도 믿을만하다고 할 수는 없다.

(iv) **신문 배달하는 아이:** 우리는 그 아이의 평판에 대해서는 아무런 정보도 가지고 있지 않다. 하지만 현관문이 열려 있었다는 그의 주장은 그럴듯하다. 왜냐하면 블랙이 현관문을 열어놓았을 수도 있고 아니면 다른 누군가가 그 문을 열어놓았을 수도 있기 때문이다. 지갑을 보지 못했다는 그의 주장을 확증해주는 것은 아무 것도 없다. 만약 그가 왔을 때 현관문이 닫혀 있었다면, 그가 돈을 훔치고 현관문을 그냥 열어놓고 갔을 것 같지는 않다. 돈을 훔쳤다면 현관문을 닫고 신문을 편지함에 넣어두고 가는 편이 의심을 덜 받을 것이기 때문이다.

우리는 어떤 결론을 내릴 수 있을까?

아이스크림을 파는 차 근처에 있던 누군가가 블랙이 탁자 위에 지갑을 두는 것을 보았고 그래서 그가 와서 돈을 훔쳐갔을 수도 있다. 하지만 상습적인 절도범, 특히 어른이 그 돈을 훔쳤을 것 같지는 않다. 어른이 그랬다면 신용카드도 가져갔을 것이다. 놀던 아이들이나 신문 배달하는 아이를 제외하고는 다른 사람들에 대한 증거는 아무 것도 없다. 셸리가 훔쳤다고 볼 증거는 없다. 왜냐하면 셸리가 집 안으로 들어갔다거나 잠깐 안 보였다는 이야기를 하는 사람은 아무도 없기 때문이다. 루시가 훔쳤다는 증거는 그렇게 강력하지 않다. 제인이 그런 주장을 하고 있는데, 제인은 루시가 그랬다고 할만한 이해관계를 가지고 있다고 할 수 있다. 셸리는 루시가 아주 잠깐 안 보였던 적이 있다는 점을 확증해준다. 범인은 제인이나 신문 배달하는 아이일 수 있다. 하지만 제인이 범인이라고 볼 증거라고는 제인이 집 안에 들어간 적이 있다는 것과 루시가 돈을 훔쳤을 수도 있다고 제인이 주장했다는 점뿐이다. 신문 배달하는 아이가 범인일 수도 있다. 하지만 그 증거라고는 그가 집 안으로 들어갔으며 지갑을 볼 수 있는 지점에 있었고 그 외의 다른 용의자는 없다는 것뿐이다. 그러므로 다른 추가 증거가 없는 한 어떤 분명한 결론도 내리기 어렵다.

2. 총기법이 총기 범죄에 영향을 미치는가?

(i) 이 글 맨 앞에 글쓴이에 관한 정보가 나오는데, 이는 로트가 이 문제를 심도 있게 연구해온 사람임을 시사해주지만 또한 그 분야의 다른 전문가들은 받아들이지 않는 강한 견해를 지닌 인물이라는 점도 말해준다. 글쓴이가 고른 증거는 총기 범죄를 줄이기 위해 총기를 금지하는 것이 역효과를 가져오며 미국에서 총기 소지를 허용했더니 강력 범죄가 감소했다는 것이다. 그가 드는 통계 자료가 있는데, 그것은 2000년 범죄 희생자 국제 조사 결과이다. 이 조사 결과가 정확하지 않다고 볼 이유는 없다. 하지만 이 통계 자료는 개인들에게 설문조사를 해서 수집한 것이기 때문에, 개인들의 기억이 정확하지 않다거나 범죄라고 보는 것이 서로 달라서 자료가 편향되어 있을 수도 있다. 글의 제목("총기 금지는 역풍을 불러온다")은 총기 소지의 금지로 강력

범죄가 증가했음을 시사해준다. 하지만 여기 나온 증거에 근거해 우리가 내릴 수 있는 최선의 결론은 총기 소지를 금지했음에도 불구하고 강력 범죄가 줄어들지 않았다는 것 정도이다. 다른 요인들 때문에 그렇게 되었을 수도 있는 것이다.

(ii) **총기 규제 네트워크:** 이 단체는 엄격한 총기 규제를 옹호하는 운동을 해온 단체라는 점에 비추어볼 때, 이 단체는 당연히 엄격한 총기 규제와 낮은 범죄율 사이의 관계를 보여주는 자료를 제시할 것이다. 하지만 이 때문에 이 자료가 부정확하다는 것은 결코 아니다. 표에 나온 자료는 중립적이라고 하는 출판사에서 발행된 책에서 가져온 것이다. 총기 규제 네트워크라는 단체가 편향되었다고 볼만한 증거도 없다. 이 표는 총기 법이 총기 범죄에 어떤 영향을 미치는지를 보여주는 중요한 자료라고 할 수 있다. 왜냐하면 이것은 총기 사고 사망자 수를 직접 보여주고 있기 때문이다. 반면 로트가 제시한 자료는 강력 범죄 일반에 관한 자료였다. 이 표는 2000년대 초반 총기 소지가 쉬웠던 나라(미국)가 총기 범죄가 가장 높았음을 보여준다.

(iii) **영국 범죄 조사 보고서:** 이것은 내무부에서 나온 정부의 공식 통계이다. 내무부는 범죄를 관할하고 있으므로 범죄가 줄어들고 있다는 통계를 제시하고 싶어할 수도 있다. 하지만 이 자료는 다른 사람들도 검토할 수 있는 자료이며, 따라서 내무부가 일부러 거짓된 자료를 제출했을 것 같지는 않다. 대개 통계 자료가 정확하냐보다는 그 자료가 정확히 무엇을 의미하느냐를 두고 논란이 벌어지곤 한다. 하지만 정부의 통계는 경찰에 신고된 범죄만을 대상으로 한 것이므로, 여기 나오는 범죄 건수는 실제보다 적은 것일 수도 있다. 경찰이 집계한 총기 관련 범죄가 2007년에 이르기까지 8년 동안 13%가 줄었다는 자료는 1997년의 총기 금지로 영국에서 총기 범죄가 늘었다는 주장에 반하는 증거이다. 하지만 우리는 총기 금지 때문에 그런 범죄가 준 것이 아닐 수도 있음을 명심할 필요가 있다.

(iv) **키비타스:** 웹사이트에 나와 있듯이, 이 단체가 실제로 어느 정당에도 속하지 않는 독립된 단체라면, 우리는 이 단체가 정부나 반대 진영의 자료가 아니라 정확한 사실 자료를 제시할 것이라고 예상할 수 있다. 이 단체에 속한 사

람들이 누구인지를 확인해볼 수 있을 것이며, 사실이 아닌데도 그렇게 독립된 단체라고 주장했을 것 같지는 않다. 그러므로 우리는 그 자료가 편향되지 않았다고 여길 수 있다. 이 글에 나오는 자료로는, 범죄 희생자 국제 조사 자료와 영국 범죄 조사 보고서, 유럽의 범죄와 형사재판 통계 자료집, 그리고 내무부에서 나온 형사 재판 국제 통계 비교 1999 등이 있다. 이것들은 모두 믿을만한 자료이다. 하지만 앞서 지적했듯이, 범죄 희생자 국제 조사 자료는 개인들에게서 자료를 모은 것이어서 개인의 기억이나 판단에 의존한다고 할 수 있고, 공식 통계 자료는 신고된 범죄만을 포함한다는 점을 명심할 필요가 있다.

총기 법과 총기 범죄 사이의 관계에 대해 어떤 결론을 이끌어낼 수 있을지는 여러분에게 맡겨두기로 하겠다.

3. 로즈웰 UFO 사건

우리는 아래에서 여러 목격자의 신뢰성을 평가한 다음, UFO를 목격했다고 하는 증거가 어떤 의미를 갖는지에 대한 판단은 여러분에게 맡겨두기로 하겠다.

(i) **윌모트:** 그는 '존경받는 사업가'로 기술되고 있는데, 이는 그에 대한 평판이 좋다는 의미이다. 그가 접시 모양의 비행 물체를 보았다는 이야기를 꾸며냈다고 볼 이유는 전혀 없다. 그의 부인도 그 물체를 보았다고 나와 있으며, 따라서 당시였다면 그의 부인에게 그의 진술이 맞는지를 확인해볼 수도 있었을 것이다.

(ii) **맥 브라젤:** 맥 브라젤이 어떤 인물인지에 대한 정보는 아무 것도 없다. 하지만 다른 사람들도 파편을 주웠으므로 거기에 파편이 있었다는 점은 분명하며, 그가 일부러 파편을 만들어 목장에 뿌렸을 가능성은 거의 없다.

(iii) **마르셀 소령:** 그는 군인으로, 수거된 파편들을 직접 본 사람이다. 1979년에 한 그의 진술은 그 파편들이 아주 특이한 물질이었다는 점을 시사해준다. 부대의 다른 사람들도 그의 이런 주장을 확증했다고 나와 있지만, 그런 사람이 누구인지는 나와 있지 않다. 사건이 나고 30년 이상이 지나 인

터뷰를 한 것이기 때문에 그의 기억이 정확하지 않을 수도 있다.

(iv) **로저 라미 장군:** 그는 군인이며 전문가이기는 하지만, 보도자료가 나온 정확한 날짜 등이 나와 있지 않으므로, 라미 장군이 보도자료가 나오기 전에 그 파편들을 실제로 보았는지 여부는 확인해볼 수 없다. 그는 외계인이 침략했다고 하면 사람들이 놀랄 것이므로 이를 막기 위해 또는 비밀 군사 작전이 노출되는 것을 막기 위해 그것이 기상 관측용 풍선 파편이라고 둘러댔을 수도 있다.

(v) **글렌 데니스:** 그가 어떤 사람인지에 대한 정보는 전혀 없으며, 그의 주장을 확증해주는 것도 없다. 만약 충돌 잔해들 가운데 외계인의 시신이 있었다면, 왜 맥 브라젤은 그것을 보지 못했으며 그것에 대해 아무 얘기도 하지 않았을까?

(vi) **간호사:** 그런 간호사가 있었고 나중에 영국으로 전근을 갔다는 주장을 하는 사람은 글렌 데니스뿐이며, 따라서 그의 주장을 확증해주는 것은 아무것도 없다. 외계인이 있다고 가정할 때 냅킨에 그려주었다고 하는 증거는 별로 결정적이지 않다. 왜냐하면 외계인을 본 적이 없는 사람도 그런 그림을 그릴 수 있는 것이기 때문이다.

(vii) **다른 목격자들:** 잔해를 목격하거나 이후 수습 과정에 관여했던 사람들이 더 있다고 나와 있지만, 그들이 "갑자기 다른 곳으로 갔거나 모르는 곳으로 사라졌다"는 주장을 뒷받침해주는 증거는 아무 것도 나와 있지 않다.

(viii) **마르셀 2세:** 사건 당시 그는 11살이었다. 그 나이 때면 특이한 것이 강한 인상을 남기게 되고 그것이 오랫동안 기억에 남아 있을 수도 있다. 그렇지만 그가 보았다는 상형 문자 같은 기호를 그가 언제 그려서 보여주었는지에 대해서는 아무런 이야기가 없으며, 또한 그가 그린 그림이 실제로 본 것을 정확하게 나타내지 못한 것일 수도 있다.

연습문제 19: 낱말이나 구절을 분명하게 하기

1. 이 논증의 결론은 예쁘게 보이기 위해서는 비범할 필요가 없고 **평균**이기만 하면 된다는 것이다. 이 주장을 뒷받침해주는 증거는 실험 결과인데, 이 실험에

서는 여러 사람의 얼굴 합성 사진이 대체로 어느 한 사람의 얼굴 사진보다 매력이 있는 것으로 나타났다.

여기서 분명하게 할 필요가 있는 단어는 '평균'이다. 실험에 나오는 합성된 얼굴은 서로 다른 사람들의 얼굴 조각의 합이라는 의미에서 평균이라고 할 수 있다(가령 서로 다른 16명의 코의 높이를 재어 이를 더한 다음 16으로 나누어 코의 높이를 정할 수도 있을 것이다). 하지만 결론은 평균적인 것과 비범한 것을 대비하고 있는데, 여기서 '평균'은 '전형'이란 의미로 쓰이는 것 같다. 이 실험에서 합성된 얼굴로 보았을 때 '평균적'인 얼굴을 가진 사람이더라도 그가 전형이라는 의미에서는 '평균'이 아닐 수도 있다. 그런 사람은 아주 비범한 얼굴을 지녔다고도 할 수 있다.

2. 이 글은 동정심이 좋은 시민이 되기 위한 필요조건이기는 하지만 충분조건은 아니라고 결론짓고 있다. 동정심이 좋은 시민이 되기 위한 필요조건이라는 점을 보여주는 예는 동정심이 없어서 타인의 고통을 헤아리지 못하는 사람의 경우이다.

하지만 동정심이 좋은 시민이 되기 위한 충분조건은 못된다는 점을 보이기 위해 사용된 예(상대방에 대한 이해를 이용해 그 사람을 착취하는 기업가)에서는 동정심을 '다른 사람의 고통을 헤아리는'이 아니라 '다른 사람의 느낌을 이해하는'으로 정의하는 것 같다. 만약 동정심이 단순히 다른 사람의 느낌을 이해한다는 의미라면, 동정심은 좋은 시민이 되는 데 충분하지 않다. 하지만 동정심이 다른 사람의 느낌과 고통을 이해하고 헤아리는 것을 의미한다면, 동정심은 좋은 시민이 되기 위한 훌륭한 토대라고 할 수 있다.

3. 이 글은 의사는 환자에게 정직해야 한다고 결론 내리고 있는데, 그 이유는 두 가지다.

· 거짓말을 하면 신뢰 관계가 깨진다.
· 환자는 자신의 의학적 상태에 관해 모든 것을 알 권리가 있다.

두 번째 이유는 자신의 상태가 어떤지를 물어보는 환자에게 의사는 진실한 답변을 해야 한다는 주장의 근거로도 쓰이고 있다. 이것은 자신의 상태가 어떤지를 물어보지 않는 환자에게는 대답을 해줄 필요가 없으며, 자신의 상태가 어떤지를 물어보는 환자에게도 그가 직접 묻는 것 이상의 정보를 제공해줄 필요는 없다는 것을 말해준다고 볼 수도 있다.

하지만 '정직해야 한다'는 것은 단순히 '거짓말을 하지 않는다'는 것이 아니라 '그 사람이 가진 모든 정보를 제공한다'는 의미일 수도 있다. 두 번째 이유, 즉 환자는 자신의 의학적 상태에 관해 모든 것을 알 권리가 있다는 것은 '정직해야 한다'는 말이 두 번째 의미이어야 한다는 점을 보여주는 것 같다. 의사는 환자에게 '정직해야 한다'라고 말하려면, 이 말이 단순히 '환자에게 거짓말을 해서는 안 된다'는 것인지 아니면 '환자가 묻든 묻지 않든 환자에게 모든 정보를 제공하라'는 의미인지를 분명히 해야 한다.

연습문제 20: 논증 요약하기

아래 나오는 요약문을 여러분이 작성한 요약문과 비교해보라. 이 답과 꼭 같지 않더라도 여러분이 작성한 요약문이 더 잘된 것일 수도 있다. 왜냐하면 원래 요구했던 것이 바로 여러분 자신의 표현으로 요약문을 작성해보는 것이었기 때문이다.

1. 이 글의 결론은 음주 가능 연령을 21살로 올리고 공공장소에서의 야외 음주를 금지하는 방안으로 젊은이들의 음주 추태 문제를 해결하려고 해서는 안 된다는 것이다. 그 근거는 다음과 같다.
   · 그 방안은 터무니없을 뿐만 아니라 그렇게 한다고 해서 그 문제가 해결되는 것도 아니다.
   · 그 방안은 자유에 대한 묵과할 수 없는 공격이다.
   · 우리는 다른 방안을 생각해보아야 한다.

그 방안이 터무니없을 뿐만 아니라 그렇게 한다고 해서 그 문제가 해결되는 것도 아니라는 주장을 뒷받침하기 위해 다음과 같은 이유를 들고 있다.

· 그것은 소수를 위해 다수를 벌주는 일이다.
· 그것은 야외 휴식의 매력을 앗아가는 일이다.
· 그것은 아주 권위주의적인 생각이다.
· 그것은 문제의 본질에 대한 해결책이 아니다.

다른 방안을 생각해보아야 한다는 주장을 뒷받침하기 위해서는 다음과 같은 이야기가 나온다.

· 라틴아메리카 나라들과 유대 전통에 따라 술 문제를 해결하고자 하는 방안, 그리고
· 영국 사회가 과거 공공장소에서 술 취하는 문제를 해결한 방안

2. 이 글의 결론은 정부가 나서서 회사들이 14일 동안의 유급 출산 휴가를 주도록 하라는 것이며, 그 근거로 이것이 가족뿐만 아니라 회사에도 좋다는 사실을 들고 있다.

이렇게 하면 가족에게 좋다는 주장을 뒷받침하는 이유들은 다음과 같다.

· 산모는 가급적 일찍 산부인과 병동에서 퇴원을 해야 하고, 대개 산모를 돌볼 가족이 따로 없으므로 아버지가 산모를 도울 핵심 인물이다.
· 아버지가 적극적으로 도와줄 경우 산후 우울증이 덜 하다.
· 아버지가 더 적극적으로 도와주고 사정을 잘 알고 있을 경우 모유 먹이기에 성공할 가능성도 더 높다.
· 아버지는 아기가 태어나고 첫 2주 동안에 가정 방문의로부터 아기 돌보는 일을 배울 수 있다.
· 아버지가 아기를 돌보는 시간이 점점 더 많아지고 있다.
· 육아에 무지한 아버지는 아기에게 위험하다.

유급 출산 휴가를 주는 것이 회사에게도 좋다는 주장을 뒷받침하는 이유는 다음과 같다.

· 아버지가 다람쥐 쳇바퀴 도는 것 같은 일상으로 돌아가기 전에 2주 정도 아기와 친하게 되도록 하는 것이 회사에 아무런 해가 되지 않는다. 왜냐하면 오늘날 영국에서 새로 아버지가 되는 사람들은 노동 시간이 늘어났으며, 그들의 노동 시간이 유럽에서 가장 길기 때문이다.
· 호주에서 가장 큰 보험회사는 처음 아버지가 되는 사람에게 6주 동안의 유급 출산 휴가를 줄 경우 직원들의 이직률이 줄어들어 비용을 절감할 수 있다는 점을 알았다.

3. 이 글은 이식을 필요로 하는 사람에게 신장을 팔 수 있도록 허용해야 한다고 주장하고 있는데, 그 근거는 다음과 같다.
· 이식용 장기가 아주 부족한 실정이다.
· 장기 이식을 실행함으로써 우리 몸은 신성한 것이며 몸에서 아무것도 떼어 내서는 안 된다는 생각을 불식시킬 수 있다.
· 사람들이 자기 자신의 신체에 대해 그 사람이 하고 싶은 대로 할 수 있도록 허용해야 한다.
· 돈을 받고 신장을 파는 것은 다른 사람에게 전혀 해를 주지 않는다.
· 가난한 사람들은 신장을 팔아 돈을 벌 수도 있게 된다.
· 우리가 마치 노동력을 팔 때처럼 어떤 규제를 통해, 신장 판매의 남용을 막을 수 있다.

사람들이 자신의 신체에 대해 그 사람이 하고자 하는 대로 할 수 있어야 한다는 주장을 뒷받침하기 위한 것으로, 환자는 자신의 신체에 대한 권리를 지닌다는 점, 그리고 의학의 경우 환자의 자율성을 중시한다는 점 등이 나와 있다. 게다가 사람들이 목숨을 걸고 하는 활동도 있다는 것을 보여주는 다른 예들도 나와 있다.

4. 이 글의 결론은 유기농업이 현대식 농업보다 이점이 적다는 것이며, 그 근거는 다음과 같다.
· 유기농업이 널리 보급될 경우, 식량 생산의 발전이라는 흐름을 되돌릴 위험

이 있다.

· 우리가 먹는 살충제의 대부분은 천연 화학 성분이다.
· 전통적인 방식으로 생산된 신선한 과일이나 야채에 들어 있는 영양소나 비타민이 지닌 예방 효과는 거기에 살충제 성분이 남아 있어서 끼칠지도 모르는 해악보다 훨씬 크다.
· 전통적인 방식으로 생산된 식료품 대신 유기농식료품을 선택할 경우 일부 사람들은 질병 인자에 더 취약하게 될 수 있다.

유기농업이 식량 생산의 발전이라는 흐름을 되돌릴 위험이 있다는 주장을 뒷받침하기 위해 제시된 근거는 지난 50년 동안 식량 생산이 크게 늘었다는 사실과 유기농업은 현대식 기술을 쓰지 않기 때문에 효율이 낮다는 사실이다.

우리가 먹는 살충제의 대부분은 천연 화학 성분이라는 주장을 뒷받침하기 위해, 이 논증은 과학자의 증거를 거론하고 있다.

영양소나 비타민이 지닌 예방 효과와 관련한 주장을 뒷받침하기 위해, 이 논증은 매일 신선한 과일과 야채를 많이 먹는 것이 여러 질병을 예방한다고 하는 널리 알려진 사실을 거론하고 있다.

유기농식품을 먹을 경우 일부 사람들은 질병 인자에 더 취약하게 될 수도 있다는 주장을 뒷받침하기 위해, 이 논증은 유기농식품이 더 비싸며 그러므로 돈이 많지 않은 가정의 경우 질병을 예방해줄 과일이나 야채를 충분히 먹을 수 없게 된다는 점을 들고 있다.

연습문제 21: 10개의 긴 글 평가하기

이 연습문제의 경우에는 세 문제, 1, 5, 10번의 답만 나와 있다. 답은 한 가지 가능한 분석일 뿐이며, 이것이 여러분의 분석과 다를 수도 있고, 여러분의 분석이 더 좋은 것일 수도 있다. 글에 대한 평가도 여러분의 평가와는 다를 수 있다. 왜냐하면 이들 주제 가운데 일부는 논란의 여지가 있는 것이고, 여러분은 새로 나온 증거를 바탕으로 평가를 할 수도 있는 것이기 때문이다.

1. 우는 아기와 영아 산통

결론과 이유: 이 글의 요지는 태어나서 첫 세 달 동안 끊임없이 아기가 우는 이유는 '영아 산통' 때문이 아니라 엄마가 안달복달하고 초조해서 아기에게 스트레스를 주기 때문이라는 것이다. 이 결론의 이유는 다음과 같다.

· '영아 산통'은 생후 3~4개월 쯤, 즉 아기가 엄마를 하나의 개체로 인식할 수 있게 되는 시점이 되면 마술 같이 싹 사라진다.

· 우는 아기의 엄마는 아기를 대할 때 일관성이 없으며, 안달복달하고, 걱정이 많은 반면, 울지 않는 아기의 엄마는 차분하고 조용하며 침착하다.

· 아기는 촉각을 통해 '편안'하고 '안전'한 것과 그렇지 않은 것을 명확히 구분한다.

가정: 설명과 관련해 두 가지 가정이 들어 있다. 앞의 첫 번째 이유에 덧붙여져야 할 가정은 3개월쯤에는 아기가 울지 않는다는 사실에 대한 올바른 설명은 아기가 엄마를 알아보게 되기 때문이라는 것이다. 두 번째 이유에 덧붙여져야 하는 가정은 아기가 우는 것과 엄마가 안달복달하고 초조해하는 것 사이의 연관성에 대한 올바른 설명은 엄마가 안달복달하고 초조해하기 때문에 아기가 울게 된다는 것이다.

이유/가정이 참인지 평가하기: 이른바 '영아 산통'은 생후 3~4개월쯤에는 사라진다는 것이 사실인가? '우는 아기'를 가진 많은 엄마들이 이 사실을 확인해 줄 것이다. 생후 3개월이면 엄마를 알아본다는 것이 참인가? 아기에게 이를 물어볼 수는 없는 노릇이므로, 우리는 아기의 행동을 보고 이를 판단해야 한다. 심리학자들은 눈 맞추기라든가 익숙한 얼굴을 보고 웃는다든가, 잘 아는 사람이 가버리면 운다든가 하는 행동을 관찰한다. 심리학자들은 엄마를 알아보는 과정이 점진적이라고 보지만, 3개월쯤이면 엄마를 알아본다고 할 증거들이 있다고 말한다.

많이 우는 아기의 엄마는 초조해하는 반면, 울지 않는 아기의 엄마는 침착하다는 것은 사실인가? 이 글에는 엄마들의 표본을 관찰해보았다는 명시적인 이야기는 전혀 없지만, 이렇게 해보았을 것 같다. 만약 그런 연구를 아직 하지 않았다면, 지금이라도 해볼 수 있을 것이며, 엄마들의 표본을 충분하고 적절히 골라 관찰을 해본다면, 이 주장에 대한 찬반 증거를 모을 수 있을 것이다.

아기가 촉각을 통해 '편안' 하고 '안전' 한 것과 그렇지 않은 것을 명확히 구분한다는 것은 사실일까? 이것도 또한 아기들의 행동을 관찰해보아야 결론 내릴 수 있을 것이다. 이 주장이 참인지를 평가하기 위해서는, 심리학자들이 제시한 증거들을 우선 살펴보아야 할 것이다. 우리가 찾아낸 가정은 모두 설명과 관련된 것이므로, 이에 대해서는 아래 '설명' 에서 논의하기로 하겠다.

인용된 견해: 이 글은 특정 견해를 언급하고 있지는 않지만, 이유가 참인지를 평가하려면 아마 아기들의 행동을 관찰한 심리학자들의 견해에 의존해야 할 것이다.

추가 증거: 결론을 강화하거나 약화할만한 어떤 추가 정보를 여러분들은 생각해 보았는가?

설명: 우리는 두 가지 설명을 찾아내었다. 첫째는 3개월 쯤에는 아기가 울지 않는 이유는 아기가 엄마를 알아보기 때문이라는 것이었다. 우리가 그렇다는 증거를 찾았다고 하더라도, 아기가 엄마를 알아보기 때문에 울음을 그치게 된다는 것은 따라나오지 않는다. 울음을 그치게 되는 이유에 대한 또 다른 가능한 설명은 어떤 아기는 실제로 몸에 이상이 있으며, 그들이 고통을 느끼기 때문에 운다고 말하는 것이다. 이것이 보통 이 문제를 '영아 산통' 이라고 부를 때 사람들이 가정하고 있는 것이다. 그들은 아주 어린 아기의 소화 기관에 가스가 많이 차고 이것이 고통을 일으키는데, 아이가 커감에 따라 이 문제가 사라진다고 가정한다.

두 번째 설명은 많이 우는 아기의 엄마는 아기를 대할 때 일관성이 없고, 안달복달하며, 걱정이 많은 반면에 울지 않는 아기의 엄마는 차분하고 조용하며 침착하다는 사실과 관련된 것이다. 이 설명은 당연히 엄마가 초조해하기 때문에 아기가 울게 된다고 여기고 있다. 다른 가능한 설명은 아기가 울기 때문에 엄마가 초조해하게 된다고 말하는 것이다. 어떤 설명이 옳은지를 시험해보는 한 가지 방안은 '영아 산통'을 가지고 있다고 생각되는 한 아기를 골라 차분하고 조용하며 침착한 사람이 그 아기를 돌보았을 경우 덜 울게 되는지를 보는 것이다. 그리고 울지 않은 아기를 골라 일관성이 없고 안달복달하는 사람이 그 아기를 돌보았을 때 더 울게 되는지를 보면 추가 증거를 얻을 수도 있을 것이다. 하지만 이는 윤리적으로 별로 바람직한 일이 못된다.

비교: 이 글에는 비교되는 것이 없다.

추가 결론: 이 글로부터 이끌어낼 수 있는 추가 결론은 없다.

같은 논증: 여러분은 이 논증이 X와 Y가 같이 일어나기 때문에 X는 Y의 원인이라는 가정에 의존하고 있다는 점을 깨달았을 것이다. 여러분은 반드시 이런 결론이 따라나오는 것은 아니라는 사실을 보여줄 예를 생각해볼 수 있을 것이다.

일반 원리: 이 글은 일반 원리를 전혀 이용하고 있지 않다.

이유들이 결론을 뒷받침하는가?: 이 논증의 중요 취약점은 결론이 의거하고 있는 설명이 올바른 설명인지를 보여줄 증거가 전혀 제시되어 있지 않다는 것이다. 글쓴이는 아마도 그렇게 볼만한 충분한 이유가 있다는 것을 알고 있겠지만, 이 글에는 그런 것이 나와 있지 않다.

5. 왜 우리는 여성을 계속 감옥에 집어넣는가?

결론과 이유: 이 글의 경우 최종 결론을 서술하고 있는 문장 하나를 골라내기는 어렵다. 비록 그런 결론으로 나아가는 추론을 찾아낼 수는 있지만 말이다. 이 논증의 결론이 무엇일지를 보여주는 단서는 다음과 같은 대목에 나와 있다.

· "어느 누가 여성을 굳이 감옥에 집어넣어야 한다고 말할 수 있을까?"

· "나는 사회적으로 지각 있는 노동당 정부가 여성 범죄자를 왜 다른 식으로 다루지 않는지 그 이유를 모르겠다."

이 글의 결론은 다음 가운데 하나라고 할 수 있을 것 같다.

· 여성을 감옥에 집어넣어서는 안 된다 또는

· 여성 범죄자는 대부분 감옥에 집어넣어서는 안 된다.

다음과 같은 이유가 나와 있다고 할 수 있다.

(i) 현재 교도소가 만원이고, 재소자 수가 지난 5년 동안 50% 넘게 늘어났다.

(ii) 재범률은 전혀 낮아질 기미가 없다.

(iii) 여성에게 똑같은 옷을 입혀 자존심을 앗아가고, 몇 시간 동안 꼼짝 못하게 가두어두고, 저질 음식을 먹이고, 자식들을 못만나게 하면, 숫자밖에 모르는 내무부가 정한 모호한 목표를 달성할 수 있다는 것 말고는 무슨 소용이 있는가?

패트리시아 아모스와 히스 톰슨의 사례가 여성을 감옥에 집어넣는 것이 전혀 효과가 없다는 주장을 뒷받침하기 위해 제시되고 있다.

(iv) 여성을 감옥에 집어넣게 되면 많은 시간과 돈이 든다.

(v) 감옥에 갇혀 있는 사람들은 우리 사회에서 가장 궁핍한 사람들 중의 일부다.

(vi) 여성 재소자 수는 2001년과 2002년 사이 15%가 늘어났는데, 이는 남성 재소자수가 6% 늘어난 것과 대비된다.

(vii) 10년 동안 여성 재소자 수는 놀랍게도 140%나 증가했다.

(viii) 여성은 대개 중범죄나 폭력범죄를 저지르지 않는다.

(ix) 여성 재소자의 약 40%는 마약 소지나 판매와 같은 마약 관련 범죄를 저지른 사람들이며 많은 경우 중독 때문에 범죄를 저지른 사람들이다.

(x) 그런 경우 이들은 치료가 필요한 것이고 사회의 어떤 시설에 수용해야 한다.

(xi) 여성은 원래 그다지 폭력적이지 않다.

(xii) '다른 사람에 대한 폭력'을 저질러 감옥에 갇힌 여성 재소자는 정신과 치료를 받아야 할 사람이다.

(xiii) 재소자들 가운데 여성 자해자 수가 치솟은 것으로 나타났다.

(xiv) 감옥에 갇혀 있는 대부분의 여성 재소자들은 글을 읽지 못하거나 가정에서 학대를 받았거나 하류층 출신인 사람들이다.

(xv) 여성을 감옥에 보내는 일은 보살핌이 필요한 아이에게서 부모를 빼앗는 것이고 아이를 돌볼 사람을 필요로 하게 만드는 일이다.

(xvi) 부모들에게 필요한 기술을 감옥에서 배울 수 있는 것은 아니다.

(xvii) 아이를 통제할 수 없는 부모의 경우 일정한 사회봉사를 하게 하는 것이 더 효과적인 방안이다.

(xviii) 일단 여성들에게 도움을 주어 더 좋은 엄마가 되게 하고 그들을 교육하고 후원해주어 그들이 자존심을 회복하도록 한다면, 그들은 연금 사기나 신용카드 절도 같은 데 빠지거나 상점 절도를 해도 괜찮다거나 장물을 팔아도 된다고 생각하지 않도록 딸들을 교육하게 될 것이다.

이유 (x)은 하나의 중간 결론이라고 할 수 있으며, 이를 뒷받침하는 것은 이유 (ix)이다. 이유 (xii)도 하나의 중간 결론이라고 할 수 있으며, 이를 뒷받침하는 것은 이유 (xi)이다.

가정: 이유 (vi) 및 (vii)과 관련해, 여성 재소자가 남성 재소자에 비해 더 높은 비율로 늘어났다는 것은 좋은 일이 아니라고 하는 가정이 들어 있다. 그리고 이 글 전체에는 사람을 감옥에 가두는 것을 정당화하는 것이 무엇일지와 관련된 가정들이 들어 있다. 가령 범죄를 저지른데 대해 벌을 주는 것이 곧 투옥을 정당화하는 것인가 또는 투옥은 사회에 좋은 효과를 주기 위해서 이용되어야 하느냐 하는 것이 그런 것이다. 우리는 아래 일반 원리란에서 이런 물음을 살펴볼 것이다.

이유/가정이 참인지 평가하기: 몇 가지 이유는 수치를 언급하고 있는데, 가령 감옥에 재소자가 넘쳐난다[이유 (i)]거나 재소자 수의 증가나 재소자 비율의 증가(이유 (viii), (ix)], 마약 관련 여성 재소자의 비율[이유 (ix)], 재소자들 가운데 자해하는 사람의 증가[이유 (xv)] 등이 그런 것들이다. 여기 나오는 수치가 맞는지를 확인해볼 수 있을 것이다. 하지만 이 논증의 평가를 위해 일단 여기서는 이것들이 맞다고 가정하기로 하겠다.

이유 (iii)은 의문의 여지가 있다. 왜냐하면 여성을 감옥에 가두는 다른 좋은 이유가 있을 수도 있기 때문이다. 가령 어떤 범죄가 심각하다는 것을 보여주기 위해 그렇게 한다거나 또는 다른 사람들에 대한 억제책으로 그렇게 할 수도 있을 것이다.

여성을 감옥에 집어넣게 되면 많은 시간과 돈이 든다[이유 (iv)]는 것은 분명 참이며, 감옥에 갇혀 있는 사람들 가운데 많은 이들이 우리 사회에서 가장 궁핍한 사람들이다[이유 (v)]는 것도 참이다.

또한 우리는 (대부분의) 여성은 중범죄나 폭력 범죄를 저지르지 않는다[이유 (viii)]는 것과 여성은 원래 그다지 폭력적이지 않다[이유 (xi)]는 주장도 받아들일 수 있다.

이유 (xv)에서 (xviii)은 자식들은 전과자가 되지 않도록 하기 위해 부모로서 배워야 할 기술을 어떻게 익힐 수 있는지 하는 방안과 관련된 이야기다. 감옥이 그런 것을 배울 수 있는 최적의 장소가 아니라는 주장은 아마 참일 것이다.

인용된 견해: 글쓴이는 자료의 출처에 대해서는 아무런 이야기도 하지 않고 있다. 이들 수치를 확인하려면 내무부에서 나온 통계자료와 같은 신뢰할만한 자료를 찾아보아야 할 것이다.

추가 증거: 감옥에서 여성 재소자가 어떤 경험을 하게 되는지와 관련된 자료나 징역을 살고 나왔을 경우 그것이 이후 삶에 어떤 영향을 주는지와 관련된 자료를 찾아볼 수 있을 것이다.

설명: 이 글에는 설명이 나와 있지 않다.

비교: 이 글에는 미성년자의 투옥과 여성의 투옥의 비교, 그리고 또한 남성과 여

성 사이의 비교와 남성 재소자와 여성 재소자의 비교가 암암리에 이루어지고 있다.

이 가운데 첫 번째 비교는 여성을 감옥에 집어넣는 데 대한 반대 논점에 도움이 되는 것은 아니다. 왜냐하면 18살 이하를 감옥에 보내지 않는 이유는 그들은 아직 미성숙해서 자신의 행위에 대해 책임이 덜하다고 보기 때문이다. 글쓴이는 성인 여성은 성인 남성에 비해 자신의 행위에 대해 책임이 덜하다고 보지는 않을 것이다.

여성에 관한 주장 가운데 몇 가지는 남성과의 대비를 함축하는데, 가령 여성은 일반적으로 대규모 기업 사기나 도둑이나 총기를 든 강도와 같은 중범죄를 저지르는 사람이 아니며 또한 여성은 원래 그다지 폭력적이지 않다는 것이 그런 예이다. 하지만 남자들도 마찬가지로 대부분은 이런 범주에 들지 않을 것이다. 글쓴이가 실제로 의도하는 것은 중범죄나 강력범죄를 저지르는 사람은 대개 여성이 아니라는 것이며, 이는 분명히 참인 것 같다.

추가 결론: 여성을 감옥에 가두지 말아야 한다는 글쓴이의 이유 가운데 많은 것들은 남성에게도 그대로 적용될 수 있다. 즉 남성을 감옥에 집어넣게 되면 많은 시간과 돈이 들며, 감옥에 갇혀 있는 많은 사람들은 우리 사회에서 가장 궁핍한 사람이며, 재소자 가운데 많은 사람들이 마약 관련 범죄자이며, 감옥에 보내게 되면 아이에게서 부모를 빼앗는 것이 되며, 부모들에게 필요한 기술을 감옥에서 배울 수 있는 것은 아니다. 그러므로 우리가 이런 근거에서 여성을 감옥에 가두어서는 안 된다고 결론 내린다면, 우리는 또한 많은 남성 범죄자들을 감옥에 가두어서는 안 된다고 결론 내려야 할 것이다.

같은 논증: 추가 결론 부분에서의 논의는 똑같은 논증을 구성해서 글쓴이의 결론이 완전하지 않음을 보여줄 수도 있다는 점을 시사해준다.

일반 원리: 감옥에 가두는 방법의 정당성과 관련해 가령 다음과 같은 일반 원리를 생각해볼 수 있다. 응당한 벌을 받아야 하기 때문에 범죄자를 감옥에 가두

어야 한다거나, 감옥에 가두게 되면 다른 사람에 대한 억제 효과가 있기 때문에 범죄자를 감옥에 가두어야 한다거나, 재범을 막기 위해서 범죄자를 감옥에 가두어야 한다거나, 재활을 할 수 있도록 하기 위해 범죄자를 감옥에 가두어야 한다거나, 다른 사람들을 보호하기 위해 범죄자를 감옥에 가두어야 한다와 같은 일반 원리를 생각해볼 수 있다. 글쓴이가 이런 원리를 제시하고 있는 것은 아니다. 하지만 글쓴이는 다른 사람에 대한 억제 효과나 혹은 다른 사람을 보호하기 위해 범죄자를 감옥에 가두어야 한다는 원리를 받아들일 것으로 보인다. 글쓴이는 감옥에 가두는 것이 재범을 막거나 재활에 도움이 된다고 보지는 않으며, 범죄자는 응당한 벌을 받아야 한다고 얘기한 적도 없다.

이유들이 결론을 뒷받침하는가? 우리가 제시한 첫 번째 결론, 즉 여성을 감옥에 집어넣어서는 안 된다는 결론을 다시 한 번 생각해보자. 이 글에서 이를 뒷받침하는 가장 강력한 논증은 여성 재소자들은 대부분 비교적 경미한 범죄를 저지른 사람들이라고 하는 주장과 그런 범죄에 대처하는 좀 더 나은 방법이 있다는 것이다. 하지만 이 논증이 어느 여성도 감옥에 집어넣어서는 안 된다는 결론을 뒷받침할 수 있는 것은 아니며, 따라서 우리는 글쓴이가 그런 결론을 의도한 것은 아니라고 보아야 한다. 이는 보통 '자비의 원리'라 부르는 것을 채택한 결과라 할 수 있다. 자비의 원리는 여러분이 찾아낸 논증이 아주 약한 논증이라면 (글쓴이의 입장에 서서) 글쓴이가 그 논증을 의도한 것은 아닐 것이라고 가정하라는 원리이다.

다른 결론, 즉 여성 범죄자는 대부분 감옥에 집어넣어서는 안 된다는 결론은 얼마나 잘 뒷받침되고 있는가? 이 글에 제시된 수치들을 보면 현재 교도소가 만원임을 알 수 있는데, 그렇다고 해서 이로부터 여성들을 덜 감옥에 보내야 한다는 결론이 따라나오는 것은 아니다. 여성 재소자 증가 비율이 남성 재소자 증가 비율보다 높다는 사실이 여성을 부당하게 감옥에 집어넣고 있다는 점을 말하는 것은 아니다. 남성 범죄자 수보다 여성 범죄자 수가 더 크게 늘어나고 있는 것일 수도 있다. 여성은 원래 그다지 폭력적이지 않다는 주장도, 우리가 개별 범죄자를 다루는 방식은 그 범죄자가 속한 전체 집단의 특징에 의해 결정되어야 한다는 주장을 우리가 받아들이지 않는 이상, 결론을 제대로 뒷받침하지 않는다. 성인 범죄자의 경우라면 그들이 무슨 일을 저질렀고 그들 개인의 특성이 어떤지에 따라 그들을 대우하는 것이 옳을 것이다.

일부 여성 재소자를 감옥에 보내지 않고 다른 방식으로 대처해야 한다고 주장할 수 있는 가장 강력한 이유는 그들이 저지른 범죄는 비교적 경미하다는 것과 가령 감옥 밖에서 마약 중독을 치료하거나 재교육을 하는 것이 재범을 막는 더욱 효과적인 방안이라는 것이다. 하지만 왜 나머지 44%의 여성 재소자들이 감옥에 가게 되었는지에 대해서는 아무런 이야기도 나와 있지 않다. 글에 나오는 두 부류(즉 마약 관련 범죄자가 40%이며 16%는 다른 사람에 대해 폭력을 저지른 사람들이다) 가운데는 경미한 범죄를 저지른 사람도 있을 테고, 아주 중대한 범죄를 저지른 사람도 있을 수 있기 때문에 우리는 여성 범죄자는 대부분 감옥에 집어넣어서는 안 된다고 결론 내릴 수는 없다. 이 글은 어떤 범죄와 관련해 감옥에 보내는 대신 할 수 있는 다른 방안에 관해 흥미로운 주장을 하고 있다. 이 글로부터 이끌어낼 수 있는 가장 강력한 결론은 일부 여성 범죄자들을 감옥에 보내서는 안 된다는 것이다. 하지만 이를 뒷받침하는 여러 이유들은 또한 남성 범죄자에도 그대로 적용될 수 있기 때문에, 일부 남성 범죄자들을 감옥에 보내서는 안 된다는 결론도 또한 이끌어낼 수 있다.

10. 배출가스 문제가 있지만 그래도 계속 비행기를 이용해야

결론과 이유: 최종 결론은 두 번째 단락에 나오는 것 같다.

· 원하는 한 비행기를 계속 타도 되지만, 우리는 과학이 '지구를 구해줄 수 있을' 만큼의 경제적 조건을 만들어야 한다.

글쓴이는 그 다음 문장에서 이를 좀 더 확장하고 있다.

· 기후 변화에 대한 관심을 표현하는 방식은 죄책감을 느끼게 한다거나 삶의 방식을 바꾸도록 하는 것이어서는 안 되고, 영국이나 유럽뿐만 아니라 중국, 인도네시아, 브라질 등의 나라에서 탄소 배출을 줄일 수 있도록 유인책을 제공하는 것이어야 한다.

글쓴이의 논증은 산수, 기술, 경제, 정치라는 네 부분으로 이루어져 있다. 우리의 분석도 이런 형태를 그대로 따를 것이다. 그렇게 하는 것이 이런 긴 글을 다루기에 더 쉽기 때문이다. 이 네 부분의 논증(마지막 단락은 제외)은 다음과 같이 표현할 수 있는, 중간 결론을 뒷받침하기 위한 것이라고 할 수 있다.

· 비록 항공기의 배출가스 배출이 지구 온난화의 원인 가운데 가장 급속도로 증가하는 원인이기는 하지만, 비행기를 더 타는 것과 기후 변화에 대한 신중한 태도는 양립 가능하다.

(a) **산수**

이 부분의 논증 구조는 다음과 같다.

이유 (a) 1: 스턴 리뷰에 나온 통계에 따르면, 전체 배출가스에서 항공기가 차지하는 비중은 고작 1.6%이다.

\+

이유 (a) 2: 현재처럼 급속도로 증가한다고 가정하더라도 2050년이 되면 2.5%로 늘어날 뿐이다.

\+

이유 (a) 3: 항공기는 대기 높이에 탄소를 배출한다.

따라서

중간 결론 (a) 1: 항공기의 경우 땅에 배출하는 것에 비해 온실 효과는 2배에서 4배 정도 더 크다.

그러므로

중간 결론 (a) 2: 스턴에 따르면 항공기가 지구 온난화에 미치는 영향은 오늘날 약 3%(최고 6%) 정도이며 2050년이 되면 약 5%(최고 10%) 정도까지 될 수 있다.

따라서

중간 결론 (a) 3: 백분율로 보면 아주 빨리 증가하고 있기는 하지만, 항공기 배출가스는 애초 아주 작은 양에서 출발한 것이어서 50년 후에도 아주 작은 요인으로 남을 것이다.

그러므로

중간 결론 (a) 4: 항공기 배출가스는 지구 온난화에 영향을 미치는 아주 작은 요인이다.

중간 결론 (a) 4를 추가로 뒷받침하는 것은 온실 가스의 다른 요인에 관한 통계 자료인데, 그것들은 다음과 같다.

- 자동차가 10%
- 공장이 14%
- 농가가 14%
- 발전소가 24%
- 산림벌채가 18%(이런 산림벌채의 반은 브라질과 인도네시아 두 나라의 열대우림을 매년 파괴하기 때문이다.)

산림벌채와 발전소가 차지하는 비중과 항공기가 차지하는 비중을 함께 고려해보아 다음과 같은 결론을 이끌어내고 있다.

중간 결론 (a) 5: 인도네시아와 브라질이 1년 동안 환경 파괴를 멈추도록 설득할 수 있다면, 그 결과 생기는 열대우림의 보존으로도 2050년까지 항공기가 세계에 미치게 될 기후 영향을 상쇄하고도 남는다. 화석 연료를 이용한 전기의 1/3을 재생 에너지나 핵 발전으로 바꾸기만 해도 같은 결과를 얻을 수 있다.

(b) 기술

이 부분의 논증은 그다지 복잡하지 않다.

이유 (b) 1: 항공기는 온실 가스의 주된 원인은 아니지만, 항공기의 가스 배출량을 줄이기는 다른 산업의 가스 배출량을 줄이기보다 훨씬 더 어렵고 비용도 많이 든다.

+

이유 (b) 2: 탄소를 발생시키지 않고 전기를 생산한다거나 배출가스를 적게 배출하는 자동차를 만들 수 있는 여러 가지 방식은 있지만, 항공기 기름인 케로센을 대체할만한 것은 현재 없으며, 앞으로 금방 개발될 것 같지도 않다.

따라서

중간 결론 (b): 이는 항공기가 지구 온난화에 미치는 영향이 크지 않다 하더라도, 그 영향을 줄이려면 비행기에 승객을 가득 태우고 운행하도록 하고, 비행기에서 나오는 배출가스가 전기 생산이나 토지 이용 때문에 생기는 배출가스를 상쇄할 정도가 되도록 하는 장치를 만들어내야 한다는 의미이다.

(c) 경제

이 부분은 또 다른 논증을 제시하고 있는 것이기는 하지만, 다음 결론을 뒷받침하기 위해 앞의 중간 결론 (b)를 이용하고 있기도 하다.

중간 결론 (c): 항공기의 효율을 최대로 높이기 위해 정부는 현재 비합리적으로 부과하고 있는 승객 부과금을 유류세로 바꾸거나, 혹은 좀 더 좋은 방안으로는 항공사들이 핵 발전이나 임업과 같이 지구상에서 비교적 쉽고 싸게 탄소를 없앨 수 있는 영역에서 배출권을 사도록 하는 탄소 배출권제로 바꾸어야 한다.

이 부분에는 논증의 최종 결론을 뒷받침하는 또 다른 이유가 나온다.

이유 (c): 그렇게 하는 이유는 여행을 줄이도록 하는 데 있는 것이 아니라 탄소 절감 활동 — 그것이 영국에서 핵 발전이든 브라질에서의 열대우림 재생이든 상관없이 — 에 대한 유인책을 강화하는 데 있다.

(d) 정치

이 부분은 다음과 같은 두 가지 이유에서 출발하는데, 이들은 중간 결론 (c)를 뒷받침하기 위해 제시된 추가 이유이다.

이유 (d) 1: 탄소를 적게 배출하면서 서구 수준의 안락한 교통 수단을 갖추도록 하는 기술과 유인책을 중국과 브라질에 제공한다면, 지구 전체로 보아 책임 있는 방식으로 경제를 발전시킬 것이다.

이유 (d) 2: 열대우림를 보존하려면 꽤 많은 보조금이 있어야 하며, 핵발전이나 태양 발전 기술, 그리고 탄소 배출이 적은 차량을 만드는 기술 등은 이미 존재하지만, 탄소 배출은 아주 비용이 많이 드는 반면 오염을 유발하지 않는 에너지는 매년 보조금을 받는 그런 상황이 되어야만 비로소 그런 기술들이 상업화될 것이다.

뒤이어 다음과 같은 논증을 포함하는 단락이 나온다.

이유 (d) 3: 항공사들이 탄소 배출권을 사들이게 되면 배출가스가 적은 에너지로 많은 돈이 흘러들어가게 된다.

\+

이유 (d) 4: 사람들이 비행기 여행을 더 많이 하면 할수록 탄소 배출량을 줄일 수 있는 관련 기술 산업은 더 이익을 보게 될 것이다.

따라서

중간 결론 (d) 1: 여기가 바로 늘어난 항공기 여행이 건설적인 역할을 할 수 있는 지점이다.

녹색운동가들이라고 부른 사람들의 동기와 관련한 다음 단락에 논증이 들어 있는데, 그 논증은 다음과 같다. 여기서 말하는 녹색운동가들은 단순히 녹색당 당원들을 말하는 것일 수도 있고, 아니면 기후 변화에 관심을 보이는 사람들을 모두 지칭한다고 볼 수도 있다.

이유 (d) 5: 항공기 여행에 대한 강박증에 비추어보건대, 수많은 이른바 녹색운동가들은 사실 청교도적인 이데올로그들일 뿐이며, 그들은 기후 변화를 막는 일보다 이기적인 자본주의적 생활 방식에 더 초점을 두고 있다.

\+

이유 (d) 6: 하지만 탄소 배출을 진정으로 줄이고자 하는 참된 환경주의자라면 죄책감을 느끼게 한다거나 정치인들이 삶의 방식을 바꾸는 모범을 보여야 한다는 식의 주장을 해서는 안 된다.

따라서

중간 결론 (d) 2: 대신 사람들은 경제적 제도를 개선하려는 노력을 함으로써, 업계와 정부가 개발 도상국에서 탄소를 줄이기 위한 작업에 경제적 매력을 느끼도록 만들어야 한다.

마지막 단락에는 또 다른 이유가 나오는데, 이는 맨 앞에 나오는 중간 결론과 함께 최종 결론을 뒷받침하기 위한 것이다. 그 중간 결론은 다음이다.

중간 결론 (a)(b)(c)(d): 비록 항공기의 가스 배출이 지구 온난화의 원인 가운데 가장 급속도로 증가하는 원인이기는 하지만, 비행기를 더 타는 것과 기후 변화에 대한 신중한 태도는 양립 가능하다.

이 중간 결론과 합쳐지게 되는 추가 이유는 다음이다.

이유 (d) 7: 경제적인 자기 이익이 지구 온난화 문제의 유일한 해결책이다.

이 두 이유가 합쳐져서 이 논증의 최종 결론, "원하는 한 비행기를 계속 타도 되지만, 우리는 과학이 '지구를 구해줄 수 있을' 만큼의 경제적 조건을 만들어야 한다"를 뒷받침하는 것으로 나와 있다.

가정: 2050년이 되었을 때의 항공기 배출가스 양에 관한 추정은 현재처럼 빠른 속도로 증가한다고 하는 명시적 가정에 의존하고 있기는 하지만, 그것은 또한 현재의 증가율보다 더 폭증하지는 않으리라는 암묵적 가정을 하고 있다고 볼 수 있다.

기술이라는 부분에 나오는 논증은 항공기의 가스 배출량을 줄일 수 있는 기술적인 방안이 금방 나올 것 같지는 않다는 가정을 하고 있다.

경제와 **정치**라는 부분에 나오는 논증은 다음을 가정하고 있다.

- 항공기 기름에 세금을 많이 매길 경우 항공사들은 비행기에 승객을 가득 태우고 운행할 것이다.
- 항공사들이 다른 영역에서 배출권을 사도록 하면 항공기에서 나오는 배출 문제를 상쇄할 수 있다.
- 항공사들이 배출권을 사는데 들여야 하는 비용은 승객의 수에 의존한다.

경제적인 자기 이익이 지구 온난화 문제의 유일한 해결책이라고 하는 주장에는 경제적인 유인책이 없다면 사람들이나 업계, 정부가 삶의 방식이나 정책을 바꾸지 않을 것이라는 가정이 들어 있다.

이유/가정이 참인지 평가하기: 산수 부분에 나오는 논증이 의존하고 있는 통계

자료는 기후 변화의 경제학에 관한 스턴 리뷰에서 가져온 것이라고 말하고 있는데, 우리는 이를 찾아 확인해볼 수 있을 것이다. 이 논증을 평가하기 위해 우리는 여기서 그냥 그것이 올바르다고 가정하기로 하겠다. 하지만 현재의 증가율보다 더 폭증하지는 않으리라는 가정은 의문의 여지가 있을 수 있다. 글쓴이가 그래야 한다고 말하고 있듯이, 원하면 누구나 다 비행기를 탈 수 있다고 한다면 특히 그렇다.

항공기의 탄소 배출을 줄이기는 어렵고 비용도 많이 들며, 기술적인 해결책이 금방 마련될 것 같지도 않다는 주장도 받아들이기로 하자.

항공기 기름에 세금을 많이 매길 경우 기름을 더욱 효율적으로 소비하고자 할 것이며 탄소배출권 제도의 시행이 탄소 배출량에 영향을 미치리라는 가정도 합당하다고 할 수 있다.

항공사들은 비행기에 승객을 가득 태우고 운행할 것이다.

탄소 배출을 최소화하는 유인책과 기술을 제공한다면, 중국과 브라질 같은 나라도 탄소 배출을 줄이려고 노력할 것이라는 주장은 아마 참일 것이며, 보조금을 지불한다면 산림벌채도 멈추게 될 것이라는 주장도 받아들일만하다고 할 수 있다.

녹색운동가들에 관한 주장은 아래 설명란에서 논의할 것이다.

경제적인 자기 이익이 지구 온난화 문제의 유일한 해결책인지는 의문스러우며, 경제적인 유인책이 없다면 사람들이나 업계, 정부가 삶의 방식이나 정책을 바꾸지 않을 것이라는 주장도 의문의 여지가 있다. 아마 '경제적 자기 이익' 이나 '경제적인 유인책' 이라는 말이 무슨 뜻인지를 분명히 할 필요가 있을 것이다. 이 논의의 맥락에서는 그것들은 재정적인 이득을 의미하는 것 같다. 하지만 지구 온난화의 결과 사람들의 삶이 더 나빠지게 된다면, 이런 경우에는 '이익' 이나 '유인책' 이 재정적인 것이 아니라 하더라도 사람들이 삶의 방식을 바꿀 수도 있을 것이다. 더구나 '이익' 이나 '유인책' 을 순전히 재정적인 것으로 본다고 하더라도, 지구 온난화가 사람들의 부에 부정적인 영향을 미친다고 생각한다면, 사람들은 보조금을 지불하지 않더라도 탄소 배출량을 줄이려고 노력할 것이다. 그럼에도 불구하고 글쓴이가 말하듯이, 많은 개발 도상국가들은 부유한 나라들로부터 경제적 유인책이 없다면 그들의 정책을 바꾸지 않으리라는 주장은 옳은 것 같다.

인용된 견해: 이 글에 인용되고 있는 견해는 스턴 리뷰가 유일한데, 이것은 경제 부처에서 나온 자료로 이 자료가 편향되었다고 볼 이유는 전혀 없다.

추가 증거: 관련된 추가 정보를 보기 위해 스턴 리뷰를 참조할 수 있을 것이며, 개발 도상국의 경제 사정이나 현재 입장과 관련해 전문가의 견해를 찾아볼 수도 있을 것이다. 이 글에서 논의하고 있지 않은 한 가지 문제는 재앙을 막기 위해서는 과학자들이 보기에 탄소 배출을 어느 정도까지 줄여야 하는가이다. 이 문제가 연관이 있다고 할 수 있는데, 그 이유는 이 글에서 제안하고 있는 조치가 단순히 다른 영역에서 배출되는 탄소 양을 줄여 항공기가 배출하는 탄소 양과 균형을 맞추게 하는 것이라면 전체 탄소 배출량은 줄어들지 않게 될 것이고, 그렇다면 더욱 극적인 조치가 필요하다고 할 수도 있기 때문이다.

설명: 이 글은 녹색운동가들이 비행기 여행의 악영향에 초점을 맞추게 되는 경향이 청교도적인 태도와 이기적인 자본주의적 생활 방식을 버리는 데 더 관심이 있기 때문이라고 설명하고 있다. 이것은 올바른 설명이 아닐 수도 있다. 왜냐하면 그들은 이기적인 자본주의적 생활 방식이 자리잡고 있는 영역이든 그렇지 않은 영역이든 상관없이 모든 영역에서 탄소 배출을 줄이려는 운동을 하고 있다고 할 수도 있기 때문이다. 어쨌든 녹색운동가들의 동기에 대한 이런 공격은 사람에 호소하는 논증의 오류의 예라고 할 수 있다. 여기에는 녹색운동가들이 제시하는 어떤 논증도 거론하고 있지 않으며, 따라서 그들의 목표가 비행기의 탄소 배출을 줄이기 위한 것뿐이라고 볼 수 없다. 이 단락은 원래 논증을 뒷받침하는 것과도 아무런 관련이 없다. 왜냐하면 이것은 탄소 배출을 줄이기 위해 업계와 정부가 매력을 느낄 만한 경제적 조치의 중요성을 다시 한 번 강조하는 것에 불과하기 때문이다.

비교: 탄소를 배출하는 여러 원천들이 전체에서 어느 정도의 비중을 차지하는지 그리고 그것을 감축할 수 있는 가능성이 어느 정도인지에 대한 비교가 이루어지고 있다. 이런 비교는 결론과 관련이 있다. 이에 대해서는 아래 추가 결론을

참조하라.

추가 결론: 발전소와 자동차에서 나오는 배출량을 줄일 수 있지만 현재로서는 항공기에서 나오는 배출량을 줄이기는 아주 어렵다는 주장을 토대로, 우리는 2050년이면 항공기 배출량이 2배로 증가하지 않는다 하더라도 전체 배출량에서 차지하는 비중으로 본다면 이 글이 주장하고 있는 것보다는 훨씬 더 높을 수도 있다고 결론 내릴 수 있다.

같은 논증: 복잡한 이 논증은 쉽게 찾아낼 수 있는 어떤 논증 형식에 의존하고 있지 않으며, 따라서 같은 논증을 제시하는 것이 도움도 되지 않을 것이다.

일반 원리: 마지막 단락에 아담 스미스에서 따온 인용문은 경제학에서의 일반 원리를 받아들인다는 의미이다. 대략 말해 그것은 개인이 자유 시장에서 자신의 이익을 추고하고자 한다면 그것은 사회 전체로 보아서도 이득이 될 것이라는 주장이다. 이 원리 자체는 의문의 여지가 있다. 지구 온난화(이는 분명히 세계 전체에 이득이 되는 것이 아니다)는 업계와 나라들이 자기 자신의 이익을 추구했기 때문이라고 주장할 수도 있기 때문이다. 글쓴이는 이 원리를 써서 경제적인 자기 이익이 지구 온난화 문제의 유일한 해결책이라는 주장을 정당화하고자 하는 것으로 보인다. 하지만 그가 제안한 방안은 항공사들에게 배출권을 사도록 강제함으로써 항공 여행에 있어서의 시장의 자유에 개입하는 것으로 보이며, 이는 자유 시장이 꼭 좋은 것은 아니라는 점을 인정하는 것이라고 할 수 있다.

이유들이 결론을 뒷받침하는가?: 네 부분으로 나누어 각 논증을 살펴보기로 하자.
(a) **산수:** 현재로서는 항공기에서 나오는 배출가스는 지구 온난화에 미치는 아주 작은 요소일 뿐이라는 점을 수치가 보여준다고 할 수 있다. 하지만 항공 여행 수요의 증가율은 크게 높아지는 반면 탄소를 배출하는 다른 요인은 줄어들 수도 있다고 할 경우, 2050년이면 항공기 배출가스가 차지하는 비중은 전체

배출가스에서 10%밖에 안 될 것이라는 주장은 따라나오지 않을 것이다. 산림 벌채나 발전소에서 나오는 탄소 배출량의 감소분이 2050년까지의 항공기 탄소 배출량을 상쇄할 수 있다고 할지라도, 이것이 비행기를 계속 더 타야 될 좋은 이유가 되는 것은 아니다. 그러려면 그렇게 하는 것이 지구 온난화에 영향을 미치는 다른 요인에서 나오는 탄소 배출을 줄이는 유일한 방안이라는 것이 사실이어야 한다.

(b) **기술:** 이 부분에 나오는 논증은 중간 결론 (b)를 확립해주지 못한다. 왜냐하면 여기 제시된 방안이 지구 온난화에 미치는 항공기의 영향을 줄이는 유일한 방안은 아니기 때문이다. 비행기 여행을 하는 사람들의 수가 줄어들어서 그렇게 될 수도 있다. 하지만 이 대목에서 우리는 자비의 원리(가장 강한 논증이 되도록 글쓴이의 주장을 해석하라)를 채택해야 하며, 글쓴이는 비행기 여행을 하는 사람들의 수가 줄어들지 않는다면, 그 영향을 줄이는 유일한 방안은 여기 제시된 방안이라는 주장을 의도한 것이라고 보아야 한다.

(c) **경제:** 논증을 분석할 때 우리는 이 부분의 제안이 중간 결론 (b)에 의존한다고 하였는데, 그것은 이제 우리가 방금 제안하였듯이, "비행기 여행을 하는 사람들의 수가 줄어들지 않는다면"이라는 단서를 붙어야 한다. 만약 정부가 항공기에서 나오는 탄소 배출을 줄이는 데만 관심이 있다면, 승객을 가득 태우고 운행하도록 하고 그래서 항공기 운항 대수가 줄어들도록 하기 위해 승객이나 항공기 기름에 세금을 매겨 항공 여행을 억제하도록 하는 것이 좋은 방안일 수 있다. 여기서도 또한 비행기를 계속 더 타는 것이 지구 온난화에 영향을 미치는 다른 요인에서 나오는 탄소 배출을 줄이는 유일한 방안이라는 것이 사실이 아니라면, 그렇게 하는 것이 탄소 배출권을 강제로 사게 하는 것보다 더 나은 방안일 수 있다.

(d) **정치:** 앞서 기술과 경제 부분에서 우리가 한 평가에 따를 때, 이 부분에서 확립해야 할 결론은 비행기를 계속 더 타는 것이 지구 온난화에 영향을 미치는 다른 요인에서 나오는 탄소 배출을 줄이는 유일한 방안이라는 것이다.

하지만 부유한 나라들이 그렇게 할 정치적 의지가 있다면, 국제 원조 기구에서 개발 도상국에 보조금을 지불하는 방안도 있을 수 있다. 따라서 이 글의 이 부분이 항공기 여행을 계속하는 것이 탄소 배출을 줄이려는 활동(그것이 영국에 핵발전소를 건설하는 일이든 브라질에 열대우림을 보존하는 것이든 막론하고)에 유인책을 제공해줌으로써 탄소 배출을 줄이는 데 건설적인 역할을 할 수 있다는 주장을 잘 논증하고 있기는 하지만, 이것이 그 문제에 대한 유일한 해결책이라는 주장을 확립해준다고 할 수는 없다.

게다가 이 논증은 항공기 여행의 증가 규모와 상관 없이, 비행기 여행을 더 많이 하는 것이 기후 변화에 대한 신중한 태도와 양립 가능하다는 결론을 확립해줄 수도 없다. 기후 변화에도 사람들이 살아남으려면, 발전소나 육지(그리고 아마도 바다)의 교통수단과 같은 다른 원천에서 나오는 탄소 배출량을 줄이는 데는 어떤 한계가 분명히 있을 것이다. 그러므로 항공 여행에서 나오는 탄소 배출량의 증가분을 상쇄할 수 없는 어떤 지점도 있을 것이다.

요약하면, 국내외에 걸쳐 우리는 탄소 배출을 줄일 수 있는 유인책을 제시해야 한다는 글쓴이의 결론을 받아들일 수 있지만, 이 논증이 우리가 원한다면 무한정 비행기를 타도 된다거나 우리는 우리 삶의 방식을 바꿀 필요가 없다거나 비행기를 계속 더 타는 것이 탄소 배출을 줄이는 유인책을 쓸 수 있는 유일한 방안이라는 결론을 확립해주는 것은 아니다.

참고문헌 및 더 읽을거리

Butterworth, J. and Thwaites, G. (2005) *Thinking Skills*, Cambridge: Cambridge University Press.

Copi, I. M. and Burgess-Jackson, K. (1992) *Informal Logic*, 2nd edn, New York: Macmillan.

Dewey, J. (1909) *How We Think*, London: D. C. Heath & Co.

Ennis, R. H. (1995) *Critical Thinking*, Englewood Cliffs, New Jersey: Prentice Hall.

Fisher, A. E. (1988) *The Logic of Real Arguments*, Cambridge: Cambridge University Press.

Fisher, A. E. (2001) *Critical Thinking: An Introduction*, Cambridge: Cambridge University Press.

Freeman, J. B. (1988) *Thinking Logically*, Englewood Cliffs, New Jersey: Prentice Hall.

Glaser, E. (1941) *An Experiment in the Development of Critical Thinking*, New York: Teachers College, Columbia University.

Govier, T. (1985) *A Practical Study of Argument*, Belmont, California: Wadsworth Publishing Company.

Norris, S. P. and Ennis, R. H. (1989) *Evaluating Critical Thinking*, Pacific Grove, California: Midwest Publications.

Paul, R. (1990) *Critical Thinking*, Rohnert Park, California: Center for Critical Thinking and Moral Critique, Sonoma State University.

Phelan, P. and Reynolds, P. (1996) *Argument and Evidence: Critical Analysis for the Social Sciences*, London: Routledge.

Scriven, M. (1976) *Reasoning*, New York: McGraw Hill.

Scriven, M. and Fisher, A. E. (1996) *Critical Thinking: Defining and Assessing It*, Point Reyes, California: Edge Press.

Siegel, H. (1988) *Educating Reason*, London and New York: Routledge.

Swartz, R. and Parks, S. (1993) *Infusing Critical and Creative Thinking into the Curriculum*, Pacific Grove, California: Critical Thinking Press and Software.

Thomson, A. (1999) *Critical Reasoning in Ethics — a Practical Introduction*, London and New York, Routledge.

Warburton, N. (2000) *Thinking from A to Z*, 2nd edn, London and New York: Routledge.

Weston, A. (1992) *A Rulebook for Arguments*, 2nd edn, Indianapolis and Cambridge: Hackett Publishing Company.

찾아보기

|ㄱ|

가정
- 가정 찾아내기 43–59
- 가정과 이유의 차이 43–45
- 가정의 정의 43–45
- 기본 이유를 뒷받침하는 가정 45–48
- 숨은 가정 45–55
- 숨은 이유나 숨은 결론으로서의 가정 48–55

견해
- 견해와 이해관계 128
- 견해와 평판 128
- 견해의 신뢰성에 영향을 미치는 요인들 129–131
- 견해의 신뢰성을 평가하기 64, 127–131
- 신뢰성이 문제가 되는 견해 171
- 전문가의 견해 128–129

결론
- 결론 시사 표현 19–23, 26, 30, 170, 197
- 결론 이끌어내기 111–114, 132–151
- 결론 찾아내기 17–29, 39–41
- 결론을 뒷받침하는지 평가하기 64–70
- 결론의 위치 20
- 결론의 이유를 제시하기 35
- 결론이 없는 글 171–172
- 숨은 결론 48–52
- 중간 결론 33–35
- 최종 결론 33–34

|ㄴ|

논증
- 같은 논증 119–123
- 논증 구성하기 223–231
- 논증 시사 표현 19–20, 25, 29
- 논증 요약하기 157–167
- 논증과 설득 17–18
- 논증의 구조 31–35, 61, 119–123
- 논증의 정의 12
- 논증의 함축을 파악하기 119–125
- 논증의 흠 찾아내기 70–84
- 논증인지 여부 파악하기 19–21, 24–26

|ㄷ|

데이비드 블렁킷 134-137, 208-209
데이비드 아로노비츠 108
데즈먼드 모리스 199
도널드 매클레오드 97

|ㄹ|

로버츠 에니스 15
루이스 월퍼트 166, 179-180
루이스 캐롤 41
리처드 가너 134
리처드 도킨스 83
리처드 돌 92-93
리처드 폴 15

|ㅁ|

마이클 스크라이븐 15
마크 로슨 43
마크 맥아더크리스티 139, 141-142
마틴 카시니 205
맥신 프리치 101
메리 케니 163
모니카 르윈스키 42

|ㅂ|

베리 클레맨트 140
벤 웹스터 104, 138
비교의 적절성 171, 198
빌 클린턴 42-43

|ㅅ|

상관관계와 원인 75-76, 78
상식 63

설명
- 가정에 의존하는 설명 92
- 다른 설명 92-96
- 설명을 문제삼기 91-95
셀리아 홀 114
수 할렘 135-136
스탠리 밀그람 117
스티브 코너 115-116
스티븐 노리스 15

|ㅇ|

아나톨 칼레츠키 218
알렉 피셔 15
알피 콘 134, 136
애매성 153-157
언어를 분명하고 정확하게 사용하기 153-157
에드워드 글레이저 15
오류 78-81
올리브 길리 117
왓슨-글레이저 비판적 사고 평가 15
원리
- 원리를 분명하게 하기 156
- 원리를 파악하고 적용하기 123-125
- 자비의 원리 330, 341
이유
- 기본 이유 31, 34
- 독립해서 결론을 뒷받침하는 이유 32-35
- 이유 시사 표현 29-30, 34, 170, 197

- 이유 찾아내기 29–35
- 이유가 참인지 평가하기 63–64, 171, 197
- 이유와 결론의 관련성 64–70
- 합쳐져서 결론을 뒷받침하는 이유 31–35
인과적 연관성 75–76, 78

|ㅈ|

자넷 데일리 160
자넷 스트리트 포터 208
제임스 B. 프리만 32
제프리 미론 109
조건문 30
조안 하리 210
존 듀이 15
존 로트 144
존 스튜어트 밀 154, 160
존 커티스 214
존 해리스 174, 201
존 F. 케네디 43
줄리안 모리스 167

증거
- 증거와 관련 경험 128–129
- 증거와 이해관계 128
- 증거의 설득력 131–132, 143
- 증거의 신뢰성 127–151
- 증거의 확증 130–131
- 추가 증거 평가하기 84–91

|ㅌ|

토마스 발로 186
토마스 수트클리프 199

|ㅍ|

폴 스미스 138–142, 216
폴 워터스 138, 141

|ㅎ|

함축
- 함축을 파악하기 111–125
- 함축을 평가하기 114–118
합리적으로 결정 내리기 231–235

역자 후기

이 책은 1996년에 처음 나왔다. 호평을 받아 여러 차례 쇄를 거듭했고, 2002년에 개정판이 나온 이후에도 역시 널리 읽히는 책으로 소문나 있다. 초판과 개정판은 예문이나 연습문제에서 차이가 있을 뿐 본질적인 차이는 없다. 나는 이 책의 초판과 개정판을 모두 수업에서 사용해보았다. 비판적 사고 교육에서 핵심이 되는 내용, 즉 논증의 분석 및 평가 작업과 관련한 내용을 이 책만큼 잘 소개하고 있는 것은 없다고 생각한다.

다만 외국 책이다 보니 예문이 우리 사정과 썩 어울리지 않는 것도 간혹 있다는 점이 아쉽다. 이런 점은 결국 우리 예를 들어 논증 분석과 평가 훈련을 할 수 있는 책을 써야 해소될 수 있을 것이다. 모든 것이 잘된다면, 조만간 그런 책을 내놓을 생각이다.

3판 역자 후기

3판은 2판과 비교해 무척 많이 바뀌었다. 우선 3판에서는 4장과 7장이 새롭게 추가되었다. 기존 예문이 바뀐 것도 있고, 새로이 추가된 예문도 꽤 많다. 이에 따라 분량 면에서도 2판보다 70쪽 가까이 늘어났다. 책의 체제 면에서도 변화가 있었다. 절마다 끝에 내용을 요약해두어, 교재로 쓰기도 한결 쉬워졌다.

기존 예문마저 일부 바꾸고 새로 예문을 추가하는 바람에 3판 번역임에도 번역을 새로 할 수밖에 없었다. 새로 번역하면서 독자들의 지적을 반영하고자 애썼다. 오역을 바로잡았으며, 의미가 분명하지 않았던 곳은 손을 보았다. 나아가 너무 직역 위주라는 비판도 수용하여 되도록 쉽게 읽히도록 윤문에도 신경을 썼다.

그동안에 보여준 독자들의 호의에 감사를 드리며, 잘못된 부분을 지적해준다면 기꺼이 고칠 작정임을 말씀드린다.

최 원 배